Kohlhammer

Norbert Herriger

Empowerment in der Sozialen Arbeit

Eine Einführung

4., erweiterte und aktualisierte Auflage

Verlag W. Kohlhammer

4., erweiterte und aktualisierte Auflage 2010

Alle Rechte vorbehalten
© 1997 W. Kohlhammer GmbH Stuttgart
Gesamtherstellung:
W. Kohlhammer Druckerei GmbH + Co. KG, Stuttgart
Printed in Germany

ISBN 978-3-17-021145-2

Inhalt

Vorwort 7
Vorwort zur vierten Auflage 11

1 Begriffliche Annäherungen:
 Vier Zugänge zu einer Definition von Empowerment 13

2 Spurensuche:
 Eine kurze Geschichte des Empowerment-Konzeptes 21

2.1 Neue soziale Bewegungen und Empowerment 21
2.2 Individualisierung und Empowerment 39

3 Klientenbilder im Wandel 54

3.1 Biographische Nullpunkt-Erfahrungen:
 Der Verlust von Lebensregie und erlernte Hilflosigkeit 54
3.2 Der Defizit-Blickwinkel:
 Inszenierungen der Hilfebedürftigkeit in der Sozialen Arbeit 65
3.3 Gegenrezepte gegen erlernte Hilflosigkeit:
 Die Philosophie der Menschenstärken 72

4 Reisen in die Stärke:
 Werkzeuge einer Praxis des Empowerment 86

4.1 Empowerment auf der Ebene der sozialen Einzelhilfe 87
4.1.1 Motivierende Gesprächsführung 87
4.1.2 Ressourcendiagnostik 92
4.1.3 Unterstützungsmanagement: das Arrangieren von Ressourcen 103
4.1.4 Biographisches Lernen und Kompetenzdialog 112

4.2 Empowerment auf der Ebene der kollektiven Selbstorganisation .. 130
4.2.1 Zur Struktur und Entwicklung des bürgerschaftlichen
 Engagements im Prozeß der Modernisierung 131
4.2.2 Eigeninitiierte Prozesse der Selbstorganisation:
 Stationen kollektiver Reisen in die Stärke 138

4.2.3	Selbsthilfe-Förderung und Netzwerkarbeit im intermediären Raum	149
4.3	Empowerment auf der Ebene von Organisation und institutioneller Struktur	157
4.3.1	Bürgerbeteiligung und Konsumentenkontrolle	157
4.3.2	Organisationsentwicklung und ‚innere Reform' in der Sozialen Arbeit	170
4.4	Empowerment auf der Ebene von Stadtteil und sozialräumlichen Kontexten	178
4.4.1	Dynamiken sozialräumlicher Segregation	179
4.4.2	Kollektive Ressourcen stärken: Offene Horizonte einer Empowerment-Arbeit im Stadtteil	182
5	**Zielstationen: Psychologisches und politisches Empowerment**	188
5.1	Psychologisches Empowerment: Die Entwicklung von psychosozialen Schutzfaktoren	190
5.2	Politisches Empowerment: Politische Partizipation und Umweltgestaltung	206
6	**Stolpersteine: Hindernisse und Widerstände einer Umsetzung von Empowerment-Perspektiven im Alltag der Sozialen Arbeit**	216
7	Profile einer neuen professionellen Identität	232
	Literatur	240

Vorwort

„Man hilft den Menschen nicht,
wenn man für sie tut, was sie selbst tun können."
(Abraham Lincoln)

„Nichts kann den Menschen mehr stärken
als das Vertrauen, das man ihm entgegenbringt"
(Paul Claudel)

Beginnen wir mit einem Bild: Sozialwissenschaftliche Theoriebildung und psychosoziale Praxis sind eine Börse von Ideen. Auf dieser Börse werden Theoriebestände und paradigmatische Orientierungen, Handlungsprogramme und methodische Rezepturen gehandelt. Der Kurswert dieser Handelswaren variiert. Manche Begriffe und Konzepte verlieren in kurzlebigen konjunkturellen Zyklen ihren Marktwert und verblassen. Andere avancieren auf den Kurszetteln, sie besetzen den Dialog der Marktteilnehmer und werden zum Bezugspunkt von konzeptionellen Neuerungen und alternativen Praxisentwürfen. Das Konzept des Empowerment (Selbstbemächtigung von Menschen in Lebenskrisen) gehört mit Sicherheit zu den Kursgewinnern auf diesem sozialwissenschaftlichen Ideenmarkt. Aus dem angloamerikanischen Sprachraum importiert, ist dieses Konzept binnen kurzer Zeit zu einem neuen Fortschrittsprogramm für die Soziale Arbeit avanciert, das mit liebgewonnenen Gewißheiten der helfenden Profession bricht und der psychosozialen Praxis neue Zukunftshorizonte eröffnet. Das Empowerment-Konzept richtet den Blick auf die Selbstgestaltungskräfte der Adressaten Sozialer Arbeit und auf die Ressourcen, die sie produktiv zur Veränderung von belastenden Lebensumständen einzusetzen vermögen. Empowerment ist so programmatisches Kürzel für eine veränderte helfende Praxis, deren Ziel es ist, die Menschen zur Entdeckung ihrer eigenen (vielfach verschütteten) Stärken zu ermutigen, ihre Fähigkeiten zu Selbstbestimmung und Selbstveränderung zu stärken und sie bei der Suche nach Lebensräumen und Lebenszukünften zu unterstützen, die einen Zugewinn von Autonomie, sozialer Teilhabe und eigenbestimmter Lebensregie versprechen.

Die Rezeptionsgeschichte des Empowerment-Konzeptes im deutschen Sprachraum ist noch kurz – erst seit wenigen Jahren werden Empowerment-Gedanken auch bei uns aufgegriffen und praktisch umgesetzt. In dieser kurzen Zeit aber hat dieses neue Konzept auf breiter Front Eingang in die psychosoziale Reformdebatte gefunden und vielfältige Versuche stimuliert, den theoretischen Gehalt und den praktischen Gebrauchswert einer Perspektive zu erproben, die vom Vertrauen in die Stärken der Menschen geleitet ist. Der

Siegeszug dieses neuen Orientierungsrasters ist nicht ohne Grund. Denn ohne Zweifel: Das Empowerment-Konzept ist für die Soziale Arbeit von hoher Attraktivität. Mit seiner Akzentuierung von Selbstorganisation und autonomer Lebensführung formuliert es eine programmatische Absage an den Defizit-Blickwinkel, der bis heute das Klientenbild der traditionellen psychosozialen Arbeit einfärbt. Der Adressat sozialer Dienstleistungen wird hier nicht mehr allein im Fadenkreuz seiner Lebensunfähigkeiten und Hilflosigkeiten wahrgenommen. Im Brennpunkt der Aufmerksamkeit stehen vielmehr seine Stärken und seine Fähigkeiten, auch in Lebensetappen der Schwäche und der Verletzlichkeit die Umstände und Situationen seines Lebens selbstbestimmt zu gestalten. In dieser programmatischen Hülle artikuliert sich so eine veränderte professionelle Grundhaltung, eine neue Kultur des Helfens, die den allzu selbstverständlichen pädagogischen Blick auf die Unfertigkeiten und die Defizite von Menschen überwindet, ihre Selbstverfügungskräfte stärkt und sie zu Selbstbestimmung, sozialer Einmischung und eigeninszenierter Lebensgestaltung ermutigt. Empowerment – auf eine einprägsame Formel gebracht – ist das Anstiften zur (Wieder-)Aneignung von Selbstbestimmung über die Umstände des eigenen Lebens.

Der Siegeszug des Empowerment-Konzeptes durch die Herzen und Köpfe der sozialen Professionals, seine Avance zur modischen Fortschrittsformel hat aber auch Schattenseiten. Schon mehren sich skeptische Stimmen. Das Empowerment-Gehäuse – so die Kritik – ist durchzogen von einem Mangel an begrifflicher Schärfe, konzeptueller Differenziertheit und methodischer Prägnanz. Empowerment erscheint in den Augen vieler nurmehr als ein modisches Fortschrittsetikett, das auf die Verpackungen altvertrauter und schon angestaubter Handlungskonzepte und Praxisrezepturen aufgeklebt wird. Empowerment ist ihnen so nicht mehr denn die modische Formel einer Fortschrittsrhetorik, die über veränderte Sprachmuster hinaus wenig Neues anzubieten hat. Und in der Tat: Eine kurze Reise durch die Vielzahl neuer Veröffentlichungen zum Thema dokumentiert recht nachdrücklich die ‚vielen Gesichter des Empowerment': Unterschiedliche begriffliche Konnotationen, thematische Brennpunkte und abgeleitete methodische Rezepturen machen es schwer, den Kern dieses Konzeptes auszumachen und seinen Anregungsgehalt zu bestimmen.

In dieser unübersichtlichen Situation zwischen hoffnungsvollem Aufbruch und kritischer Zurückweisung liefert die vorliegende Arbeit eine Einführung in das Grundgerüst des Empowerment-Konzeptes. Ihr Ziel ist es, die zentralen Eckpfeiler dieses Konzeptes vorzustellen und seine produktiven Beiträge für eine neue Kultur des Helfens zu buchstabieren. Die Arbeit folgt dabei folgendem Argumentationsfaden: Am Anfang steht eine kurze Übersicht über die Definitionen, die in der Literaturlandschaft angeboten werden (Kap. 1), gefolgt von einer historischen Spurensuche, die die Entwicklungslinien des Empowerment-Konzeptes im Kontext der Bürgerrechtsbewegung und der aktuellen Individualisierungsdebatte nachzeichnet (Kap. 2). Der Hauptteil der Arbeit folgt der Metapher der ‚Reise': Diese Reise beginnt an biographischen Nullpunkten – dort, wo Menschen von oft entmutigenden Erfahrungen der Ohnmacht und der Hilflosigkeit betroffen sind (Kap. 3). Empowerment wird vorgestellt als eine Reise in die Stärke, die von der Sozialen Arbeit durch vielfältige Werkzeuge und methodische Instrumente angestoßen, begleitet, gefördert werden kann (Kap. 4). Zielstationen dieser Reise in die Stärke sind die Aneignung neuer personaler Ressourcen einer autonomen Lebensgestaltung und die Erschließung neuer sozialer Ressourcen in der unterstützenden solidarischen Vernetzung mit anderen (Kap. 5). Eine Diskussion der Stolpersteine, die der Verwirklichung einer Empowerment-Praxis im Wege stehen (Kap. 6), sowie der Versuch einer Profilierung der professionellen Identität von Sozialer Arbeit im Licht des Empowerment-Konzeptes (Kap. 7) stehen am Ende der Arbeit.

Die vorliegende Arbeit hat den Charakter einer Einführung. Sie leistet eine Übersetzung des Empowerment-Konzeptes aus dem angloamerikanischen Sprachraum, liefert eine Bilanz der Rezeptionslinien in unseren Breitengraden und versucht, die noch offen Fäden und Enden der Debatte zusammenzubinden. In einer Situation, in der die Diskussion noch offen und im Fluß ist, ist es sicher verfrüht, das Empowerment-Konzept in eine geschlossene und endgültige Form gießen zu wollen. Diese Arbeit trägt daher mit Notwendigkeit den Charakter des Unfertigen. Sie ist ein Steinbruch von konzeptuellen Orientierungen, methodischen Angeboten, berufspraktischen Perspektiven, ein Patchwork von Ideen, das es möglich macht, die Konturen einer produktiven Empowerment-Praxis für die Soziale Arbeit zu zeichnen.

Düsseldorf, im Herbst 1997   Norbert Herriger

Vorwort zur vierten Auflage

Das Nachdenken über Empowerment währt im deutschsprachigen Raum nunmehr zwei Jahrzehnte. Das Empowerment-Konzept hat in dieser Zeitspanne eine intensive Rezeption in den wissenschaftlichen und berufspraktischen Diskursen erfahren. Kaum ein Fachlexikon und Grundlagenwerk in der Sozialen Arbeit, das auf das Stichwort Empowerment verzichtet, kaum eine Fachtagung, die die Position einer ressourcenorientierten Sozialen Arbeit ausblendet, kaum ein Modellprojekt und kaum ein Konzeptionsentwurf, die Empowerment-Perspektiven nicht in ihren Zielkatalogen aufführen. Diese Aktualität ist freilich mehr denn nur modische Attitüde. Vor allem drei unterschiedliche Rezeptionslinien werden hier sichtbar: *(1) Empowerment und Professionalisierung:* Das Empowerment-Konzept hat zum einen Einzug in die aktuelle wissenschaftliche Debatte über ein angemessenes Konzept sozialarbeiterischer Professionalität gehalten, das eine tragfähige Grundlage für das berufliche Selbstverständnis der sozialen Praxis bilden kann. Gemeinsam ist dieser vielstimmigen Debatte der Abschied von einer expertokratischen Professionalität, die sich von der Vorstellung leiten läßt, soziale Probleme seien allein durch wissenschaftsbasierte soziale Technologien zu lösen. Der Glaube an eine solche technisch-instrumentelle Professionalität der Sozialen Arbeit schwindet. Gefordert wird mehr und mehr eine psychosoziale Praxis, die sich von Mustern einer bevormundenden und expertendominierten Hilfe abwendet, die lebensgeschichtlich erworbenen Kapitale von personalen und sozialen Ressourcen ihrer Adressaten achtet, fördert und vermehrt und ihr Partizipations- und Entscheidungsrecht, ihre Selbstverfügung und Eigenverantwortung in der Gestaltung von Selbst und Umwelt zur Leitlinie der helfenden Arbeit macht. Mit diesem Kurswechsel der Professionalisierungsdebatte aber gerät das Empowerment-Konzept an prominenter Stelle auf die Tagesordnung der wissenschaftstheoretischen Debatte. *(2) Empowerment und die ‚innere Reform' der sozialarbeiterischen Praxis:* In der jüngsten Zeit mehren sich zum anderen in den unterschiedlichen Handlungsfeldern der psychosozialen Praxis konkrete Arbeitsanleitungen, die Hilfestellungen für einen Umbau und einen veränderten Zuschnitt der pädagogischen Arbeit entlang der Leitlinien des Empowerment-Konzeptes vermitteln. Die theoretische Folie des Empowerment-Konzeptes wird hier praktisch gewendet – sie wird genutzt, um institutionelles Selbstverständnis und Organisationsleitbild, Klientenbild und Methodenkatalog, administrativer Zuschnitt und Problemlösungsverfahren der praktischen Arbeit zu verändern und so in der alltäglichen pädagogischen Arbeit eine neue, ressourcenorientierte Kultur des Helfens zu realisieren. *(3) Empowerment und „der aktivierende Sozialstaat":* Der sozialpolitische Wind wird rauer. Angesichts von struktureller Arbeitslosigkeit und leeren Haushaltskassen vollzieht sich ein tiefgreifender Umbau der sozialstaatlichen Strukturen (Stichworte hier: Agenda 2010; SGB II; Deregulierung des Arbeitsmarktes). Unter dem Signum des „aktivierenden Sozialstaates" konturiert sich eine neue Sozialpolitik, die zwar an der öffentlichen Verantwortung für gesellschaftliche Aufgaben festhält und soziale Chancengerechtigkeit auf ihre Fahnen schreibt, die die Bürger zugleich aber auf eine umfassende Arbeitsmarktintegration verpflichtet („Fördern und Fordern"). In dieser neuen Effizienzkultur des Ökonomischen werden die Bereitschaft und die Fähigkeit des Einzelnen, sein Arbeitsvermögen in die engen Nischen des Arbeitsmarktes einzupassen, zur zentralen Benchmark einer erfolgreichen Sozialpolitik. Im Windschatten dieser neoliberalen Umbauprogrammatik aber gerät das Empowerment-Konzept in neue Zugzwänge. Es sieht sich zunehmend sozialpolitischen Instrumentalisierungen konfrontiert, die Empowerment zu einem Handlungskonzept verkürzen, welches die Menschen zu Eigenqualifikation und umfassender Wettbewerbsfähigkeit, zu Flexibilisierung des subjektiven Arbeitsvermögens und einem ökonomischen Zuschnitt ihrer Lebenswelt anhält. Aus dem Blick gerät hingegen Empowerment als ein Projekt, das die Autonomie und den Eigen-Sinn der Lebenspraxis der Menschen achtet und ihnen bei der Suche nach einem Mehr an Selbstbefähigung und Selbstbestimmung auch jenseits der Verwertungslogik des Arbeitsmarktes ein unterstützender Wegbegleiter ist. Diese aktuellen Rezeptionslinien werden in der hier vorgelegten vierten Auflage des Buches nachgezeichnet und kritisch diskutiert.

Düsseldorf, im Frühjahr 2010 Norbert Herriger

1 Begriffliche Annäherungen: Vier Zugänge zu einer Definition von Empowerment

Empowerment (wörtlich übersetzt: „Selbstbefähigung"; „Selbstbemächtigung", „Stärkung von Eigenmacht und Autonomie") – dieser Begriff bezeichnet Entwicklungsprozesse in der Dimension der Zeit, in deren Verlauf Menschen die Kraft gewinnen, derer sie bedürfen, um ein nach eigenen Maßstäben buchstabiertes ‚besseres Leben' zu leben. Diese Begriffsübersetzung ist wohl der kleinste gemeinsame Nenner aller Verständigung über das Empowerment-Konzept. Und zugleich steckt in dieser Übersetzung der Kern aller Kontroversen, die mit diesem Konzept verbunden sind. Denn: Das, was am (vorläufigen) Endpunkt individueller und kollektiver Prozesse des Zugewinns von Macht und Lebensautonomie steht, das, was ein ‚Mehr an Lebenswert' konkret ausmacht, ist offen für widerstreitende Interpretationen und ideologische Rahmungen. Der Empowerment-Begriff ist so zunächst einmal *eine offene normative Form*. Er ist ein Begriffsregal, das mit unterschiedlichen Grundüberzeugungen, Werthaltungen und moralischen Positionen aufgefüllt werden kann. Zukunftsträume von einer radikalen Umverteilung der Macht lassen sich ebenso in dieses Begriffsregal stapeln wie auch rückwärtsgewandte Heilserwartungen, die auf die Rückkehr zu den Glücksversprechungen traditioneller Werte (Familie; Gemeinschaft; Religion; Nationalismus usw.) bauen. Ein Begriffsverständnis, das in der Empowerment-Praxis ein neues Experiment von partizipatorischer Demokratie sieht, hat hier ebenso Platz wie das Bild vom ‚schlanken Sozialstaat', der Lebensrisiken reprivatisiert und sie in die Verantwortlichkeit subsidiärer kleiner Netze zurückverlagert. Und so beginnt alle Auseinandersetzung mit dem Empowerment-Konzept zunächst einmal im Streit: Ein allgemein akzeptierter Begriff von Empowerment, der sowohl den wissenschaftlichen Diskurs als auch die psychosoziale Praxis verbindlich anleiten könnte, existiert nicht.

Die Effekte dieser Bedeutungsoffenheit sind zwiespältig: Die beschriebene Unschärfe der Begriffskonturen ist auf der einen Seite ein verkaufsförderndes Plus. Der Empowerment-Begriff sichert sich mit dieser Offenheit Zustimmung und Gefolgschaft in höchst unterschiedlichen normativen Lagern. Moralunternehmer, die die Zielsetzungen der Empowerment-Arbeit – „Befreiung von Unterdrückung", „Eroberung von Selbstbestimmung", „Zugewinn von Eigenmacht" – in höchst divergenten normativen Kategorien verpacken, können sich so diesem Begriff anschließen. Hinzu kommt die Aura der Fortschrittlichkeit und der Zukunftsoffenheit, die sich mit dem Reden über ‚ein besseres Leben' verbindet. Beide Aspekte verleihen dem Empowerment-Begriff Attraktivität und populistischen Reiz – und so überrascht es nicht, daß dieser Begriff rasch einen festen Platz im modischen Fortschrittsjargon des wissenschaftlichen und berufspraktischen Redens gefunden hat. Die Unschärfe der Definitionsangebote belastet den aktuellen Empowerment-Diskurs auf der anderen Seite aber mit dem Malus vielfältiger Sprachprobleme und Fehldeutungen. Das Gespräch über Empowerment wird ‚in vielen Zungen' geführt, und die Verständigung auf gemeinsame Überzeugungen und Denkprämissen fällt oft schwer. Und mehr noch: Die Unbestimmtheit des Begriffs läßt das Empowerment-Konzept im Licht inhaltlicher Beliebigkeit erscheinen und steht einer notwendigen Präzisierung seines theoretischen Konstruktionsplanes und einer abgeleiteten psychosozialen Praxis im Wege. Vor aller inhaltlichen Auseinandersetzung mit diesem Konzept ist es daher notwendig, den Fokus des Empowerment-Begriffs zu präzisieren. Wir können hier vier Zugänge zu einer Definition von Empowerment unterscheiden:

Empowerment – politisch buchstabiert

Einen ersten Zugang gewinnen wir mit Blick auf das zentrale Begriffselement ‚power'. Ein Blick in das Wörterbuch zeigt, daß dieser Begriff zunächst einmal mit „politischer Macht" übersetzt werden kann. Der Begriff Empowerment thematisiert in diesem ersten Wortsinn die strukturell ungleiche Verteilung von politischer Macht und Einflußnahme. In politischer Definition bezeichnet Empowerment so *einen konflikthaften Prozeß der Umverteilung von politischer Macht,* in dessen Verlauf Menschen oder Gruppen von Menschen aus einer Position relativer Machtunterlegenheit austreten und sich ein Mehr an demokratischem Partizipationsvermögen und politischer Entscheidungsmacht aneignen. Diese Begrifflichkeit, die Empowerment explizit in politischen Kategorien buchstabiert, findet sich vor allem in Arbeitsansätzen und Projekten, die dem Kontext der Bürgerrechtsbewegung und anderer sozialer Emanzipationsbewegungen entstammen. Ihnen gemeinsam ist, daß sie in engagierter Parteilichkeit für eine ‚Bemächtigung der Ohnmächtigen' eintreten und damit die scheinbar unabänderlich festen Webmuster struktureller Macht in Unordnung bringen: radikal-politische Bewußtwerdungskampagnen durch Erziehungs- und Alphabetisierungsprogramme in der Dritten Welt; politische Gemeinwesenarbeit und ‚radical community organization'; feministische Bewegung; lokalpolitische Bürgerinitiativen und öffentlichkeitswirksame Kampagnen für die Beachtung der Interessen ethnischer und sozialer Minderheiten.

Empowerment hat „... zum Ziel, die Macht etwas gerechter zu verteilen – und das dort, wo es wichtig ist, nämlich im Hinblick auf die Selbstbestimmung und die Kontrolle der Menschen über das eigene Leben" (Berger/Neuhaus 1996, S. 164).
„Empowerment beschreibt ein Spektrum von politischen Aktivitäten, das vom individuellen Widerstand bis hin zu kollektiven politischen Widerstandsbewegungen reichen kann, die die basale Machtstruktur einer Gesellschaft zu verändern suchen. Eine solche Definition untersucht Empowerment als einen Prozeß, der auf der gesellschaftlichen Makroebene angesiedelt darauf ausgerichtet ist, die Strukturen und Verteilungen von Macht in einem spezifischen kulturellen Kontext zu verändern" (Browne 1995, S. 359).
„Im Brennpunkt der Empowerment-Praxis stehen die Erfahrungen von unterdrückten Gruppen, deren Mitglieder faktisch und psychologisch durch den Mangel an Zu-

gang zu Macht und Ressourcen beeinträchtigt sind. Diese Perspektive fokussiert das Interesse auf das Verständnis, in welcher Weise Individuen die Erfahrung personaler Kontrolle und die Fähigkeit zur Einflußnahme auf das Verhalten anderer gewinnen, die schon vorhandenen Stärken von Personen oder Gemeinschaften erweitern und ein neues Gleichgewicht in der Verteilung von Ressourcen herstellen" ... „Der Empowerment-Prozeß umfaßt eine kritische Revision der Einstellungen und Glaubensgrundsätze im Hinblick auf die eigene Person und die soziopolitische Umwelt, die Validierung der eigenen Lebenserfahrungen, der Zugewinn eines erweiterten Bestandes von Wissen und Fähigkeiten für kritische Reflexion und Aktion und das Eintreten für personalen und politischen Wandel" (Gutierrez 1994, S. 203 und 1998, S. 20).

„Empowerment ist ein Mehr-Ebenen-Konstrukt, in dessen Mittelpunkt jene Prozesse stehen, durch die Menschen Kontroll- und Bewältigungskompetenzen für ihr Leben im Kontext der gegebenen sozialen und politischen Umwelt gewinnen. Durch die Teilhabe am demokratischen Leben ihrer Gemeinde und im Wege ihres Eintretens für sozialen Wandel gewinnen sie die Erfahrung von Kontrolle und Gestaltungskraft in der Ausübung von politischer Macht" (Wallerstein 1992, S. 198).

Empowerment – lebensweltlich buchstabiert

Einen zweiten begrifflichen Zugang gewinnen wir mit Blick auf einen zweiten Bedeutungsgehalt, der mit dem Begriff ‚power' verbunden ist. Unser Wörterbuch liefert uns als weitere Übersetzungsmöglichkeit auch „Stärke", „Kompetenz", „Durchsetzungskraft", „Alltagsvermögen". Verwenden wir diesen zweiten Wortsinn, so meint Empowerment das Vermögen von Menschen, die Unüberschaubarkeiten, Komplikationen und Belastungen ihres Alltags in eigener Kraft zu bewältigen, eine eigenbestimmte Lebensregie zu führen und ein nach eigenen Maßstäben gelingendes Lebensmanagement zu realisieren. Diese lebensweltbezogene Definition buchstabiert Empowerment somit nicht (allein) in den makropolitischen Kategorien von politischer Entscheidungsmacht. Sie stellt vielmehr *eine gelingende Mikropolitik des Alltags* in ihren Mittelpunkt und thematisiert so das Vermögen von Individuen, in der Textur ihrer Alltagsbeziehungen eine autonome Lebensform in Selbstorganisation zu leben. Verwendung findet dieser alltagsbezogene Begriff vor allem in der Rezeption des Empowerment-Konzeptes durch Soziale Arbeit und Gemeindepsychologie (vgl. Herriger 1991; 1995; Keupp 1997).

„Empowerment zielt auf die Stärkung und Erweiterung der Selbstverfügungskräfte des Subjektes; es geht um die (Wieder-)Herstellung von Selbstbestimmung über die Umstände des eigenen Alltags" (Herriger 1991, S. 222).

„Leitfaden des Empowerment-Konzeptes ... ist das Vertrauen in die Stärken der Menschen und der Glaube an ihre Fähigkeiten, Regie über das eigene Leben zu führen. Es formuliert damit eine Absage an den Defizit-Blickwinkel, der bis heute das Klientenbild der traditionellen psychosozialen Arbeit einfärbt. Der Adressat sozialer Dienstleistungen wird hier nicht mehr allein im Fadenkreuz seiner Lebensunfähigkeiten und erlernten Hilflosigkeit wahrgenommen. Im Mittelpunkt stehen vielmehr seine Stärken und seine Fähigkeiten, auch in Lebensetappen der Schwäche und der Verletzlichkeit die Umstände und Situationen seines Leben selbstbestimmt zu gestalten. Das Empowerment-Konzept zeichnet so das optimistische Bild eines Klienten, der handelnd das lähmende Gewicht von Ohnmacht, Fremdbestimmung und Abhängigkeit ablegt, Autor der eigenen Lebensgeschichte wird und in immer größeren Graden Selbstbestimmung über die Umstände des eigenen Lebens gewinnt" (Herriger 1994 a, S. 34).

„Empowermentprozesse erzählen Geschichten von Menschen und ihren Zusammenschlüssen, denen es gelungen ist, ihre eigenen Ressourcen und Stärken zu erkennen und diese in soziale Handlungen umzusetzen. Empowerment ist also als ein Prozeß zu betrachten, in dem Menschen, Organisationen oder Gemeinschaften ihren ökologischen und sozialen Lebensraum gestalten und so mit einschränkenden Bedingungen und problematischen Situationen kreativ und ihren Bedürfnissen gemäß umgehen lernen. Der Blickwinkel richtet sich hier gezielt auf die Ressourcen und Stärken der Menschen, auf ihre Potentiale zur Lebensbewältigung und -gestaltung – auch unter den eingeschränkten Bedingungen des Mangels oder vor dem Hintergrund vielfältiger persönlicher und sozialer Defizite" (Stark 1996, S. 107 f.).

Empowerment – reflexiv buchstabiert

Definitionen im reflexiven Wortsinn betonen die aktive Aneignung von Macht, Kraft und Gestaltungsvermögen durch die von Machtlosigkeit und Ohnmacht Betroffenen selbst. Reflexive Definitionen kennzeichnen Empowerment in diesem Sinne als einen Prozeß der Selbst-Bemächtigung und der Selbst-Aneignung von Lebenskräften. Diesen reflexiven Definitionen eignet das Bild eines Aufbruches, eines Wechsels des Lebenskurses: Menschen verlassen das Gehäuse der Abhängigkeit und der Bevormundung. Sie befreien sich in eigener Kraft aus einer Position der Schwäche, Ohnmacht und Abhängigkeit und werden zu aktiv handelnden Akteuren, die für sich und für andere ein Mehr an Selbstbestimmung, Autonomie und Lebensregie erstreiten. Empowerment in diesem reflexiven Sinn bezeichnet damit *einen selbstinitiierten und eigengesteuerten Prozeß der (Wieder-)Herstellung von Lebenssouveränität* auf der Ebene der Alltagsbeziehungen wie auch auf der Ebene der politischen Teilhabe. Diese Definition betont somit den Aspekt der Selbsthilfe und der aktiven Selbstorganisation der Betroffenen. Sie findet sich vor allem im Kontext von Projekten und Initiativen, die auf die produktive Kraft selbstaktiver Felder und sozialer Unterstützungsnetzwerke vertrauen (Bürgerrechtsbewegung; Selbsthilfeorganisationen; kommunitaristische Projekte).

„Das Konzept Empowerment bezieht sich auf die Fähigkeit von Einzelnen oder Gruppen, ‚eigennützig zu handeln' (to act on their own behalf) – und dies mit dem Ziel, ein größeres Maß an Kontrolle über ihr Leben und ihre Lebensziele zu gewinnen" (Staples 1990, S. 30).

„Empowerment beschreibt als Prozeß im Alltag eine Entwicklung für Individuen, Gruppen, Organisationen oder Strukturen, durch die die eigenen Stärken entdeckt und die soziale Lebenswelt nach den eigenen Zielen (mit-)gestaltet werden kann. Empowerment wird damit als Prozeß der „Bemächtigung" von einzelnen oder Gruppen verstanden, denen es gelingt, die Kontrolle über die Gestaltung der eigenen sozialen Lebenswelt (wieder) zu erobern" (Stark 1993, S. 41).

„Empowerment meint den Prozeß, innerhalb dessen Menschen sich ermutigt fühlen, ihre eigenen Angelegenheiten in die Hand zu nehmen, ihre eigenen Kräfte und Kompetenzen zu entdecken und ernst zu nehmen und den Wert selbst erarbeiteter Lösungen schätzen zu lernen" ... Empowerment-Prozesse vollziehen sich in der Regel im Kontext eines „solidarischen Unterstützungszusammenhangs, der die potentielle Einsamkeit überwindet, in dem Erfahrungen mit adäquaten Bewältigungs- und Normalisierungsstrategien ausgetauscht werden können, in dem ein Stück Unabhängigkeit von der übermächtigen Expertenseite, Vertrauen in die eigene Stärke und Kompetenz gewonnen werden kann und aus denen auch eine politische Lobby entstehen könnte." (Keupp 1992 b, S. 149 und 152).

„Empowerment kann nicht direkt von Fachleuten bewirkt, hergestellt oder gar verordnet werden. Es geht vielmehr um Prozesse der Selbst-Bemächtung Betroffener, um das Auffinden eigener Ressourcen, um das Sich-Bewußtwerden und die Mobilisierung von Selbstgestaltungskräften und eigenem Vermögen, letztlich um die Wiedergewinnung von Kontrollbewußtsein" (Weiß 1992, S. 162).

Empowerment – transitiv buchstabiert

Definitionen in transitivem Wortsinn schließlich betonen die Aspekte des Ermöglichens, der Unterstützung und der Förderung von Selbstbestimmung durch andere. In den Blick rücken hier die beruflichen Helfer in den unterschiedlichen Handlungsfeldern der psychosozialen Arbeit, die ihren Adressaten Hilfestellungen bei der Eroberung von neuen Territorien der Selbstbestimmung geben, sie zur Suche nach eigenen Stärken ermutigen und zur Erprobung von Selbstgestaltungskräften anstoßen. Transitive Definitionen richten den Begriffsfokus somit auf den Leistungskatalog der Mitarbeiter psychosozialer Dienste und Einrichtungen, die Prozesse der (Wieder-)Aneignung von Selbstgestaltungskräften anregen, fördern und unterstützen und Ressourcen für Empowerment-Prozesse bereitstellen. Empowerment ist in diesem transitiven Wortsinn programmatisches Kürzel für eine psychosoziale Praxis, deren Handlungsziel es ist, Menschen vielfältige Vorräte von *Ressourcen für ein gelingendes Lebensmanagement* zur Verfügung zu stellen, auf die diese ‚bei Bedarf' zurückgreifen können, um Lebensstärke und Kompetenz zur Selbstgestaltung der Lebenswelt zu gewinnen.

„Das Konzept Empowerment untersucht und beschreibt Prozesse, bei denen der Fokus nicht auf den individuellen Defiziten, den Hilfsbedürftigkeiten und der entsprechenden professionellen Bearbeitung liegt. Ziel ist vielmehr, die Stärken und Fähigkeiten von Menschen auch (und gerade) in Situationen des Mangels zu entdecken und zu entwickeln, und ihre Möglichkeiten zu fördern, ihr eigenes Leben und ihre soziale Umwelt zu bestimmen und zu gestalten" (Stark 1993, S. 41). „Empowerment als professionelle Haltung kann als Versuch bezeichnet werden, die sozialtechnologische ‚Reparaturmentalität' der helfenden Berufe zu überwinden, indem die Aufgabe der Professionellen darin besteht, einen Prozeß zu ermöglichen und anzustoßen, durch den KlientInnen (persönliche, organisatorische und gemeinschaftliche) Ressourcen erhalten, die sie befähigen, größere Kontrolle über ihr eigenes Leben (und nicht über das anderer Menschen) auszuüben und gemeinschaftliche Ziele zu erreichen" (Stark 1996, S. 118 f.).

„Psychosoziale Arbeit im Sinne des Empowerment-Ansatzes muß Bedingungen bereitzustellen versuchen, die es Menschen ermöglichen, sich ihrer ungenutzten, vielleicht auch verschütteten Ressourcen und Kompetenzen (wieder) bewußt zu werden, sie zu erhalten, zu kontrollieren und zu erweitern, um ihr Leben selbst zu bestimmen und ohne expertendefinierte Vorgaben eigene Lösungen für Probleme zu finden" (Weiß 1992, S. 162).

„Empowerment steht für ein neues fachliches Selbstverständnis, in dem Menschen in marginaler Position nicht mehr als versorgungs- oder behandlungsbedürftige Mängelwesen betrachtet, sondern als ‚Experten in eigener Sache' wahrgenommen und gestärkt werden. Dieser Paradigmenwechsel geht von dem Grundgedanken aus, daß professionelle Helfer nicht ‚für' ihre Adressaten zu handeln hätten, sondern daß es ihre Aufgabe sei, durch Parteinahme, Kooperation, Assistenz und Konsultation die Betroffenen so zu unterstützen, daß sie sich ihrer eigenen Kompetenzen bewußt werden und ihre individuellen und kollektiven Ressourcen zu einer selbstbestimmten und sozialverträglichen Lebensverwirklichung nutzen" (Theunissen 1998, S. 103).

Diese Kollektion von Definitionsvorschlägen verweist – bei allen unterschiedlichen Akzentuierungen – auf Gemeinsamkeiten in der begrifflichen Grundlegung. Gemeinsam ist den hier vorgelegten Definitionen der Rückbezug auf die Konstruktion einer Subjektivität, die die Kraft findet, für sich und für andere „ein besseres Leben" zu erstreiten. Der Empowerment-Diskurs greift mit diesem Reden von einem besseren Leben Vorstellungsbilder und Argumentationsmuster auf, die auch in anderen (historisch vorangehenden) normativen Entwürfen gesellschaftlicher Praxis enthalten sind: Autonomie, Mündigkeit, Emanzipation, gelingende Lebensbewältigung, die Suche nach einer authentischen und (allen lebensgeschichtlichen Brüchen und Verwerfungen zum Trotz) kohärenten Identität – alle diese Begriffe und die hinter ihnen stehenden paradigmatischen Denkmodelle sind Wahlverwandtschaften des Empowerment-Konzeptes.

Die hier vorgestellten Zugänge zum Begriff Empowerment schaffen eine erste, vorläufige und noch nicht vollständige Ordnung in der Unübersichtlichkeit der Definitionsangebote. Die Schubfächer dieser begrifflichen Sortierung sind jedoch noch nicht trennscharf, es gibt vielfältige Schnittstellen, die Übergänge sind fließend. Was fehlt, um zu einer handhabbaren Arbeitsdefinition von Empowerment zu kommen, das ist ein zweiter ordnender Schritt. Eine solche weiterführende Begriffssortierung wird möglich, wenn wir unseren Blick auf die Traditionslinien richten, in denen der Empowerment-Diskurs eingebettet ist. Einer solchen historisch-rekonstruierenden Sicht eröffnen sich zwei Traditionslinien: (1) Empowerment als Leitformel einer Politik der Selbstbemächtigung im Kontext der Bürgerrechts- und Selbsthilfe-Bewegung; und (2) Empowerment als Signum eines neuen professionellen Handlungsprogramms im Horizont der psychosozialen Praxis:

Empowerment als kollektiver Prozeß der Selbst-Aneignung von politischer Macht: Die ersten Anfänge des Nachdenkens über Empowerment stehen ganz in der Tradition der Bürgerrechtsbewegung (civil-rights-movement) der USA. Die radikale Politik der Selbstvertretung und der Forderung nach Gleichheitsrechten der farbigen Bevölkerung in den 60er Jahren, die Friedensbewegung in ihrem Kampf gegen kriegerisch-imperiale Einmischungen in die Souveränität anderer Staaten, die Frauenbewegung mit ihrer Dekonstruktion von Machtungleichheiten zwischen den Geschlechtern und die nachfolgend sich weiter differenzierenden sozialen Bewegungen – die Geschichte des Empowerment-Konzeptes ist unlösbar mit der Geschichte dieser sozialen Bewegungen verbunden. Eingebunden in diese politischen Bewegungen entstand ein Verständnis von Empowerment, in dem sich die (oben ausgeführten) politischen und reflexiven Spielarten des Begriffs miteinander verknüpfen: Empowerment wird hier verstanden als ein Prozeß der Selbst-Bemächtigung, in dem Menschen, die von Ressourcen der Macht abgeschnitten sind, sich in kollektiver politischer Selbstorganisation in die Spiele der Macht einmischen. Empowerment ist hier also ein kollektives Projekt der (Wieder-)Herstellung einer politisch definierten Selbstbestimmung, das die Umverteilung von Entscheidungsmacht und die Korrektur von sozialer Ungleichheit auf seine Fahnen geschrieben hat.

Empowerment als professionelles Konzept der Unterstützung von Selbstbestimmung: In dieser ersten, hier skizzierten Traditionslinie ist Empowerment allein das kollektive Gut von Gemeinschaften der politischen Selbstorganisation von Menschen ‚im gesellschaftlichen Unten'. Die Erfolgsgeschichten kollektiver Selbst-Bemächtigung vollziehen sich – im Horizont dieses Verständnisses – vor den Toren der beruflichen Sozialen Arbeit. Sie sind lebensweltlicher Wildwuchs und verbleiben außerhalb der pädagogischen Zuständigkeit – ja mehr noch: sie gewinnen oft erst aus ihrer kritischen Distanz gegenüber der „fürsorglichen Belagerung" durch wohlmeinende pädagogische Experten Profil und Identität. Ganz anders das Verständnis einer zweiten (historisch jüngeren) Traditionslinie des Empowerment-Diskurses, in dem sich lebensweltliche und transitive Buchstabierungen miteinander verbinden: Das Empowerment-Konzept wird hier für die berufliche Hilfe reklamiert. Es wird verstanden als ein tragfähiges Handlungskonzept auch für eine verberuflichte Soziale Arbeit, die die beschriebenen Prozesse der (Wieder-)Aneignung von Selbstgestaltungskräften anregend, unterstützend und fördernd begleitet und Ressourcen für Empowerment-Prozesse bereitstellt. Julian Rappaport, für viele der geistige Vater des professionellen Handlungsprogramms von Empowerment, schreibt in diesem Sinn: „Sich dem Empowerment-Programm verpflichtet zu fühlen, bedeutet (für den beruflichen Helfer; N.H.), sich zum Ziel zu setzen, solche Lebenskontexte zu identifizieren, zugänglich zu machen oder neu zu schaffen, in denen bislang stumme und isolierte Menschen ... Verständnis, Stimme und Einfluß im Hinblick auf jene Lebensumstände gewinnen, die ihr Leben beeinflussen" (Rappaport 1990 zit. n. Saleebey 1992, S. 8). Das Arbeitsziel einer von diesem Empowerment-Verständnis angeleiteten psychosozialen Praxis ist es somit, dort, wo Ressourcen ausgeschöpft sind und die Dynamik autonomer Selbstorganisation sich nicht in eigener Kraft in Bewegung setzt, ein Arrangement von Unterstützung bereitzustellen, das es den Adressaten sozialer Dienstleistung möglich macht, sich ihrer ungenutzten, lebensgeschichtlich verschütteten Kompetenzen und Lebensstärken zu erinnern, sie zu festigen und zu erweitern. Auf eine kurze Formel gebracht: *Handlungsziel einer sozialberuflichen Empowerment-Praxis ist es, Menschen das Rüstzeug für ein eigenverantwortliches Lebensmanagement zur Verfügung zu stellen und ihnen Möglichkeitsräume aufzuschließen, in denen sie sich die Erfahrung der eigenen Stärke aneignen und Muster einer solidarischen Vernetzung erproben können.* Wir wollen die folgenden Ausführungen auf die Grundlage dieses Begriffsverständnisses stellen.

Empowerment – eine Arbeitsdefinition

Der Begriff „Empowerment" bedeutet Selbstbefähigung und Selbstbemächtigung, Stärkung von Eigenmacht, Autonomie und Selbstverfügung. Empowerment beschreibt mutmachende Prozesse der Selbstbemächtigung, in denen Menschen in Situationen des Mangels, der Benachteiligung oder der gesellschaftlichen Ausgrenzung beginnen, ihre Angelegenheiten selbst in die Hand zu nehmen, in denen sie sich ihrer Fähigkeiten bewußt werden, eigene Kräfte entwickeln und ihre individuellen und kollektiven Ressourcen zu einer selbstbestimmten Lebensführung nutzen lernen. Empowerment – auf eine kurze Formel gebracht – zielt auf die (Wieder-) Herstellung von Selbstbestimmung über die Umstände des eigenen Alltags. In der Literatur finden sich weitere Umschreibungen von Empowerment:

- Die Fähigkeit, aus der bunten Vielzahl der angebotenen Lebensoptionen auswählen und eigenverantwortete Entscheidungen (auch in Zeiten der Unsicherheit) für die eigene Person treffen zu können;
- Die Fähigkeit, für die eigenen Bedürfnisse, Interessen, Wünsche und Phantasien aktiv einzutreten und bevormundenden Übergriffen anderer in das eigene Leben entgegentreten zu können;
- Die Erfahrung, als Subjekt die Umstände des eigenen Lebens (Selbst-, Sozial- und Umweltbeziehungen) produktiv gestalten und erwünschte Veränderungen ‚in eigener Regie' bewirken zu können (die Erfahrung von Selbstwirksamkeit und Gestaltungsvermögen);
- Die Bereitschaft und die Fähigkeit, sich belastenden Lebensproblemen aktiv zu stellen (und nicht zu Mustern der Verleugnung und der Nicht-Wahrnehmung Zuflucht zu suchen), wünschenswerte Veränderungen zu buchstabieren und hilfreiche Ressourcen der Veränderung zu mobilisieren;
- Das Vermögen, ein kritisches Denken zu lernen und das lähmende Gewicht von Alltagsroutinen, Handlungsgewohnheiten und Konditionierungen abzulegen;
- Die Fähigkeit, sich aktiv Zugang zu Informationen, Dienstleistungen und Unterstützungsressourcen zu eröffnen und diese zum eigenen Nutzen einzusetzen;
- Die Einsamkeit überwinden und die Bereitschaft, sich in solidarische Gemeinschaften einzubinden;
- Das Einfordern der eigenen Rechte auf Teilhabe und Mitwirkung und die stete Bereitschaft, offensiv gegen stille Muster der Entrechtung einzutreten.

Dort, wo Menschen diese Erfahrungen von Selbstwert und aktiver Gestaltungskraft, von Ermutigung und sozialer Anerkennung haben sammeln können, vollziehen sich mutmachende Prozesse einer „Stärkung von Eigenmacht". Der Rückgriff auf das positive Kapital dieser Erfahrungen macht es Menschen möglich, sich ihrer Umwelt weniger ausgesetzt zu fühlen und Mut für ein offensives Sich-Einmischen zu sammeln. Solche positiven Lebenserfahrungen aber, in denen Menschen Sicherheit und Selbstwert finden, entfalten eine bemächtigende Kraft.

2 Spurensuche: Eine kurze Geschichte des Empowerment-Konzeptes

2.1 Neue soziale Bewegungen und Empowerment

Zwischen Buchdeckel gepackt wurde das Empowerment-Konzept zum ersten Mal im Jahre 1976. In diesem Jahr erschien in den USA das Buch von Barbara B. Solomon *„Black Empowerment: social work in oppressed communities"*. Dieses Buch, in dem Empowerment zum ersten Mal als Signum einer neuen Kultur des Helfens auftaucht, steht im Schnittfeld der Traditionslinien von Bürgerrechtsbewegung und radikal-politischer Gemeinwesenarbeit. Es enthält einen ganzen Katalog von mutmachenden Beispielen für eine sozialraumbezogene Soziale Arbeit, die ‚im schwarzen Ghetto' Prozesse der Selbstbemächtigung und der Eroberung von Stolz und Selbstwert anstößt und unterstützt. Wenngleich Barbara Solomon also die Urheberschaft des Begriffes für sich in Anspruch nehmen kann – die Inhalte von Empowerment verweisen auf ein System von normativen Verpflichtungen, Grundüberzeugungen und berufsethischen Standards, das so alt ist wie die beruflich-entgeltliche Sozialarbeit selbst. In einer neueren, sehr sorgfältig und umfassend recherchierten Arbeit hat Barbara Simon (1994) den Versuch unternommen, die historischen Linien dieser Tradition zu entfalten, die wir heute mit retrospektivem Blick als ‚Empowerment-Tradition' bezeichnen können. Sie entfaltet in dieser Arbeit eine diachrone Perspektive, die den zeitlichen Bogen von den ersten Spuren einer empowerment-orientierten Arbeit in der protestantischen Reformbewegung und in den Erschütterungen des Industrialisierungsschubs in den 90er Jahren des 19. Jahrhunderts bis in die Gegenwart hinein verlängert. Der Empowerment-Begriff ist in ihrer Geschichtsschreibung ein definitorisches Dach, das sich über alle solche Arbeitsansätze in der psychosozialen Praxis spannt, die in der autonomen „Bewältigung von Alltagsangelegenheiten" (mastery of own affairs) ihr Ziel und in der „Selbstbestimmung des Klienten" (client self-determination) ihren normativen Leitfaden sehen. „Die Verfechter des Empowerment-Gedankens in der Sozialen Arbeit haben seit 1890 – unter Verwendung von in jeder Epoche anderer Sprache und anderen Selbstbeschreibungen – die Klienten als Personen, Familien, Gruppen und Gemeinschaften mit vielfältigen Fähigkeiten und Entwicklungschancen begriffen, unabhängig davon, wie benachteiligt, eingeschränkt, erniedrigt oder selbstzerstörerisch sie auch sein mochten. Der Job des Sozialarbeiters, der sich dem Ziel der Selbstbemächtigung des Klienten verpflichtet weiß, ist konzipiert worden als Aufbau einer Arbeitsbeziehung mit dem Klienten, die auf dessen je spezifischen Fähigkeiten, Ressourcen und Bedürfnissen aufbaut und ein Mehr an Sinnerfüllung im alltäglichen Leben und an Partnerschaftlichkeit in seinen Beziehungen mit anderen transportiert. Ziel dieser Arbeitsbeziehung ist es, den Klienten zu unterstützen bei der Nutzung eigener Stärken im Prozeß der Suche nach erweitertem Selbstwert, Gesundheit, Gemeinschaftlichkeit, Sicherheit, personaler und sozialer Macht" (Simon 1994, S. 1).

Die Reise zurück zu den Anfängen des Empowerment-Gedankens ist eine Zeitreise durch die der Neuen Sozialen Bewegungen, die seit den 1960er Jahren das Gesicht nicht nur der USA, sondern aller fortgeschrittenen kapitalistischen Gesellschaften des Westens nachhaltig verändert haben. Hier, im Kontext dieser neuen sozialen Bewegungen, ist der Startpunkt, von dem ausgehend Menschen ihren Anspruch auf „ein Mehr an eigenem Leben", ihr Engagement gegen die Schwerkraft scheinbar unverrückbarer Lebensverhältnisse immer vernehmlicher zum Ausdruck gebracht haben. Soziale Bewegungen sind nach Rucht (2001) Netzwerke von Menschen, Gruppen und Organisationen, die mit kollektiven Aktionen des (nicht-institutionalisierten) Protests sozialen Wandel herstellen wollen. Träger der Sozialen Bewegungen sind Akteursgruppen, die in besonderer Weise von den Strukturmustern sozialer Ungleichheit verletzt worden sind und die – eingebunden in die Solidargemeinschaften alternativer Organisation – für eine Erweiterung ihrer politischen Beteiligung eintreten. Soziale Bewegungen sind (1) Aktionszentren einer umfassenden Demokratisierung der Lebenswelt, sie politisieren noch ungelöste strukturelle Problemlagen und geben den Betroffenen eine kollektive politische Stimme („agenda-setting-function"). Sie sind (2) kritische Gegenmacht, sie mobilisieren Widerstand gegen den Rückbau von Bürgerrechten und stellen machtgetragene Interessenmuster der Privilegierung und der Ausschließung auf den Prüfstand. Soziale Bewegungen sind (3) schließlich Lernfelder einer entwickelten partizipativen Demokratie („civic culture") – sie öffnen den Bürgern neue Horizonte der politischen Selbstvertretung und identitären Politik (vgl. Herriger 2009; Kern 2008; Pettenkofer 2009; Roth/Rucht 2008). Auch dort, wo ihre Ziele einer durchgreifenden Umverteilung materieller, sozialer und kultureller Ressourcen nicht (oder nicht unmittelbar) erreicht werden, sind diese Solidarbewegungen Agens weitreichender kultureller Veränderungen. Sie produzieren strukturelle Veränderungen des politisch-kulturellen Klimas und bewirken durch ihre Opposition gegen traditionale Muster der Sozialstaatspolitik und durch ihre Produktion alternativer Güter und Leistungen gesellschaftliche Mobilisierungen, die weit über die Gemeinschaften der unmittelbaren Aktivisten hinausreichen. „Neue soziale Bewegungen stellen (so) eine mögliche Folie für Empowermentprozesse dar, vor deren Hintergrund – relativ geschützt durch gesellschaftliche Machtverhältnisse und kulturelle Traditionen – gleichsam ein Experimentierfeld für die Entdeckung und die Erprobung individueller und kollektiver Ressourcen gewachsen ist ... Sie stellen damit zugleich ein Lernfeld für Professionelle in Theorie und Praxis dar und bieten die Chance, mehr über den Beginn, den Ablauf und die Übertragbarkeit, aber auch über Fehlschläge und Grenzen von Empowermentprozessen zu erfahren" (Stark 1996, S. 94). Barbara Simon (1994) hat in ihrer Arbeit den Versuch unternommen, den Zeitspuren des Empowerment-Gedankens quer durch die Traditionen der Sozialen Bewegungen in den USA nachzuspüren. Wir wollen im folgenden ihrer Spurensuche folgen, sie aber ergänzen und erweitern.

Bürgerrechtsbewegung des Schwarzen Amerikas

Geburtsort der Philosophie und der Praxis des Empowerments war ohne Zweifel die Bürgerrechtsbewegung (civil-rights-movement) der schwarzen Minderheitsbevölkerung in den USA. Wenngleich die Bürgerrechtsbewegung in unserer europäischen Erinnerung aufs Engste mit dem Namen Martin Luther King verbunden ist und mit dem von ihm inspirierten Flächenbrand der Aktionen zivilen Ungehorsams in den 50er und 60er Jahren, so knüpft diese Bewegung doch an Vorläufer an, die historisch weiter zurückreichen. Garrow (1986; 1989) und Ward/Badger (2001) haben in ihren detailreichen und präzise recherchierten historischen Chronologien der Bürgerrechtsbewegung auf diese Vorläufer aufmerksam gemacht. Die Autoren lassen ihre Geschichtsschreibung in der Zeit des Zweiten Weltkrieges und in der unmittelbaren Nachkriegszeit beginnen. Sie benennen zwei Startimpulse: Da ist zum einen die Unabhängigkeitsbewegung der schwarzafrikanischen Staaten und das Ende der kolonialen Besatzungspolitik. Getragen von revolutionären Ideologien (Fanon; Memmi; Nkrumah) traten Massenorganisationen schwarzer Gegenmacht ins politische Leben, die Ressourcenausbeutung und ökonomische Enteignung, kulturelle und soziale Unterwerfung, politische Entrechtung und Fremdbestimmung durch koloniale Herrschaft zum Anknüpfungspunkt ihres „Rufes nach Freiheit" (Gandhi) machten. Die afrikanische Unabhängigkeitsbewegung, ihre politischen Begründungs- und Rechtfertigungsmuster und ihre erfolgreichen Instrumente des Widerstandes, waren Lernstoff für die Architekten der amerikanischen civil-rights-Bewegung. Aber auch in den USA wurden schon früh die ersten Fundamente des organisierten Widerstands gegen eine offen rassistisch-segregative Politik und Alltagspraxis gelegt. Der erste ‚Marsch nach Washington' (1941), der unter dem Leitthema des „fair employment" für die Korrektur diskriminierend-ungleicher Zugangschancen zum Arbeitsmarkt, für die Einführung eines gesetzlich garantierten Mindestlohnes und für Mindeststandards arbeitsplatzbezogener Sicherung eintrat, war das erste Signal eines kollektiv sich organisierenden schwarzen Selbstbewußtseins. Die politischen Organisationen der schwarzen Bevölkerung, die sich schon Ende der 40er Jahre konstituieren (Congress of Racial Equality – CORE; National Association for the Advancement of Colored People – NAACP; Urban League) waren das organisatorische Gerüst späterer Mobilisierungskampagnen.

Die jüngere Geschichte der Bewegung des Schwarzen Amerika beginnt Mitte der 50er Jahre inmitten der restaurativen Roll-Back-Politik der McCarthy-Ära. Sie ist eng mit dem Wirken von Martin Luther King verknüpft, der – angeregt durch Arbeiten von Thoreau, DuBois, Gandhi zur Theorie des politischen Widerstands – durch seine Schriften, mehr noch aber durch seine charismatische Führerschaft zur Lichtgestalt eines neuen politischen Selbstbewußtseins der „black nation" wurde. Die unter dem Dach des Southern Christian Leadership Councils (1957 in Atlanta gegründet) sich organisierende

Bewegung verfolgte eine Doppelstrategie: *(1) Direkte Aktionen gewaltfreien Widerstands:* Instrument des Widerstands waren konfrontative Strategien zivilen Ungehorsams – Aktionen also, die durch kalkulierte Regelverletzung (Besetzung von Rathäusern und Ämtern; Sitzblockaden; Boykott-Aufrufe u.a.m.) und gewaltfreien Widerstand die Muster rassischer Segregation aufbrechen ließen, die unter der dünnen Kruste der Gleichheitsideologie verborgen lagen. Waren diese Aktionen zivilen Ungehorsams zielgerichtete und – am Beginn des Medienzeitalters – für die laufenden Fernsehkameras publikumswirksam inszenierte Skandalisierungen rassischer Ungleichheit, so wirkte die zweite Strategie eher still im Hintergrund. *(2) Multiplikatorenprogamme zur Aufklärung und Bewußtseinsbildung:* Getragen von Aktivisten der Bürgerrechtsbewegung, später dann von der akademischen Jugend hatten diese Consciousness-Raising-Kampagnen im Armutsgürtel des amerikanischen Südens das Ziel, eine organisierte Allianz von Gegenmacht gegen rassische Diskriminierung und Segregation aufzubauen. Ihr Fokus lag auf unterschiedlichen Schlüsselstellen der Herstellung gleicher Rechte: Abschaffung aller Restriktionen im Hinblick auf die Ausübung des aktiven und passiven Wahlrechts (noch zu Beginn der 60er Jahre mußten sich schwarze Bürger einem entwürdigenden Examen – voter registration test – stellen, um in den Besitz des Wahlrechtes zu gelangen); Alphabetisierung und die Einführung von kompensatorischen Bildungsprogrammen; Absicherung arbeitsplatzbezogener Risiken; Abbau von Schwellen des Zugangs zu Programmen der Erwachsenenbildung, der Gesundheitssicherung, der Wohn(qualitäts-)sicherung. Beide Aktionsstrategien waren von einer integrativen Perspektive zusammengebunden – dem Glauben an eine demokratische Ressourcenschöpfung durch die Integration der schwarzen Minderheitsbevölkerung in eine gesellschaftliche Wirklichkeit geteilter und gerecht verteilter sozialer Rechte. Ein politisch buchstabiertes Verständnis von Empowerment war (ohne daß dieser Begriff schon zur Verfügung gestanden hätte) so stets roter Faden des Wirkens von Martin Luther King. Das Lebenswerk von M.L.King – so faßt dies Boyte (1984) zusammen – „war getragen von der Grundüberzeugung, daß ganz normale Menschen ihr Leben in die eigene Hand nehmen können. Die größte Leistung der Bürgerrechtsbewegung war für ihn die Auskehr schwarzer Bürger aus der Entmündigung und die Herstellung dessen, was er einmal ‚ein neues Gefühl personalen Wertes' (a new sense of somebodyness) genannt hat" (Boyte 1984 zit. n. Simon 1994, S. 142).

Die Mobilisierung der schwarzen Bevölkerung im industriellen und städtisch geprägten Norden der USA nahm einen anderen Verlauf. Militante Führer wie z. B. Elijah Muhammad (Nation of Islam) und Malcolm X (Organization of Afro-American Unity) formulierten eine radikale Absage an die Philosophie demokratischer Integration, die für King handlungsleitende Denkfigur war. Sie sahen in dieser politischen Orientierung eine ideologische Einzäunung der kollektiven Stärke der „black nation". An die Stelle von kooperativer Verständigungsbereitschaft und gewaltfreiem Widerstand trat hier der Ruf nach schwarzem Nationalismus und separatistischer Politik, ein Ruf, der auch politisch motivierte Gewalt als Mittel gesellschaftlicher Transformation billigte und der gegen Ende der 60er Jahre in Ghettokämpfen, in gewaltsamen

Übergriffen in die weiße Welt und in Gegendemonstrationen der Macht eines bis an die Zähne bewaffneten Staates bedrückende Wirklichkeit wurde. Diese Spaltung in ein integrationistisches und ein separatistisches Lager hat der Bürgerrechtsbewegung viel von ihrer ursprünglichen Schwungkraft genommen. Sie schlug einen tiefen Graben in die solidarische Selbstorganisation des Schwarzen Amerika, der sich auch nach der Ermordung der zentralen Protagonisten beider Lager, Martin Luther King und Malcolm X, nicht mehr schließen ließ (zur Geschichtsschreibung der civil-rights-Bewegung vgl. weiterführend Lawson/Payne 2001; Moosbrugger 2004).

Die civil-rights-Bewegung – so können wir zusammenfassen – hat das Grundkapital einer (sich später dann ausdifferenzierenden) Praxis des Empowerment in politischer Selbstorganisation geschaffen: die Auskehr von Menschen aus ohnmächtiger Resignation und ihre aktive Aneignung von Bastionen der Macht; das Gewinnen von Stärke im Plural des Projektes kollektiver Selbstorganisation; die Entwicklung von durchsetzungskräftigen Instrumentarien eines strittigen bürgerschaftlichen Engagements. Ihre Entwicklungslinien lassen sich bis in die Gegenwart hinein verlängern. Die gerade in den 90er Jahren mit neuer Kraft wieder aufgenommene Debatte um die Gestaltung einer partizipatorischen Demokratie, die eine bürgerferne Stellvertreter-Politik durch ein erweitertes Instrumentarium direkter Bürgerbefragung und basisdemokratischen Volksentscheids ersetzen möchte (zur Einführung in die Theorie der „participatory democracy" vgl. Bachrach/Botwinick 1992), ist ein Zeichen der bis heute wirkenden produktiven Kraft der Bürgerrechtsbewegung. Ein anderes ist die bis in die Gegenwart hinein ungebrochene Lebendigkeit der von Martin Luther King inspirierten Tradition der „Marches on Washington". Die politische Mobilisierung der schwarzen Bevölkerung durch die Nation of Islam (1996) und die Protestbewegung der hispano-amerikanischer Bürger in den USA – ihr Eintreten für die Legalisierung illegaler Aufenthalte, für Einbürgerung und für den Erhalt von Ansprüchen auf öffentliche Sozial-, Gesundheits- und Erziehungsleistungen, welches in einer politischen Großdemonstration in der Bundeshauptstadt (Marcha de la Raza 1996) seinen vorläufigen Höhepunkt fand – sind so nur die letzten Glieder in einer ganzen Kette von Protestbewegungen, die dem Banner eines durch die Bürgerrechtsbewegung politisch buchstabierten Empowerment-Verständnisses folgen.

Feminismus

Die feministische Bewegung ist ein zweiter Motor des Empowerment-Diskurses. Simon differenziert in ihrer historischen Rückschau drei Spielarten des Feminismus. *Der radikale Feminismus* untersucht die Lebenswirklichkeit von Frauen im Widerspruch zwischen demokratischen Gleichheitsversprechungen und Ungleichheitswirklichkeit. Er richtet sein Augenmerk auf die Dechiffrierung von Machtunterlegenheit und Unterdrückung in den sozialen Konstruktionen von Weiblichkeit: die soziale Ungleichheit geschlechtsspezifischer Arbeitsteilung; die Einzäunung des weiblichen Arbeitsvermögens auf den Bereich der unentgeltlichen „Liebesarbeit für andere"; die Verhäuslichung der Frauen im ambivalenten Kontrollzusammenhang von patriarchaler Unterdrückung und Versorgung; die Ideologie des bürgerlichen Eheideals, das in der Unterordnung der Frau unter die Macht des Mannes und in ihrer Einbindung in das Liebesprojekt Familie eine gleichsam ‚natürliche' Seinsbestimmung von Weiblichkeit buchstabiert. *Der liberale Feminismus* zielt auf den Abbau von geschlechtsspezifischen Ungleichheiten, die in Gesetzgebung, Bildungs- und Arbeitsmarktpolitik, Soziale Sicherung eingelassen sind: Demokratisierung der Zugangsrechte zum Lebensgut Bildung; Korrektur geschlechtsspezifisch ungleicher Zugangschancen zu hochbewerteten Arbeitsmarktpositionen (Anti-Diskriminierungs-Gebote im Arbeitsrecht; Gender-Mainstreaming-Programme); Abfederung spezifisch weiblicher Marktrisiken (Erziehungsjahre; Arbeitsplatzgarantien bei befristeten Berufsausstiegen usw.); Ausbau sozialer Sicherungssysteme jenseits des Anspruchserwerbs durch Arbeitsmarkttätigkeit (Anrechenbarkeit von Erziehungsjahren in der Rentenversicherung). *Der sozialistische Feminismus* schließlich rückt die Interferenzen der Unterdrückung zwischen Geschlecht, Rasse und Klassenzugehörigkeit in den Brennpunkt. Untersucht werden hier die kumulativen Effekte der Unterdrückung in der Lebenswirklichkeit von Frauen an den ethnischen und ökonomischen Rändern der Gesellschaft (vgl. weiterführend Lenz/Mae 2006; Löw/Mathes 2005).

Die feministische Kultur ist kritische Wegbegleiterin eines signifikanten Wandels der weiblichen Normalbiographie, der sich seit den 60er Jahren unseres Jahrhunderts in beschleunigtem Tempo vollzieht und der längst auch schon die Ufer der Dritten Welt erreicht hat. Elisabeth Beck-Gernsheim (1983; 1994 a) bringt die Grundlinie dieses Umbruchs in den weiblichen Lebenszusammenhängen auf eine einprägsame Formel: Sie beschreibt diesen Umbruch weiblicher Lebensformen als die Entwicklung „vom Dasein für andere zum Anspruch auf ein Stück eigenes Leben" (so der Titel ihrer Veröffentlichung aus dem Jahr 1983). Die Lebenszuschnitte von Frauen – so diese Formel – verlassen die stereotypen Vorgaben des Geschlechtsschicksals; an die Stelle kulturell normierter Geschlechtsrollenschablonen treten die neuen Freiheiten eigenbuchstabierter Lebensentwürfe und Identitätskonstruktionen. Die diagnostizierte Erosion der Normalzuschnitte von weiblicher Biographie ist in drei Veränderungslinien begründet:

(1) **Die Erweiterung und die Demokratisierung der Bildungschancen:** Die Bildungsexpansion der 70er und 80er Jahre trägt ein weibliches Vorzeichen. War noch gegen Ende der 60er Jahre die Benachteiligung der Mädchen und jungen Frauen in weiterführenden Bildungsgängen ein öffentlicher Skandal, so hat sich im Zeitraum von nur zwei Jahrzehnten eine „revolutionäre Angleichung in den Bildungschancen" der Geschlechter vollzogen (Beck 1986, S. 165). Wenngleich auch heute noch nicht alle geschlechtsspezifisch selektiven Kanalisierungen auf dem Weg zu qualifizierter betrieblicher Bildung und Studienabschluß aufgehoben sind (und sich z.T. erneut vertiefen), so hat sich die Verfügung über das kulturelle Kapital Bildung doch deutlich demokratisiert. Mit der Erweiterung der Bildungschancen gewinnen junge Frauen aber neue Möglichkeiten, die Ungleichheitsmuster der eigenen Lebenslage zu problematisieren, die Rhetorik der Gleichheitsversprechen auf den Prüfstand zu stellen und Selbständigkeit einzufordern. Die Verbesserung der Bildungschancen bedeutet nach Beck-Gernsheim (1983, S. 314) so „Zuwachs an Wissen und damit Macht auf den zahlreichen Kampfschauplätzen des Alltags" – und dies sowohl im Bereich der beruflichen Kon-

kurrenz wie auch im Bereich der partnerschaftlichen Bindungen und der familiären Alltagspraxis.

(2) Die Zunahme weiblicher Arbeitsmarktbeteiligung und die Gewinne zunehmender ökonomischer Unabhängigkeit: Die erhöhten Bildungsqualifikationen von Frauen realisieren sich in einer signifikanten Zunahme von Berufsmotivation und qualifizierter weiblicher Berufsarbeit. Zwar strukturiert sich das Teilsegment des weiblichen Arbeitsmarktes (Beck 1986, S. 168 spricht hier von den „sinkenden Schiffen" der typischen Frauenberufe) ungebrochen durch die „geschlechtsständische Gesetzmäßigkeit der umgekehrten Hierarchie: Je zentraler ein Bereich für die Gesellschaft (definiert) ist, je ‚mächtiger' eine Gruppe, desto weniger sind Frauen vertreten; und umgekehrt: als je ‚randständiger' ein Aufgabenbereich gilt, je weniger ‚einflußreich' eine Gruppe, desto größer die Wahrscheinlichkeit, daß Frauen sich in diesen Feldern Beschäftigungsmöglichkeiten erobert haben" (Beck 1986, S. 166). Und dennoch: Das Gehäuse der Verhäuslichung von Frauen in der ‚Rund-um-die-Uhr-Tätigkeit' des Mutter-Seins bricht auf. Lebensentwürfe, die in das Kollektivprojekt Familie jenseits der Grenzen des Arbeitsmarktes eingesponnen sind, verlieren an Glanz. Die ökonomische Unabhängigkeit, die mit ‚dem eigenen Geld' verbunden ist, die persönliche Zeit, die aus der klaren Trennung von Arbeit und Privatheit resultiert, die Öffnung von neuen Erfahrungs- und Kontaktmöglichkeiten in der Erwerbstätigkeit, die Chancen, in den beruflichen Herausforderungen personale Qualifikationen zu erproben und zu erweitern – alles dies sind sinnstiftende Elemente, die Frauen – jenseits von Klasse und Stand – an Arbeitsmarkt und berufliche Karriereretreppen binden. Die Lebensentwürfe von Frauen, auch dort, wo sie Raum für Kinder und Mutterschaft lassen, sind so deutlich entlang der Reglements des Arbeitsmarktes gestrickt.

(3) Die Selbstverfügung über Körper und Sexualität und die Steuerbarkeit des weiblichen Naturschicksals Mutterschaft: Die sichere Verfügung über Mittel der Empfängnisverhütung und über rechtlich verbriefte Möglichkeiten des Schwangerschaftsabbruchs kann in ihrer Bedeutung für die Herauslösung der Frauen aus traditionellen Vorgaben des Geschlechtsschicksals kaum überschätzt werden. An die Stelle des Naturschicksals Mutterschaft und ungewollter oder falsch getimter Schwangerschaft tritt Eigenentscheidung und bewußte Option. Die junge Frauengeneration kann so – anders als die ihrer Mütter – das Ob, das Wann, die Zahl der Wunschkinder (mit)bestimmen. Zugleich wird die weibliche Sexualität vom „Fatum der Mutterschaft" (Beck 1986, S. 183) befreit und kann auch gegen männliche Normierungen selbstbewußt entdeckt und entwickelt werden.

Beck-Gernsheim bringt diese skizzierten Umbrüche in den weiblichen Lebensentwürfen auf folgenden kurzen Nenner: „Immer mehr Frauen werden durch Veränderungen in Bildung, Beruf, Familienzyklus, Rechtssystem usw. aus der Familienbindung zumindest teilweise herausgelöst; können immer weniger Versorgung über den Mann erwarten; werden – in freilich oft widersprüchlicher Form – auf Selbständigkeit und Selbstversorgung verwiesen. Das ‚subjektive Korrelat' solcher Veränderungen ist, daß Frauen heute zunehmend Erwartungen, Wünsche, Lebenspläne entwickeln – ja entwickeln müssen –, die nicht mehr allein auf die Familie bezogen sind, sondern ebenso auf die eigene Person. Sie müssen, zunächst einmal im ökonomischen Sinn, ihre eigene Existenzsicherung planen, gegebenenfalls auch ohne den Mann. Sie können sich nicht mehr nur als ‚Anhängsel' der Familie begreifen, sondern müssen sich zunehmend auch als Einzelperson verstehen mit entsprechend eigenen Interessen und Rechten, Zukunftsplänen und Wahlmöglichkeiten. Im Ergebnis wird die Macht der Familie, vor allem des Mannes, weiter beschränkt. Frauen heute sind nicht mehr, wie die meisten Frauen der Generation zuvor, um der ökonomischen Existenzsicherung und des Sozialstatus willen auf Ehe verwiesen. Sie können – vielleicht nicht frei, aber doch freier als früher – entscheiden, ob sie heiraten oder allein bleiben wollen; und ob sie, wenn die Ehe nicht ihren Hoffnungen entspricht, gegebenenfalls lieber die Scheidung beantragen als dauernde Konflikte zu ertragen. Das heißt, auch in der weiblichen Normalbiographie setzt allmählich die Logik individueller Lebensentwürfe sich durch" (Beck-Gernsheim 1994 a, S. 122 f.).

Die feministische Bewegung ist schützende Hülle dieser veränderten weiblichen Lebenszuschnitte. Die vielfältigen Projekte, die in der Tradition der Frauenbewegung stehen, erfüllen vor allem drei identitätsstiftende Funktionen: Sie sind zum ersten *soziale Referenzstruktur:* Sie eröffnen Räume der Selbstverständigung, in denen die Bindungskraft machtvoller Geschlechter-Ideologien verblaßt, in weiblicher Sozialisation eingelagerte Abwertungs-, Entfremdungs- und Enteignungserfahrungen kollektiv Sprache gewinnen und verinnerlichte Glaubenssysteme, in denen die Passivität von Frauen, ihre Selbstaufopferung und ihr Aufgehen im „Liebesprojekt Familie" beglaubigt werden, dekonstruiert werden; sie liefern damit Orientierungshilfen in einer immer unübersichtlicher werdenden Welt der Lebensoptionen. Die feministische Kultur ist zum zweiten ein *Optionsraum:* Sie öffnet Frauen Möglichkeitsräume für eigensinnige Entwürfe einer kollektiven Identität, sie markiert Auswege aus der Opferrolle, schafft Ressourcen von Selbstvertrauen und Selbstachtung und eröffnet neue Horizonte des Erprobens, des Experimentierens, des Austestens von Lebensmöglichkeiten und Identitätsbausteinen. Die feminstische Bewegung ist zum dritten schließlich *Unterstützungsressource:* Sie vermittelt in Situationen, in denen die „Fröste der neuen Freiheit" akute Belastungen schaffen und die personalen Kräfte zu überfordern drohen, Mut, Rückhalt und emotionale Unterstützung (vgl. weiterführend Collins 2008; McClaurin/Cole 2001; Pauer-Studer/List 2009).

Die feministische Bewegung begann ihren Siegeszug durch die Erste Welt in den 70er Jahren; sie erreichte schon bald die Ufer der Dritten Welt. Seit Mitte der 80er Jahre (Weltfrauenkonferenz 1985 in Nairobi) verorten sich auch die Projekte und Programme des Feminismus in Ländern des Südens („Gender and Development"-Modelle) explizit im Horizont des Empowerment-Konzeptes. Freilich: Diese feministische Politik der Dritten Welt beansprucht für sich – zunehmend selbstbewußt – einen „zweiten Weg". Gemeinsam ist ihren Praxisformen die Abkehr von einem hegemonialen Diskurs des Nordens, der (gleichsam in Reproduktion verstaubter paternalistischer Muster der Entwicklungspolitik) die Zielsetzungen, Aktionsmuster und Durchsetzungsstrategien der feministischen Bewegung des Nordens unhinterfragt und bruchlos in den Süden exportiert. Gerade in aktuellen Projekten einer empowerment-orientierten Bewegung der Frauen der Dritten Welt dokumentiert sich der Versuch, in der Reflexion von länderspezifisch-eigenen Mustern kultureller, religiöser und geschlechtsständischer Tradition eine autonome

,Gender-Policy' von Frauen für Frauen zu buchstabieren und durchzusetzen – und dies durch die Entwicklung von lokal verorteten Basisinitiativen, durch die Stärkung von kollektiven Organisationsformen und durch den politisch artikulierten Widerstand gegen patriarchale Strukturen der Entrechtung (zum feministischen Projekt in der Dritten Welt vgl. weiterführend Anderson/Siim 2004; Bertelsmann-Stiftung 2009; Elliot 2008).

Selbsthilfe-Bewegung

Die 70er Jahre waren – in den USA wie auch in den anderen Staaten der Ersten Welt – die Dekade der Selbsthilfe-Bewegung. Zwar ist das Selbsthilfe-Prinzip keine Erfindung der Jetzt-Zeit (historische Vorläufer aus der ersten Hälfte des letzten Jahrhunderts sind die Selbstorganisationen der Kriegsbehinderten, der Blinden, der Körperbehinderten, die Anonymen Alkoholiker). Doch erst in dieser Dekade treten die „inszenierten Gemeinschaften" (Puch 1991), die selbstorganisierten bürgerschaftlichen Vernetzungen ihren Siegeszug an. Vor dem Hintergrund einer entwickelten Sozialstaatlichkeit entstand so ein buntscheckiger Wildwuchs von selbstorganisierten Gemeinschaften im Sektor des nicht-marktlichen Dienstleistungstausches, der interessierten Menschen eine Vielfalt von neuen Optionen der Teilhabe eröffnet und ihnen neue tragende Unterstützungsnetzwerke schafft (vgl. zur Einführung Braun/Kettler/Becker 1997; Trojan/Estorff-Klee 2004).

Selbsthilfe ist ein kritisches Gegenprogramm gegen eine zugleich wohlmeinende und entmündigende Staatsfürsorglichkeit, die in immer weiter beschleunigtem Tempo Leistungen und Sicherungen der Daseinsvorsorge aus den primären Netzen familiärer, verwandschaftlicher, genossenschaftlicher und nachbarschaftlicher Nähe ausgrenzt und sie auf die sekundären Systeme professionalisierter und organisierter Leistungsprogramme überträgt. Selbsthilfe ist – jenseits der Sphäre privater Haushalte und diesseits der professionellen Dienstleistungssysteme – die private, nicht marktliche und nicht entgeltliche Produktion und Konsumtion von Gütern und Diensten in der Gemeinschaft von Menschen in gleicher Lage. Sie ist der Versuch von Menschen, in solidarischer Eigenleistung ein Netz sozialer Unterstützung zu errichten, neue Formen der Bewältigung von Lebensproblemen zu erproben und sich Ressourcen von Eigenverfügung und Gestaltungsmacht (wieder) anzueignen. Wir können hier fünf Definitionsmerkmale für Selbsthilfezusammenschlüsse benennen: die Betroffenheit der Mitglieder durch ein gemeinsames Problem; ein (partieller) Verzicht auf die Mitwirkung professioneller Helfer; die Betonung immaterieller Hilfen und der Verzicht auf eine Gewinnorientierung; die Zielsetzung der Selbst- und/oder der Sozialveränderung; und eine Arbeitsweise gleichberechtigter Kooperation und gegenseitiger Hilfe. Selbsthilfezusammenschlüsse werden in der Regel aus der Not geboren. Sie richten sich in jenen Nischen der Lebenswelt ein, die von einer verberuflichten Fürsorglichkeit nicht erreicht werden (Ergänzungsthese: die Selbsthilfe als komplementärer, das professionelle Sozialsystem ergänzender Dienstleistungssektor). Die vielen Gruppen, Initiativen und überregional vernetzten Organisationen, die die Selbsthilfe-Landschaft prägen, produzieren somit unverzichtbare soziale Dienstleistungen eigener Qualität. Sie erfüllen zum einen Hilfebedürfnisse, die im verwalteten Dienstleistungsapparat der Öffentlichen Hand, der Verbände und Versicherungsträger nicht oder nicht zureichend berücksichtigt werden: die Bedürfnisse nach wechselseitiger Hilfestellung und emotionaler Unterstützung, nach Eigenbewältigung von belastenden Lebenssituationen und nach Wiederaneignung von Alltagskompetenzen. Sie sind zum anderen das kritische Korrektiv einer anbieterorientierten Dienstleistungsproduktion – solidarische Orte der Selbstverständigung, in denen Menschen den Mut schöpfen, die eigenen Anliegen, Interessen, Zukunftsphantasien zu entdecken und ihre Forderungen nach Mitgestaltung, Partizipation und Einmischung durchzusetzen. Die Arbeit von Selbsthilfezusammenschlüssen läßt sich durch die Kombination folgender Elemente charakterisieren:

- *Die Betonung der Betroffenenperspektive:* die Akzentuierung der lebensweltlichen Wissensbestände, Situationsdefinitionen und krisenbezogenen Bearbeitungsstrategien der Menschen, die von einem Lebensproblem betroffen sind und durch diese Betroffenheit zu ‚Experten in eigener Sache' geworden sind.
- *Die Initiierung von selbstorganisierten Hilfe- und Dienstleistungen:* die gemeinschaftliche Erstellung von Sozialprodukten praktischer und kommunikativer Natur (handfeste instrumentelle Lebenshilfen; Information; emotionale Unterstützung; Ich-stärkende und identitätsbeglaubigende Rückmeldungen der anderen), die durch das professionelle Sozialsystem nicht oder nur unvollständig erbracht werden (können); das Zusammenfallen von Produktion und Konsumtion dieser Hilfe- und Dienstleistungen im gleichberechtigten wechselseitigen Austausch.
- *Die Inszenierung von sozialer Nähe und Gemeinschaft:* die Erfüllung von psychosozialen Grundbedürfnissen, vor allem Isolationsaufhebung, Kommunikation und Geborgenheit, d.h. die Produktion von emotionalen Leistungen, die weder in den Zusammenhängen primärer sozialer Netzwerke noch in der affektneutral strukturierten Dienstleistungsproduktion hergestellt werden können.
- *Die Einübung der Betroffenen in die Rolle von kritischen Konsumenten sozialer Dienstleistungen:* die gemeinschaftliche Erstellung eines Wissens- und Erfahrungspools, auf den die Mitglieder zurückgreifen können, um informiert und zielgerichtet Leistungen aus dem Angebot des professionellen Sozialsystems auswählen zu können und die Machtungleichheitsrelation der institutionellen Interaktion zumindest ein Stück weit zu korrigieren; die Einforderung von institutionalisierten Verfahren der Konsumenten-Mitbestimmung in der Gestaltung von sozialen Dienstleistungen.
- *Die Ausübung eines sozialpolitisch relevanten Einflusses:* eine authentische Bedürfnisartikulation und Interessenvertretung nach außen; die Einforderung von Partizipationsrechten in der Arena der politischen Entscheidung und der praktischen Implementation von Dienstleistungsprogrammen.

In einem frühen Beitrag zur Diskussion, dessen Diagnosen freilich nichts an Aktualität eingebüßt haben, fassen Berendt u. a. (1983, S. 26) den Forschungsstand wie folgt zusammen: „Selbsthilfegruppen erfüllen vielfach eine ergänzende Funktion für die institutionalisierte professionelle Versorgung. Sie wirken hierdurch u. a. auch dem weiteren Anstieg der professionellen Leistungen entgegen (z. B. in der Nachsorge und beim Umgang mit Lebensproblemen). Selbsthilfegruppen verändern die professionellen Helfer, mit denen sie zusammenarbeiten und werden auf diese Weise weit über den Kreis der eigentlichen Gruppenmitglieder wirksam. Selbsthilfegruppen ‚diagnostizieren' Mängel des professionellen Systems, indem sie es kritisieren und stellen eine authentische Interessenvertretung für alle von dem jeweiligen Gesundheitsproblem Betroffene dar. Erfolgreiche Interessenvertretung der Betroffenen bedeutet ein Gegengewicht zu der bisher überwiegend anbietergesteuerten Ausdehnung von Gesundheitsleistungen, die leicht an den Bedürfnissen der Betroffenen vorbeigeht. Selbsthilfegruppen erfüllen zugleich psychosoziale Grundbedürfnisse z. B. nach Kommunikation, Zuwendung, Isolationsaufhebung u.ä., die außerhalb des Versorgungsanspruchs der professionellen sozialen Dienste liegen."

Die Selbsthilfe-Bewegung hat im angloamerikanischen Raum und mit einiger Zeitverzögerung dann auch in der Bundesrepublik insbesondere auf drei Schauplätzen eine besondere Bedeutung gewonnen: *(1) Gesundheitsselbsthilfe:* die Selbstorganisation von chronisch kranken und behinderten Menschen, die – eingebunden in schützender Gemeinschaft – neue Ressourcen der Krankheitsbearbeitung und der Lebensgestaltung schöpfen und zugleich im Sinne einer advokatorischen Interessenvertretung nach außen einen Abbau von Strukturen der Entmündigung in Rehabilitationsmedizin, Pflegeversorgung und Alltagsunterstützung einfordern (vgl. einführend Badura u. a. 1996; Borgetto 2004; Hundertmark-Mayser 2004). *(2) Konsumenten-Kontrolle:* eine (insbesondere in den USA sehr durchsetzungsstarke) Verbraucherschutz-Bewegung, die nicht nur materielle Güter, sondern auch immaterielle soziale Dienstleistungen einer rigorosen Qualitätskontrolle unterzieht und (durch Sitz und Stimme in Beiräten, Aufsichtsräten und politischen Ausschüssen; durch die advokatorische Arbeit in Beschwerde- und Mediationszentren usw.) aktiv Einfluß auf eine konsumentenorientierte Steuerung der Dienstleistungsgestaltung nimmt (vgl. von Kardorff 1998). *(3) Selbstbestimmt-Leben-Bewegung (Independent-Living) von Menschen mit Behinderung:* die Selbstorganisation von Menschen mit Behinderung, die sich gegen die entmündigenden Strukturen einer ‚behindernden Umwelt' (baulich-architektonische und vorurteilsgeprägte soziale Barrieren; eine Rehabilitationsmedizin, die eine Unterordnung des gesamten Lebensvollzugs unter therapeutische Reglements erzwingt; die Dauerabhängigkeit von den Pflegeleistungen und Alltagshilfen Dritter; die Ausgrenzung des behinderten Arbeitsvermögens in den Sonder-Arbeitsmarkt der Werkstätten für Behinderte) zur Wehr setzt und in allen diesen Lebenskreisen ein Mehr an Selbstbestimmung und autonomer Lebensgestaltung einfordert (vgl. Charlton 2004; Keys/Dowrick 2001; Theunissen 2005; 2009; Theunissen/Schwalb 2009; Zames-Fleischer/Zames 2001).

„Community Action"-Programme und Gemeindepsychologie

Nachbarschafts- und gemeinwesenbezogene Projekte haben in den USA eine lange Tradition. Denn: Früher schon als in anderen entwickelten Staaten wurden hier die sozialen Erschütterungen einer tiefen Spaltung der Stadt sichtbar – soziale Segregationsprozesse entlang der scharfen Grenzen von ethnischer Herkunft und ökonomischem Status, die sich frei von Interventionen und Kanalisierungen der Stadtentwicklungsplanung ungebremst vollzogen. Diese Programme, die sich gegen diese Prozesse der Segregation und der darin eingelagerten Verelendung städtischer Teilräume zur Wehr setzten, variieren in ihren Graden von Radikalität. Am äußersten linken Rand des politischen Spektrums angesiedelt sind die Projekte der „radical community work", deren Tradition vor allem mit dem Namen Saul Alinsky (1974; 1984) verbunden ist. Alinsky begann bereits in den 30er Jahren in den Slums von Chikago, Mieterorganisationen und lokal verortete Bürgerrechtsgruppen aufzubauen. Community-Arbeit ist für ihn eine Technik des sozialen Widerstands – der Versuch von Menschen, sich in solidarischer Organisation ein Stück Macht anzueignen, um die Unterdrückungsmechanismen, die für menschenverachtende Lebensumstände verantwortlich sind, aufzubrechen. Die beiden Säulen seiner politischen Mobilisierungsarbeit sind: die Bildung von „Macht-Koalitionen" (power coalitions) quer durch die Trennungslinien sozialer und ethnischer Segregation und die Entwicklung von „konfrontativen politischen Durchsetzungsstrategien" (confrontative strategies), die die Legitimität staatlicher und kommunaler Wohlfahrts- und Housing-Programme herausfordern und durch die Schaffung eines breiten Umfeldes von Zustimmung und Unterstützung auch in Bevölkerungskreisen mit nur mittelbarer Betroffenheit eine staatliche ‚Politik der Nicht-Beachtung' auf den Prüfstand stellen. Die Schriften von Alinsky sind so – in militanter Sprache verfaßt – ein „Manual für Rebellen" (so der Titel seines 1946 erschienen Buches; dt. 1974). Diese Handreichungen zur Eroberung der Macht wurden in der schwarzen Bürgerechtsbewegung und in der politischen Selbstartikulation von Migranten und ethnischen Minderheiten breit rezipiert. Alinsky lehrte, ‚Menschen zu organisieren'; seine Bücher schrieb er im Gefängnis.

Rückenwind der Mehrheitspolitik gewannen die Community Action-Programme durch den Equal Opportunity Act des Jahres 1965, der Teil des von Präsident L.B. Johnson ausgerufenen „Kampfes gegen die Armut" war. Dieses öffentliche Programm stand unter der Leitformel der „größtmöglichen Partizipation der Bürger" (maximum feasible participation). Es schuf das rechtliche Fundament für eine Politik der Bürgereinmischung, in deren Horizont stadtteilbezogene Planungsvorhaben, Infrastrukturmaßnahmen und Dienstleistungsprogramme notwendig an formale Verfahren der Bürgerbeteiligung und des Bürgerentscheides gebunden sind (Stichwort: community control). Zugleich schuf dieses Programm das ökonomische Fundament für die Implementation einer Vielzahl von Modellprojekten zur gemeindlichen (Selbst-) Organisation. Eine Rückschau auf diese nunmehr 30-jährige Tradition der Community-Organization-Bewegung dokumentiert ein weites, in seiner Vielfältigkeit kaum zu überschauendes Spektrum von unterschiedlichsten Projektansätzen, das hier nur benannt, nicht aber weiter ausgeführt werden kann (vgl. weiterführend Chaskin 2001; Marsden 2008; Mayo 2002): „Tenentrights"-Organisationen, die für die Umwandlung von Nutzungsverträgen für städtischen (Not-)Wohnraum in Mietverträge mit verbrieften Schutzklauseln eintreten; „Anwaltsplanung" im Kontext von ortsbezogenen Sanierungsprogrammen; architektonische „Gentrification-Programme", die eine signifikante Aufwertung der Qualität von Wohnungen und von Wohnumfeldern zum Ziel haben, ohne alteingesessene und zumeist mietschwache Bewohner über das Instrument der Mietpreissteigerung zu vertreiben; die Installation von Nachbarschaftsbeiräten, die in kommunalen Verfahren der Sozialraum- und Infrastrukturplanung Sitz und Stimme haben; die Schaffung von Krisenhilfen, Mediationsverfahren und Schuldenausgleichsfonds, die in Fällen drohender Zwangsräumung ein Netz präventiver Wohnsicherung aufspannen; die Wiederbeheimatung von wohnungslosen Menschen; der Abbau sozialräumlicher Segregation und ethnisch entmischter Sukzession (Ghettobildung) durch steuerbegünstigte ‚Incentive'-Programme zur Förderung des privaten Wohnungsbaus und zur Ansiedlung von Dienstleistungsgewerbe; die Verbesserung städtischer Teilräume durch Umnutzung und durch die Verlagerung zentrumsnaher industrieller Nutzungen an die Peripherie der Städte („Industrieparks"); der Aufbau einer rechtlichen Interventionsapparatur gegen spekulative Leerstände – die Liste ließe sich fortsetzen. Das nationenweite Programm „Empowerment Zones/Enterprise Communities" – 1993 von Präsident Clinton ins Leben gerufen – ist hier das letzte Glied in einer langen Kette von Entwicklungsprojekten in benachteiligten Stadtteilen, die durch die Stärkung von wirtschaftlicher Standortqualität und Infrastrukturpolitik, durch die Verbesserung von Wohn- und Wohnumfeldqualität und die Förderung einer lokalen Kultur der Kommunikation und der sozialen Verantwortung eine spezifische sozialräumliche Wertschöpfung zum Ziel haben (vgl. Metzner 2009; Wright 2001).

In den 70er Jahren verknüpften sich diese Community Action-Programme mit einer zweiten sozialökologischen Reformbewegung: die Gemeindepsychologie. Programmatische Zielsetzungen der Gemeindepsychologie sind: (1) der Aufbau eines niedrigschwelligen, vernetzten und ganzheitlich orientierten Netzes psychosozialer Unterstützung im Stadtteil; (2) die ‚Beheimatung' der Bewohner und die Entwicklung von Mustern der Identifikation mit sozialräumlichen Umwelten (sense of community); und (3) die Förderung von Organisationen bürgerschaftlicher Selbstbestimmung, die zu Motoren sowohl der personalen Selbstbemächtigung als auch der sozialen Umweltgestaltung werden können. Die Gemeindepsychologie begreift soziale Probleme, Entmutigung und resignativen Rückzug als (fehlschlagende) Lösungsversuche des Subjekts im Spannungsfeld zwischen individuellen Bedürfnissen und strukturellen Lebensrestriktionen. Die ‚Gemeinde' ist das für das Subjekt sozialräumlich konkret verfügbare Ensemble von materiellen, ökologischen und sozialkulturellen Ressourcen. Das gemeindepsychologische Projekt zielt nun auf eine Optimierung der Person-Umwelt-Transaktionen: Die professionelle Unterstützung hat zum Ziel, ihren Adressaten Hilfestellungen für eine fokussierte und problemgenau zugeschnittene Wahrnehmung und Nutzung von lebensweltlichen Ressourcen zu vermitteln und so eine gelingende Bearbeitung immer wiederkehrender Belastungen zu stützen. Keupp (1990, S. 108 f.) kennzeichnet die gemeindepsychologische Interventionskultur durch drei Prinzipien: *Gemeindenähe*: Gemeindepsychologie bemüht sich um den Aufbau und die Erprobung von niedrigschwelligen Praxisformen psychosozialer Intervention, die in die sozialräumliche Lebenswelt eingelagert sind, die alltagsbezogen arbeiten und die Selbstorganisation der Lebenspraxis der Betroffenen befördern. *Netzwerkförderung:* In einer gesellschaftlichen Situation, die durch eine beschleunigte Individualisierung und die Erosion traditioneller Solidaritätsgemeinschaften gekennzeichnet ist, zielt das gemeindepsychologische Bemühen auf die Schaffung und die Förderung von Gelegenheitsstrukturen für die Entstehung von selbstorganisierten Gemeinschaften. Nicht die bloße Verteidigung traditioneller Vergesellschaftungsmuster (Rettung der Liebe, der Familie, der Nachbarschaft) ist hier Programm, sondern die Inszenierung neuartiger und selbstgewählter Solidaritätsnetzwerke. *Demokratische Partizipation:* Gemeindepsychologie vertritt schließlich eine eindeutige Werteposition, die (gerade im Hinblick auf Adressatengruppen an den äußeren Rändern des gesellschaftlichen Wohlstandes) engagiert für ein Mehr an Chancengleichheit im Zugang zu materiellen, sozialen und kulturellen Ressourcen eintritt. Zusammenfassend bringt Keupp (1991) Zielstellung und Wertebasis des gemeindepsychologischen Programms auf folgende Formel: „In einer Gesellschaft, deren Veränderungsdynamik zu einem zunehmenden Zerfall von traditionellen kollektiven Lebensformen führt und Individualisierung fördert, bezieht die Gemeindepsychologie bewußt eine Position, die (sich) auf die Förderung neuartiger kollektiver Lernprozesse und Beziehungsmuster bezieht. Es kann nicht um die bloße Verteidigung traditioneller Vergemeinschaftungsmuster gehen..., notwendig ist vielmehr die gezielte Initiierung und Unterstützung von Gelegenheitsstrukturen für die Entstehung selbstorganisierter Projekte und Gruppen (das Prinzip ‚Netzwerkförderung'). Solche Initiativen haben dort die besten Chancen, wo ökonomische, soziale und kulturelle ‚Kapitalien' in ausreichendem Maße vorhanden sind. Professionelle und sozialpolitische Schwerpunkte müssen deshalb vor allem dort gesetzt werden, wo sich psychosoziale und gesundheitliche Problemlagen als Ausdruck sozioökonomischer Unterprivilegierung begreifen lassen, die auch das Potential an produktiver Selbstorganisation einschränkt. Gemeindepsychologie vertritt eine eindeutige Werteposition, die ihre theoretischen und praktischen Bemühungen durchdringt. Sie geht von der Einsicht aus, daß viele Belastungen und Lebensprobleme auf die ungerechte Verteilung gesellschaftlicher Ressourcen zurückgeführt werden kann. Erforderlich ist deshalb ein tiefgreifender gesellschaftlicher Wandel, der zu mehr Chancengleichheit im Zugang zu materiellen und ideellen Ressourcen führt. Hinzu kommt die Forderung nach mehr kultureller Mannigfaltigkeit für die Wahl eigenständiger Lebensformen und die Überwindung rigider Normalitätsstandards, die Ausgrenzung und Stigmatisierung fördern" (Keupp 1991, S. 490; vgl. weiterführend Lenz 2007; Lewis 2003; Rappaport/Seidman 2000).

Kampagnen zur Bildung eines politischen Bewußtseins

Großen Einfluß auf die Formulierung der Empowerment-Praxis in den USA hatten schließlich auch die Arbeiten des brasilianischen Pädagogen und Sozialreformers Paulo Freire (vgl. Freire 1973; 1995 ff.; weiterführend Evans

1992; Kaltmeier 2004). Zu Anfang der 60er Jahre begann Freire in den Gemeinden der brasilianischen Landbevölkerung sein Programm der Alphabetisierung und der politischen Mobilisierung. Ganz in der Tradition einer aufklärenden Pädagogik stehend ging die Zielsetzung dieses Programms über das Lernen von Lesen und Schreiben hinaus. Ziel war es, über die „De-Codierung von Schlüsselwörtern" (z. B. ‚Lohn'; ‚Arbeiterschaft'; ‚Kapital') die in Sprache eingelassenen realen Lebensverhältnisse der Landbevölkerung zu thematisieren und strukturelle Muster der Entmündigung und der Unterdrückung zu dechiffrieren. Die Erfahrungen dieser ersten Aufklärungskampagnen, die Freire dann in den 70er Jahren im Auftrag des Weltkirchenrates/Genf in eine Vielzahl von weiterführenden Programmen in Lateinamerika und Afrika übersetzte, sind das Basismaterial auch für sein theoretisches Projekt. Im Mittelpunkt steht hier das „*Konzept der Bewußtseinsbildung*" (conscientization), das zugleich auch sein Verständnis des Auftrages von Erziehung spiegelt. Erziehung ist nach Freire stets ein interessengeleitetes, normatives Unternehmen. Die Aufgabe von Erziehung ist es im Spiegel dieses Verständnisses, Menschen das Werkzeug an die Hand zu geben, durch das sie ein kritisch-analytisches Verständnis ihrer Welt gewinnen und zu Subjekten der sozialen und politischen Selbstgestaltung werden können. Kritisches Wissen und die Fähigkeit zur Gestaltung von Lebenswelt sind aber keine Importe eines pädagogischen Experten – sie müssen vielfach gar gegen ein pädagogisches Programm durchgesetzt werden, das erforschendes Lernen stillstellt und so Komplize einer Ideologie der Unterdrückung ist. Kritisches Wissen und Gestaltungskraft sind vielmehr Qualifikationen, die im dialogischen Lernen mit anderen Menschen in gleicher Situation kollektiv generiert werden. Das Konzept der Bewußtseinsbildung bezeichnet so einen „Prozeß, in dessen Verlauf Menschen – nicht als Empfänger (von ‚pädagogischer Ware'; N.H.), sondern als kundige Subjekte – sich ein vertieftes Verständnis der sozialen Realität erarbeiten, die ihre Lebensaktualität formt, wie auch die Fähigkeit gewinnen, die Wirklichkeit zu transformieren" (Silva 1979 zit. n. Simon 1994, S. 140). Freire formuliert für seine aktivierende Gruppenarbeit eine „Methodologie der drei Schritte": *(1) Engagiertes Zuhören:* In dieser ersten Phase geht es darum, die Mauer des Schweigens einzureißen und Anstöße für eine Erinnerungsarbeit zu geben, in der die biographische Geschichte als Teil einer kollektiven Geschichte aufscheint. Diese Erinnerungsarbeiten aller Beteiligten verdichten sich in der Formulierung gemeinsamer Problemthemen, der Festlegung von Prioritäten und der Buchstabierung von Schrittfolgen der Problembearbeitung. *(2) Problemanalytischer Dialog:* Der kritische und befreiende Dialog bedient sich sogenannter ‚Codes'. Codes – das sind nach Freire Repräsentationen und Vergegenständlichungen der kollektiven, sozialräumlich verorteten Lebensprobleme. Rollenspiele, Video-Dokumentationen des Barrios, das Durchforsten von Archiven, investigative Interviews mit Bezugspersonen der eigenen Lebenswelt, Zeitzeugen, lokalen Schlüsselpersonen u.a.m. sind Mittel zur Erstellung dieser Codes. Im problemanalytischen Dialog funktionieren diese Codes als Projektionsflächen für kollektive Lebenserfahrungen. Mit ihrer Hilfe werden Feindiagnosen multipler Problemfacetten erarbeitet, neue Fäden einer sozialen Verbundenheit zwischen den Bewohnern hergestellt und handfeste Visionen einer Veränderung lokalräumlicher Lebensqualität formuliert. *(3) Soziale Aktion:* In dieser letzten Phase vergegenständlicht sich das kollektiv generierte kritisch-analytische Wissen in sozialer Aktion. „Die Menschen testen ihre analytischen Denkgebäude in der wirklichen Welt; sie treten ein in einen erweiterten Kreis der Reflexion, der den Input neuer Erfahrungen aus ihrem experimentellen Handeln einschließt. Diese beständige Spirale von Aktion-Reflexion-Aktion ermöglicht es den Menschen, in diesen kollektiven Versuchen der Veränderung neue Lernerfahrungen zu sammeln und ein vertieftes Engagement in der Bearbeitung kultureller, sozialer und historischer Lebensbarrieren zu entwickeln" (Wallerstein/Bernstein 1988, S. 383). Die hermetische Dichte von Armut und Marginalisierung, die die Lebenssituation der Bewohner der Favelas Lateinamerikas damals wie heute prägt, macht nach Freire eine vollständige (und schon gar eine kurzfristige) Realisierung von Lebensvisionen nur schwer erreichbar. Wenngleich sich also die Grenzen eines eingezäunten Lebens nur schwer erweitern lassen, so setzen diese Prozesse kognitiven, emotionalen und strategischen Lernens, in denen eine eingeübte Kultur des Schweigens und feste Muster der Selbstattribution von Versagen, Schuld und Inkompetenz aufgebrochen werden, doch Zukunftsperspektiven eines besseren Lebens frei, die – in weiten Zeithorizonten – Motor für Lebensveränderung sein können. In seinem Nachruf faßt McLaren (1997) das pädagogische Lebenswerk von Paulo Freire in folgende Worte: „Freires Alphabetisierungskonzeption basiert auf der Anerkennung der jeweils vorhandenen Volkstraditionen und ihrer kulturellen Grundlagen, sowie auf der Einsicht, daß die Konstruktion von Wissen ein kollektives Projekt ist. Indem Freire die gesellschaftstheoretischen Basiskategorien wie Geschichte, Politik, Ökonomie und Klasse mit theoretischen Konzepten von Kultur und Macht verband, entwickelte er sowohl eine Sprache der Kritik als auch eine Sprache der Hoffnung, die sich im dialektischen Bezug wechselseitig stärken und die nachweisbar dazu beigetragen haben, daß Generationen entrechteter Menschen sich selbst befreien konnten. ... Er gab dem Wort ‚Pädagoge' eine neue Bedeutung, indem er diesen Begriff multiperspektivisch erweiterte: der Pädagoge – ein intellektueller Grenzgänger, sozialer Aktivist, kritischer Forscher, Sozialisationsagent, radikaler Philosoph und politischer Revolutionär. Mehr als jedem anderen Pädagogen dieses Jahrhunderts ist es Freire gelungen, eine Pädagogik des Widerstandes gegen die Unterdrückung zu entfalten" (McLaren 1997, S. 288). Dieses Konzept einer „Pädagogik der Bemündigung" hat nicht nur in der Dritten Welt weiterführende gemeinwesenorientierte Empowerment-Projekte inspiriert. Es hat auch in der Ersten Welt Niederschlag in Schulprogrammen (Shor 1987), Gesundheitserziehung (Wallerstein 1992; 1993) und Theaterpädagogik (Haug 2005) gefunden.

Ziehen wir eine erste Zwischenbilanz: Die Geschichte des Empowerment-Konzeptes in den USA fällt zusammen mit der Geschichte der Sozialen Bewegungen. Selbstbemächtigung und Eigenverfügung über die Baupläne des eigenen Lebens – so lautet die Botschaft der Sozialen Bewegungen – sind das Produkt der selbstaktiven Felder solidarischer Selbstorganisation. Mit ihrer Akzentuierung von solidarischer Vernetzung, Selbstorganisation und politikwirksamer Selbstvertretung formulieren diese bürgerschaftlichen Bewegungen ‚zwischen den Zeilen' eine radikale Absage an den Defizit-Blickwinkel, der die (politische und pädagogisch-praktische) Wahrnehmung von Menschen jenseits der Grenzen gesellschaftlicher Inklusion über lange Zeitstrecken hinweg geprägt hat. Diese Menschen werden hier nicht mehr allein im Fadenkreuz ihrer Lebensunfähigkeiten und Hilflosigkeiten wahrgenommen. Im Zentrum stehen vielmehr ihre Stärken und Fähigkeiten, im solidarischen Bündnis mit anderen auch in Lebensetappen der Schwäche und der Demoralisierung eine produktive Lebensregie zu führen und gestaltend die Umstände und Situationen der eigenen Lebenspraxis zu modellieren.

Die Relationen zwischen Sozialen Bewegungen und beruflicher Sozialer Arbeit waren und sind nicht einfach: Die Sozialen Bewegungen begegnen der institutionalisierten Fürsorglichkeit vielfach mit Grenzziehung und kritischer Distanz. Die Ablehnung einer entmündigenden sozialen Expertokratie, die Kritik an einer ungebremst voranschreitenden Verrechtlichung und Verbürokratisierung mitmenschlicher Hilfen und der Ruf nach dem Ende einer staatlichen Kolonisierungspolitik, die unter dem Deckmantel pädagogisch-therapeutischer Assistenz ihre Interventionen in immer neue Reviere des Alltags trägt – alle diese Kritikformen, die ‚common ground' der unterschiedlichen Spielarten sozialer Bewegungen sind, verweisen die Soziale Arbeit in das Lager der Gegner. Wenngleich also vielfach der Eindruck einer unversöhnlichen Gegnerschaft vorherrscht – es gibt Brückenschläge. Das von den Sozialen Bewegungen ausgearbeitete Konzept von Empowerment hat in der Sozialen Arbeit deutliche Spuren hinterlassen. Mit Simon (1994) können wir diese Spuren an zwei Orten auffinden:

(1) Solidarische Professionalität – die Entwicklung einer neuen Kultur des Helfens: Spuren der Veränderung werden vor allem im Umbau des professionellen Selbstverständnisses der Sozialen Arbeit sichtbar. Die Soziale Arbeit nimmt – noch zögernd und erprobend – Abschied von der Expertenrolle, sie verläßt die bislang sicheren Bastionen hoheitlicher Eingriffsrechte und Kontrollbefugnisse. Die pointierten und in ihrer Radikalität vielfach auch überzeichneten Absagen an die Hegemonie der Experten, wie sie von den Vertretern der sozialen Reformbewegungen vorgetragen worden sind, haben eine Erfahrung klar konturiert: Die Soziale Arbeit bedarf, will sie erfolgreich sein, der produktiven Mitarbeit ihrer Adressaten. Eine solche produktive Kooperation aber läßt sich nicht zwangsverordnen; sie ist unter den Bedingungen struktureller Zwangsmacht nicht herstellbar. Für die Soziale Arbeit bedeutet dies aber die Notwendigkeit, auf die Insignien von Expertenmacht zu verzichten und sich in der helfenden Beziehung mehr und mehr auf einen Interaktionsmodus konsensorientierter Aushandlung einzulassen. Die psychosoziale Praxis kann sich nicht länger auf verbriefte Eingriffsbefugnisse zurückziehen. Sie muß vielmehr die authentischen Problemerfahrungen, Situationsdefinitionen und Lösungsperspektiven ihrer Adressaten aufgreifen und sich stets aufs Neue der Übereinstimmung zwischen dem pädagogischen Handeln und den subjektiven Intentionen und Interessen der Betroffenen versichern. „Eine situationsnahe Sozialarbeit ist immer weniger in der Lage, die Probleme der

Adressaten ihres Handelns und ihre Interventionsstrategien vom grünen Tisch aus zu definieren und zu konzipieren. Sie muß sich immer breiter auf Aushandlungsprozesse mit den Adressaten einlassen, die die Interventionsstrategien und Dienstleistungsangebote nach ihrem Gebrauchswert beurteilen" (Müller/Otto 1980, S. 22). Was hier als Ziel formuliert wird, das ist nicht weniger denn *die Entwicklung einer neuen Kultur des Helfens und die Formulierung einer solidarischen Professionalität,* die das Selbstbestimmungsrecht der Adressaten und die Anerkennung ihrer Lebensentwürfe auch dort, wo diese aus den Normalitäts- und Toleranzzonen der beruflichen Helfer herausfallen, zum Fundament beruflichen Handelns macht. Thiersch/Rauschenbach (1984, S. 1008) skizzieren die Grundrisse dieser solidarischen Professionalität wie folgt: „Pädagogisches Handeln, soll es zu einem gelingenderen Alltag beitragen, meint Kompetenz zum Handeln im Kontext gegebener Alltagserfahrungen, meint (für den Pädagogen; N.H.), diesen Alltag ernst nehmen, aushalten, teilen und ebenso aus seinen eigenen, produktiven Möglichkeiten heraus Lernprozesse initiieren, meint, Alltag strukturieren, aufklären und verbessern. Der Bezug zwischen Menschen, die sich so aufeinander einlassen, soll zum einen kein autoritär-hierarchisches Verhältnis, sondern prinzipiell reversibler Umgang wechselseitigen Lernens und Helfens sein, soll aber zum anderen gleichwohl den Betroffenen Angebote zu neuen Erfahrungen, notwendigen Klärungen und unvermeidlichen Hilfen vermitteln." Diese neue Kultur des Helfens ist getragen von der Anerkennung des Eigen-Sinns des Adressaten und der Autonomie seiner Lebenspraxis. Nicht das Zuschneiden alltagsweltlicher Lebensentwürfe auf die Schnittmuster einer ‚durchschnittlichen' Normalität ist hier Programm, sondern die Förderung und die Unterstützung einer vom Adressaten sozialer Hilfe nach eigenen Maßstäben buchstabierten Lebenssouveränität.

(2) Engagierte Parteilichkeit – Allianzen zwischen Sozialer Arbeit und Sozialen Bewegungen: Die Geschichte des Empowerment-Konzeptes ist immer auch die Geschichte von Mitarbeiterinnen und Mitarbeitern sozialer Dienste und Einrichtungen, die in engagierter Parteilichkeit für die Belange dieser Reformbewegungen eingetreten sind und in diesen Bewegungen eine eigene berufliche Identität als gesellschaftsverändernde Akteure formuliert haben. In den USA nahmen Sozialarbeiter teil an der Bürgerrechtsbewegung, an den Anti-Armutskampagnen, an der Friedensbewegung, an der Projektkultur des Feminismus und der Selbsthilfe-Bewegung, an den Programmen zur Verbesserung ökologischer Lebensqualität und gemeindlicher Selbstorganisation. Und auch in der Bundesrepublik sind die Erfolgsgeschichten der sozialen Bewegungen (Frauen-, Ökologie- und Gesundheitsselbsthilfe-Bewegung wie auch die vielen Projekte im Alternativen Sektor und im Bereich der gemeindenahen psychosozialen Dienstleistung) eng mit dem parteilich-unterstützenden Engagement sozialer Professionals verbunden. Im Mittelpunkt steht hierbei stets die programmatische Forderung, daß die beruflichen Helfer sich aktiv in die Lösung gesellschaftspolitischer Probleme einbeziehen und so zu „Agenten des sozialen Wandels", zu „politischen Aktivisten", zu „teilnehmenden Konzeptbildnern und Mediatoren" werden sollen. Im Mittelpunkt steht auch die Einsicht, daß die Modellfigur des wertneutralen Experten eine ideologische Fiktion ist, daß die Soziale Arbeit vielmehr gerade dort, wo sie explizite Wertentscheidungen vermeidet und auf die Leitplanken ausformulierter berufsethischer Standards verzichtet, zum Träger unreflektierter Interessen wird und stillschweigend Partei ergreift. Auch wenn aus heutiger Sicht viele der in früheren Jahren vertretenen Positionen einen naiv-idealistischen Anstrich haben mögen (die Überschätzung der Spannweite staatlicher Reformbereitschaft; die mangelnde Antizipation der neuen Knappheitsrelationen wie z. B. wachsende Staatsverschuldung und Finanzkrise, Rationalisierung der Arbeitswelt und beschleunigte ‚Freisetzung' von Arbeitsvermögen; die Erweiterung der Armutspopulation), so ist der sozialarbeiterischen Identität doch das explizite Eintreten für gesellschaftliche Veränderungen als Bedingung für die Verbesserung individueller Entfaltungsmöglichkeiten geblieben.

2.2 Individualisierung und Empowerment

Die Entwicklung der Neuen Sozialen Bewegungen im deutschsprachigen Raum ist – bei allen kulturellen, politischen und sozialen Differenzen gegenüber den USA – in weitgehend parallelen Spuren verlaufen. Die bunten Spielarten der Neuen Sozialen Bewegungen (Frauenbewegung; Ökologie- und Friedensbewegung; Bürgerinitiativ-Bewegung und Alternative Kultur) – so divergent und schnell-lebig sie auch sein mögen – transportieren Kultur- und Demokratiemuster, die den engen Panzer einer weitgehend sozialtechnisch ausgerichteten politisch-administrativen Expertokratie aufgebrochen haben und die gerade jenen Bevölkerungsgruppen, die in der Vergangenheit sprachlos waren, neue Freiräume der Artikulation und der Teilhabe eröffnet haben. Zu diesen ‚Errungenschaften' zählen u. a.: die Erweiterung der gesellschaftlichen Toleranzzonen im Hinblick auf Eigen-Sinn, Differenz und Pluralität von Lebensstilen, die den Mainstream einer verkrusteten Normalität hinter sich gelassen haben; die Entlegitimierung einer „Politik der Arroganz", in der die Herrschaftsansprüche einer technokratischen Problemlösungsexpertokratie in Politik, Verwaltung und sozialer Dienstleistungsbranche deutlich sichtbar werden, und die Formierung von bürgerschaftlicher Gegenmacht; die Stärkung von partizipativen und basis-demokratischen Verfahren in der Arena öffentlicher Meinungsbildung und politischer Entscheidung (vom Bürgerentscheid für die Errichtung einer bestimmten Schulform bis hin zum kollektiven Widerstand gegen den Transport der Castor-Behälter). In der Zwischenzeit liegen einige mit Gewinn zu lesende Untersuchungen vor, die die kulturellen Verwerfungen und strukturellen Wandlungen, welche von den neuen sozialen Bewegungen ausgelöst worden sind, in detaillierten historischen Rekonstruktionen vermessen (vgl. Eder 2000; Engelke/Klein/Wilk 2005; Hellmann/Koopmans 1998; Roth/Rucht 2008; Stickler 2005). Was im deutschen Sprachraum aber noch fehlt, das sind historische Analysen, die (in den Spuren der Arbeit von Barbara Simon) die Wandlungsprozesse gesellschaftlicher Klimata, demokratischer Selbstverständnisse und sozialpolitischer Problemlösungsrezepturen im Lichte des Empowerment-Konzeptes beschreiben würden. Die Zeit ist für solche Projekte kritischer Geschichtsschreibung wohl noch nicht reif. Denn: Das Empowerment-Konzept steht hier bei uns erst am Beginn seiner Karriere – seine Rezeptionsgeschichte ist noch jung. Erst seit Beginn der 90er Jahre gewinnt dieses Konzept auch in unseren Breitengraden Beachtung und kritische Aufnahme (vgl. Herriger 1991). Eine solche Geschichtsschreibung, die die Entwicklung der neuen sozialen Bewegungen in der Bundesrepublik als eine Geschichte der Selbstbemächtigung ehemals ohnmächtiger und marginalisierter Akteursgruppen zu zeichnen vermag, muß also noch warten. Kehren wir daher in die Gegenwart zurück und fragen nach den theoretischen ‚Wahlverwandtschaften', die das Empowerment-Konzept und andere Konzepte der aktuellen sozialwissenschaftlichen Diskussion miteinander verbinden. In den Mittelpunkt tritt hier vor allem ein theoretisches Denkgebäude: *die Individualisierungstheorie*. Wir wollen im folgenden in wenigen Pinselstrichen die Verknüpfungslinien skizzieren, die die neue (soziologische) Theorie der Moderne – eingefangen in der „Theorie individualisierter Lebensformen" – und das Empowerment-Konzept miteinander verbinden.

Wohl kein anderes soziologisches Denkmuster hat in den letzten Jahren über den Rand der Forschergemeinschaft hinaus eine solche Publizität erfahren wie das Individualisierungstheorem. Dieses Denkgebäude ist zuerst von dem Münchner Soziologen Ulrich Beck in eine bündige Form gebracht und später dann in einer Vielzahl von Veröffentlichungen ausgearbeitet worden (vgl. Beck 1986; Beck/Beck-Gernsheim 1994; Beck/Sopp 1997). Individualisierung – das ist nach Beck ein Prozeß der Herauslösung und der Freisetzung der Menschen aus historisch vorgegebenen Sozialbindungen und Kontrollzusammenhängen, das ist ein Prozeß radikaler Enttraditionalisierung, der die Subjekte aus selbstverständlich gegebenen sozialen Lebenszusammenhängen und Sicherheiten ‚freisetzt'. Das Individuum der Gegenwart – befreit von den Kontroll- und Sicherheitskorsetts traditionaler Bindungen an Familie, Milieu, Glaubenssystemen und verpflichtender gemeinschaftlicher Moral – wird zunehmend und notwendigerweise zum aktiven Gestaltungs- und Organisationszentrum seiner sozialen Verkehrsformen und Lebenspläne. Beck (1986, S. 206) unterscheidet drei analytische Dimensionen von Individualisierung:

(1) Die Auflösung tradierter Sozial- und Kontrollbindungen: die Herauslösung und Freisetzung des Individuums aus historisch vorgegebenen Sozialformen und -bindungen im Sinne traditionaler Herrschafts- und Versorgungszusammenhänge von Familie, sozialem Milieu und Klassenkultur („Freisetzungsdimension").

(2) Die Erosion normativer Sinnhorizonte: der Verlust von traditionalen Sicherheiten und festen Wertbindungen im Hinblick auf Handlungswissen, Glaubenssystemen und verpflichtenden Normen einer subjektiven Alltagsethik („Entzauberungsdimension").

(3) Die Entstrukturierung der subjektiven Lebensläufe: die Auflösung festgefügter und sozial normierter Lebensweg-Programme, die Vervielfältigung der prinzipiell wahloffenen biographischen Optionen und die Suche nach

neuen, sicherheitsspendenden Formen sozialer Einbindung („Reintegrationsdimension") (vgl. Beck 1986, S. 206; weiterführend Junge 2002).

Individualisierung wird von Beck (1986) gedeutet als ein Prozeß der Herauslösung der Menschen sowohl aus traditionalen Mustern der Abhängigkeit und der Hörigkeit wie auch aus den Sicherheiten verläßlicher Sinnprovinzen von Glauben, Werten, gemeinschaftlichen Lebensorientierungen. In immer schnellerem Tempo – so die Gegenwartsdiagnose von Beck – vollzieht sich eine Freisetzung der Menschen aus traditionsbestimmten Lebensformen und Milieubindungen. Die Webmuster sozialer Verkehrsformen verändern sich. Vor dem Hintergrund einer durchgreifenden Modernisierung aller Lebensbereiche (Dynamisierung der Arbeitsmarktbewegung; Umgestaltung der Machtkonstellationen in den Geschlechterbeziehungen; Vervielfältigung der Formen des Zusammenlebens wie auch der Konstruktionen eigenwilliger Lebensstile) zerfällt die Bindungskraft sozialkulturell überlieferter Modelle ‚normaler' Lebensführung. Die Lebensgestaltung wird offen, die Subjekte werden zu Regisseuren der eigenen biographischen Geschichte. „Individualisierung bedeutet in diesem Sinne, daß die Biographie der Menschen aus vorgegebenen Fixierungen herausgelöst, offen, entscheidungsabhängig und als Aufgabe in das Handeln jedes einzelnen gelegt wird. Die Anteile der prinzipiellen entscheidungsverschlossenen Lebensmöglichkeiten nehmen ab, und die Anteile der entscheidungsoffenen, selbst herzustellenden Biographie nehmen zu. Individualisierung von Lebenslagen und -verläufen heißt also: Biographien werden ‚selbstreflexiv'; sozial vorgegebene wird in selbst hergestellte und herzustellende Biographie transformiert" (Beck 1986, S. 216). Und Keupp (1987) formuliert dazu in gleicher Weise: „Die Folgen dieses Freisetzungsprozesses gehen für die Subjekte weit über die Veränderung äußerer Lebenskonturen hinaus. Sie fordern eine veränderte innere Ausstattung, um durch eine sich partikularisierende Welt und die ständig geforderten situativen Umstellungen ohne Zerfall der Person durchzukommen. Stabile Handlungsorientierungen, Koordinaten, die für ein Leben lang sichere Bezugspunkte liefern könnten, oder das Anknüpfen an Modelle aus der eigenen Elterngeneration sind kaum mehr möglich. Die Subjekte werden zum ‚Dreh- und Angelpunkt der eigenen Lebensführung', der einzelne muß lernen, ‚sich selbst als Handlungszentrum, als Planungsbüro in bezug auf seinen eigenen Lebenslauf, seine Fähigkeiten, Orientierungen, Partnerschaften usw. zu begreifen' (Beck 1983). Die Biographien lösen sich immer stärker aus vorgegebenen Rollenmuster und Schablonen ... Der Individualisierungsprozeß, der im Schoß der bürgerlichen Gesellschaft von Anbeginn angelegt war, hat in seiner Dynamik mittlerweile unsere Gesellschaft ganz durchdrungen und alle gesellschaftlichen Schichten erfaßt" (Keupp 1987, S. 37).

Gesellschaftliche Rahmenbedingungen einer beschleunigten Individualisierung: Individualisierung ist keine Erfindung der Gegenwart. Die Spuren reichen zurück in die ersten Aufbrüche der Industrialisierung des letzten Jahrhunderts. Keupp (1994) faßt diese ersten Erschütterungen der Individualisierung wie folgt zusammen: „Vormoderne Gesellschaften mit ihren statisch-hierarchisch geordneten Sozialstrukturen, die zugleich die religiöse ‚Weihe' von Gott gewollter und gestifteter Ordnungen für sich in Anspruch nehmen konnten, hatten keinen Spielraum für selbstbestimmte Lebensentscheidungen der Subjekte. Die Ordnung der Dinge bestand in einem Korsett von feststehenden Rollen, Normen und Lebenswegen. Der Prozeß der Modernisierung, der im Zuge der Durchsetzung der kapitalistisch verfaßten industriellen Gesellschaften in Gang kam, führte zu einer dramatischen ‚Freisetzung' aus orts- und sozialstabilen Bindungen und schuf damit letztlich auch die moderne ‚soziale Frage'. Diese Freisetzung erzwang den im doppelten Sinn ‚freien' Lohnarbeiter: Er besaß nichts mehr außer seiner Arbeitskraft (er war also ‚frei' von Produktionsmitteln), und er war gezwungen, seine Arbeitskraft zu verkaufen (die ‚Freiheit', sie an den Kapitalisten zu verkaufen, der dafür am meisten bot). Die aus dieser ‚Freiheit' entstandenen individuellen Entscheidungen waren immer von der Not des Überlebens geprägt. Die im entstehenden Proletariat gemeinsame Erfahrung, daß die eigene Lebensexistenz in elementarster Weise bedroht ist, führte zu ‚Notgemeinschaften' und schließlich auch zu kollektiven Kampforganisationen, die für eine Minderung der Lebensnot zu streiten hatten. In diesem Kampf ist unter anderem auch der moderne Sozialstaat entstanden, als kompromißhafter Interessenausgleich zwischen Arbeit und Kapital. In diesem Prozeß der kollektiven Interessenorganisation haben sich neuartige Strukturen engmaschiger solidarischer Netzwerke, Formen der Absicherung von Lebensrisiken, herausgebildet" (Keupp 1994, S. 337 f.). In dieser Traditionslinie stehen auch die aktuellen Freisetzungs- und Individualisierungsprozesse. Allerdings kommen neue Elemente hinzu, die es gerechtfertigt erscheinen lassen, von einer „zweiten Phase der Individualisierung" zu sprechen. In den fortgeschrittenen kapitalistischen Gesellschaften des Westens haben die durchschnittlich erreichbaren Standards von Existenzsicherung und Lebensqualität (Sicherung der materiellen Existenz; Partizipation an kulturellen und sozialen Gütern; Level der Teilhabe an Konsum) ein relativ hohes Niveau erreicht, so daß der alltägliche Kampf gegen eine existentielle Lebensnot nicht mehr die erste Priorität besitzt. Beck (1986, S. 124) spricht hier von einem „Fahrstuhleffekt": Zwar bestehen alte Relationen sozialer Ungleichheit fort (im Zeichen einer ‚Politik der sozialen Kälte' und angesichts der aktuellen Rotstift-Politik der Leistungsreduktion sogar in verschärfter Form), allerdings auf der Basis einer für alle erhöhten Basissicherung. Zu diesen, in die Gegenwart hinein beschleunigten Prozessen der Individualisierung beigetragen haben u. a.:

- *Die wohlfahrtsstaatliche Entwertung privater Solidargemeinschaften*: Die Absicherung der Lebensexistenz durch Erwerbseinkommen bzw. durch sicheren Anspruch auf Lohnersatzleistungen sowie der Ausbau der Systeme sozialer Sicherung haben zu einer radikalen Entwertung der ‚privaten Sozialversicherung' geführt, die vormals noch durch die Solidarbindungen von Sozialmilieu und Klassenkultur gegeben war. Diese kollektiven Formen der solidarischen Unterstützung scheinen mehr und mehr entbehrlich, sie zerfallen. Zugleich entsteht aber eine neue Unmittelbarkeit zwischen Individuum und Gesellschaft, die überall dort sichtbar wird, wo Einschnitte in

das Niveau sozialstaatlicher Absicherung nicht mehr durch Rückgriff auf privat erstellte, milieukulturelle Solidarleistungen abgefedert werden können.
- *Der Ausbau der formalen Bildung:* Die Demokratisierung der Bildung und die immer weitergreifende Teilhabe der jungen Generation (und hier insbesondere der Mädchen und der jungen Frauen: ‚Feminisierung der Bildung') am kulturellen Kapital Bildung führt zu einer Demokratisierung und Verallgemeinerung der Fähigkeit zu selbstreferentieller Reflexivität. Dies aber ist Sprungbrett für eine Herauslösung aus traditionellen Denkmustern, Wertorientierungen und Lebensstilen und für die Buchstabierung von Lebensformen, die das Versprechen auf ein Mehr an Selbstbestimmung und Eigenverfügung in sich tragen.
- *Die dynamischen Veränderungen von Anforderungen und Strukturen des Arbeitsmarktes:* Die normativen Muster der „Normalarbeitsbiographie", die noch für ältere Generationen Geltungskraft besaßen (der berufslebenslange gesicherte Verbleib in einem gelernten Beruf, in der Regel bei einem Arbeitgeber), erodieren. Die beschleunigten und in ihren Richtungswechseln kaum kalkulierbaren Umbrüche der Arbeitsmarktstrukturen (technologische Veränderungsschübe; Rationalisierung und das Sterben ganzer Arbeitsmarktbranchen; die radikale Entwertung von (Aus-)Bildungsqualifikationen und der darin begründete Zwang zu lebenslangem Weiter-Lernen) produzieren eine strukturelle Offenheit subjektiver Berufsbiographien. Die Berufserfahrungen und berufsbezogenen Wertorientierungen der älteren Generation verlieren an Wert, ihnen eignet kaum noch eine orientierende Kraft. An deren Stelle tritt die Grundqualifikation permanenter Veränderungsbereitschaft und -fähigkeit als das subjektive Korrelat einer noch weiter zunehmenden Unsicherheit des Arbeitsmarktes.
- *Die Erosion traditionaler Geschlechtsrollenmuster:* Die Machttexturen zwischen den Geschlechtern verändern sich. Mit dem Beharren (insbesondere) der Frauen auf ‚ein Stück eigenes Leben' zerbricht die Normalität althergebrachter Paßformen von Biographieverläufen, Partnerschaft, Elternschaft, Familienalltag. Die Schnittmuster der bürgerlichen Normalfamilie lösen sich auf. An ihre Stelle tritt eine Vervielfältigung der Lebensweg- und Lebensstil-Optionen wie auch eine Pluralisierung wählbarer Formen des Zusammenlebens.
- *Der Zwang zu geographischer Mobilität und Raumsouveränität:* Die Mobilitätszwänge, die mit der Veränderung des Arbeitsmarktes verbunden sind, machen vielfältige Arbeitsplatz-, Orts- und Beziehungswechsel notwendig. Sie produzieren damit durchaus ambivalente Effekte: auf der einen Seite die Chance einer (allerdings von Arbeitsmarktdiktaten regierten) durchgreifenden Verselbständigung der Lebenswege, auf der anderen Seite das Risiko einer durchgreifenden Vereinzelung und Vereinsamung. Die beschleunigte Segregation der alltäglichen Lebensräume (Räume der Arbeit, der Privatheit, der Freizeit, der öffentlichen Partizipation), die alle und jeder für sich nach eigenen Regeln, Routinen und Reglements funktionieren, stellt das Individuum zudem vor die Notwendigkeit permanenter und souveräner Raumwechsel und Regelanpassungen.

- *Die Modernisierung der Wohnformen und der territorialen Identität:* Prozesse der horizontalen Mobilität, die durch die Modernisierung städtischer (Teil-)Räume ausgelöst werden (die ‚Vertreibung' von Wohnfunktionen durch Dienstleistungsfunktionen; Mobilitätswellen, die durch eine ‚vertreibende Sanierung' und durch Mietpreissprünge ausgelöst werden usw.), führen zu einer Lockerung der territorial gebundenen Sozialbeziehungen und zur Auflösung traditioneller Nachbarschaftsmilieus. Die Anonymisierung des Zusammenwohnens und die Aufkündigung von Nachbarschaftshilfen sind sichtbarste Ausdrucksformen dieses Verlustes von räumlich gebundener Identität und Zusammengehörigkeitserfahrungen.

Riskante Chancen – die Ambivalenz der Freisetzung: Ein individualisiertes Leben trägt stets ein Doppelgesicht – es ist ein Jonglieren zwischen neuen Freiheitschancen und radikaler Verunsicherung, zwischen gelingender Lebenssouveränität und biographischem Schiffbruch. In der Literatur finden sich zwei kontroverse Meinungslager, in denen je optimistische Zukunftsoffenheit bzw. düstere Weltuntergangsstimmung überwiegen: Von den einen wird Individualisierung so als Überwindung vorgefertigter normativer Entwicklungsschablonen interpretiert und als neue Ressource von Emanzipation gefeiert; von den anderen hingegen wird Individualisierung als der Verlust verläßlicher und unstrittiger Basissicherheiten der individuellen Lebensführung beklagt und bedrohlich erfahren. Auch Hitzler/Honer (1994, S. 307) verweisen auf dieses Janusgesicht der Individualisierung: „Ein individualisiertes Leben zu leben bedeutet, existentiell verunsichert zu sein. Existentiell verunsichert zu sein, bedeutet nicht notwendigerweise, unter dieser Existenzweise zu leiden. Es bedeutet ebensowenig, dieses Leben zwangsläufig zu genießen. Ein individualisiertes Lebens ist ein ‚zur Freiheit verurteiltes' Leben: ... Der individualisierte Mensch ist nicht nur selber ständig in Wahl- und Entscheidungssituationen gestellt, sondern auch mit immer neuen Plänen, Entwürfen und Entscheidungen anderer Menschen konfrontiert, welche seine Biographie mehr oder weniger nachhaltig tangieren. Diese biographischen Freisetzungen zeigen sowohl einen Gewinn an – den Gewinn an Entscheidungschancen, an individuell wählbaren (Stilisierungs-)Optionen – als auch einen Verlust – den Verlust eines schützenden, das Dasein überwölbenden, kollektiv und individuell verbindlichen Sinn-Daches".

Blättern wir zunächst einmal in den Gewinn-Seiten dieser Gegenwartsbilanz: Individualisierung kann – in optimistischer Sichtweise – begriffen werden als Befreiung von traditionellen Kontrollbindungen, Erweiterung von Möglichkeitsräumen, Stärkung der individuellen Entscheidungsmöglichkeiten – Individualisierung also als Chance einer von traditionalen sozialen Reglementierungen befreiten Lebensgestaltung. Diese Freiheitsgewinne werden in folgenden Facetten sichtbar:

Die Abkehr von der Schwerkraft traditionaler sozialer Verpflichtungen: Die Lebensmodelle, die durch die Vorbilder der Eltern, durch generationenübergreifende Familientraditionen und durch milieuspezifische Wertbindungen vorgegeben waren, erodieren. An die Stelle der ehemals fest vorgegebenen und durch sozialen Zwang bewachten Entwicklungsschablonen, die der einzelne sich fraglos aneignete und innerhalb deren Grenzen er seine Biographie einrichtete, tritt heute ein buntes Kaleidoskop von Möglichkeiten der Selbstgestaltung, die Lebens-Neuland betreten und die Schwerkraft traditionaler sozialer Verpflichtungen hinter sich lassen (die Chancen des „Es-anders-machen-Könnens"). Deutlich wird dies mit Blick auf die Relation zwischen den Generationen. Hier vollziehen sich signifikante intergenerative Desintegrationsprozesse. Die Erfahrungsgeschichten und Lebensentwürfe der Eltern eignen sich für junge Menschen heute immer weniger als Interpretationsfolie für die Gestaltung des eigenen Lebensweges. Dies gilt zunächst einmal für die Zukunftsprogramme des Zusammenlebens, die junge Menschen für sich selbst entwerfen. Im Unterschied zur ‚Normalbiographie' der Eltern werden in der jungen Generation die Bezugsgrößen des eigenen Familienprojektes wie zum Beispiel die Bedeutung der Ehe, die Buchstabierung geschlechtsspezifischer Arbeitsteilungen, die Realisierung des Kindeswunsches, die Synchronisierung von Berufsambitionen und Familienarbeit fließend. Aber auch die Bildungs- und Berufsgeschichten der Eltern können den jungen Menschen heute kaum noch Vorbild sein. Die Vervielfältigung der Bildungswege und die damit verbundene größere Erreichbarkeit von höherwertigen Bildungszertifikaten, zugleich aber auch die unkalkulierbare Veränderungsdynamik des Arbeitsmarktes, das beschleunigte Veralten von Arbeitsqualifikationen und der Zwang zu lebenslangem Neulernen – alles dies läßt die bildungs- und berufsbezogene Biographie der Eltern als untaugliche Modelle erscheinen und öffnet die biographischen Entwürfe der jungen Generation für neue (immer auch unsichere) Projekte einer eigen-willigen Selbsterfindung, die die Schwerkraft von Familienbindung, Milieu und Stand hinter sich lassen.

Die Pluralisierung der normativen Koordinaten: Die normativen Horizonte, in denen Menschen ihr Leben einrichten, öffnen sich. Jenseits der (bis heute recht restriktiv abgesteckten) Grenzen des Strafrechtes pluralisieren sich die prinzipiell wahloffenen Wertehorizonte und die daran gebundenen Kulturen alltäglicher Lebensführung. Werte und Normen verlieren mehr und mehr ihre gesellschaftliche Integrationsfunktion und garantieren nicht mehr eine generalisierte und konsensfähige Wertordnung, sondern bündeln sich in personen-, situations- und kontextabhängigen Mikro-Kosmen normativer Verpflichtungen. Klages (1988) notiert hier eine Wertedynamik, in der ein nomozentrisches Weltverständnis, das auf die ordnende Kraft universaler normativer Regelungen vertraut, von einem autozentrischen Weltverständnis abgelöst wird. Werte und Normen werden in diesem Prozeß zu gefügigen, dem variablen Alltag angepaßten, alltagstauglichen Werkzeugen. Ihre ehemals feststehende, universale Bedeutsamkeit zersplittert in unüberschaubar vervielfältigte, lebensweltlich-partikulare Norm-Provinzen mit eingeschränkter Geltungsreichweite. „Werte und Normen werden (auf diese Weise) zu pluralisierten subgesellschaftlichen Handlungsorientierungen, die nicht mehr die Spannkraft des einen großen, alles umfassenden Nomos stärken, sondern auf den Mikro- und Meso-Ebenen eigene, kleinere und ganz unterschiedlich geformte flüchtige Schatten werfen" (Lindenberg/Schmidt-Semisch 1995, S. 2).

Die Vervielfältigung der Sinn-Welten: Die Erosion der verpflichtenden sozialen Vorgaben und die Erweiterung der subjektiv nutzbaren Freiheitszonen hat im ausklingenden 20. Jahrhundert immer weitere Kreise der Gesellschaft erfaßt. In diesem Freisetzungsprozeß aber zerspringt die Sinn-Einheit der Welt. Die großen Sinn-Gebäude (religiöse Glaubensgehäuse; die großen säkularen Weltdeutungen; politische Ideologien jeglicher Couleur), die noch in den ersten Etappen der Moderne Sicherheit und Orientierung stifteten, werden eingerissen (Lyotard spricht hier vom „Ende der Meta-Erzählungen"). Es entsteht ein kaum zu überschauender Sinn-Markt, eine Art kultureller Supermarkt für Weltdeutungsangebote aller Art. In dieser zerspringenden symbolischen Einheit der Welt aber ist der moderne Mensch einer Vielzahl disparater und auseinander driftender Sinn-Versprechen, Überzeugungssysteme, Weltdeutungsschemata ausgesetzt, in denen er Ordnung und Struktur schaffen muß, um – zumindest für begrenzte Zeitphasen und Biographiepassagen – Lebenssinn buchstabieren zu können. Der modernisierte Mensch ist „nicht mehr ‚zu Hause' in einem stimmigen Sinn-Kosmos, er ähnelt eher einem Vagabunden (oder allenfalls einem Nomaden) auf der Suche nach geistiger und gefühlsmäßiger Heimat. Sein Tages- und Lebenslauf ist gleichsam eine unstete und manchmal auch unsichere Wanderung, die er durch die Vielzahl von Sinnprovinzen unternimmt. Er ist darauf angewiesen, die Drehbücher seines individuellen Lebens selber zu schreiben, die Landkarten für seine Orientierung in der Gesellschaft selber zu zeichnen, über seine Biographie, seine Persönlichkeit, sein Selbstverständnis selber Regie zu führen" (Hitzler/Honer 1994, S. 311 f.). Diese biographische Reise durch die Vielfalt der Sinn-Provinzen ist wohl eine unsichere Reise. Und dennoch: Sie befreit die subjektive Lebensgestaltung von den Fesseln sozial vorgegebener, verpflichtender Sinnbindungen (Familientradition; Milieu; Religion usw.). Schließen wir hier die Seiten, in denen die Gewinne der Individualisierung eingetragen sind: Die Erosion vorgegebener Biographieschablonen, die Flexibilisierung normativer Bindungen und die Pluralisierung von Sinn-Welten tragen in sich ein befreiendes Moment: Sie sind Bausteine einer reflexiven Lebensführung, in der der einzelne aus heterogenen symbolischen Äußerungsformen seine unveräußerlich eigene Existenz gestaltet.

Individualisierung transportiert auf der anderen Seite aber auch vielfältige neue Risiken und Gefährdungen. In der aktuellen Debatte finden vor allem diese Schattenseiten der Individualisierung besondere Beachtung. Auf die Verlust-Seiten dieses Bilanzbuches werden u. a. folgende Aspekte eingetragen:

Die neue Rollenvielfalt und Rollenkomplexität: Die Vielzahl und die Heterogenität der Teil-Orientierungen, Teil-Räume, Teil-Zugehörigkeiten, die eine modernisierte Lebensführung kennzeichnen, führen zu einer signifikanten Zunahme von Rollenkomplexität. Das Rollenrepertoire des modernisierten Menschen ist bunter geworden; er muß komplexere und vielfältigere Rollen spielen, welche sich immer deutlicher voneinander unterscheiden, immer geringere Interdependenzen untereinander aufweisen und sich immer rascher ändern. Aber nicht nur die Rollenkomplexität nimmt zu. Mit dem Grad der sozialen Differenzierung vermehren und beschleunigen sich auch die Übergänge von einem Rollensystem zum anderen, von einer Zugehörigkeit zur anderen, von einem sozialen Raum zum anderen – Übergänge, die das Subjekt souverän handhaben muß, will es nicht aus sozialer Teilhabe herausfallen. Nach Lindenberg/Schmidt-Semisch (1995) ist die Welt der Moderne vor allem eine Welt der Übergänge – „eine funktional differenzierte und spezialisierte Gesellschaft, in der jedes der funktional spezialisierten Subsysteme die sozialen, psychischen und physischen Vorgänge in der Welt umfassend, aber hochselektiv mit Blick auf seine spezifische Funktion rekonstruiert ... Das Individuum wird dabei in seinen verschiedenen Rollen in den verschiedenen Lebensbereichen mit äußerst verschiedenen Anforderungen, Erwartungen und Normen konfrontiert, denen es gerecht werden muß. Da wir also stets nicht nur einem der gesellschaftlichen Teilsysteme angehören, sondern vielmehr gleichzeitig vielen von ihnen, leben wir in einer permanenten Modulation der Perspektiven, die alle mit ihren jeweiligen Verhaltens- und Sichtweisen, Anforderungen und Präferenzen assoziiert sind. Wir sind gefordert, ständig die Übergänge von der einen in die andere Kontrollperspektive zu bewerkstelligen. Wir leben immer weniger in einer Gesellschaft des Übergangs, als vielmehr in einer Gesellschaft der Übergänge" (Lindenberg/Schmidt-Semisch 1995, S. 8). Mit der Vervielfältigung von Rollenkomplexität und der Beschleunigung von Rollenwechseln aber wächst das Risiko des Scheiterns – Menschen verirren sich im Dickicht unübersichtlich-divergenter Anforderungen, sie fallen aus ihren Rollen.

Orientierungsverlust in einer zerspringenden Einheit der Sinn-Welt: Wir haben es schon angesprochen: Die hochgradige soziale Differenzierung der fortgeschrittenen Industriegesellschaft führt zu einem collageartigen Nebeneinander einer Vielzahl von Sinn-Provinzen mit je unterschiedlichen, voneinander abweichenden Präferenzen, normativen Verbindlichkeiten, Welt-Sichten. „Die ‚zersprungene Einheit der Welt' bewirkt ..., daß der moderne Mensch in eine Vielzahl von disparaten Beziehungen, Orientierungen und Einstellungen verstrickt, daß er mit ungemein heterogenen Situationen, Begegnungen, Gruppierungen, Milieus und Teilkulturen konfrontiert ist und daß er folglich mit mannigfaltigen, nicht aufeinander abgestimmten Deutungsmustern und Handlungsschemata umgehen muß. Anders ausgedrückt: Die alltägliche Lebenswelt des Menschen ist zersplittert in eine Vielzahl von Entscheidungssituationen, für die es (nicht trotz, sondern wegen der breiten Angebots-Palette) keine verläßlichen ‚Rezepte' mehr gibt" (Hitzler/Honer 1994, S. 308). Der Chance einer selbstreflexiven, den Bedürfnissen und Fähigkeiten der eigenen Person angepaßten Buchstabierung von Lebenssinn steht hier die Gefahr neuer Rigorismen und totalitärer Weltsichten gegenüber. In einer Welt zerrissener Sinnzusammenhänge gewinnen geschlossene Weltmodelle (Ökologischer Rigorismus; Psychomarkt; New Age; alternative Spiritualität; geschlossene politische Ideologiegebäude; vgl. Ditfurth 1996) und die ihnen zugeordneten Zugehörigkeitskulturen ihre eigene Attraktivität. Sie bündeln die Bedürfnisse, die aus der Zerrissenheit und Widersprüchlichkeit des Alltags entstehen, sie bieten ‚klare Lösungen', verläßliche Sicherheiten und neue Sinnhorizonte. Körber (1989) formuliert aus kritisch-distanzierter Sicht den kleinsten gemeinsamen Nenner dieser geschlossenen Sinn-Welten: „Alle Formen des regressiven Rückzugs aus einer als unerträglich widersprüchlich empfundenen Gesellschaft in vermeintlich widerspruchsfreie, begrenzte ‚Gemeinschaften' (partikularistische Kollektivzusammenhänge) haben trotz aller inhaltlichen Unterschiede etwas gemeinsam: Sie entlasten von individuell-subjektiven Autonomieansprüchen und den widersprüchlichen Alltagserfahrungen damit; sie dienen dazu, täuschungs- und enttäuschungsfest zu machen; sie sollen ein für allemal vor dem Risiko selbstzerstörerischer Orientierungs-, Identitäts- und Sinnkrisen schützen" (Körber 1989 zit. n. Keupp 1994, S. 342).

Entscheidungszwang und Eigenverantwortung: Die kaum noch zu überschauende Vielfalt von Lebensoptionen, die auf den Sinn-Märkten angeboten wird, bürdet dem einzelnen schon frühzeitig ein hohes Maß an Entscheidungszwang auf – Entscheidungen, für die er ‚geradestehen' und für die er Verantwortung übernehmen muß. Lebensform- und Lebensweg-Entscheidungen (Wahl von Ausbildungs- und Berufswegen; Beziehungsbindungen; Gestaltung sozialer Netzwerke; Formen der subjektiven Teilhabe an Konsum, Lebensstilen usw.) werden in die Hand des Individuums gelegt; der einzelne ist – ohne Rückgriff auf verläßliche Sicherheiten – gezwungen, die eigene Biographie durch aufbrechende Entscheidungsrisiken hindurch selbst zu planen, zu entwerfen, zusammenzuhalten. Individualisierung kann folglich beschrieben werden als ein Zwang, sich in immer wieder neuen biographischen Situationen – im Wechsel der Präferenzen und Sinnmuster und unter dauernder Abstimmung mit vertrauten Menschen, Bildungssystem, Arbeitsmarkt usw. – für bestimmte Lebensoptionen und damit gegen andere (ebenso wählbare und scheinbar beliebig-gleichwertige) zu entscheiden. Diese personalen Auswahlen und Entscheidungen aber müssen in Situationen biographischer Unsicherheit getroffen werden, in denen verläßliche Kosten-Nutzen-Bilanzen und Zukunftskalkulationen nur schwer möglich sind. Der einzelne sieht sich in Situationen gestellt, in denen er selbstverantwortliche Entscheidungen über die eigenen Lebenskurse treffen muß, ohne durch ein Auffangnetz verläßlicher Sicherheiten abgefedert zu sein.

Individualisierung – so können wir zusammenfassen – trägt ein Gesicht von Chance und Risiko zugleich. Sie kann Auszug aus Fremdbestimmung und ein gelingendes Projekt der Selbstbemächtigung sein, sie kann aber auch in biographische Sackgassen münden. Der Zugewinn von Freiheit und das Scheitern wohnen nahe beieinander. In diesem Sinne auch die Lagebeschreibung von Keupp (1994, S. 336): „Wer die Gegenwart einzuschätzen versucht, kann zu zwei entgegengesetzten Lesarten kommen. Die radikale Enttraditionalisierung der Lebensformen eröffnet einerseits historisch beispiellose Möglichkeiten der Selbst-Organisation; andererseits verstärkt und verschärft sich der Wunsch nach Klarheit, Überschaubarkeit, Einfachheit, und entsprechende gesellschaftliche Angebote stehen hoch im Kurs. Mit der Erosion rigider Identitätsformen eröffnen sich Entfaltungsmöglichkeiten für Lebenssouveränität (ein Stück ‚eigenes Leben' läßt sich das auch nennen). Aber gleichzeitig etablieren sich neue Rigiditäten und Identitätszwänge, oft gerade unter der Flagge der großen Freiheiten, Wahrheiten und Authentizitäten. Die Rede vom ‚Freisetzungsprozeß' ist (wie bei Marx) ironisch zu verstehen: Die Befreiung von Zwängen und die Einrichtung neuer Abhängigkeiten greifen ineinander, vermischen sich in einem ‚Selbstzwang zur Standardisierung der eigenen Existenz'" (zur Weiterentwicklung des Individualisierungsdiskurses zu einer Theorie der „reflexiven Modernisierung" vgl. Beck 1997; 2001; Beck/Bonß 2001; Beck/Giddens/Lash 2003; Beck/Lau 2004; 2005).

Selbstbemächtigung als notwendige Requisite einer gelingenden Individualisierung: Aus der beschleunigten Dynamik der Individualisierungsprozesse ergibt sich ein neues Profil von Anforderungen an das modernisierte Subjekt: Soziales Handeln im Zeichen der Individualisierung ist stets Handeln in Situationen der Unsicherheit. Alte orts- und sozialstabile Bindungen, Selbstverständlichkeiten und Verläßlichkeiten stehen als Sicherheitsleitplanken und Legitimation für einen individualisierten Lebensentwurf nicht mehr zur Verfügung. In dem Maße aber, in dem ehemals verläßliche Basissicherheiten unsicher werden, wird der einzelne selbst zum Planungs-, Entscheidungs- und Aktionszentrum seiner Lebensführung. Soll diese selbstbestimmte Lebensführung aber gelingen und nicht an Divergenz und Widersprüchen scheitern, so setzt dies *eine veränderte psychosoziale Ausstattung des Subjektes* voraus – ein „Leben mit Fähigkeiten" (Gronemeyer 1988), das den Anspruch der Moderne auf Selbstbemächtigung des Subjektes lebensalltäglich einlöst. Hier nun ist das Verbindungsstück, das Individualisierung und Empowerment zusammenschließt: Individualisierung – konsequent zu Ende gedacht – bedarf eines Subjektes, das auf Vorräte von (selbstreflexiven, psychischen, sozialen) Kompetenzen zurückgreifen kann, die für eine produktive Nutzung der riskanten Chancen einer individualisierten Lebensführung unentbehrlich sind. Das Individualisierungskonzept liefert so auf der Ebene makrosoziologischer Analyse eine Deutungsfolie veränderter Subjektivität. Das Empowerment-Konzept benennt ergänzend hierzu auf der Ebene mikrosoziologischer Analyse die biographischen Prozesse und Kontexte, in denen die Entwicklung unentbehrlicher Vorräte von Kompetenzen für eine souveräne und eigenmächtige Lebensführung möglich wird. Die Selbstbemächtigung des Subjektes – sei sie nun autonome Selbst-Inszenierung, sei sie das Produkt einer helfenden Beziehung im Handlungszusammenhang institutionalisierter Fürsorglichkeit – ist die notwendige Requisite einer gelingenden Individualisierung. Wie nun diese ‚inneren Besitzstände' von Kompetenzen aussehen, auf deren Grundlage eine selbstbestimmte Lebensführung in einer unübersichtlichen Welt der Options- und Entscheidungsvielfalt möglich wird, dazu abschließend drei Hinweise:

Multiple Identität und Kohärenz: Individualisierung – dort, wo sie als gelingend und befreiend erfahren wird – erfordert *ein in die Zukunft hinein offenes Identitätsprojekt,* in dem neue Lebensformen erprobt und eigener Lebenssinn entwickelt werden. Die alltägliche Erfahrungswelt des modernisierten Menschen ist eine Welt multipler Realitäten. Die Lebenswelt zerfällt in ein Bündel von Sinn-Splitter, Rollenarrangements und widersprüchlichen Handlungsanforderungen, die nicht mehr durch einen umfassenden Weltentwurf zusammengehalten werden (es sei denn um den Preis totalitär-geschlossener Welt-Modelle). Eine solche segmentierte und widersprüchliche Alltagswelt erfordert vom Subjekt aber ein ständiges Umschalten auf immer neue Situationen, in denen ganz unterschiedliche, sich vielfach sogar ausschließende Personenanteile gefordert sein können. Diese alltäglichen Diskontinuitäten erfordern ein Subjekt, das Sinn-Brüche aushält, Widersprüchliches nebeneinander stehen lassen kann und in multiplen Rollenarrangements und den dazugehörigen Identitäten ohne permanente Verwirrung zu leben vermag (in sozialpsychologischer Sprache: ein Subjekt, das „Ambiguitätstoleranz" zu wahren vermag). In der Literatur hat sich für dieses zukunftsoffene Projekt von Subjektivität, das nicht mehr an ein zeit- und situationsübergreifend konstantes Koordinatensystem von Normen und Sinnorientierungen gebunden ist, der Begriff der „multiplen Identität" eingebürgert (Keupp spricht in diesem Zusammenhang auch vom „Multioptions-Ich" bzw. von der „multiphrenen Identität"; vgl. Keupp 2003 b und 2007). Guggenberger (1987) beschreibt diese multiple Identität wie folgt: „Wenn die Erfahrung der Welt zwangsläufig in ein pluralisiertes Bewußtsein mündet, dann wäre auch das Streben nach Eindeutigkeit eine verfehlte Festlegung, eine Fessel, der virtuosen Weltteilhabe hinderlich. Wer sich in wechselnden Sinnsystemen bewegen, sich unter divergenten Lebensaspekten bewähren muß, der darf sich nicht mit zuviel ‚Identität' belasten: d.h. er darf sich nicht festlegen, sondern muß beweglich bleiben, offen und anpassungsfähig. Deshalb mißtraut er der Gravitation der Ideen und Ideale, der Gedanken und Gefühle, der Tugenden und Theorien" (Guggenberger 1987 zit. n. Keupp 1989, S. 63). Grundkapital für das Gelingen eines solchen Identitätsprojektes ist also die Fähigkeit, sich auf Menschen und Situationen offen einzulassen, sie neugierig zu erkunden, die Zugehörigkeit zu multiplen Sinn-Welten und Rollen-Settings als Kraftquelle zu nutzen, aus der Energien, Gratifikationen und Ich-Stärkung geschöpft werden können. Freilich: Befriedigend und befreiend erlebt wird diese „Puzzle-Identität" nur dort, wo die subjektive Welt der Widersprüche von einem „Gefühl der Kohärenz" („sense of coherence"; Antonovsky 1987; 1997; Kap. 5.1), einem Gefühl der Lebens-Stimmigkeit, durchzogen ist. Diese Kohärenz, in der die Sinn- und Orientierungssplitter einer individualisierten Welt (wie vorläufig und veränderbar auch immer) zu einem Lebens-Ganzen zusammengefaßt werden, ist also unverzichtbar. Kohärenz aber ist das Produkt einer beständigen Arbeit an der Identität, sie entsteht immer wieder neu aus einem kreativen Prozeß der Konstruktion und der Neu-Konstruktion von Sinn und Selbstverständnis (zu diesem reflexiven Identitätskonzept vgl. auch Keupp 2008; 2009 a, b).

Das Subjekt als Baumeister des Sozialen – die aktive Gestaltung von Netzwerken: Im Prozeß der Freiheitsentfaltung der Moderne hat sich die Typik sozialer Beziehungen entscheidend verändert. Die Verkehrsformen haben sich aus institutionellen und normativen Verhaltensreglements herausgelöst, die die denkbaren Handlungsmöglichkeiten für fast jede Situation bis ins Detail festgelegt haben. Das ‚Soziale' (Bindungen, Freundschaften, Vertrautheiten) ist nicht mehr das selbstverständlich Gegebene. Beziehungsarrangements werden offener, aufkündbarer, zerbrechlicher, mehr und mehr von Kriterien der Entscheidungsfreiheit, Freiwilligkeit und Interessenhomogenität bestimmt. An die Stelle von sozial vorgegebenen Zwangsgemeinschaften treten Beziehungsarrangements, die als offene Aushandlungsgemeinschaften in die Regie der Beteiligten gestellt sind. Das Subjekt wird so zum aktiven Initiator und Konstrukteur seiner eigenen Kontakt-, Bekanntschafts-, Freundschafts- und Nachbarschaftsbeziehungen, kurz: es wird zum „Baumeister seiner sozialen Welt". Freilich: Die Wahlfreiheit des Subjektes, seine Fähigkeit, soziale Mitgliedschaft und Inklusion in eigener Regie zu modellieren, sind nicht grenzenlos. Die Chancen, befriedigende Netzwerk-Arrangements zu inszenieren, sind nicht gleichverteilt. Soziale Kontexte und Strukturen gesellschaftlicher Ungleichheit setzen dieser Wahlfreiheit enge Grenzen. Die Befunde der neueren Netzwerk-Forschung belegen dies eindeutig: Größe, räumliche Reichweite, Vertrautheit und subjektiv befriedigend erlebte Unterstützungsqualität von Netzwerken sind entlang der ‚klassischen' Dimensionen sozialer Ungleichheit (Bildung, Einkommen, berufliches Prestige) verteilt – und dies zulasten der Angehörigen der unteren sozialen Milieus. Ein signifikantes Niveau materieller Ausstattung ist von daher eine erste Voraussetzung für das Gelingen einer produktiven Selbstorganisation in der sozialen Mikrowelt. Hinzukommen muß ein weiteres: Es bedarf zunehmend auch spezifischer psychosozialer Ressourcen von Beziehungsfähigkeit. Denn: Netzwerkbindungen müssen gepflegt, beständig erneuert, im aktiven Zugehen auf den anderen immer wieder aufs Neue beglaubigt werden. Netzwerkbindungen bedürfen einer beständigen Investition, sie bedürfen eines nicht versiegenden Stroms von wechselseitigen Austauschakten, durch die sich gegenseitige Anerkennung, Vertrautheit und Zusammengehörigkeit immer wieder neu bestätigen. Die Chancen, die in der Offenheit der Konstruktionspläne sozialer Netzwerke angelegt sind, wird nur der einlösen können, der über dieses Kapital psychosozialer Beziehungsfähigkeit verfügt. Hingegen wird der, der zu einem solchen produktiven Beziehungsmanagement nicht in der Lage ist, einen hohen Preis bezahlen müssen: der Preis der radikalen Vereinsamung. In einer Welt, in der Bindungen und soziale Nähe die Renditen des Investments von sozialem Kapital sind, bleibt jedem, dessen Kapital aufgebraucht ist, der tiefrote Beziehungszahlen schreibt, nur die Einsamkeit.

Kommunitarismus – die Wiederentdeckung der Ressource Solidarität: In der aktuellen Gedankenlandschaft werden vielfältige Heilrezepturen und Gegengifte angeboten, die gegen die negativen Nebenwirkungen einer beschleunigten Freisetzung – Vereinzelung, Ellenbogen-Mentalität und die Abnahme von sozialer Bedenklichkeit – immun machen sollen. Die Kommunitarismus-Bewegung, die in der Gegenwart auf beiden Seiten des Atlantiks eine Renaissance erlebt (zur Einführung in die amerikanische Debatte vgl. Etzioni 1998; 2004; Etzioni/Volmert/Rothschild 2004; Walzer 1992), verspricht vielen ein solches Gegengift. Kommunitaristische Ansätze – so unterschiedlich sie in ihren ideologischen Besetzungen auch sein mögen – setzen in ihrem Kern auf Werte der Gemeinschaft und der sozialen Kohäsion. Alle diese Ansätze konvergieren in der Forderung nach einer „Kultur der Kohärenz" (Bellah 1988), die der scheinbaren Beliebigkeit pluraler Lebens- und Kulturmuster neue Ressourcen identitärer Gemeinschaftlichkeit gegenüberstellen könnte. Eine lebendige Demokratie, die in einer immer weiter vorangetriebenen Freiheitsentfaltung des Subjektes nicht die Grundlagen allen sozialen Zusammenlebens – Solidarität und Gemeinsinn – auflösen will, eine solche Demokratie bedarf gemäß der Überzeugung der Kommunitaristen einer gemeinsam geteilten Wertebasis. Charles Taylor, wohl einer der profiliertesten Mitarbeiter am kommunitaristischen Projekt, hat diese einheitsstiftende Wertebasis wie folgt umschrieben: *(1) Solidarität*: Eine zivile Gesellschaft – so Taylor – ist eine Gesellschaft solidarischer Vergemeinschaftung. Die individuellen Freiheiten, die die Bürgergesellschaft dem Einzelnen garantiert, sind nicht nur private Freiheiten – sie verlangen vom Einzelnen vielmehr, daß er diese Freiheiten aktiv ausfüllt, Verantwortung für das eigene Leben und für die Belange der Gemeinschaft übernimmt. Die Gesellschaftsmitglieder definieren sich so als „Beteiligte am gemeinsamen Unternehmen der Wahrung ihrer Bürgerrechte". Kraftquelle dieses Unternehmens aber ist die Ressource Solidarität, die auch in Zeiten einer radikalen Pluralisierung die Erfahrung von sozialer Zugehörigkeit und identitätsstiftender Bindung möglich macht. *(2) Politische Partizipation:* Die Demokratie bedarf der sozialen und politischen Teilhabe ihrer Bürger. Sie bedarf „lebendiger Identifikationsgemeinschaften", Solidargemeinschaften von Bürgerschaftlichkeit, in denen Menschen – gemeinsam mit anderen – ihre politische Stimme entdecken, in der durchaus konfliktgeprägten Auseinandersetzung zwischen partikularen Interessen Gemeinsinn entwickeln und in ihrer wechselseitigen Verständigung eine neue kommunitären Identität entwerfen. Notwendiges Requisit ist für Taylor hier eine Öffnung der Demokratie für eine „Vielfalt von Formen direkter Partizipation", die Menschen eine strittige Einmischung lohnenswert machen und ihnen den Zutritt zu Arenen der politischen Gestaltung eröffnen. *(3) Respekt und die Achtung des Anderen:* Differenz, Pluralität, Partikularität der Lebens- und Sinn-Welten sind nicht mehr aufhebbare Webmuster der Moderne. Die zivile Gesellschaft ist damit notwendig eine offene Gesellschaft, in der Menschen unterschiedlicher Herkünfte, Bindungen und Sinnhorizonte zusammenleben. Gerade dort, wo Erfahrungen der sozialen Ungleichheit, der Diskriminierung und der Nicht-Zugehörigkeit in die Alltagswelten der Bürger einziehen, ist das demokratische Miteinander gefährdet. Hier ist es die sich wechselseitig achtende Anerkennung der Bürger, die Zündfunke einer neuen solidarischen Vergemeinschaftung sein kann (vgl. Taylor 1995; 2005). Das kommunitaristische Projekt, das sich diesen unteilbaren Grundwerten verpflichtet fühlt, versteht sich als ein Gegenentwurf gegen eine Gesellschaft, deren ‚sozialer Kitt' in der Dynamik einer beschleunigten Individualisierung zerfällt. So unterschiedlich die demokratietheoretischen Positionen der Protagonisten auch sind – gemeinsam sind der vielstimmigen zivilgesellschaftlichen Debatte zwei Anliegen: zum einen das Bemühen um eine Stärkung des Gemeinsinns und des gemeinwohlorientierten Engagements der Bürger in eigeninitzierten sozialen Netzwerken; und zum anderen das Eintreten für eine durchgreifende Demokratisierung gesellschaftlicher Strukturen, die die Reichweite des etatistischen Eingriffshandelns eingrenzt und den Bürgern und ihren kollektiven

Vertretungen die Instrumente einer demokratischen Selbstregierung an die Hand gibt. In diesen Zukunftsbildern einer reflexiven und partizipatorischen Demokratie aber begegnen sich der theoretische Diskurs der Zivilgesellschaft und die Empowerment-Praxis der Bürger im Kontext der neuen sozialen Bewegungen (zur Einführung in die aktuellen Diskurse über die ‚civil society' vgl. Adloff 2005; Honneth 2002; Kaiser 2007; Klein 2000; 2004).

Beenden wir hier unseren Exkurs zur Individualisierungstheorie. Wir haben in drei Stichworten versucht, die Voraussetzungen zu benennen, an die ein subjektives Lebensgelingen in den „riskanten Freiheiten" (Beck/Beck-Gernsheim 1994) einer beschleunigten Individualisierung gebunden ist: das Herstellen von Kohäsion in multiplen Identitäten, die gelingende Konstruktion tragender Beziehungsnetzwerke und die sinnstiftende Teilhabe an bürgerschaftlichen Zugehörigkeitsgemeinschaften. Diese drei Stichworte skizzieren in aller Kürze das Profil der Anforderungen, die sich dem modernisierten Menschen – in den wechselnden Situationen, Räumen und Passagen seines Lebens – stellen. Dieses Anforderungsprofil benennt zugleich die zentralen Zielsetzungen einer psychosozialen Praxis des Empowerment. Eine verberuflichte Hilfe, die sich den Herausforderungen der Moderne stellt, hat so stets drei Handlungsdimensionen: Sie ist für ihre Adressaten (1) Wegweiser im Irrgarten multipler Identitäten und Wegbegleiter bei der Suche nach Lebenssinn. Sie vermittelt (2) tatkräftige Unterstützung bei Aufbau und Renovierung von sozialen Netzwerken. Und sie fördert (3) die Eröffnung von Partizipationsräumen, in denen Menschen in sozialer Inklusion die Erfahrung von selbstorganisierter Gestaltungsfähigkeit machen und die Ressource Solidarität neu entdecken können.

3   Klientenbilder im Wandel

3.1   Biographische Nullpunkt-Erfahrungen: Der Verlust von Lebensregie und erlernte Hilflosigkeit

Ausgangspunkt von Empowerment-Prozessen ist stets das Erleben von Machtlosigkeit und Fremdbestimmung – die Erfahrung also, ausgeliefert zu sein, mit dem Rücken an der Wand zu stehen, die Fäden der eigenen Lebensgestaltung aus der Hand zu verlieren. Die Alltagserfahrungen der sozialen Praxis bestätigen dies Tag für Tag aufs Neue: Ob nun in der Arbeit mit straftentlassenen Menschen, mit dissozialen Straßenkindern, mit langzeithospitalisierten Patienten psychiatrischer Einrichtungen oder mit alleinstehenden wohnungslosen Menschen – stets ist es die schmerzliche Erfahrung des Verlustes von Selbstbestimmung und Autonomie, die den biographischen Nullpunkt der Lebensgeschichten dieser Menschen markiert und die Ausgangspunkt für die Suche nach Auswegen aus der Ohnmacht ist. Schon klassisch ist die Definition von Seeman (1959): Er definiert Machtlosigkeit als die generalisierte (auf alle Lebensbereiche, Lebenssituationen und Lebenszukünfte verallgemeinerte) „Erfahrung des Individuums, daß man durch eigenes Handeln das Eintreten gewünschter Ergebnisse nicht beeinflussen kann" (Seeman 1959 zit. n. Kieffer 1984, S. 15). Ähnlich auch die Begriffsbestimmung von Freire (1973): Machtlosigkeit entsteht nach seiner Erfahrung immer dort, wo der einzelne lernt, sich als Objekt zu begreifen, das von Umweltgegebenheiten abhängig ist, nicht aber als Subjekt, das die Lebenswelt aktiv und produktiv zu gestalten vermag. Mit der Einübung in diese Objekt-Rolle aber verliert die Person alle tauglichen Werkzeuge für eine eigengesteuerte Konstruktion sozialer Wirklichkeiten. Machtlosigkeit, so Freire, spiegelt sich so in der passiven Hinnahme repressiver sozialkultureller Gegebenheiten und in der Verneinung der eigenen Ansprüche auf Lebenssouveränität in einer „Kultur des Schweigens" (culture of silence). Diese Kultur des Schweigens wird auch in den folgenden Zitaten deutlich. In ihnen geben Menschen, mit Blick zurück auf die dunklen Flecken der eigenen Biographie, ihrer Erfahrung von Machtlosigkeit Ausdruck und Sprache.

„Mein ständiger Begleiter war das Gefühl, nur ein ‚geborgtes Leben' zu leben. Oder anders ausgedrückt: Das Leben erschien mir wie ein Fluß, der mich mit sich reißt, ohne daß ich je festen Boden unter die Füße bekommen hätte. Sicherheit und Glücklich-Sein – das schien mir eine Sache der anderen, der ‚da oben', die es – wie auch immer – geschafft hatten, auf die Sonnenseite des Lebens zu kommen ... Ich habe mich nie getraut, eine eigene Meinung zu haben. Eine Situation, die mehr als ein „Von-der-Hand-in-den-Mund-Leben" gewesen wäre, erschien mir ein utopischer Traum, die Zukunft nur ein schwarzes Loch" (ehemaliger Patient einer Langzeitklinik für Depressionskranke).

„Solange ich mich zurückerinnern kann, war unser Familienleben ein einziger ‚Full-Time-Job' ums Überleben. Es fehlte an allen Ecken und Enden: Nie waren wir Kinder sicher, daß sich der Kühlschrank wieder füllte. Unsere bescheidenen Kinderwünsche wurden immer wieder vertagt. Manchmal blieb die Wohnung über Wochen kalt, und ich weiß noch, daß ich schon als Kind manchmal nachts nicht schlafen konnte – aus Angst, daß wir die Wohnung verlieren, weil die Miete wieder einmal unbezahlt geblieben war ... Wenn ich zurückschaue, dann bleibt vor allem eines: das Gefühl, hilflos – wie ein Spielball – den anderen ausgeliefert zu sein" (Mitarbeiterin in einem selbstorganisierten Wohnprojekt für wohnungslose Frauen).

„Ich habe – schon von Kindheitstagen an – immer mit dem Gefühl gelebt, daß ich nicht mitreden kann, daß meine Meinung nichts wert ist und von den anderen eher als Zeichen für Unwissenheit beurteilt wird. Mein Leben war immer ein Leben im Rückwärtsgang, im Rückzug – angefüllt mit der Angst, mit einer unangepaßten Überzeugung anzuecken. Ich habe erst spät gelernt, eine eigene Überzeugung zu haben, die es wert ist, daß ich für sie eintrete und sie mit Argumenten verteidige" (Aktivistin in einem Nachbarschaftsprojekt zur Verkehrsberuhigung im Stadtteil).

Diese Selbstaussagen markieren recht deutlich biographische Nullpunkt-Erfahrungen. Zum Ausdruck kommt in ihnen die schmerzliche Erfahrung, ‚im eigenen Leben nicht zu Hause zu sein'. Von hier ist der Weg nicht weit zu einer frühen Arbeit, die in der Empowerment-Debatte breite Rezeption gefunden hat. Charles Kieffer, Gemeindepsychologe und Leiter eines gemeindebezogenen Kriseninterventionszentrums in Michigan, unternahm Anfang der 80er Jahre eine Reise in die Lebensgeschichten von Menschen, die für sich (und für andere) Hintertüren aus der Machtlosigkeit gefunden hatten. Transportmittel seiner ethnographischen Reise ‚nach innen' waren die Lebenserzählungen von Frauen und Männern, die die Schwerkraft entmutigender Nullpunkt-Erfahrungen hinter sich gelassen hatten und zu Aktivposten innerhalb von lokalräumlich gebundenen Selbsthilfe-Initiativen (grassroots-organizations) geworden waren (vgl. Kieffer 1981; 1984). Empowerment-Geschichten sind nach Kieffer dynamische Entwicklungsprozesse in der Zeit, in deren Verlauf Menschen „ein Set von Einsichten und Fähigkeiten entwickeln, das man am besten mit dem Begriff ‚partizipative Kompetenz' charakterisieren kann" (Kieffer 1984, S. 18). Empowerment ist für ihn eine biographische Reise des sozialpolitischen „Erwachsen-Werdens". Kieffer beschreibt das Gefühl der Ohnmacht, das die Summe wiederholter und tagtäglich aufs Neue beglaubigter Erfahrungen von Unterlegenheit ist, in folgenden Kürzeln (Kieffer 1984, S. 15 ff.):

- eine Zweiteilung der Welt entlang der Achse von Macht und Gestaltungskraft („die dort oben, wir hier unten");
- eine Weltsicht, in deren Licht die Strukturen der alltäglichen Wirklichkeit unverrückbar und dem eigenen Handeln nicht mehr zugänglich erscheinen; das resignative Akzeptieren des alltäglich Gegebenen;
- die Geringschätzung des Wertes der eigenen Meinung;

- das generalisierte Mißtrauen gegenüber einer Umwelt, die als unwirtlich, abweisend und feindlich gesonnen erlebt wird;
- die Selbst-Attribution von Schuld und Verantwortlichkeit für Lebensmißlingen;
- das Gefühl des Aufgeliefert-Seins und die Erfahrung der eigenen sozialen Verletzlichkeit;
- das Gefühl des Abgeschnitten-Seins von Ressourcen der sozialen Einflußnahme und das fehlende Vertrauen in die Möglichkeiten des eigenen Sich-Einmischens und
- das Gefühl der Zukunftsverschlossenheit.

Ein Lebenskonto, auf dem vielfältige Erfahrungen von Ausgeliefert-Sein, Hilflosigkeit und Verlust von Umweltkontrolle abgebucht sind – dies also markiert die Nullpunkt-Erfahrungen von Menschen. Freilich: Die oben zitierten Selbstbeschreibungen und Selbstbilder verbleiben noch im Bereich der Deskription. Gehen wir deshalb einen Schritt weiter und fragen nach den Lebensereignissen und Lebenserfahrungen, die an derartige biographische Tiefpunkte führen. Welche Enttäuschungen und Verletzungen sind es, die zu einem signifikanten Verlust von Lebensregie führen? Wie ist der Weg in eine ‚Kultur des Schweigens'? Gibt es hinter der Idiographie biographischer Ereignisse gemeinsame Muster, die das Entstehen von Machtlosigkeit und scheinbar grenzenloser Hilflosigkeit zu erklären vermögen? Antworten auf diese Fragen gibt uns ein Theoriemuster, das wohl wie kein anderes die psychologische Forschung zu Krisenerleben und Krisenbewältigung angeregt hat: *die Theorie der „erlernten Hilflosigkeit"* (learned helplessness) des klinischen Psychologen und Depressionsforschers Martin Seligman (zuerst 1975). Das Phänomen der erlernten Hilflosigkeit wurde ursprünglich in tierexperimentellen Untersuchungen zur Angstkonditionierung entdeckt. Hunde wurden in einer Versuchsanordnung zum klassischen Konditionieren (Pawlowsches Geschirr) aversiven Stimuli (Elektroschocks) ausgesetzt, denen sie weder durch Explorations- noch durch Vermeidungsverhalten entkommen konnten. Die aversive Stimulation war für sie also unkontrollierbar. Wurden die Situationen der Unkontrollierbarkeit wiederholt, so vollzog sich in raschen Schritten ein dysfunktionaler Lernprozeß. Die Versuchstiere lernten, daß sie keinen produktiven Einfluß auf ihre Umwelt nehmen konnten; sie entwickelten eine generalisierte Erwartung auch zukünftiger Hilflosigkeit, die von gravierenden Mängeln in den Bereichen Motivation, Lernen und Emotion begleitet war (zum experimentellen Design der Untersuchung vgl. Seligman 1995, S. 19 ff.; Meyer 2000, S. 30 ff.). Seligman und seine MitarbeiterInnen entwickelten in der Übertragung dieser experimentellen Befunde in den Humanbereich ein „Erwartungsmodell der erlernten Hilflosigkeit". Ausgangspunkt sind hier Lebenskrisen und belastende Lebensereignisse, die sich einem gelingenden Bewältigungsmanagement der betroffenen Person entziehen. Erlernte Hilflosigkeit – so die theoretische Kernaussage – nimmt ihren Ausgang in der wiederholten Erfahrung der Person, daß alle Anstrengungen, belastende Ereignisse und Situationen ihrer Umwelt zu beeinflussen, fehlschlagen. Wenn auch wiederholte Versuche, die Kontrolle über die Umwelt zurückzugewinnen, sich als erfolglos erweisen, so führt dies zu einer spezifischen Verletzlichkeit: die Motivation der Person, Einfluß auszuüben und gestaltend zu handeln, vermindert sich; die zukunftsgerichteten Erfolgserwartungen im Hinblick auf das eigene Kontrollhandeln färben sich negativ; das Vertrauen in die eigenen Handlungsfähigkeiten und Bewältigungsressourcen schwindet; sozialer Rückzug, Depressivität und Hoffnungslosigkeit kehren ein. Mit dieser Theorie der erlernten Hilflosigkeit, die in mehr als 25 Forscherjahren immer wieder neue Stufen konzeptioneller Revision und empirischer Erprobung durchlaufen ist, gewinnen wir ein griffiges Interpretationsraster, das es uns möglich macht zu erklären, auf welche Weise Nullpunkt-Erfahrungen entstehen (zur Entwicklungsgeschichte der Theorie erlernter Hilflosigkeit vgl. einführend Meyer 2000; Petermann 1995).

Ausgangspunkt des paradigmatischen Modells des Entstehens erlernter Hilflosigkeit ist *das Eintreten eines belastenden Lebensereignisses*. Etwas Unverhofftes, Nichtgeplantes, Unkalkuliertes tritt bedrohlich in den Lebensplan von Menschen – die Organisation alltäglicher Lebensvollzüge zerbricht, die Kontinuität des Erlebens und Handelns wird unterbrochen. Belastende Lebensereignisse markieren einen Einschnitt, eine Lebenszäsur, einen Wendepunkt im individuellen Lebenslauf. Sie produzieren eine emotionale Betroffenheit (Niedergeschlagenheit; Ängstlichkeit; Selbstzweifel) und eröffnen eine biographische Phase des relativen Ungleichgewichtes, in der es notwendig wird, Lebenszuschnitte neu zu organisieren und ein in Unordnung geratenes Person-Umwelt-Gefüge in eine neue Ordnung zu bringen. Menschen sind diesen Lebensbelastungen nun nicht passiv-hilflos ausgesetzt – sie verfügen vielmehr über ein spezifisches (lebensgeschichtlich gewachsenes) Repertoire von Strategien der Bearbeitung und der Bewältigung (Coping-Strategien). Treten belastende Lebensereignisse in die Biographie von Menschen, so sind diese Ereignisse die Auslöser spezifischer Versuche der (kognitiven, emotionalen und handelnden) Bewältigung, die darauf gerichtet sind, die negativen Folgen erfahrener Bedrohungen, Belastungen und Einschränkungen zu mindern und Lebensungleichgewichte neu auszubalancieren.

Die Theorie der erlernten Hilflosigkeit setzt nun dort ein, wo diese Bewältigungsversuche ins Leere laufen, fehlschlagen, immer wieder abbrechen und ein personales Bewältigungsmanagement nicht gelingt. An diesen Orten entstehen *Erfahrungen der Unkontrollierbarkeit eines Ereignisses*. Mit diesem Begriff der Unkontrollierbarkeit gewinnen wir das Herzstück der Theorie der erlernten Hilflosigkeit. Unkontrollierbar ist ein Lebensereignis nach Seligman dann, wenn zielgerichtet-intentionale Handlungen die Auftretenswahrscheinlichkeit dieses Ereignisses nicht beeinflussen („Nicht-Kontingenz"). Was auch immer eine Person tut oder tun könnte, unterläßt oder unterlassen könnte, es bleibt ohne Wirkung. Gelangt die Person am Ende immer wieder fehlschlagender Versuche der Bewältigung zu der Überzeugung, daß sie durch keine der ihr zur Verfügung stehenden Handlungsmöglichkeiten einen positiven Einfluß auf die Umwelt nehmen und angestrebte Ziele erreichen kann, so lernt sie, daß sie hilflos ist. Diese Hilflosigkeitserfahrung bestimmt nicht nur das Hier und Jetzt, sondern wirkt auch in die Zukunft hinein. Mit dem Fortdauern von Unkontrollierbarkeitserfahrungen kommt es zu einer Generalisierung von Hilflosigkeitserwartungen. Eine Person, die in einer Lebenssituation Unkontrollierbarkeit erlebt hat, läuft – so Seligman – ein erhöhtes Risiko, ihre Hilflosigkeitserfahrung zukünftig auch auf andere Lebensbereiche zu übertragen. Anforderungen und Aufgabenstellungen, welche zuvor erfolgreich bewältigt wurden, können nach Hilflosigkeitserfahrungen als unüberwindbare Lebensschranken erlebt werden. Verbleibende Möglichkeiten, Kontrolle auszuüben, werden nicht wahrgenommen und bleiben ungenutzt. Strategien der aktiven Gegenwehr und der Suche nach Lebenskontrolle vermindern sich Schritt für Schritt und münden in eine Haltung durchgreifender Passivität. Die Person gerät so in ein immer schneller sich drehendes Karussell der ‚Entsozialisierung' von Kompetenzen, Motivationen und Selbstregulierungsfähigkeiten, das auf der Ebene der Emotionalität von einer Begleitmusik der Niedergeschlagenheit, Resignation und Depressivität begleitet wird.

Diese erste (nach einem einfachen Reiz-Reaktions-Modell gestrickte) Fassung der Theorie erlernter Hilflosigkeit erwies schon bald ihr empirisches Ungenügen. Die Gleichung „Erfahrung von Unkontrollierbarkeit" = „Verlust von Handlungsfähigkeit" = „erlernte und generalisierte Hilflosigkeit" erwies sich als zu einfach, um komplexe Wirklichkeiten jenseits des psychologischen Labors einzufangen. Vielfältige empirische Befunde verweigerten sich diesem theoretischen Modell: So können z. B. Erfahrungen der Nichtkontrolle – entgegen den Modellannahmen – vermehrte, aktive und vielfach auch produktive Kontrollbemühungen auslösen. Und umgekehrt: Das Modell kann nicht erklären, warum in vielen Fällen die Hilflosigkeitserfahrungen mit signifikanten Verlusten von Selbstwertgefühl verbunden waren (denn: warum sollte man sich für ein Ereignis verantwortlich fühlen, das weder in der eigenen Macht noch Kontrolle steht?). Widerständige Befunde und blinde Erklärungsflecken wie diese führten zu Revisionen und Neuformulierungen der Theorie erlernter Hilflosigkeit. Der gemeinsame Nenner dieser neuen Erklärungsangebote: die Integration attributionstheoretischer Konzepte in die Hilflosigkeitstheorie. Die wohl folgenreichste Neukonzipierung der Theorie formulierten Abramson/Seligman/Teasdale im Jahr 1978 (vgl. hierzu auch die Übersicht von Meyer 2000, S. 70 ff.). In ihr führen die Autoren eine neue, zusätzliche Variable ein, die zwischen der Erfahrung von Nichtkontrolle und der erlernten Hilflosigkeit moderiert: *die Attributionen (Prozesse der subjektiven Interpretation, Bewertung und Erklärung der Nichtkontrolle)*, in denen die Person eine Antwort auf die Frage nach den Ursachen der Nichtkontrolle gibt. Attribution richtet den Blick auf den ‚inneren Dialog' einer Person, auf ihr Bemühen, sich (und anderen) Erklärungen für die Nichtkontrolle zu liefern. Wir alle teilen diese Alltagserfahrung: Menschen, in deren Leben ein unerwünschtes Ereignis tritt, gehen auf die Suche nach Sinn. Sie stellen die Fragen nach dem „Warum?" und dem „Warum gerade ich?". „Diese Frage zielt oberflächlich betrachtet auf Konsens-Information ab: Die Person fragt sich im interindividuellen Vergleich, warum ausgerechnet ihr und nicht jemand anderem dieses passiert ist. Bei näherer Betrachtung fällt aber auf, daß dies nicht die einzige Bedeutung dieser Frage ist: So weiß z. B. der Krebskranke, daß viele Menschen sein Schicksal teilen, und fragt sich trotzdem, warum gerade sein Leben durch diese Krankheit zerstört wird. Die Frage „warum ich?" drückt auch aus, daß das Ereignis nicht so ohne weiteres akzeptiert wird, daß kein Sinn darin gesehen wird und daß man eine Bedeutung für sich finden möchte. Damit läßt sich diese Frage als eine Art Schlüssel-Attribution betrachten, die konkretere Fragen stimulieren kann" (Herrmann 1988, S. 94 f.). Attribution bezieht sich also auf die Sinnkonstruktionen und die Ursachenerklärungen, in die Menschen die nichtkontrollierbaren Ereignisse ‚einpacken'. Attribution ist ein „Interpretationsprozeß der Erfahrungswelt, durch den der Einzelne sozialen Ereignissen und Handlungen Gründe bzw. Ursachen zuschreibt. Attributionstheoretische Forschungsansätze entwickelten sich historisch aus einem Teilgebiet der Sozialpsychologie, der Personenwahrnehmung. Attributionstheoretiker sehen den Menschen als informationssuchendes Wesen, das bestrebt ist, eine kognitive Beherrschung der Zusammenhänge seiner Umwelt zu erlangen. Damit wird eine Motivation postuliert, Ursache-Wirkungs-Beziehungen herzustellen und anhand der Informationen aus der sozialen Umwelt Gründe und Konsequenzen von Verhalten und Ereignissen herauszufinden" (Herrmann 1988, S. 89). Diese Interpretationsmuster, mit deren Hilfe Menschen sich das kausale Zustandekommen von (belastenden und bedrohlichen) Umweltereignissen zu erklären versuchen, ihre Kausalattributionen also, sind in der Reformulierung der Theorie erlernter Hilflosigkeit die entscheidenden Determinanten, von denen abhängt, in welcher Weise Nichtkontrollerfahrungen verarbeitet werden. Kausalattributionen beeinflussen die Einschätzung der Belastung, die Planung von Bewältigungsstrategien wie auch die Bewertung von Bewältigungsversuchen. Sie sind ein Selektionsfilter, an dem sich der Grad der erfahrenen Hilflosigkeit bemißt. Seligman unterscheidet drei analytische Dimensionen von Attributionen, die anhand von Fragebogen-Inventaren (Attribution Style Questionaire) vermessen werden können (vgl. Seligman 1990, S. 40–51):

(1) **Personalisierung von Verantwortlichkeit – personalization: internal versus external**

Zunächst unterscheidet Seligman zwischen persönlicher und universeller Hilflosigkeit. Von persönlicher Hilflosigkeit spricht man, wenn ein Individuum glaubt, daß bestimmte Lebensereignisse nur von der eigenen Person nicht – dagegen von allen anderen Personen sehr wohl – kontrolliert werden können. Bei universeller Hilflosigkeit vertritt das Individuum die Ansicht, weder es selbst noch alle anderen seien in der Lage, Kontrolle über bestimmte Ereignisse auszuüben, da diese Ereignisse sich generell menschlicher Einflußnahme entzögen. Durch diese Gegenüberstellung läßt sich das Begriffspaar „internal versus external" definieren: Persönliche Hilflosigkeit resultiert aus internaler Attribution, d.h. das Individuum rekurriert in seiner Suche nach Erklärungen auf Ursachen, die in der eigenen Person begründet sind (überdauernde Persönlichkeitsdefizite; mangelnde personale Kompenzausstattung; situatives Fehlverhalten). Universelle Hilflosigkeit hingegen resultiert aus externaler Attribution, d.h. die Ursachen der Nichtkontrolle werden in überindividuell wirksamen Ursachen gesehen, die nicht nur für die eigene Person, sondern auch für andere bedeutsame Personen nicht zugänglich sind (Zufall; Schicksal; Gottesurteil; überindividuell wirksame Strukturkontexte). Die Auswirkungen von persönlicher und universeller Hilflosigkeit sind unterschiedlich: So führt persönliche Hilflosigkeit durch die Adressierung von Schuld und Verantwortlichkeit an die eigene Person zu signifikanten Verlusten von Selbstachtung und Selbstwertschätzung. Bei universeller Hilflosigkeit hingegen entfallen diese selbstwertschädigenden Selbstzuschreibungen von Schuld und Verantwortlichkeit.

(2) **Reichweite der Nichtkontrolle – pervasiveness: universell versus spezifisch**

Eine zweite Attributionsdimension ergibt sich aus dem Begriffspaar „universell versus spezifisch". Bei einem universellen (auch: globalen) Attributionsstil werden die Ursachen von nichtkontrollierbaren Ereignissen sehr weit und allgemein gefaßt. Dies bedeutet: Die Ursachen für die Nichtkontrolle sind für die Person allgegenwärtig (z. B. „ich habe nie und nirgends Geschick in sozialen Beziehungen"), eine sehr umgrenzte Erfahrung von Nichtkontrolle kann umfassende Hilflosigkeit auslösen. Eine universelle Attribution führt also zu einer Generalisierung der Hilflosigkeit auf vielfältige Lebenskontexte, während eine spezifische Attribution auf die Konfiguration spezifischer Situationen beschränkt bleibt. „Manche Menschen können ihre Probleme säuberlich in Schubladen ablegen und uneingeschränkt in ihrem Leben fortfahren – und das selbst dann, wenn die Probleme einen wichtigen Lebensaspekt beeinträchtigen (den Job; die Liebesbeziehung). Bei anderen bricht das ganze Lebensgebäude zusammen; ihre Wirklichkeit wird zur Katastrophe; sobald ein Faden ihres Lebens reißt, löst sich die gesamte Textur auf. In anderen Worten: Menschen, die für ihr Versagen universale Erklärungen geben, geben sich in Gänze auf, wenn sie in einem Bereich Schiffbruch erleiden. Menschen, die spezifische Erklärungen liefern, mögen in einem Lebenssektor hilflos sein, in den anderen Lebensbereichen hingegen bleiben sie robust und setzen ihr Leben geradeaus fort" (Seligman 1990, S. 46).

(3) **Zeitliche Stabilität der Hilflosigkeitsursachen – permanence: stabil versus variabel**

Die dritte Attributionsdimension „stabil versus variabel" schließlich bezieht sich auf die Stabilität und die Konstanz der Nichtkontrollbedingungen in der Dimension der Zeit. Stabile Ursachen, die als langlebig und wiederkehrend erlebt werden, führen zu einer Chronifizierung der Hilflosigkeitserfahrungen. Nichtkontrollerfahrungen, deren Ursachen hingegen kurzlebig und vorübergehend erscheinen, führen zu nur transitorischen Belastungen und gehen in den weiteren Lebensvollzügen vielfach ohne verletzende Spuren verloren. „Versagen macht jedermann zumindest momentan und für eine befristete Zeit hilflos. Es ist wie ein Schlag in den Magen. Es schmerzt, aber der Schmerz schwindet – bei manchen Menschen fast auf der Stelle. Bei anderen bleibt der Schmerz ein konstanter Wegbegleiter. Diese Menschen bleiben hilflos für Tage oder sogar Monate – auch schon nach nur kleinen Betrübnissen.

Nach größeren Lebensniederlagen kehren sie vielleicht nie mehr in die Zonen des Lebensgelingens zurück" (Seligman 1990, S. 45).

Die kognitive Landkarte, die aus der Addition dieser drei Dimensionen von Attributionen entsteht, nennt Seligman „Erklärungsstil" (explanatory style). Erklärungsstile sind das Produkt der biographischen Lerngeschichten einer Person, sie sind das Kondensat ihres bisherigen Erlebens und Bearbeitens von belastenden Lebensereignissen. In seiner jüngsten Veröffentlichung (sie trägt den programmatischen Titel „Erlernter Optimismus"; Seligman 1990) stellt der Verfasser zwei Extremausprägungen von Erklärungsstilen einander gegenüber: *„der optimistische Erklärungsstil"* und *„der pessimistische Erklärungsstil"*. Der optimistische Erklärungsstil trägt die Ausprägung „externale/spezifische/variable Attribution". Dieses komplexe Attributionsmuster – so die Forschungsbefunde – wirkt wie ein immunisierendes Schutzschild. Menschen, die ein solches Interpretationsschema entwickelt haben, sehen die Ursachen für belastende Lebensereignisse in anderen Personen, Situationen, Lebensstrukturen, sie sind frei von selbstwertmindernden Zuschreibungen von Schuld und Verantwortlichkeit an die eigene Person. Sie definieren Hilflosigkeitserfahrungen als singuläre, situationsspezifische, umgrenzte Ereignisse und unterstellen ihnen nur transitorische Relevanz. Der pessimistische Erklärungsstil hingegen trägt die Ausprägung „internale/universale/stabile Attribution". Dieses kognitive Muster ist nach Seligman ein signifikanter Prädiktor für generalisierte Hilflosigkeit. Die Untersuchungsbefunde einer Vielzahl von Forschungen dokumentieren, daß die Zuschreibung aversiver Ereignisse insbesondere auf stabile Defizit-Merkmale der eigenen Person und auf unzureichende Lebensgeschicke (internal-personenbezogene Attribution – z. B. „ich war schon immer und überall unfähig, eine enge Beziehung zu leben") eine Schlüsselrolle in der Generalisierung von Hilflosigkeitserfahrungen einnimmt. Kommt die Erwartung einer universalen Wirksamkeit der hilflos machenden Ursachen und die Annahme ihrer Stabilität über Raum und Zeit hinzu, so eröffnet sich in der Selbstwahrnehmung der Person ein Erwartungsraum umfassender Hoffnungslosigkeit.

Die Gegenüberstellung von „optimistischem" und „pessimistischem Erklärungsstil" ist eine Schwarz-Weiß-Zeichnung. Um nicht in die Falle einer unzulässigen Verallgemeinerung zu tappen, ist ein differenzierender Blick – insbesondere auf die ‚pessimistische' Seite – notwendig. Betrachten wir die drei Bausteine des „pessimistischen Erklärungsstils" noch einmal in einem etwas differenzierenden Licht:

Internale Attribution: Internalität – darauf macht Herrmann (1988, S. 97 ff.) aufmerksam – ist ein inhaltlich heterogenes Konstrukt. Die Autorin verweist auf eine mögliche Differenzierung nach innen: die Unterscheidung von verhaltensbezogen-internaler Attribution und von persönlichkeitsbezogen-internaler Attribution. Die verhaltensbezogen-internale Attribution bezieht sich auf potentiell veränderbare personale Ursachen. Die Person begründet die Nichtkontrolle eines Lebensereignisses mit dem mangelnd kompetenten Einsatz verfügbarer Bewältigungsressourcen, mit restriktiven situativen Rahmenbedingungen (z. B. Zeitdruck) oder mit der mangelnden Zugänglichkeit/Mobilisierbarkeit prinzipiell verfügbarer sozialer Ressourcen. In alle diesen Fällen führt die Person die negativen Ereignisse auf konkrete und veränderbare personale Handlungsmuster zurück; sie kann ihr künftiges Handeln ändern und so eine Wiederholung des Ereignisses verhindern. Anders im Fall der persönlichkeitsbezogen-internalen Attribution: Hier sieht die Person die Ursachen der Nichtkontrolle in einem Muster von defizitären Persönlichkeitsmerkmalen und mangelnd effizienten Kompetenzen, ein Muster, das einer Veränderung (zumindest in absehbaren Zeithorizonten) verschlossen ist und die Erfahrung einer signifikanten personalen Unterlegenheit transportiert. Die Folge dieser Selbst-Attribution von Schwäche und mangelndem Lebensgeschick aber ist eine signifikante Beschädigung der Selbstwerterfahrung.

Universale Attribution: Die empirische Evidenz spricht für den Befund, daß die Ausprägung der Attribution auf der Dimension „Universalität versus Spezifität" an die Qualität des auslösenden Ereignisses gebunden ist. Hilfreich ist hier die Einführung der Kategorie „Lebenszentralität". Sie gibt Auskunft über die Bedeutsamkeit und die Relevanz der Nichtkontrollierbarkeit eines Ereignisses im subjektiven Sinnhorizont der Person. Ist die Lebenszentralität gering, betrifft das belastende Ereignis also nur periphere Relevanzzonen, so gelingt es der Person mit größerer Wahrscheinlichkeit, diese kritische Lebenserfahrung ‚einzukapseln' und in den weiteren Lebensvollzug zu integrieren – sie lernt, mit ‚kleinen Niederlagen' zu leben. Und umgekehrt: Ist das auslösende Ereignis von hoher subjektiver Bedeutsamkeit, so steigt das Risiko, daß die Erfahrung der eigenen Ohnmacht in Form eines negativen ‚Halo-Effektes' in andere Lebensbereiche getragen wird und die Hilflosigkeitserfahrung sich generalisiert.

Stabile Attribution: Die Erwartung im Hinblick auf die zeitliche Stabilität der die Hilflosigkeit auslösenden Ursachen ist zunächst einmal Funktion der Auftretenshäufigkeit des unkontrollierbaren Ereignisses. Die kontinuierlich sich wiederholende Erfahrung von Nichtkontrolle ebnet den Weg für die Entwicklung eines Attributionsmusters, das von stabilen Mißerfolgserwartungen auch für die Zukunft eingetrübt ist. Stabile Attributionen verweisen aber auch (und dies wurde von der Forschung bislang fast vollständig vernachlässigt) auf das je spezifische lebensweltliche ‚Bewältigungssetting' der betroffenen Person. Soziale Isolation und abgerissene Netzwerk-Kontakte, die mangelnde personale Bereitschaft, soziale Unterstützung zu mobilisieren, und erschöpfte soziale Ressourcen – alles dies sind situative Rahmenbedingungen der individuellen Bewältigungsarbeit, die die subjektiven Erwartungen im Hinblick auf eine Veränderbarkeit von Nichtkontrolle in der Zukunft entwerten und mit zwingender Kraft die Entwicklung stabiler Attributionen programmieren.

Mit dem Konstrukt der „Erklärungsstile" gewinnen wir eine bedeutsame Moderatorvariable, die zwischen dem belastenden Ausgangsereignis und der Erfahrung fortdauernder Hilflosigkeit vermittelt. Vor allem ein pessimistischer Attributionsstil – so sahen wir – kann Schaltstelle sein für Lernprozesse, die Lebensgegenwart und Lebenszukunft in den Schatten einer tiefgreifenden Hoffnungslosigkeit und Hilflosigkeit stellen. Es tritt ein dysfunktionaler Transfer ein, der vor allem in prospektiver Perspektive die Chancen der Person auf Wiederaneignung von Umweltkontrolle und Lebensbewältigung vermindert. „Ist die Person in der ursprünglichen Situation zu dem Ergebnis gelangt, daß sie die negative Wirkung eines Ursachenfaktors weder beeinflussen noch kompensieren kann, so hat sie ursachenspezifische Hilflosigkeit erlebt und wird auch die bevorstehende Situation als aussichtslos einschätzen. Die hohe Relevanz eines Einflußfaktors, dessen negative Wirkung auf den Ausgang einer Situation unabwendbar erscheint, verursacht ein Absinken der Kontrollerwartung. Die Person glaubt, erneut hilflos zu werden, und faßt die bevorstehende Situation als Bedrohung auf" (Brunstein 1988, S. 127). Hier nun schließt sich der Kreis. Menschen, die an der Endstation erlernter Hilflosigkeit angekommen sind, entwickeln dreierlei Defizite: *(1) Ein motivationales Defizit:* Motor menschlichen Handelns ist die Erwartung, daß durch eigenes Tun die Ereignisse und Situationen der Umwelt gestaltet und ‚unter Kontrolle' genommen werden können. Menschliches Handeln bedarf also des Anreizes in Gestalt von Erwartungen. Nimmt man Menschen diese Kontrollerwartungen, so vermindert sich ihre Handlungsbereitschaft. Es vollzieht sich eine stille Entwertung von motivationaler Kraft, die in Passivität und resignativen Rückzug mündet. *(2) Ein kognitives Defizit:* Die Erfahrung von Nichtkontrollierbarkeit und Hilflosigkeit wirkt in Form einer proaktiven Hemmung auch auf kognitive Muster. Im Schatten der Hilflosigkeitserfahrung werden gangbare und erfolgversprechende Problemlösungswege nicht mehr wahrgenommen und bleiben ungenutzt, die Wirksamkeit verfügbarer Bewältigungsressourcen wird falsch eingeschätzt, es entstehen selbstbezogene Kognitionen („Selbstbilder"), in denen sich die Annahme der eigenen Unfähigkeit zur Lebenskontrolle und Selbstbestimmung totalisiert. Und schließlich *(3) ein emotionales Defizit:* Auf der Ebene der Emotionalität wird ein belastendes Ereignis zunächst von einer gesteigerten motorischen Aktivität und emotionaler Erregung begleitet: Furcht. „Die ersten Reaktionen zur Kontrolle der traumatischen Bedingungen werden durch diese Furcht ausgelöst. Sind die traumatischen Bedingungen einmal unter Kontrolle, haben die Furchtreaktionen wenig Sinn und nehmen ab. Solange das Individuum aber unsicher ist, ob es die traumatischen Bedingungen kontrollieren kann oder nicht, hat die Furcht noch nützliche Funktion, da sie die Suche nach einer effektiven Reaktion aufrechterhält. Wenn das Individuum schließlich überzeugt ist, daß das Trauma unkontrollierbar ist, schwindet die Furcht ebenfalls – sie ist nicht nur nutzlos, sondern schlimmer, da sie das Individuum viel Energie in einer hoffnungslosen Situation kostet. Dann kommt es zu Depressionen" (Seligman 1995, S. 51). Erfahrungen von Unkontrollierbarkeit verwandeln sich so schließlich in Hoffnungslosigkeit, in resignativen Rückzug und depressive Verstimmung.

Die Erfahrung von Hilflosigkeit, dort, wo sie mit diesem Dreiklang von Defiziten endet, produziert ein klinisches Symptombild, das Seligman „Hilflosigkeitsdepression" (helplessness-depression) nennt. Die Theorie der erlernten Hilflosigkeit – so zu Ende buchstabiert – ist für ihn zuerst und vor allem ein Beitrag zur klinischen Ätiologie der Depression. Neuere Beiträge aus den Reihen der von Seligman stimulierten Forschungsschule gehen über diese Grenzlinie hinaus. Das Konzept der erlernten Hilflosigkeit wurde auf viele Lebensbereiche übertragen; es erweist so seine Produktivität als ein allgemeines, in multiplen Realitäten anwendbares Modell zur Beschreibung der Herausbildung des eingangs beschriebenen „Gefühls der Machtlosigkeit" (vgl. die Übersichten von Meyer 2000 und Petermann 1995). An die Seite des ‚Fokus Depression' sind vielfältige neue Untersuchungsdesigns getreten, die die Zusammenhänge zwischen erlernter Hilflosigkeit auf der einen und Einschränkungen der (schulischen und beruflichen) Lern-Leistung, des gesundheitlichen Status und des psychosozialen Wohlbefindens auf der anderen Seite zum Gegenstand haben. Zugleich wurden durch die Einbeziehung weiterer Variablen neue Horizonte der Weiterentwicklung der Basistheorie eröffnet: u. a. die verstärkte Berücksichtigung der antezedenten Merkmale des krisenauslösenden Ereignisses und der biographischen Bilanz des vorausgehenden Bewältigungshandelns; die Integration der Theorie erlernter Hilflosigkeit in eine übergreifende entwicklungspsychologische Perspektive, die den (frühkindlichen) lebensgeschichtlichen Entwicklungslinien festgefügter Attributionsmuster nachspürt; die Entwicklung von kognitiven Immunisierungsstrategien, in denen das Verlernen von dysfunktionalen Erklärungsstilen und das Erlernen von adaptiven Attributionen im Mittelpunkt steht. In seinen neuen Veröffentlichungen geht Seligman den Weg der „positiven Psychologie" (positive psychology). Die Befunde der Hilflosigkeitsforschung als Kontrastfolie nutzend entwirft er eine *„Anleitung zum Glücklichsein"* und dokumentiert – belegt durch vielfältige Beispiele aus der forscherischen und der therapeutischen Praxis – soziale Lebenssettings und individuelle Aneignungsmuster, die es Menschen möglich machen, positive Gefühlspotentiale in ihre Sicht der Welt und des Selbst zu integrieren und einen lebensbestärkenden Optimismus zu entwickeln (vgl. Seligman 2002; zusammenfassend Snyder/Lopez 2002).

Schließen wir unsere Darstellung mit einer Perspektive, die über den engen ‚psychologischen Blick', welcher der Theorie erlernter Hilflosigkeit zueigen ist, hinausgeht. Dieses empirisch vielfach getestete Denkmodell, vor dem Hintergrund psychologischer Laborexperimente formuliert, verbleibt ganz im Erfahrungskosmos des einzelnen Individuums. Der Blick konzentriert sich auf das Bewältigungsmanagement der Person und auf die handlungsbegleitenden kognitiven Korrelate (ereignisbezogene Sinnkonstruktionen; kausale Attributionen; die kognitiven Landkarten der Erklärungsstile). Nicht in den Blick genommen werden hingegen die (ökonomischen, ökologischen, kulturellen und relationalen) Strukturmuster der Lebenslage, in die die Lebensvollzüge des einzelnen eingespannt sind. Hier aber ist ein markanter ‚blinder Fleck' auf der Netzhaut dieser Theorie. Denn: Das Risiko, daß Menschen in belastende Lebensereignisse geraten, das Risiko auch, daß ihr Bewältigungsmanagement fehlschlägt und sich in Erfahrungen signifikanter Hilflosigkeit kristallisiert, ist sozial nicht gleich verteilt. Diese Risiken gehorchen vielmehr Verteilungsmustern sozialer Ungleichheit. Keupp formuliert dies in pointierter Weise: „Lebenserfahrungen, in denen Subjekte sich als ihr Leben Gestaltende konstruieren können, in denen sie sich in ihren Identitätsentwürfen als aktive ProduzentInnen ihrer Biographie begreifen können", sind *ein sozialstrukturell ungleich verteiltes Gut* (Keupp 2003 a, S. 557; 2008). Keupp verweist zu Recht auf die Befunde der sozialepidemiologischen Forschung, die den Zusammenhängen zwischen sozialer Position und Wohlbefinden nachspürt. Er verweist insbesondere auf die große und in ihrer empirischen Dichte bisher nicht mehr replizierte Studie der Forschergruppe von Bruce Dohrenwend (1980) zur sozialstrukturellen Verteilung von psychischer Gesundheit in den USA. Alle empirischen Evidenzen dieser und nachfolgender sozialepidemiologischer Forschungen verweisen in eine gemeinsame Richtung: Je weiter wir in der sozialen Hierarchie nach unten gehen, desto ausgeprägter addieren sich biographische Erfahrungen der Machtunterlegenheit, der Entfremdung, der sozialen Benachteiligung und der Sprachlosigkeit in einer tiefgreifenden Demoralisierung der Menschen. Der Begriff „Demoralisierung", bei Dohrenwend Kristallisationskern der Bebilderung sozial ungleicher Gesundheitschancen, trägt Konnotationen, die ihn eng an die Seite des hier vorgestellten Begriffs der erlernten Hilflosigkeit stellen. Er bringt zum Ausdruck, daß Menschen gerade am unteren Rand der Gesellschaft in einem signifikant erhöhten strukturellen Maß Erfahrungen der Fremdbestimmung, der Enteignung von Alltagskompetenzen und der Zerstörung von individuellen Gestaltungsräumen ausgesetzt sind, die eine souveräne Lebensführung unterminieren und ein durchgreifendes Gefühl von Hilflosigkeit befestigen. Anknüpfend an die Befunde von Dohrenwend schreibt hierzu Keupp (2003 a, S. 563 f.): „Wenn man sich den Zusammenhang von gesellschaftlichen Lebensbedingungen und Persönlichkeitsentwicklung mit dem Blick auf unterprivilegierte gesellschaftliche Gruppen vergegenwärtigt, dann entdeckt man ein eindrucksvolles empirisches Gegengift gegen die ideologische Beschwörung der ungeahnten Chancen, die jede und jeder in unserer Gesellschaft hätten, etwas aus ihrem Leben zu machen und gestärkt und optimistisch aus Krisen und Belastungen hervorzugehen. Die neuere epidemiologische Forschung ist bei ihren Gemeindestudien auf ein Phänomen gestoßen, das als ‚Demoralisierung' bezeichnet wurde. Es beinhaltet Einstellungen und Grundhaltungen, die durch ein geringes Selbstwertgefühl, Hilflosigkeit, Hoffnungslosigkeit, unbestimmte Zukunftsängste und allgemein gedrückte Grundstimmung geprägt sind. Für die USA liegen folgende Ergebnisse vor: Demoralisiert in dem beschriebenen Sinne wurde etwa ein Drittel der Bevölkerung eingeschätzt ... Das Demoralisierungssyndrom bringt zum Ausdruck, daß ein erheblicher Anteil der Bevölkerung für sich keinen Sinn mehr darin sieht, sich für oder gegen etwas einzusetzen. Diese Personen lassen Ereignisse fatalistisch auf sich zukommen und über sich hereinstürzen, weil sie nicht mehr daran glauben, daß sie wirksam etwas gegen diese unternehmen könnten". Lebenssouveränität und selbstbestimmte Lebensführung stoßen hier an sozialstrukturelle Grenzen, die auf überindividuell wirksame Webmuster sozialer Ungleichheit verweisen und die nur im Wege einer tiefgreifenden sozialpolitischen Reform zu überwinden sind.

3.2 Der Defizit-Blickwinkel: Inszenierungen der Hilfebedürftigkeit in der Sozialen Arbeit

Erfahrungen der Hilflosigkeit, der Demoralisierung und der Ohnmacht sind immer wieder das Ausgangsmaterial für die institutionalisierte helfende Beziehung. Es sind dies Erfahrungen von Krise und subjektiver Niederlage. Die betroffene Person erlebt, daß sie ‚die Kontrolle verliert', daß ihr relevante Sektoren der Lebenswelt ‚aus den Händen gleiten', daß also situative Handlungsanforderungen der Umwelt mit den aktuell verfügbaren personalen und sozialen Ressourcen nicht mehr bewältigt werden können. Mit jedem neuen Arbeitskontrakt begegnet die Soziale Arbeit so Menschen, die sich in einer Situation der Niederlage befinden und die vielfach schon über lange Weg- und Zeitstrecken hinweg in einer Nullpunkt-Situation verharren. Die Endpunkte biographischer Erfahrungsgeschichten, in denen alle Versuche des privaten Lebensmanagements immer wieder aufs Neue in Hilflosigkeit, Ohnmacht und Abhängigkeit münden, sind so Startpunkt der institutionellen Hilfe.

Die Erfahrungen von Hilflosigkeit, die die Klienten in die helfende Beziehung einbringen, sind zunächst einmal biographisch eingefärbtes privates Problemmaterial. Dieses Problemmaterial ist keineswegs eindeutig definiert und für die Praktiker bruchlos interpretierbar. Um gegenüber dem Einzelfall handlungsfähig zu werden, bedarf es daher zunächst einmal einer spezifischen ‚Übersetzungsarbeit': Diese privaten Probleme müssen über Prozesse selektiver Interpretation und Bedeutungszuschreibung in ‚behörden-offizielle' Probleme übersetzt werden. Sie müssen von den Mitarbeitern sozialer Dienste in institutionell und professionell anerkannte Problemschubladen untergebracht und auf die Formate ‚gängiger Standardprobleme' zugeschnitten werden, für die institutionell programmierte Interventionsverfahren verfügbar sind. „Schwierigkeiten, aufgrund derer Menschen eine Beratungsstelle (oder einen anderen Sozialen Dienst; N.H.) aufsuchen, können in der Regel nicht einfach als solche von der Einrichtung bzw. dem Berater ‚behandelt' werden, sondern müssen den institutionellen und professionellen Routinen entsprechend zu bearbeitbaren Problemen ‚gemacht' werden. Die alltägliche Definition von Schwierigkeiten ... wird in eine professionelle Definition übersetzt. Professionelle Problemdefinitionen sind in der Regel Zuordnungen zu bestimmten Problemtypen, also zu ‚Normalformen', für die professionsspezifische Umgangsformen bereitliegen" (Bittner 1981, S. 107). Erst dort, wo diese institutionelle Präparierung des Falls gelingt und die vom Klienten eingebrachten lebensweltlichen Schwierigkeiten über Prozesse interpretativer Bearbeitung in ‚relevante und bearbeitbare Standardprobleme' übersetzt werden können, gewinnt der berufliche Helfer Handlungsfähigkeit gegenüber dem je konkreten Fall und vermag ihn in routinemäßiger, oft standardisierter Form zu bearbeiten.

Die beruflichen Helfer greifen bei dieser institutionellen Präparierung von Fällen auf die Inventare ihres berufsbezogenen Alltagswissens zurück. Mit dem *Begriff des berufsbezogenen Alltagswissens* wollen wir jene Bestände an berufspraktischen Vorstellungen, Kenntnissen, Erwartungen und alltagstheoretischen Erklärungskonzepten kennzeichnen, auf die die Sozialpraktiker sich beziehen, um die wechselnden Situationen ihres beruflichen Alltags zu bewältigen, ihre tagtäglichen Probleme zu ordnen und ihr problemlösendes Handeln zu organisieren. Dieses Inventar des Alltagswissens, das sich im Verlauf der beruflichen Sozialisation und des beruflichen Alltags herausbildet und mit dessen Hilfe die Praktiker ihre Handlungssituationen sicher strukturieren, besteht nur zu einem geringen Teil aus reflektierten Aussagesystemen (z. B. eine begründete Theorie sozialer Probleme). Eingetragen sind in das Alltagswissen zu größeren Teilen grundlegende persönliche Überzeugungen, im Alltagsleben verbreitete Common-Sense-Deutungen und ‚immer schon bewährte' Erfahrungen, die in der Abarbeitung von berufspraktischen Aufgaben geschöpft worden sind. Diese Wissensbestände bilden einen situationsunabhängig-stabilen kognitiven Hintergrund, der es den Praktikern erlaubt, die Komplexität ihrer beruflichen Wirklichkeiten aufzuordnen und Sicherheit in der Bewältigung von Alltagsangelegenheiten zu gewinnen. Sie tragen den Charakter unbezweifelter Gewißheit und konstituieren einen Horizont selbstverständlicher Hintergrunderwartungen, in den typisierte Vorstellungsbilder im Hinblick auf durchschnittliche Erscheinungsweisen und Verursachungen von Hilflosigkeit, geeignete Interventionsformen und prognostizierbare Resozialisierungschancen u.a.m. eingetragen sind.

Das alltagstheoretische Berufswissen ist eine Interpretationsfolie, auf der die Praktiker sowohl die Lebensvergangenheit als auch die Lebenszukunft des zur Verhandlung anstehenden ‚Falles' abbilden können. Alltagswissen ist zum einen Leitlinie für den biographischen Blick zurück: Unter Rückgriff auf alltagstheoretische Typisierungsmuster versuchen die Vertreter der fürsorglichen Hilfe, die Biographie ihrer Adressaten interpretativ aufzuarbeiten und ‚verstehbare' lebensgeschichtliche Erklärungen für belastende Lebenserfahrungen und fehlschlagende Lebensregie zu geben. Sie suchen nach historisch-genetischen Begründungen für problematische Situationen, sie liefern interpretative Brückenschläge zwischen dem aktuell zur Verhandlung stehenden Lebensproblem und der Sozialbiographie des Adressaten und präparieren den Fall auf diese Weise für eine endgültige Diagnosestellung. Alltagswissen ist zum anderen aber auch Leitlinie für den biographischen Blick nach vorne: Die beruflichen Helfer treffen immer auch Aussagen über ‚absehbare' zukünftige Ereignisse und Entwicklungen. Sie verlängern die Biographielinien in die Zukunft hinein und geben prospektiv gerichtete Urteile über die vorhersehbare künftige Entwicklung. Gemeinsam haben diese retrospektiv-prospektiv gerichteten Konstruktionen das Ziel, den Adressaten des Handelns in einen ‚typischen Fall' zu verwandeln. Gelingt es dem Helfer, ‚für jedermann einsehbar und plausibel' eine soziale Falltypik zu entwerfen, in die die Lebensprobleme und Hilflosigkeitserfahrungen des Adressaten ‚passen', so gewinnt er eine Interpretationsfolie, die rückblickend die Identifikation einer typischen Fehlentwicklung möglich macht und die prospektiv zugleich Auskunft über erwartbare zukünftige Ereignisse gibt. Im Kopf des sachbearbeitenden Helfers entsteht so ein klar umrissenes Bild einer typischen Karriere.

In der Literaturlandschaft finden sich zahlreiche Untersuchungen, in denen der Versuch unternommen wurde, die Inhalte und Strukturen des Alltagswissens von Angehörigen sozialer Berufe zu vermessen. Folgen wir den Befunden dieser Untersuchungen, so sind die Bestände an berufspraktischen Vorstellungen, Kenntnissen und Interpretationsmustern, auf die die Praktiker zurückgreifen, um Persönlichkeit, biographische Geschichte und Problemhorizont ihrer Adressaten zu typisieren, vor allem durch eines gekennzeichnet: durch *das Vorstellungsbild eines defizitären und tief beschädigten Lebens*. Die Alltagstheorien formulieren ‚zwischen den Zeilen' ein Menschenbild, das die Adressaten sozialer Dienstleistung allein im Lichte tiefgreifender Hilflosigkeit und Unfähigkeit wahrnimmt. Diese alltagstheoretischen Interpretationsfolien strukturieren sich um *die Metapher des Defizits* – sie befestigen so einen Defizit-Blickwinkel auf den Menschen, was bedeutet, daß sie die Identitätsentwürfe der Klienten, ihre lebensbiographischen Erfahrungshorizonte und Bindungsnetzwerke allein nur in den Begriffen von Mangel und Unfertigkeit, von

Beschädigung und Schwäche buchstabieren können. Angeleitet von dieser Defizit-Perspektive ist der sozialarbeiterische Dialog dann vielfach eine Reise zurück in eine beschädigte Biographie.

Diese Metapher des Defizits formuliert Saleebey (1992) in folgenden Worten: „Die Idee, den helfenden Dialog auf den Stärken des Klienten aufzubauen, hat in den Erzählungen der professionellen Sozialen Arbeit mittlerweile den Status eines ‚geflügelten Wortes' gewonnen. Autoren von Lehrbüchern, Hochschullehrer in den sozialen Fachbereichen und Praktiker – sie alle betonen die Bedeutung dieses Prinzips. In Wahrheit aber sind diese anerkennenden Blicke auf die Stärken nicht viel mehr denn Lippenbekenntnisse. Die Idee, die soziale Praxis auf die Diagnose der internalen und externalen Ressourcen des Klienten aufzubauen, ist weder in der Theorie noch in der Praxis überzeugend ausgearbeitet. Soziale Arbeit, wie so viele andere helfende Berufe auch, hat viele Bestände ihrer Theorie und Praxis auf der Annahme aufgebaut, daß Klienten zu Klienten werden, weil sie Träger von Defiziten, Problemen, Pathologien und Krankheiten sind, daß sie – in kritischem Maße – beschädigt oder schwach sind. Diese Orientierung hat ihre Wurzeln in einer Vergangenheit, in der Überzeugungen und Konzeptionen über die moralischen Defekte der Armen, der Verachteten und der Abweichenden unverrückbar erschienen. Heute herrschen differenziertere Begrifflichkeiten, aber die Metaphern und die Konnotationen, die unser Denken über Klienten anleiten, sind im wesentlichen negative Konstruktionen, die sich schicksalhaft auf deren Zukunft legen. Die Sprachformen und Symbolismen der Schwäche oder des Defizits zeichnen das Bild der Klienten in den Augen der anderen, sie konturieren die Selbstwahrnehmungen der Klienten" (Saleebey 1992, S. 3 f.). Mit Saleebey sei noch einmal unterstrichen: Die Lebenserfahrungen, Sozialbindungen, Alltagsschwierigkeiten der Adressaten spiegeln sich im berufsbezogenen Alltagswissen der Praktiker überwiegend in *Metaphern, Sprachformen und Symbolismen des Defizits*. Sie verdichten sich in einer Defizit-Perspektive, in deren Schlaglicht die vorhandenen Lebensfähigkeiten der Menschen, ihre produktiven Kapitale von Lebensbewältigung und Lebenskraft aus dem Blick geraten und die Adressaten der beruflichen Fürsorglichkeit allein nur im Licht ihrer Lebensniederlagen wahrgenommen werden. Diese zentrale Metapher des Defizits findet sich in alltagstheoretischen Deutungsmustern in zweierlei Gestalt:

(1) Die medizinische Deutungsfolie – Pathologie des Körpers und der Seele: Das medizinische Modell ist bis heute ein fester Bestandteil des alltagstheoretischen Deutungsrepertoires der Sozialen Arbeit. Ausgangspunkt dieses Interpretationsrasters ist die Annahme einer grundlegenden Pathologie des ‚Problemfalls'. Wie abweichende Körperprozesse, so werden auch Hilflosigkeitserfahrungen als Ausdruck eines der Person innewohnenden krankhaften Geschehens gedeutet. Wie im Körpersymptom, so erscheint auch im Verhaltenssymptom eine Abweichung von einem Zustand körperlicher Unversehrtheit und Gesundheit indiziert. Das medizinische Glaubenssystem fördert ein Interpretationsmuster, nach dem alle jene Handlungsweisen der Adressaten sozialer Fürsorglichkeit, die von durchschnittlichen Maßstäben des Lebensgelingens abweichen, als Hinweise auf einen im Inneren der Person sich vollzie-

henden Krankheitsprozeß gedeutet werden. Medizinisch-naturwissenschaftliche Analogien durchziehen dann auch die Suche nach den Ursachen eingeschränkter subjektiver Verfaßtheit. Wir können hier zwei alltagstheoretische Erklärungsmuster unterscheiden: In Übernahme des Erklärungsideals der Körpermedizin sucht das medizinischen Modell zum einen, Lebensprobleme einheitlich aus einer Krankheit des Körpers herzuleiten. Konflikthafte, fehlschlagende, verkürzte Formen der Lebensbewältigung werden auf ein organisch indiziertes Krankheitsgeschehen zurückgeführt und damit in einem der medizinischen Krankheitslehre nachgebildeten biologischen Erklärungssystem abgebildet. In den Sprachformen der beruflichen Helfer, die einer solchen alltagstheoretischen Sicht anhängen, spiegelt sich dieses Glaubensmodell vor allem im Rekurs auf hirnorganische Schädigungen und zerebrale Funktionseinschränkungen („hirnorganischer Defekt"; „zerebral bedingte Steuerungsunfähigkeit in Denken und Handeln"; „Aufmerksamkeitsdefizit-/Hyperaktivitätsstörung" (ADHS). Eine zweite Spielart des medizinischen Modells sucht die Ursachen von Hilflosigkeit und Lebensniederlagen in einer signifikanten Krankheit der Seele. Hier übernehmen psychische Erkrankungen, pathologische Psychostrukturen und defektive Persönlichkeitsmerkmale erklärende Funktion. Ob nun organische Schädigung oder abweichende Persönlichkeitsprägung – das medizinische Denkmuster fördert sowohl auf der Ebene des ursächlichen Erklärens als auch auf der Ebene des praktischen Handelns eine problematische Vernachlässigung der sinnhaft strukturierten sozialen Kontexte, in die Hilflosigkeitserfahrungen eingebettet sind.

(2) Die sozialisationstheoretische Deutungsfolie – beschädigte Identität und fehlschlagendes Lebensmanagement: Dieses alltagstheoretische Deutungsmuster, das Anleihen bei Sozialisations- und Entwicklungsforschung macht, verzichtet auf medizinisch formulierte Pathologie-Annahmen. Hilflosigkeit wird hier wahrgenommen als der subjektive Niederschlag von Brüchen in biographisch signifikanten Beziehungsmustern. Erlernte Hilflosigkeit – so diese Sichtweise – ist die sinnhafte (wenngleich fehlschlagende) Verarbeitung konfliktgeprägter Lebensumstände. Im Mittelpunkt des erklärenden Bemühens steht hier eine seismographisch-genaue Erfassung jener Brüche in sozialen Beziehungen, die sich im Verlauf ihrer lebensgeschichtlichen Aneignung in gebrochenen subjektiven Strukturen und Kompetenzmustern niederschlagen. Der diagnostische Blick richtet sich hier also auf eine biographische Rekonstruktion jener verletzenden Interaktionserfahrungen, die es dem Betroffenen unmöglich machen, ein autonomes Rollenspiel, eine selbstbestimmte Lebensregie und eine stabile Ich-Identität zu wahren.

So unterschiedlich und offen-kontrovers die ursachenbezogenen Deutungen dieser grundlegenden paradigmatischen Orientierungen des Alltagswissens auch sein mögen – gemeinsam ist ihnen die Metapher des Defizits. Zwar artikuliert sich diese Rhetorik des Defizits und des Nicht-Gelingens in den letzten Jahren nicht mehr so öffentlich. Die Sprachmuster der Sozialen Arbeit, ihre klientenbezogenen Beschreibungen in Falldarstellungen, Aktenvermerken, gutachterlichen Stellungnahmen modernisieren sich. Neue Kategorien (z. B.

das Reden von personalen und sozialen Ressourcen, Kompetenzen, Selbsthilfe-Fähigkeiten, unterstützenden Netzwerken u.a.m.) geben ihrer fachlichen Begrifflichkeit einen neuen Anstrich. Und doch: Unter der Decke modernisierter Sprachformen ist die Defizit-Perspektive oft ungebrochen. Soziale Arbeit ist vielfach noch immer „Buchhaltung von Lebensschwächen" – eine Buchhaltung, die allein das Versagen, das Mißlingen, die Lebenskapitulation registriert, während hingegen die (trotz aller Alltagsniederlagen vorhandenen, aber lebensgeschichtlich verschütteten) Fähigkeiten, Stärken, Kompetenzen des einzelnen keinen Eintrag in dieses Bilanzbuch finden.

Die Defizit-Diagnosen, in die die beruflichen Helfer die Biographie der Klienten, ihre Lebensprobleme und Lebensperspektiven ‚einpacken', hinterlassen im helfenden Dialog signifikante Spuren. Werfen wir nun einen Blick in die Innenräume des helfenden Dialogs und folgen diesen Spuren in der institutionalisierten Beziehungsarbeit:

(1) Die Defizit-Perspektive färbt die Wahrnehmungsmuster der beruflichen Helfer in einer spezifischen Weise: Sie programmiert die generalisierte Erwartung im ‚amtlichen Blick', daß mit der anderen Seite „etwas nicht in Ordnung ist". Die defizitorientierten Interpretationsfolien des Alltagswissens eröffnen einen Erwartungsrahmen, der die Adressaten sozialer Dienstleistung allein auf Kategorien des Versagens, des Mißlingens, der Nicht-Normalität festlegt. Auf eine einfache Formel gebracht: Soziale Arbeiter, eingebunden in die Defizit-Perspektive, entkleiden die ihnen zur Bearbeitung aufgegebenen Lebensschwierigkeiten ihrer Alltäglichkeit – sie inszenieren Nicht-Normalität. (Jungblut 1982 spricht hier von der „Entalltäglichung" lebensweltlicher Lebensäußerungen). Für den Adressaten der Hilfe bedeutet dies aber eine radikale Entwertung der eigenen Wirklichkeitsdefinitionen. Die Lebensdeutungen, Problemwahrnehmungen und Situationsinterpretationen, die er als Ausgangsmaterial in die helfende Beziehung einbringt und in denen er bemüht ist, Normalität zu behaupten, werden ihm aus der Hand genommen – sie werden in eine ‚offizielle' Problemsicht übersetzt, in der er sich vielfach kaum noch wiederfindet. Diese Auseinandersetzung um die ‚richtige' Sicht der Dinge, diese Konfrontation zwischen expertenseitiger Defizitzuschreibung und klientenseitiger Normalitätsbehauptung ist ein kritischer Markierungspunkt in der institutionellen Interaktion – hier artikuliert sich immer wieder der Widerstand und die Gegenwehr der Adressaten, welche nicht bruchlos bereit sind, sich dem, in den Dialogbeiträgen des Professionals impliziten (aber doch beredten) defizitorientierten Interpretationssystem unterzuordnen. Und doch: Die Fortführung der helfenden Beziehung ist notwendig an die Anerkennung der Definitionsmacht des Experten gebunden: Will der Klient die institutionelle Interaktion nicht scheitern lassen, so ist er gezwungen, sich in das Gehäuse der Experten-Interpretation zu begeben und seine Lebensschwierigkeiten in der Sprache und in den Deutungsmustern der vom Berater angebotenen Perspektive wahrzunehmen. Die Folge dieser Übernahme expertenseitig angebotener Defizit-Diagnosen aber ist eine erneute Beschädigung der ohnehin schon verletzten Identität des Adressaten und eine weitere Verfestigung von Hilflosigkeitserfahrungen. Mit diesem Zwang zur Anerkennung der Definitionsmacht des sozialen Experten ist eine erste soziale Norm benannt, die Fundament der

helfenden Interaktion ist. Hinzu kommen weitere ‚stille', gleichwohl aber in hohem Maße verbindliche soziale Normen, die das Helfer-Klient-System strukturieren. In der Literatur sind diese sozialen Normen als „Regeln des therapeutischen Gehorsams" (compliance) gekennzeichnet worden. Hierzu zählen u. a.: die Übernahme des fachlichen Relevanzsystems des Experten und das Einverständnis des Klienten in die Entscheidungen, die der Experte im Hinblick auf fachliche Diagnose und helfendes Interventionsprogramm, Falldefinition und Hilfeplan trifft; die gewissenhafte Erfüllung der vom Experten ‚verordneten' Veränderungsverschreibungen; sowie die Verpflichtung des Klienten aktiv und produktiv am Vollzug der Hilfe mitzuarbeiten. In der Summe bedeutet die hier beschriebene Übernahme defizitgeprägter Lebensdiagnosen und die Anerkennung der Gehorsamkeitsregeln für den Klienten eine signifikante Einübung in eine abhängige Passiv-Rolle – sie verpflichten ihn auf ein Sich-Einfügen in eine unterlegene Position. Das Hilfe-Projekt wird so zu einer asymmetrischen Beziehung, in der die Machtressourcen (Definitions-, Durchsetzungs- und Kontrollmacht) einseitig allein in den Händen der Experten liegen, während die Klienten hingegen in eine durch Abhängigkeit beschreibbare Rolle eingespannt sind („Klientifizierung").

(2) Die helfende Beziehung vollzieht sich sodann auf der Grundlage eines Tauschhandels zweier unterschiedlicher Angebote. Auf der einen Seite: Zwischen den Zeilen des helfenden Dialogs unterbreiten die beruflichen Helfer ihren Klienten vielfach stillschweigende Offerten, die auf eine Übernahme von Verantwortung für den weiteren Hilfeprozeß hinauslaufen. Denn: Gerade in dem Maße, in dem sie ihre fachliche Expertise darstellen (Gebrauch von Fachsprache; kompetenter Umgang mit Diagnose-Schemata; theoriegeleiteter Entwurf von Hilfeplänen u.a.m.), versenden sie Einladungen zur Delegation von Verantwortung. Durch diese Dokumentation von Fachlichkeit vermitteln sie ihren Klienten die Erfahrung, ‚in den richtigen Händen zu sein', und befestigen damit deren Bereitschaft, die Verantwortung für die Bewältigung kritischer Lebensereignisse in die Hände der Experten zu legen. Auf der anderen Seite: Diese Delegation von Verantwortung hat für die Adressaten sozialer Hilfe aber ihren Preis. Ihre Gegenleistung besteht in der Demonstration von Mitmachbereitschaft und in der gewissenhaften Erfüllung grundlegender Hilfenormen. Will der Klient Antworten auf sein Hilfeersuchen erfahren, so ist er gehalten, sich der Expertenmacht zu unterwerfen und Zustimmung zu den Reglements der professionell (‚für ihn') inszenierten Hilfeprogramme zu dokumentieren.

(3) Ist dieser Tauschhandel erst einmal zustandegekommen und damit die Arbeitsbasis der helfenden Beziehung hergestellt, so etabliert sich nur allzu oft ein zirkulärer Prozeß, für den Illich (1995) den *Begriff der sozialen Iatrogenese* geprägt hat (Iatrogenese (med.): durch ärztliche Einwirkung entstandene Schädigung). Gemeint ist damit folgendes: Die Hegemonie der Experten und ihre Aneignung von Verantwortlichkeit – so Illich – produzieren neue Muster der Unmündigkeit. Sie führen auf Seiten der Adressaten in stillen, oft kaum merklichen Schritten zu einer immer weiterführenden Entwertung der verfügbaren Lebenskapitale und Bewältigungsressourcen. Verbleibende alltagsweltliche (Über-)Lebensfähigkeiten verblassen, Ressourcen der Selbstgestaltung gehen

verloren. Am Ende des von der Defizit-Perspektive geleiteten Hilfekontraktes steht so ein unendlicher Regreß in die Hilflosigkeit. Das Wissen um die Stärken der Menschen hingegen, der Glaube an ihre Fähigkeiten, in eigener Regie eine lebenswerte Lebenswelt zu entwerfen, geht ohne Spur verloren.

3.3 Gegenrezepte gegen erlernte Hilflosigkeit: Die Philosophie der Menschenstärken

Empowerment ist zunächst und vor allem eines: eine Einladung an alle psychosozial Tätigen, den Bezugsrahmen ihres Denkens und Handelns zu wechseln, eine Einladung zum Perspektivenwechsel. Das Empowerment-Programm ist nach eigenem Verständnis ein Gegenrezept gegen den Defizit-Blickwinkel. Der Blick auf die Schwächen und Abhängigkeiten, der das Klientenbild der traditionellen psychosozialen Arbeit bis heute über weite Strecken prägt, wird verabschiedet. An seine Stelle tritt ein neuer Blick auf die Stärken und die Eigenressourcen der Adressaten sozialer Dienstleistung. Will man den konzeptuellen Kern des Empowerment-Konzeptes formulieren, so ist es vor allem dies: ein verändertes, optimistisch gestricktes Menschenbild, das die Wahrnehmung der Lebenswirklichkeit des Adressaten und die Entwürfe einer sensiblen alltagsorientierten Unterstützungspraxis durch die Soziale Arbeit anleitet. Mit seiner Betonung von Selbstorganisation und autonomer Lebensführung formuliert dieses Menschenbild eine radikale Absage an Metaphern der Schwäche, des Defizits und des Nicht-Gelingens. Der Konsument sozialer Dienstleistungen wird hier nicht mehr (allein) im Fadenkreuz seiner Lebensunfähigkeiten und Hilflosigkeiten wahrgenommen. Im Zentrum stehen vielmehr seine (wenngleich oftmals verschütteten) Stärken und Fähigkeiten, auch in Lebensetappen der Hilflosigkeit und der Demoralisierung eine produktive Lebensregie zu führen und gestaltend die Umstände und Situationen des eigenen Alltags zu modellieren. Das Empowerment-Konzept zeichnet so das Bild von Menschen, die kompetente *Konstrukteure eines gelingenden Alltags* sind, die handelnd das lähmende Gewicht von Fremdbestimmung und Abhängigkeit ablegen und in immer größeren Maßen Regisseure der eigenen Biographie werden. Dieses Vertrauen in die Stärken der Menschen, in produktiver Weise die Belastungen und Zumutungen der alltäglichen Lebenswirklichkeit zu verarbeiten, ist der Kern und Kristallisationspunkt aller Empowerment-Gedanken. In der angloamerikanischen Debatte wird diese Orientierung an den Stärken der Adressaten sozialer Arbeit als *„strengths model"* gehandelt. Um dieses Modell der Menschenstärken soll es im folgenden gehen. Im Mittelpunkt stehen hier jene handlungsleitenden Vorstellungen, werthaften Überzeugungen und Glaubenssätze, die in dieser *„Philosophie der Menschenstärken"* zusammenfließen und die damit Bausteine einer veränderten Berufsethik der Sozialen Arbeit sein können.

Ann Weik und Mitarbeiter (1989) haben in einem einflußreichen frühen Diskussionsbeitrag die Grundüberzeugungen des Modells der Menschenstärken herausgearbeitet. Ausgangspunkt auch ihrer Argumentation ist die (schon oben ausgeführte) Kritik an den kontraproduktiven Nebenwirkungen der tradierten Defizit-Perspektive: „Auf der Ebene der philosophischen Überzeugungen verwehrt die Fokussierung auf Lebensprobleme und Schwächen den Praktikern die Verwirklichung einiger zentraler Werte der helfenden Profession: Der Glaube an den Wert und die Würde jeder Person und damit korrespondierend das Vertrauen in individuelle und kollektive Stärken und Potentiale geht über der Spurensuche nach Beschädigungen verloren. Und auf der Ebene des praktischen Handelns versetzt die Konzentration auf Lebensprobleme die Praktiker in eine Position der Macht, die es für die Klienten schwer macht, die Kraft zu finden, eigenen Lebensentwürfen zu folgen ... Eine Perspektive der Stärken hingegen ist getragen von dem Vertrauen in die positiven Handlungsbeiträge und Fähigkeiten", die Menschen in eigener Regie in die Kurswechsel ihres Lebens einbringen (Weik u. a. 1989, S. 352). In einem weiteren Beitrag liefert Weik (1992) ergänzende Erläuterungen, wenn sie schreibt: „Es sind drei zentrale Annahmen, die die Perspektive der Stärken anleiten. Zum ersten: Diese Perspektive nimmt an, daß jede Person eine innere Kraft besitzt, die man als ‚Lebenskraft', ‚Fähigkeit zur Lebenstransformation', ‚Lebensenergie', ‚Spiritualität', ‚regenerative oder heilende Kraft' bezeichnen mag. Diese und andere Begriffe verweisen auf eine noch ungeklärte, vermutlich biologisch begründete, lebenssprühende Qualität, die ein unabdingbares Element menschlicher Existenz ist. Der Prozeß des Empowerment erweckt oder stimuliert diese eigene natürliche Kraft des einzelnen. Zum zweiten: Die Perspektive der Menschenstärken nimmt an, daß diese Kraft, die wir gerade beschrieben haben, eine kraftvolle Ressource von Wissen ist, die personale und soziale Transformation anleiten kann. Die Akzeptanz der eigenen Erfahrungen als eine wertvolle Form des Wissens und zugleich die positive Anerkennung der Erfahrungen der anderen schafft eine gemeinsame Basis für den Austausch von Wissen. Der Dialog zwischen Gleichen ersetzt hierarchische Wissensstrukturen, so daß kein Individuum und keine Gruppe über ein Monopol an Wissen und – daran geknüpft – an Macht verfügt. Und zum dritten: Dieses Denkmodell enthält eine pragmatische Unterstellung im Hinblick auf den Charakter von Veränderung. Die Perspektive der Menschenstärken nimmt an, daß Menschen in ihrem Handeln immer dann, wenn ihre positiven Kapazitäten unterstützt werden, auf ihre Stärken zurückgreifen. Ein Überzeugungsmodell, das auf dem Glauben an die inneren Fähigkeiten für Wachstum und Wohlbefinden aufbaut, bedarf daher eines sensiblen Gespürs für die Ressourcen der Menschen, ihre Talente, Erfahrungen und Ansprüche. Durch diese sensible Aufmerksamkeit wird die Wahrscheinlichkeit für positives Wachstum um ein vielfaches erhöht" (Weik 1992, S. 24).

Das Subjektmodell des Empowerment-Konzeptes – so können wir diese Argumentation zusammenfassen – ist getragen von dem festen Glauben an die Fähigkeiten des Individuums, in eigener Kraft ein Mehr an Autonomie, Selbstverwirklichung und Lebenssouveränität zu erstreiten – und dies auch dort, wo das Lebensmanagement der Adressaten sozialer Hilfe unter einer Schicht von Abhängigkeit, Resignation und ohnmächtiger Gegenwehr verschüttet ist. Mehr als alle methodischen Ableitungen liegt wohl in diesem Wechsel des pädagogischen Blicks von der Defizitdiagnose hin zur Spurensuche nach Stärken die besondere produktive und anregende Kraft, die vom Empowerment-Konzept ausgeht. Das von Weik in diesem Sinne buchstabierte Menschenbild war in der angloamerikanischen Debatte Ausgangspunkt einer intensiven Debatte über Klientenbild und Wertebasis des sozialberuflichen Handelns (vgl. zu dieser Debatte u. a. Chapin 1995; Cowger 1994; Rapp/Goscha 2005; Saleebey 1992; 1996). Mit der Rezeption des Empowerment-Gedankens in der psychosozialen Praxis erreicht diese Debatte nun auch uns und stimuliert ein vertieftes Gespräch über *eine neue Kultur des sozialberuflichen Handelns*. Für abschließende Bilanzen ist es sicher noch zu früh, nicht aber für eine erste Zwischenbilanz. Im folgenden nun wollen wir das Modell der Menschenstärken in sechs Bausteinen präziser herausarbeiten und kommentieren.

(1) Das Vertrauen in die Fähigkeit jedes einzelnen zu Selbstgestaltung und gelingendem Lebensmanagement

„Der Hauptmotor meiner Arbeit ist: Ich glaube an die Menschen, die mir gegenübersitzen. Ich glaube daran, so daß ich denke: Komm doch: Da ist jahrelang mit Sicherheit vieles schiefgegangen, da ist vielmals auch schon an Lebensgrenzen gekratzt worden. Aber ich habe die Fähigkeit, ihnen zu vermitteln, daß ich an sie glaube und in ihre Kraft vertraue. Dieser Glaube war in vielen Fällen eine Brücke zwischen mir und Menschen, die sehr in sich eingekapselt waren. Und dann sind wir gemeinsam – Zentimeter für Zentimeter – über diese Brücke gegangen." (* Die hier und im folgenden ‚im Originalton' wiedergegebenen Zitate sind Auszüge aus Intensivinterviews mit MitarbeiterInnen von psychosozialen Beratungsstellen, die im Rahmen einer mehrjährigen Lehrforschung zum Thema „Empowerment in ausgewählten Handlungsfeldern der Sozialen Arbeit" durchgeführt wurden.)

Die Orientierung an den Kräften und Ressourcen der Adressaten sozialer Arbeit und das Vertrauen in deren Fähigkeit, ihr Leben in eigener Regie zu gestalten – dies sind die leitenden Grundüberzeugungen des Modells der Menschenstärken. Menschen, die psychosoziale Unterstützung in Anspruch nehmen, werden hier nicht als Mängelwesen angesehen, die in pädagogischfürsorgliche Vollversorgungsprogramme eingepackt werden müssen. Ganz im Gegenteil: Menschen tragen das Potential zu ihrer Selbstaktualisierung in sich; sie verfügen – so die feste Überzeugung dieses Denkmodells – über das Rüstzeug zu einem nach eigenen Maßstäben gelingenden Lebensmanagement. Nun widerspricht diese Überzeugung in vielfältiger Weise den Alltagserfahrungen der Praktiker: Ihr Gegenüber ist in den allermeisten Fällen gerade nicht ein ‚alltagsmächtiger Klient'. Ganz im Gegenteil: Wir begegnen vielmehr Menschen, deren Bewältigungsressourcen aufgebraucht, deren Lebenskonkurse eröffnet sind. Die Erfahrung der Adressaten sozialer Unterstützung, daß „relevante Ausschnitte der Lebenswelt aus den Händen gleiten", daß man „über den eigenen Alltag die Kontrolle verliert", ist so in vielen Fällen das Ausgangsmaterial der helfenden Beziehung. Für die psychosoziale Praxis bedeutet dies, vor allem dort, wo die Biographie mit der Hypothek vielfältiger Ohnmachts- und Entfremdungserfahrungen belastet ist, Räume aufzuschließen, in denen

Menschen sich die Erfahrung der eigenen Stärke aneignen und Muster solidarischer Vernetzung und Selbstorganisation erproben können.

(2) **Die Akzeptanz von Eigen-Sinn und der Respekt auch vor unkonventionellen Lebensentwürfen der Klienten psychosozialer Arbeit**

„Ich gerate oft in Situationen, da stehe ich dem anderen gegenüber und denke: „Das sind Lebenslinien, die laufen doch völlig verquer". Es gibt Lebensmuster und -formen, die mir weh tun, die ich für mich nicht leben möchte. Und dann den Sprung hinzubekommen, den anderen zu akzeptieren, ohne in eine ‚Ist-Mir-Egal-Haltung' zu geraten. Vielmehr seine Lebensbaupläne aufzugreifen und zu denken: Ja, das ist in Ordnung, mal schauen, inwieweit da eine Stabilisierung notwendig ist und was die Sozialarbeit dazu beitragen kann. Das ist dann der Punkt, an dem das Aushalten-Können von Fremdheit auf dem Prüfstand steht."

Es gehört zu den Alltagserfahrungen sozialer Arbeiter, daß sie in ihrer Berufspraxis Menschen begegnen, die in ihren Lebensentwürfen die Korridore einer ‚durchschnittlichen' Normalität verlassen haben, die in ihren Wertorientierungen, Deutungs- und Handlungsmustern aus dem Mainstream der Konventionalität herausgefallen sind. Diese Menschen, die ‚aus dem Gleis' geraten sind, erzählen ihre eigenen Geschichten. Eingeschrieben in die Tagebuchseiten ihrer Biographien sind vielfältige Erfahrungen der Stigmatisierung, Ausgrenzung und moralisierenden Zurückweisung, also der Nicht-Akzeptanz ihrer Lebensoptionen. Eingeschrieben sind zugleich sich wiederholende normative Ansprüche der kontrollierenden Umwelt, diese abweichenden Lebensformen zu korrigieren und in die Toleranzzonen der Normalität zurückzukehren. Die Negativbewertung der bisherigen unkonventionellen Lebenswege geht also einher mit vielfältigen Ansprüchen auf Kurswechsel, Besserung und Resozialisierung. Die Philosophie der Menschenstärken setzt hier ganz bewußt einen Kontrapunkt: Leitend ist ihr *die Anerkennung des Eigen-Sinns und der Autonomie der Lebenspraxis der Klienten*. Ausgangspunkt des pädagogischen Kontraktes ist hier zunächst eine voraussetzungslose (allen pädagogischen Bemühungen um Normalisierung vorangehende) Akzeptanz der Person des Klienten wie auch seiner konflikthaften Lebensentwürfe. Akzeptierende Pädagogik versucht, dem Eigensinn und der Selbstbestimmug der Menschen ihren Raum zu lassen. Dies bedeutet ein Sich-Einlassen auf die konfliktbestimmten Lebens- und Selbstinterpretationen der Adressaten, bedeutet Verzicht auf eine Attitüde des Besser-Wissens wie auch ein Zurückstellen vorschneller pädagogischer Ansprüche auf Besserung und Resozialisierung.

Um Mißverständnissen vorzubeugen, müssen wir hier aber auch benennen, was ‚Akzeptanz unkonventioneller Lebensentwürfe' eben *nicht* bedeutet: Nicht gemeint ist hier ein Rückzug der psychosozialen Arbeit aus Verantwortung und parteilichem Engagement für den Adressaten. Auch dort, wo Menschen sich in den Außenbezirken der Normalität eingerichtet haben, ist es Aufgabe der psychosozialen Arbeit, *Ressourcen und Werkzeuge für eine gelingende Lebensbewältigung* bereitzustellen – ohne aber ihrem Gegenüber die Nutzung dieser Ressourcen und Werkzeuge aufzwingen zu wollen. Akzeptanz heißt in gleicher Weise nicht ‚Sich Abfinden', ‚Hinnehmen' oder gar ‚Gutheißen'. Die Toleranz gegenüber eigensinnigen Lebensweisen darf nicht grenzenlos sein. Sie endet dort, wo Grundwerte von Interaktion und sozialem Austausch wie z. B. die Achtung vor der physischen und psychischen Integrität des anderen und der Verzicht auf schädigende Angriffe in Gefahr geraten. Sie endet auch dort, wo Menschen durch Akte der Selbstschädigung und der Selbstverletzung an Endstationen ihres Lebens geraten. Für den Pädagogen in Grenzsituationen bedeutet dies: die eigenen normativen Überzeugungen im Gespräch mit dem Klienten immer wieder aufs Neue bezogen und zugleich dort, wo die Befolgung dieser Basisregeln aufgekündigt wird, unmißverständlich Grenzen setzen.

(3) Das Respektieren der ‚eigenen Wege' und der ‚eigenen Zeit' des Klienten und der Verzicht auf strukturierte Hilfepläne und eng gefaßte Zeithorizonte

„Das halte ich für ein Grundprinzip der akzeptierenden sozialen Arbeit: dem Anderen seine Richtung und seinen Rhythmus lassen – auch wenn diese dem eigenen Vorstellungsbild von persönlichem Fortschritt und Wachstum widersprechen. Eine solche Unterstützungsarbeit folgt keinem fest vorgegebenen Hilfeplan. Vielmehr möchte ich meinem Gegenüber rüberbringen, verbal und in dem, was ich tue: „Mach doch. Ich bin sicher, daß die Entscheidung, die du fällst, gut ist, sonst würdest du sie nicht fällen, egal wie es dann ausgeht. Laß es uns versuchen!"

Empowerment-Prozesse verlaufen selten in Bahnen linearen Fortschritts. Die oft tastenden und noch unsicheren Versuche von Menschen, Kontrolle über die eigenen Lebensumstände zu gewinnen, sind keine geradlinigen „Erfolgsstories". Ganz im Gegenteil: Empowerment-Prozesse verlaufen in aller Regel in Umwegen, Rückschritten, Warteschleifen, sie landen in Sackgassen der Entmutigung und des Stillstandes und steuern damit Kurse, die in den Augen der beruflichen Helfer vielfach unproduktiv hohe Ressourcen von Zeit und Lebensenergie verbrauchen. Empowerment-Prozesse haben zugleich ihre eigene Zeit. Sie lassen sich nicht in zeitlich eng gefaßte Hilfefahrpläne einspannen; sie bedürfen langer Zeitperspektiven und verweigern sich damit weitgehend dem Diktat einer engen Zeitkalkulation. Beide Erfahrungen nun verknüpft das Modell der Menschenstärken in der Grundüberzeugung, daß die helfende Beziehung jene Kursbestimmungen und Zeitrhythmen, in denen die Adressaten die Wiederaneignung von Autonomie und Selbstbestimmung betreiben, respektieren und nicht durch expertenseitig definierte Hilfe- und Zeitpläne verschütten sollte.

So unverzichtbar das Recht des Adressaten auf einen eigenen Weg und eine eigene Zeit auch ist: der praktischen Einlösung dieses Anspruchs stehen in der institutionellen Praxis verschiedene Stolpersteine im Wege. Diese Überzeugung des Modells der Menschenstärken liegt zum einen auf Kollisionskurs mit *der institutionalisierten Ungeduld*, die in die administrativen Settings der psychosozialen Arbeit einprogrammiert ist. Selbst in sozialen Handlungsfeldern, die mit offen zu gestaltenden Handlungsspielräumen ausgestattet sind (z. B. das institutionelle Feld der psychosozialen Beratung) stößt diese Grundüberzeugung an die Grenzen der Träger-Rationalität. Denn: Mit dem Beharren auf dem eigenen Weg und der eigenen Zeit des Klienten entzieht sich der institutionalisierte Hilfeprozeß einer bündigen Kalkulation des erforderlichen Zeit- und Arbeitsinvestments und wird damit für die Institution im wahren Wortsinn zu einer ‚unkalkulierbaren Größe'. Diese Grundüberzeugung der Philosophie der Menschenstärken kollidiert zum anderen in vielen Situationen des beruflichen Alltags mit *der personalen Ungeduld des Sozialarbeiters selbst*. Vor allem dort, wo die Lebensveränderungen der Klienten diskontinuierlich verlaufen, sich in Sackgassen festfahren oder in Spiralen der Regression münden, dort, wo schon eroberte Territorien der Selbstbestimmung wieder verlorengehen, ist die Gefahr groß, daß der Respekt des beruflichen Helfers vor dem Anders-Sein des Anderen sich mindert und ‚unter der Hand' Verständnislosigkeit, Enttäuschung und überforderndem Beharren Platz macht. Die Akzeptanz der Lebenskurse und der Lebensrhythmen, die der Klient vorgibt, wird für den sozialen Professional hier zu einer schwierigen Auseinandersetzung mit den eigenen beruflichen Erwartungshorizonten. Hilfreich ist in diesen Situationen zweierlei: eine beständige innere Reflexion der eigenen fachlichen Selbstansprüche und berufsbezogenen Gütekriterien wie auch das unterstützende Feed-Back einer kollegialen Beratung und Supervision.

(4) Der Verzicht auf entmündigende Expertenurteile über die Definition von Lebensproblemen, Problemlösungen und wünschenswerten Lebenszukünften

„Vom Studium hatte ich noch so viele Dinge im Kopf: „Hilfe zur Selbsthilfe", „Beratende Gespräche, in denen der andere eine selbstbestimmte Form wahrt" usw. Das umzusetzen, ist dann etwas ganz anderes. Man kommt schnell an Wegkreuzungen, an denen man dem anderen Alternativen aufzeigt und dann auch die Richtung bestimmt. Man hat dann schnell seinen Rezeptkatalog „A-B-C" zur Hand. Und Du erlebst, daß Du ein Gegenüber hast, bei dem du mit deinen Vorschlägen gar nicht ankommst. Dies hat dazu geführt, daß sich meine Berufsrolle veränderte: Vom „Ich-weiß-den-richtigen-Weg-für-Dich" zum „Laß-uns-gemeinsam-auf-die-Entdeckungsreise-gehen". Zu lernen, daß man nicht *für den anderen* bestimmen kann, sondern daß solche Lebensziele erst aus dem Abarbeiten unterschiedlicher, nicht deckungsgleicher Perspektiven entstehen können – das ist wohl einer der schwierigsten Umlernprozesse der letzten Jahre."

Mit den bisher aufgeführten Bausteinen der Philosophie der Menschenstärken korrespondiert das, was Weik u. a. (1989, S. 353) *„eine nicht-beurteilende Grundhaltung"* genannt haben. Denn: Vertrauen in die Selbstgestaltungskräfte der Menschen und ihre Lebenssouveränität bedeutet immer auch einen Verzicht auf vorschnelle Expertenurteile über die Standards des ‚richtigen Lebens'. Eingebunden in die Philosophie der Menschenstärken ist der berufliche Helfer also aufgerufen, Respekt vor dem Recht der Klienten auf Anders-Sein zu wahren und moralische Einsprüche zurückzustellen – auch dort, wo deren Lebensentwürfe die eigenen Horizonte von Normalität und Lebensgelingen verlassen. An die Stelle des sicheren Expertenurteils (d.h. der Unterstellung, sicher zu wissen, wessen der andere bedarf) tritt mehr und mehr das offene und machtgleiche Aushandeln von Lebensperspektiven. In den Mittelpunkt der helfenden Beziehung rückt so *der biographische Dialog,* in dem die Lebensdeutungen des Klienten und die (durchaus abweichenden und konträren) stellvertretenden Lebensdeutungen des Sozialarbeiters zusammengeführt werden und in einer gemeinsamen Verständigung über lebbare Lebenszukünfte miteinander verknüpft werden. Freilich: Dieser verständigungsorientierte Dialog wird nur dort erfolgreich sein, wo der berufliche Helfer für den Klienten erfahrbar persönliche Glaubwürdigkeit und Authentizität verkörpert und die eigenen Lebensweisen und Normalitätsstandards offenlegt. Pädagogischer Dialog – so schreiben Klatetzki/Winter (1988, S. 11) – „ist nach unserer Auffassung zu allererst Mitteilung und Überlieferung dessen, was uns wichtig ist. Kein pädagogisches Handeln ist vorstellbar, in dem wir als Betreuer nicht etwas über das mitteilen, was in unserem Leben sinnvoll und bedeutsam ist". So wichtig diese personale Wahrhaftigkeit auch ist: Der Dialog über Lebenssinn darf sich nicht im Unverbindlichen verlieren. Kritik, Problematisierung, Grenzziehung gegenüber subjektiv nicht (mehr) tolerierbaren riskanten Lebensentwürfen sind unverzichtbare Bestandteile des pädagogischen Gesprächs. „Soziale Arbeit muß sich auf den Alltag der Betroffenen einlassen und doch die Freiheit behalten, ihn im Hinblick auf seine besseren Möglichkeiten zu kritisieren" ... „Professionelle Sozialarbeit hat die Aufgabe, die gegebenen Selbstverständlichkeiten im Alltag zu problematisieren; (sie) muß Gewohnheiten verunsichern, in gegebenen Interpretationen problematisieren, provozieren" (Thiersch 1988, S. 252 und 257). Das pädagogische Geschäft wird so zu einer schwierigen Gratwanderung zwischen dem Respekt gegenüber dem Eigensinn der Klienten einerseits und den Zumutungen von Kritik, Distanz und Nicht-Übereinstimmung andererseits.

(5) Die Orientierung an der Lebenszukunft des Klienten

„Ich möchte in meiner Arbeit nicht mehr ganze Lebensgeschichten zurückverfolgen. Ich denke, daß es ganz in Ordnung ist, nicht alle Kapitel des Versagens und des Nicht-Könnens meines Gegenübers noch einmal aufschlagen zu müssen. Dies sind gute Startvoraussetzungen: offen zu bleiben und erst einmal schauen, was ist und wohin die gemeinsame Reise gehen kann. Das dauert mal sechs Wochen, mal vier Monate, je nach der eigenen Zeit meines Gegenübers. Dies ist dann die Zeit unserer Gespräche, in der durch die gemeinsame Arbeit der Blick frei wird für eine Lebenszukunft des Klienten, die nach dessen eigenen Maßstäben lebenswert erscheinen mag."

Der traditionelle pädagogische Blick auf den Klienten ist ein biographisch geleiteter, retrospektiver Blick. Die analytische Aufmerksamkeit wandert zurück in die Lebensvergangenheit des Adressaten sozialer Unterstützung. Die Seiten seines Lebensbuches werden rückwärts durchgeblättert und die Spurensuche gilt der Entdeckung von signifikanten biographischen Schlüsselereignissen, von denen wir annehmen, daß sie uns verstehbare Begründungen für die aktuell vorliegende und oft totale Hilflosigkeit des Klienten liefern können. Das Modell der Menschenstärken formuliert auch hier ein Abgrenzungsprofil: Der Blick richtet sich in erster Linie nach vorne in die Lebenszukunft des Klienten. Nicht die bereits hinter ihm liegenden Mißerfolgsgeschichten liegen im Blickfeld des Interesses. Die pädagogische Aufmerksamkeit gilt vielmehr der noch vor ihm liegenden Lebenszukunft und den Schritten, die in diese Zukunft hinein ein Mehr an Selbstbestimmung und produktivem Lebensmanagement möglich machen können. Denn darum geht es dem Empowerment-Programm: Ausgehend von hier und jetzt erschließbaren Ressourcen den Klienten neue Möglichkeitsräume zu eröffnen, in denen sie die eigenen Fähigkeiten zur Selbstorganisation entdecken, Vertrauen in die eigenen Kräfte gewinnen und damit neue Territorien von Unabhängigkeit erobern können. Diese klare Orientierung an der Lebenszukunft des Klienten bedeutet nun nicht, daß der Faden zur Lebensvergangenheit gänzlich abgeschnitten würde. Aber: Der Rückgriff auf biographische Erfahrungsbestände ist im Modell der Menschenstärken ein höchst selektiver. So schlagen Weik u. a. (1989) mit Blick auf das methodische Vorgehen vor, allein an jenen Erinnerungsmustern und Lebensspuren anzusetzen, die dem Betroffenen in der Vergangenheit signifikante Erfahrungen von Kompetenz, Gelingen und Erfolgreich-Sein haben vermitteln können. „Die Perspektive der Stärken fokussiert ihre Aufmerksamkeit in bewußter Wahl ausschließlich auf jene Facetten der Lebensgeschichte einer Person, die Lebenserfolge (gains) widerspiegeln ... Natürlich haben alle Menschen Schwächen. Aber: Das beste Mittel, zukünftige Lebensgewinne anzustoßen, ist es, auf lebensgeschichtlich bereits ‚angesparte' Lebensgewinne zurückzugreifen" (Weik u. a. 1989, S. 353). Neben diesem Rückgriff auf angesparte Lebensgewinne ist ein weiterer methodischer Zugang möglich: Lebenswege, die in der Vergangenheit in biographische Sackgassen geführt haben, Lebensentscheidungen, die in der subjektiven Rückschau zu falschen Kurssetzungen geführt haben, werden Gegenstand eines zukunftsorientierten biographischen Gesprächs – und dies in einer solchen Weise, daß Perspektiven des Anders-Machens gemeinsam erarbeitet und antizipatorisch durchgespielt werden („Was würden Sie heute anders machen als damals?"). Welcher dieser methodischen Wege auch gewählt wird: Empowerment ist in beiden Fällen nicht eine schmerzvolle Reise zurück in die Vergangenheit biographischer Beschädigungen, sondern eine mutmachende, in die Zukunft hinein offene Suche nach Vermögen und Gestaltungskraft.

(6) Die Orientierung an einer „Rechte-Perspektive" und ein parteiliches Eintreten für Selbstbestimmung und soziale Gerechtigkeit

„In vielen Situationen ist es das zentrale Thema meines Beratungsalltages, Gegenrezepte gegen die Entmündigung zu erfinden. Am Ende eines langen Sozialisationsprozesses in die Abhängigkeit (langandauernde Gewalterfahrungen; unauflösbare und abhängig-machende Beziehungsverstrickungen; Suchtkarrieren; Langzeit-Arbeitslosigkeit u.a.m.) geben viele der Frauen, die den Weg in meine Beratung finden, ihre garantierten Rechte auf Teilhabe und Eigenentscheidung aus der Hand. Sie fordern ihre Rechte gegenüber dem Partner und der Familie, insbesondere aber auch gegenüber der Öffentlichen Verwaltung und den Trägern der sozialen Sicherung nicht ein, sie verlieren in den kleinen politischen Kreisen von Nachbarschaft und Stadtteil ihre Stimme und verstummen. In diesen Situationen ist Empowerment für mich eine aktivierende und mutmachende Tätigkeit. Ziel meiner Beratungsarbeit ist es, den Betroffenen ihre politische Würde zurück zu geben, sie für still verlaufende Prozesse der Entmündigung zu sensibilisieren und ihnen Mut zu machen, ihr Recht auf Teilhabe und eigenbestimmte Entscheidung streitbar einzufordern. Für viele Betroffene ist dies ein schwieriger und oft auch angstmachender Lernprozeß. Ich begleite diese Prozesse der politischen Wieder-Bemündigung durch eine bewußte und engagierte Parteilichkeit und durch ein anwaltschaftliches Eintreten überall dort, wo die Klientinnen auf verschlossene Türen stoßen und ihre Ansprüche auf Chancengleichheit und gerechte Teilhabe Einschränkungen erfahren."

Dieser letzte Baustein des Modells der Menschenstärken verweist auf den ethischen Werterahmen, in den das Empowerment-Konzept eingespannt ist. Auch wenn sie an Endstationen der Hilflosigkeit angelangt sind: Menschen sind Träger von unveräußerlichen Freiheitsrechten (das Recht auf freie Selbstbestimmung; rechtliche Gleichheit; Teilhabe an demokratischer Mitbestimmung und sozialer Gerechtigkeit u. a.). Diese Freiheitsrechte bilden das praxisethische Fundament der Sozialen Arbeit – alle ihre Leistungen sind auf diesen Wertekatalog bezogen, und aus ihm schöpfen sie ihre Legitimation. Das Empowerment-Konzept ist der Wahrung dieser Freiheitsrechte in besonderem Maße verpflichtet, seine streitbare und engagierte Parteilichkeit gilt der Verwirklichung dieser unveräußerlichen Teilhabe-, Wahl- und Entscheidungsrechte. In der letzten Zeit sind mehrere Arbeiten vorgelegt worden, die versuchen, die Grundrisse einer Praxisethik für die Soziale Arbeit zu umreißen (vgl. weiterführend Brumlik 1992; Stimmer 2000). Diese Debatte zusammenfassend können wir hier drei ethische Grundüberzeugungen unterscheiden, die das Empowerment-Konzept, sein Menschenbild und sein methodisches Handeln anleiten: *(1) Die Wahrung von Selbstbestimmungsrechten:* Menschen haben ein Recht auf Eigen-Sinn, Unterschied und Diversität. Sie haben das Recht, diese Eigen-Sinnigkeit (dort, wo sie die Freiheit der anderen nicht gefährdet und verletzt) auch gegen den Mainstream gesellschaftlicher Normalitätsstandards zu behaupten und zu leben. Aus diesem Glauben an das unveräußerliche Recht auf Autonomie erwachsen für die Empowerment-Arbeit zwei ethische Verpflichtungen: zum einen ein stetig wachsames parteiliches Eintreten für Mündigkeitsrechte und gegen Eingriffe in das Recht der Adressaten auf Eigenverfügung und Selbstbestimmung („ein streitbares advokatorisches Engagement"); und zum anderen eine sensible selbstreflexive Eingrenzung der eigenen Expertenmacht, so daß der helfende Dialog nicht in ein bevormundendes Diktat von Normalität und in eine fürsorgliche Kontrolle von Lebenssouveränität umschlägt („der Abschied von expertokratischen Mustern der Hilfe"). *(2) Das Eintreten für soziale Gerechtigkeit:* Dieser zweite Grundwert thematisiert die gesellschaftlichen Strukturen sozialer Ungleichheit, d.h. die sozial ungleiche Verteilung von materiellen Lebensgütern (Niveau und Sicherheit des verfügbaren Einkommens und Vermögens) und immateriellen Lebensgütern (Bildung; Gesundheit; soziale Sicherung; Inklusion in Anerkennungsgemeinschaften). Die Philosophie des Empowerment bleibt hier – auch in Zeiten einer konservativen Rückwendung und eines durchgreifenden Reformpessimismus – einem sozialaufklärerischen Programm verpflichtet. Es ist Ziel der Arbeit, Menschen ein kritisches Bewußtsein für die Webmuster der sozial ungleichen Verteilung von Lebensgütern und gesellschaftlichen Chancen zu vermitteln und in ihren Köpfen ein analytisches Wissen um die Veränderbarkeit dieser übermächtig erscheinenden Strukturmuster zu festigen. Und es ist Ziel der Arbeit, Menschen sowohl im mikrosozialen Kosmos ihrer alltäglichen Lebenswirklichkeit als auch im makrosozialen Kosmos der politischen Selbstvertretung zu sozialer Aktion anzustiften. *(3) Das Einlösen von Rechten auf demokratische Partizipation:* Der dritte normative Grundpfeiler des Empowerment-Konzeptes ist das Prinzip Bürgerbeteiligung. Empowerment-Prozesse zielen auf die Stärkung der Teilhabe der Bürger an Entscheidungsprozessen, die ihre personale Lebensgestaltung und ihre unmittelbare soziale Lebenswelt betreffen. Sie zielen auf die Implementation von Verfahren einer partizipatorischen Demokratie, die ihren Wünschen und Bedürfnissen nach Mitmachen, Mitgestalten, Sich-Einmischen in Dienstleistungsproduktion und lokale Politik Rechnung tragen und eine eigenverantwortliche Gestaltung von lokalen Umwelten zulassen. In dieser Strategie sozialpolitischer Einmischung verbinden sich die Philosophie des Empowerments und die aktuelle Diskussion über Zivilgesellschaft und „eine neue Kultur bürgerschaftlicher Solidarität" (Landesregierung NW 1999). Empowerment und zivilgesellschaftlicher Diskurs begegnen und verknüpfen sich in der Forderung, die Eigenverantwortung und die Eigenbeteiligung der Bürger in der Besorgung lokaler Angelegenheiten zu stärken, neue zivile Verbindlichkeiten („Gemeinsinn") zu etablieren und Verantwortungspartnerschaften zwischen bürgerschaftlichem und staatlichem Handeln in der Selbstgestaltung der kleinen politischen Kreise zu implementieren (zur berufsständischen Diskussion der ethischen Grundlegung einer ressourcenorientierten Sozialen Arbeit vgl. weiterführend die Veröffentlichungen: „Ethische Grundlage der Sozialen Arbeit – Prinzipien und Standards" der International Federation of Social Workers; Colombo 1994; und „Berufsethische Prinzipien" des Deutschen Berufsverbands für Sozialarbeit, Sozialpädagogik und Heilpädagogik; Göttingen 1997).

Die hier vorgestellte Philosophie der Menschenstärken ist nicht ohne Einsprüche und kritische Zurückweisungen geblieben. Kaum rezipiert, ist sie bereits in die Kreuzlinien der Kritik geraten. Es sind vor allem drei Vorwürfe, die kritisch gegen dieses berufsethische Überzeugungsmodell ins Feld geführt werden und die wir hier abschließend kommentieren möchten:

Die Ideologie des autonomen Subjekts und die Nicht-Beachtung von realen Leidenserfahrungen: Im Brennpunkt der Kritik steht zum einen das Subjekt-Modell, das der hier vorgestellten Philosophie der Menschenstärken zugrundeliegt. Das Empowerment-Konzept – so diese kritische Infragestellung – ist in Idee und Sprache von dem Vorstellungsbild eines autonomen und unabhängigstarken Subjekts geprägt, das allen biographischen Belastungen, Verletzungen und Entmündigungen zum Trotz über die innere Kraft verfügt, die Fäden von Eigenverfügung und Umweltkontrolle zu einer stimmigen Textur zu verweben. Das Modell der Menschenstärken vereinseitigt auf diese Weise den Blick auf die Stärken und gerinnt zu einem ideologischen Konstrukt. Stellvertretend für diese Kritik hier die Stimme von Quindel/Pankofer (2000, S. 36 f.). Der Empowerment-Diskurs – so schreiben die beiden Autoren – zeichnet das Subjekt als „ein abgegrenztes, stabiles und unabhängiges Selbst. (...) Es wird ein kohärentes Subjekt entworfen, mit klaren Bedürfnissen und Zielen, dem sich eine Krise störend in die Lebensbahn wirft. Diese Krise bringt zwar die Ordnung in Unordnung, aber aus dieser Krise erwächst auch das Bedürfnis nach Empowerment, nach Kontrolle über die eigenen Lebensbedingungen. In einem solchen Bild hat ‚Schwach-Sein' und ‚Nicht-Gelingen' keinen Platz. Hier wird deutlich, daß ein solches Subjektverständnis gegenüber psychischen Krisen keine neutrale Haltung einnehmen kann. Gerade AdressatInnen Sozialer Arbeit erleben sich häufig nicht als kohärent. Sie sind oft abhängig und alles andere als autonom. Sie erscheinen passiv oder sperren sich gegen die Hilfsangebote der Professionellen – häufig nicht ohne Grund. Die eindeutige Wertigkeit, die das Konzept eines gesunden Subjekts transportiert, das aktiv, autonom, kontrollierend und selbstbewußt sein soll, widerspricht ihren Erfahrungen, negiert ihr Anders-Sein und hat implizit oder explizit das Ziel, sie zu vernünftigen, funktionierenden Subjekten zu machen". Dies ist also der Kern der Kritik: Das Menschenbild, das das Empowerment-Konzept anleitet, erliegt einer ideologischen Überzeichnung der individuellen Freiheitsgrade von Autonomie und freier Selbstbestimmung. Getragen von dem Bemühen, Kontrastpositionen gegenüber dem traditionellen Defizit-Modell aufzubauen, überzeichnet es die Kräfte der Adressaten sozialer Unterstützung und produziert blinde Flecken auf der Netzhaut der Praktiker gerade dort, wo es um die sensible Wahrnehmung von sozialen Problemlagen und subjektiven Leidenserfahrungen geht. Das Modell der Menschenstärken, eingesponnen in einen Fokus auf Facetten des Lebensgelingens, enteignet die Menschen der Möglichkeit, ihren Erfahrungen von Angst, Trauer und Leiden authentischen Ausdruck zu geben und damit biographisch angemessen aufzuarbeiten (vgl. zu dieser Kritik auch Galuske 2007, S. 266; Riger 1993, S. 281 ff.). Sicher enthält diese Kritik eine Spur von Wahrheit – insbesondere dort, wo die Perspektive der Menschenstärken mit dem Scheuklappenblick eines geradezu missionarischen Eifers vorgetragen wird. Wichtiger aber ist folgendes: Der normative Leitfaden, der das Modell der Menschenstärken anleitet, ist *ein Denken in Kategorien von Lebensmöglichkeiten*. Nicht die Verletzungen und Viktimisierungen, die die Biographie des einzelnen begleiten und die tiefe Wunden hinterlassen haben, stehen im Mittelpunkt des Pädagogik-Programms. Der Blick richtet sich vielmehr auf die Bewältigungsstrategien, die Lernprozesse und die Erfahrungskondensate, die die Versuche des einzelnen, sich mit den Wechselfällen des Lebens auseinanderzusetzen, begleiten und die Perspektiven für neue Lebensmöglichkeiten in einer nahen Zukunft eröffnen können. Wolin/Wolin (1993) haben dies in dem Bild des „Überlebenden" gefaßt: Menschen, die in den pädagogischen Arbeitskontrakt eintreten, sind für sie Überlebende in erniedrigenden Lebensumständen (survivors in the face of adversity). Eine Praxis des Empowerments, die sich entmutigender Opfer-Zuschreibungen enthält und – ganz im Gegenteil – die Wahrnehmung des eigenen Überlebens in das Bewußtsein der Betroffenen hebt, kann – so der Glaubensgrundsatz des Modells der Menschenstärken – dynamische und in ihrem Verlauf oft überraschende Prozesse der Stärkung und der Selbstbemächtigung anstoßen, in denen die Erfahrungen von Machtlosigkeit und Ausgeliefert-Seins rasch verblassen und durch Erfahrungen von Lebensgelingen, Eigenvermögen und Selbstwert ersetzt werden. In seiner Replik auf die oben vorgetragene Kritik schreibt Saleebey (1996): „Eine Praxis, die der Perspektive der Menschenstärken folgt, verlangt von den Sozialen Arbeitern nicht, daß sie die wirklichen Schwierigkeiten, die Menschen und Gruppen erniedrigen, ignorieren. Schizophrenie ist real. Sexueller Mißbrauch von Kindern ist real. Magenkrebs ist real. Gewalt ist real. Aber im Lexikon der Stärken wäre es falsch, die Lebensmöglichkeiten zu ignorieren, wie es ebenso falsch wäre, das Problem zu verleugnen. Die Perspektive der Stärken verkennt nicht den ‚harten Griff' von Sucht und Abhängigkeit und die Beschädigungen, die diese an Lebensqualität und Lebensmöglichkeiten eines jeden Individuums anrichten können. Aber sie bestreitet den grenzenlosen Herrschaftsanspruch von Psychopathologie als eines medizinischen kategorischen Imperativs. ... Sie bestreitet, daß alle Menschen, die sich Traumatisierungen und Schmerzen gegenüber sehen, in ihren Leben notwendigerweise verletzt, handlungsunfähig, aller ihrer Lebensmöglichkeiten beraubt werden" (Saleebey 1996, S. 297). Und weiter: „Personale Qualitäten und Stärken sind manchmal in den Feuern von Trauma, Krankheit, Mißbrauch und Unterdrückung geschmiedet. Sinn für Humor, Loyalität, Unabhängigkeit, Lebensverständnis und andere personale Güter können zur Kraftquelle für erfolgreiches Arbeiten mit Klienten werden, auch dann, wenn sie aus Leid und Schmerz geboren sind. Das, was Menschen über sich selbst und über andere in ihrem Kampf um Problembewältigung lernen, kann nützliches Wissen für ihre weiteren Lebensverläufe sein. Menschen lernen aus Lebensprüfsteinen und Leiderfahrungen, sogar aus denen, die sie sich selbst zufügen ... Besonders bedeutsame Quellen der Kraft sind milieugebundene und persönliche Stories, Erzählungen und überliefertes Wissen. Subjektive Recherchen im Hinblick auf kulturelle Ursprünge, Entwicklung, Migration und Überleben können Inspiration und Lebenssinn transportieren. Persönliche und familienbezogene Geschichten von Lebensverlusten und deren Überwindung, Fehlschlag und Wieder-Tritt-Fassen, Kampf und Neuschöpfen von Kraft können die Sprachformen, Symbole, Metaphern und Werkzeuge für Neu-Beginn sein. Und schließlich: Menschen, die Mißhandlung und Trauma überwunden haben, verfügen vielfach über einen ‚Überlebensstolz' (survivor's pride). Dieser Stolz ist oft unter Scham, Schuldgefühlen und Entfremdung verschüttet, aber doch als Kraftquelle vorhanden, an die die Soziale Arbeit sich anschließen kann" (Saleebey 1996, S. 299).

Die Ideologie des ‚Ellenbogen-Menschens': Vorgeworfen wird dem Modell der Menschenstärken des weiteren, es zeichne das ideologieträchtige Bild eines ‚heroischen Subjekts'. Die Philosophie der Menschenstärken – so die Kritik – zeichnet das Bild eines Individuums, das in Abgrenzung von anderen und mit einem gepanzerten Ich jenseits aller strukturellen Belastungen und zerspringenden Lebensgefüge unbeirrt seinen eigenen Weg geht. Von hier ist es nur noch ein Schritt zur Vorstellung vom ‚Ellenbogen-Menschen', von einem Menschen also, der das Gehäuse sozialer Verpflichtungen endgültig hinter sich gelassen hat und in einem Lebensstil zielgerichtet-utilitaristischer Selbstdurchsetzung nur noch den Eigennutz kennt (zu dieser Kritik vgl. Scheller 1993). Gerade aber diese Aufpolierung und zugleich Verpanzerung des Ichs hat das Modell der Menschenstärken nicht im Sinn. Ganz im Gegenteil:

Selbstaktualisierung, das Entdecken des eigenen Vermögens, der Wiedergewinn von Kontrollkompetenz – alle diese personalen Kräfte sind stets angewiesen auf soziale Validierung; sie entstehen und festigen sich im Austausch und in der Auseinandersetzung mit der sozialen Umwelt und sind in soziale Netze eingelagert. „Menschen sind autonom und heteronom. Sie verwirklichen sich als antwortendes Ich, aber sie geben ihre eigenen Antworten. Sie zeigen und erfahren sich als Subjekt und Objekt, als Zeuge und Akteur, als Wahrnehmende, Sprechende und Denkende. Sie brauchen zu ihrer Selbstwerdung den anderen als Spiegel und als Reibungsfläche, der Anstöße gibt, Grenzen setzt, Unterschiede kenntlich macht. Dieser Subjektbegriff wendet sich damit gegen die Heroisierung von Ich-Stärke und betont die Angewiesenheit auf ein Du. Er entlarvt die im Individualisierungsprozeß entstandene Erwartung, Menschen könnten ganz alleine auf sich gestellt ihr Leben meistern, als Illusion" (Schachtner 1994, S. 308). Nicht der von allen Spuren sozialer Bedenklichkeit befreite ‚Ego-Mensch' ist hier also im Blick. Das Modell der Menschenstärken verweist vielmehr auf die soziale Bezogenheit des einzelnen und investiert seine Hoffnungen in die produktive Kraft der Ressource Solidarität.

Die neoliberale Umarmung des Empowerment-Konzeptes: Eine letzte kritische Thematisierung des Empowerment-Konzeptes verweist auf die veränderten sozialpolitischen Rahmungen des sozialpädagogischen Handelns heute. Wir sind gegenwärtig Zeugen eines radikalen Umbaus der sozialstaatlichen Strukturen. Der programmatische Leitbegriff für das neue Paradigma sozialstaatlichen Handelns lautet: *„der aktivierende Sozialstaat"*. Was als „dritter Weg" einer modernen sozialdemokratischen Politik begann (vgl. Giddens 1999) und von der alten rot-grünen Koalition in Gestalt der Agenda 2010 zum Regierungsprogramm erhoben wurde, avanciert in den letzten Jahren zu einer, über alle parteipolitischen Grenzen hinweg konsensfähigen Zauberformel für die Herausforderungen des Sozialstaates. Die Politik des aktivierenden Sozialstaates nimmt Abschied von altvertrauten Programmen einer fürsorglichen und kompensatorischen Wohlfahrt. Sie setzt alle ihre Bemühungen auf die Karte der Arbeitsmarktintegration der Bürger und zielt vor allem auf die Förderung von arbeitsmarktbezogenen Qualifikationen, auf Konkurrenzvermögen und Eigenverantwortung. Galuske (2005), anknüpfend an eine Definition der Verwaltungstheoretiker Bandemer/Hilbert, formuliert dies wie folgt: „Das konzeptionelle Stichwort, unter dem das neue Paradigma in Politik und Fachöffentlichkeit verhandelt wird, ist das des aktivierenden Sozialstaats, der im Kern auf eine Umpolung von welfare auf workfare, von Wohlfahrt auf die Förderung von Arbeitsfähigkeit zielt. Nach Bandemer und Hilbert (1998) wird unter einem aktivierenden Staat ein Staat verstanden, ‚der zwar an einer umfassenden öffentlichen Verantwortung für gesellschaftliche Aufgaben festhält, jedoch nicht alle Leistungen selbst erbringen muß. Seine Aufgabe ist vielmehr, die Gesellschaft einschließlich der Beschäftigten des öffentlichen Dienstes zu aktivieren, zu fordern und zu fördern, sich selbst als Problemlöser zu engagieren'. Die Praxis der ‚Aktivierung' setzt, folgt man nationalen und internationalen Studien, vor allem auf eine Strategie: mehr

Markt. Der Staat schafft die Rahmenbedingungen, deren faire Chancen dann die Bürger in individueller Verantwortung wahrnehmen sollen" (Galuske 2005, S. 197; mit Bezug auf die Soziale Arbeit vgl. Dahme/Wohlfahrt 2003; 2005). Die Konzepte „Chancengerechtigkeit", „Qualifikation" und „Eigenverantwortung" werden so zu Schlüsselthemen dieses neuen sozialpolitischen Glaubenssystems. Auch und gerade Menschen in Exklusionslagen sollen zu „Unternehmern im Hinblick auf die eigene Arbeitskraft und Daseinsvorsorge" werden, sie sollen sich in ihrer Motivation, Kompetenz und Eigenverantwortung stärken, um in der Lage zu sein, den rasch sich verändernden Anforderungen auf dem Arbeitsmarkt zu genügen. Das „unternehmerische Selbst" (Bröckling 2007) tritt ein in das Diktat der Selbstregierung. Eingerahmt wird diese neue, von marktökonomischen Kriterien regierte Effizienzkultur durch eine Verschärfung der Zumutbarkeitskriterien für Beschäftigung und der verfügbaren Sanktionsinstrumente (Leistungskürzungen) – ein Rahmen autoritärer Zumutungen, der vor allem die trifft, die den gebotenen Chancenrahmen nicht produktiv zu nutzen in der Lage sind und sich (in institutioneller Lesart) der Wahrnehmung von Eigenverantwortung verweigern.

Im Kontext des hier beschriebenen Paradigmenwechsels der Sozialpolitik sieht sich das Empowerment-Konzept neuen Herausforderungen konfrontiert. Schon heute ist der Empowerment-Begriff ein fester Bestandteil der Reformrhetorik der sozialpolitischen Akteure, Empowerment-Gedanken und die Rede von der „Hilfe zur Selbsthilfe" werden bruchlos in neoliberale Denkgebäude eingemeindet. Mit diesem Einzug von Empowerment in den neoliberalen Diskurs aber vollzieht sich eine bedenkliche und in ihren Folgen noch kaum abzuschätzende Instrumentalisierung. Das Empowerment-Konzept wird ordnungspolitisch vereinnahmt, es wird zum modisch klingenden Kürzel für eine soziale Praxis, die unter der Leitformel „Fördern und Fordern" ihre Bemühungen allein und ausschließlich in die (Wieder-)Herstellung von marktfähigem Arbeitsvermögen investiert und auf diese Weise arbeitsstrukturelle Zwänge ungefiltert in die lebensweltliche Rationalität ‚durchschaltet'. Mit dieser Indienstnahme für eine Politik autoritärer Fürsorglichkeit aber verliert das Empowerment-Konzept seine emanzipatorische Kraft, es wird zum bloßen Kontrollwächter an den Grenzlinien zwischen sozialer Integration und Desintegration. In Antwort auf diese Zumutungen einer neoliberal verkürzten Sozialpolitik bleibt daher hier festzuhalten: Eine empowerment-orientierte Soziale Arbeit, will sie nicht zum Erfüllungsgehilfen der neuen sozialstaatlichen Zwangsprogrammatik werden, muß auf dem Eigensinn der Lebensentwürfe ihrer Adressaten beharren. Sie muß offen bleiben für unkonventionelle Lebensgestaltungen, muß Raum lassen für Widerspenstiges, muß sich einlassen auf ergebnisoffene Entwicklungsprozesse und Identitätsverläufe, die sich nur allzu oft an den exkludierenden Strukturen sozialer Ungleichheit brechen und jenseits der Arbeitsmarktrationalität verbleiben.

4 Reisen in die Stärke: Werkzeuge einer Praxis des Empowerment

Empowerment-Prozesse vollziehen sich auf vier (nur analytisch zu trennenden, stets vielfältig miteinander verknüpften) Ebenen:

(1) Die individuelle Ebene: Das wissenschaftliche Aufklärungsbemühen gilt auf dieser ersten Ebene der Untersuchung der biographischen Wege von Menschen, die ‚in eigener Regie' aus einer Situation der Machtlosigkeit, Resignation und Demoralisierung austreten und beginnen, ihr Leben wieder in die eigene Hand zu nehmen (Kap. 4.1).

(2) Die Gruppenebene: Im Mittelpunkt des forscherischen Blicks stehen hier die Solidargemeinschaften von ehrenamtlich engagierten Bürgern, die Selbsthilfegruppen und die vielfältigen bürgerschaftlichen Projekte – die Zusammenschlüsse von Menschen also, die sich in gemeinschaftlicher Zusammenarbeit neue Ressourcen der Stärke erschließen und einen gestaltenden Einfluß auf Umweltbedingungen ausüben (Kap. 4.2).

(3) Die institutionelle Ebene: Mit Blick auf institutionelle Strukturen realisiert sich Empowerment in dem Bemühen, die Türen von Dienstleistungsbehörden, Verwaltungen und (kommunal-)politischen Entscheidungsgremien für die Teilhabe, die Mitbestimmung und Partizipation engagierter Bürger aufzuschließen und neue Chancenstrukturen für bürgerschaftliche Einmischung zu schaffen (Kap. 4.3).

(4) Die Gemeindeebene: Auf dieser letzten Ebene schließlich zielt Empowerment auf die Mobilisierung der kollektiven Ressourcen der Bewohner eines Stadtteils. Empowerment meint hier: die Menschen ‚vor Ort' in ihrer konkreten sozialräumlichen Lebenswirklichkeit ermutigen und befähigen, ihre Stimme zu erheben, ihre (raum- und alltagsbezogenen) Bedürfnisse zu artikulieren, eigene Ressourcen zu entdecken und ihre Lebensverhältnisse gemäß der eigenen Interessen zu gestalten (Kap. 4.4).

Wir wollen dieser, in der Literatur eingeführten Unterscheidung folgen. Im folgenden wollen wir auf diesen vier Ebenen *die Werkzeugkiste einer psychosozialen Praxis des Empowerment* vorstellen. Soviel schon vorneweg: Auch hier ergibt sich ein buntes Kaleidoskop der Vielfalt. Empowerment ist auch mit Blick auf die Handlungsmethodik ein offenes Projekt, das vielfältige Instrumente nutzt und diese in bunten Puzzlen miteinander verknüpft.

4.1 Empowerment auf der Ebene der sozialen Einzelhilfe

4.1.1 Motivierende Gesprächsführung

„Ich begegne in meiner Praxis (der allgemeinen Lebens- und Familienberatung; N.H.) immer wieder Menschen, die unsere Einladung zu Selbstgestaltung und Empowerment als angstmachende Überforderung zurückweisen. Diese Menschen scheitern an inneren Blockaden. Sie stehen einen Schritt vor der Startlinie zu einer Reise in neue Freiheiten und Hoffnungen – und sie finden nicht die Kraft, den nächsten Schritt zu gehen. Sie kehren vielmehr in resignierte Hilflosigkeit zurück und inszenieren in oft kreativer Weise den Fortbestand ihres Lebensunglücks" (Leiter einer städtischen Lebensberatungsstelle).

Der Aufbruch zu einer Reise in die Stärke ist für viele Betroffene wie ein kalter Gegenwind – unsicher, überfordernd, Angst machend. Sie begegnen den Veränderungsversprechen der Sozialen Arbeit mit Skepsis, sie klammern sich an alte und trotz aller Verstrickungen im Problem „sichernde" Alltagsroutinen und verharren auch in Zeiten der Belastung und der Leidenserfahrung im Status-Quo. Drei Erklärungsansätze benennen die Ursachen für diese mangelnde Bereitschaft, sich auf den Weg der Stärke zu machen.

Demoralisierung und mangelnde Selbstwirksamkeitserwartungen: Die Lebensgeschichte vieler der Menschen, die uns in der pädagogischen Praxis begegnen, ist eine Geschichte der Entmutigung und der erlernten Hilflosigkeit (Seligman 1995). Immer wieder haben sie die Erfahrung gemacht, nur einen geringen Einfluß darauf zu haben, was mit ihrem Leben geschieht: Ob sich das Rad der Armut und der Deklassierung weiterdreht, alte Süchte oder Erkrankungen wiederkehren, ob nahestehende Personen sich entfernen oder ein erneuter Berufseinstieg in Sackgassen endet – das eigene Leben erscheint ungewiß, zufallsgesteuert, in den Händen der Anderen. Verstärkt wird diese Erfahrung einer mangelnden Selbstwirksamkeit durch die negative Bilanz alltagspraktischer Bewältigungsversuche – alle subjektiven Gegenrezepte gegen die Hilflosigkeit sind gescheitert, die Betroffenen fühlen sich dem Leben ausgeliefert. Die Folgen dieses dauerhaften Erlebens, die Kontrolle über den Kurs des eigenen Lebens verloren zu haben, haben wir schon kennengelernt (Kap. 3.1): Demoralisierung mündet in einen signifikanten Verlust von psychischer Energie, Selbstwert und Veränderungsoptimismus – vielfach verbunden mit einer mangelnden Informationsnachfrage (die Strategie des „Nicht-Wissen-Wollens") und einer fehlenden Reflexion von längerfristigen Verhaltenskonsequenzen (die Strategie der „Nicht-Befassung" mit der eigenen Lebensproblematik).

Beziehungsultimaten im privaten Netzwerk: Die Aufnahme des Kontaktes zu sozialpädagogischen Agenturen und der Eintritt in einen sozialarbeiterischen Arbeitskontrakt erfolgt vielfach vor dem Hintergrund von belastenden Beziehungsultimaten. Beispiele sind hier: die Kündigungsdrohung des Arbeitsgeber; die Trennungsandrohung des Partners; der drohende Verlust von bedeutsamen Unterstützungsleistungen im privaten Netzwerk u.a.m. Der pädagogische (Erst-)Kontakt erfolgt hier nicht vor dem Hintergrund einer energiegeladenen Eigenmotivation des Klienten. Er ist vielmehr das Resultat einer zwangsbestimmten (und bei Nichterfüllung mit schmerzlichen Sanktionen verbundenen) Delegation durch signifikante Andere im sozialen Netzwerk („fremdinitiierter Kontakt"). Verstärkt wird der Zwangscharakter der pädagogischen Interaktion oftmals durch die fehlende subjektive Problemeinsicht des Betroffenen, die Diffusität der umweltseitigen Delegationen sowie die Angst vor Etikettierung und institutionellem Labeling.

Beratung im Zwangskontext: Zwangskontexte sind solche Arbeitszusammenhänge, in denen die Soziale Arbeit ein verpflichtendes gesellschaftliches Kontrollmandat ausübt. In diesen Feldern einer zwangsbestimmten „Normalisierungsarbeit" ist die Wahlfreiheit des Klienten aufgehoben. Nicht verhandelbare rechtliche Vorgaben verpflichten ihn alternativlos zur Aufnahme des Kontaktes mit dem pädagogischen Dienst und zur Kooperation im Rahmen eines fremddefinierten pädagogischen Programms („Pflichtklientschaft"). Kähler (2005, S. 37 ff.) erkundet in seiner empirischen Analyse die Bandbreite zwangsbestimmter Handlungskontexte in der Sozialen Arbeit. Beispiele sind hier u. a.: die Beratungspflicht im Rahmen der Schwangerschaftskonfliktberatung; die Offenlegungs- und Kooperationsverpflichtungen im Rahmen des Leistungsbezugs bei Langzeitarbeitslosigkeit (SGB II); die Mitwirkungspflichten der Eltern bei Leistungen der Jugendhilfe (SGB VIII); die richterlichen Weisungen nach JGG und StGB; die Unterstellung unter Bewährung nach richterlicher Straf(rest)aussetzung. Durchgesetzt werden Kontakt und Kooperation in diesen Zwangskontexten durch die Androhung bzw. die Anwendung von Sanktionen mit oftmals eskalierender Eingriffsschärfe. Im Erfahrungshorizont der Betroffenen aber spiegelt sich dieses Kontrollmandat der Sozialen Arbeit in einem schmerzlichen Verlust von Selbstbestimmung und Autonomie.

Wie immer das Motivbündel im konkreten Einzelfall auch aussehen mag: Die hier benannten Argumente liefern eine Erklärungsfolie für den Umstand, daß Menschen auf die Hilfeversprechen der Sozialen Arbeit mit Widerstand und distanzierender Abwehr reagieren. Was von den professionellen Helfern als Alltagsunterstützung und Lebenshilfe konzipiert ist, wird von ihnen als Angriff auf Bastionen der Autonomie und der Selbstgestaltung aggressiv abgelehnt. Thematisiert wird dieses Phänomen in der Literatur unter dem Begriff der „Reaktanz". Kähler (2005, S. 63 f.) schreibt hierzu: Reaktanz (reactance) kann beschrieben werden als „eine normale Reaktion (des Klienten der Sozialen Arbeit) auf die Drohung von Verlust von Freiheit, die für das Individuum als wertvoll erfahren wird ... Die Reaktanztheorie geht von der Annahme aus, daß Menschen sich gegen Einschränkungen ihrer Entscheidungsspielräume auflehnen. Dies ist umso mehr der Fall, je unberechtigter, gravierender und umfassender die Einschränkungen erlebt werden. Folglich wird immer dann mit deutlichen Reaktanzphänomenen zu rechnen sein, wenn Angehörige des sozialen Netzwerks oder Fachkräfte auf der Basis rechtlicher Vorgaben zu einer Kontaktaufnahme drängen und dies von den Betroffenen als Eingriff in die eigenen Entscheidungsspielräume interpretiert wird". Die Varianten, in denen sich diese Gegenwehr gegen ungerechtfertigt erlebte Eingriffe in die eigene Freiheit darstellen kann, sind bunt und vielgestaltig. Sie reichen von der Verleugnung und der Bagatellisierung der bestehenden Lebensschwierigkeiten über die Rationalisierung, die Negation der Legitimität der pädagogischen Intervention und Angriffe auf die fachliche Kompetenz des Beraters bis hin zu subtilen Formen der Sabotage der von außen aufgezwungenen pädagogischen Beziehung. In jedem Fall aber etabliert sich für beide Seiten – für die Fachkräfte pädagogischer Dienste wie auch für deren Adressaten – eine nur schwer aushaltbare Spirale von Widerstand und Gegendruck (Konfrontation, Insistieren, moralischer Druck, Enttäuschungsübertragung). Körkel/Veltrup (2003, S. 116) sprechen in diesem Zusammenhang von Kraft zehrenden „Interaktionssequenzen im Stile von Konfrontations-Leugnungs-Fallen", die zu einem unendlichen Regress von Druckerzeugung und Widerstand führen und auf diese Weise jegliche Chancen auf ein produktives Arbeitsbündnis verunmöglichen. Halten wir fest: Reaktanz (Widerstand/Abwehr) ist im Alltag der Sozialen Arbeit ein systematischer Stolperstein, an dem der „bemächtigende Dialog" schon in seiner Eingangsphase scheitern kann. Am Anbeginn aller Empowerment-Arbeit auf der Ebene der Einzelhilfe muß daher stets das Bemühen stehen, die Fallstricke der Reaktanz zu vermeiden und auf Seiten des Klienten eine ernstgemeinte und positiv beglaubigte Motivation zu Kooperation und Veränderung herzustellen. In den Worten von Kähler (2005, S. 85): Am Anfang stehen „die beharrlichen Anstrengungen, aus nicht oder wenig motivierten Klienten allmählich motivierte Verbündete in Veränderungsprozessen zu machen". Die motivierende Gesprächsführung (motivational interviewing), die wir im folgenden vorstellen wollen, ist hier ein hilfreiches methodisches Instrument.

Motivational Interviewing

Motivational Interviewing ist ein klientenzentrierter Ansatz der Gesprächsführung zur Erhöhung der Motivation von Menschen, ein problematisches Verhalten zu verändern. Dieser Arbeitsansatz – ursprünglich in der Therapie von Suchterkrankungen entwickelt – ist geeignet, gerade bei Klienten, die eine lange Erfahrungsgeschichte erlernter Hilflosigkeit hinter sich haben, eine produktive Veränderungsmotivation entstehen zu lassen. Motivational Interviewing macht Anleihen bei der Humanistischen Psychologie (Rogers) wie auch bei der kognitiven Theorie der Selbstwirksamkeit (Bandura) und ist getragen von Respekt und Achtung im Hinblick auf die Autonomie des Klienten. Im Kontext einer gleichberechtigten, von einer positiven Atmosphäre geprägten Beziehung („collaborative approach") soll der Klient ermutigt werden, die Vor- und die Nachteile seines (Problem-)Verhaltens zu erkunden und eine Veränderung zu wagen (vgl. einführend Miller/Rollnick 2002; in deutscher Übersetzung 2009). Die motivierende Gesprächsführung gründet auf drei handlungsleitenden Grundüberzeugungen:

(1) Ambivalenz-Modell: Motivational Interviewing geht von der Annahme aus, daß Menschen (mit Lebensschwierigkeiten) nicht unmotiviert sind, sondern ambivalent (zwiespältig: „einerseits möchte ich etwas ändern; andererseits scheint mir der Versuch aber zu anstrengend und schwierig"). Es gibt aus der Sicht der Person jeweils gute Gründe für und gegen eine Änderung. Die Autoren verdeutlichen diese Ambivalenz mit dem „Waagschalen-Modell" (auch „Entscheidungswaage"): Auf der einen Seite die Waagschale – *Nutzen einer Veränderung und Kosten des Status-Quo* (z. B. bei Suchtverhalten: Erhalt der Arbeit; Stabilisierung der Partnerbeziehung; Vermeidung der Abwärtsspirale der Abhängigkeit); auf der anderen Seite die Waagschale – *Kosten einer Veränderung und Nutzen des Status-Quo* (z. B. Ängste; Depression; Herausforderung durch Therapie; Verlust der Freunde „in der Szene"). Der Zeiger der Entscheidungswaage schwankt „in Zeiten der Ambivalenz" zwischen Status-Quo und Veränderung hin und her. Ziel des Motivational Interviewing ist es, diese Ambivalenz gemeinsam mit dem Klienten zu erkunden und eine „innere" (d. h. vom eigenen und nicht vom fremden Willen getragene) Veränderungsmotivation zu fördern.

(2) Veränderungspotential des Klienten: Motivational Interviewing geht des weiteren davon aus, daß jede Person ein produktives Veränderungspotential besitzt („natural change potential"). Sie selbst trägt in Form von Argumenten auf der Pro-Veränderungsseite die Gründe für eine Veränderung in sich. Im Rahmen des Gespräches geht es darum, diese im Klienten „schlummernde" Motivation für Veränderung (intrinsic motivation) zu wecken. Es ist somit Aufgabe des Klienten und nicht des Beraters, Ambivalenzen zu artikulieren und aufzulösen. Der Berater gibt zwar Informationen und verstärkt Klientenäußerungen in Richtung Problemwahrnehmung, der Ratsuchende zieht jedoch eigene Schlüsse. Und so ist es letztendlich der Ratsuchende selbst, der eigenständig über Schrittfolge und Rhythmus, Reichweite und Grenzen der für ihn aushaltbaren Veränderung entscheidet.

(3) Widerstand als Ergebnis von Beziehungsbrüchen: Motivational Interviewing wahrt Respekt vor dem Selbstbestimmungsrecht des Klienten. Die Regie über das Beratungsgeschehen verbleibt zu allen Zeiten in den Händen des Klienten. „Interventionen, die Zwang, Überredung oder Konfrontation mit der „Problemverleugnung" des Patienten verwenden, sind (hingegen) ungünstig, da ein zu forciertes Insistieren auf der Veränderungsseite der Ambivalenz in der Regel zu Widerstand führt und die Wahrscheinlichkeit einer Verhaltensänderung mindert" (Michalak/Willutzki 2005, S. 378). Widerstand gegen das Eingeständnis der eigenen Lebensprobleme, Bagatellisierung und Verleugnung werden im Motivational Interviewing somit nicht als Ausdruck eines defektiven Persönlichkeitsmerkmals interpretiert („Beratungsresistenz"; „mangelnde Mitwirkungsbereitschaft"), sondern als die Folge von Autonomie- und Grenzverletzungen durch den Berater, also als „Beziehungsdissonanz". Offenheit für die Sichtweisen, Ziele und Handlungspräferenzen des Klienten hingegen minimieren den Widerstand.

Die beratende Interaktion im Motivational Interviewing ist – ganz in Übereinstimmung mit Empowerment-Prinzipien – insgesamt durch eine optimistisch-zukunftgerichtete Ressourcen- und Zielorientierung gerahmt. Für den klinischtherapeutischen Kontext formulieren Michalak/Willutzki (2005, S. 378) dies wie folgt: „Indem nach Möglichkeit nicht allein die Probleme des Patienten thematisiert werden, sondern auch der erwünschte Zielzustand sowie bereits erreichte Zwischenziele und Fortschritte auf dem Weg zur Zielerreichung, wird die Motivation des Patienten gestärkt: Hieraus ergeben sich konkret für die Problemveränderung nutzbare Strategien und Ziele, die Selbsteffizienzerwartung des Patienten wird gefördert. Weiterhin vermitteln Therapeuten über die Wahrnehmung von Ressourcen Wertschätzung, was Patienten Sicherheit in der Beziehung und Raum für die Exploration problematischer, ambivalenter und selbstwertschädigender Inhalte geben kann" (Michalak/Willutzki 2005).

Methodisches Vorgehen des Motivational Interviewing: Die beratende Intervention gliedert sich in zwei Phasen: In der ersten Phase steht die Erkundung von Ambivalenzen und die Förderung der Veränderungsmotivation im Mittelpunkt. In der zweiten Phase geht es hieran anschließend um die Festlegung von Zielen und Wegen und um die Formulierung eines verbindlichen Routenplanes der Veränderung.

Phase 1 – Förderung der Veränderungsmotivation:
„Ambivalenzen erkunden" (develop discrepancies) – dieses Prinzip steht im Fokus der ersten Phase. Hier geht es darum, daß der Klient gleichsam in Form eines (durch den Berater begleiteten) Selbstgesprächs die positiven wie auch die negativen Aspekte seines (Problem-)Verhaltens erlebt und beide Seiten gegeneinander abwägt. Die Ambivalenz-Waagschalen (Vorteile/Nachteile einer Änderung versus Vorteile/Nachteile des Verbleibs im Status-Quo) – visualisiert als Vier-Felder-Entscheidungsmatrix – werden durch den Klienten mit interpretativen Selbstrepräsentationen gefüllt („exploring the decisional balance"). Im gemeinsamen Gespräch soll dem Klienten die Ambivalenz zwischen Beharren und Aufbruch erlebbar werden und der Konflikt zwischen dem Problemverhalten auf der einen und seinen positiv bewerteten Lebenszielen auf der anderen Seite herausgearbeitet werden. Die Grundüberzeugung des Motivational Interviewing ist, daß für den Klienten in dieser Exploration von Dissonanzen letztendlich die Gründe für eine Veränderung (die Waagschale „Nutzen der Veränderung/Kosten des Status-Quo") an Gewicht gewinnen. Der mutige erste Schritt in Richtung Veränderung wird für den Klienten machbar. Miller/Rollnick nennen dieses Evozieren von veränderungsorientierten Selbstdeutungen „change talk". Das Gelingen dieser abwägenden Auseinandersetzung mit Ambivalenz bemißt sich nach ihrer Darstellung an drei Ergebnissen: In der Selbstwahrnehmung des Betroffenen gewinnt die subjektive Bedeutsamkeit einer möglichen Lebenskursänderung an Gewicht (importance); es formiert sich eine erklärte innere Bereitschaft zu einem aktivem Investment in eine veränderte Zukunft (readiness) und zugleich verdichtet sich die Zuversicht und der Optimismus des Klienten im Hinblick auf die subjektive Erreichbarkeit einer nachhaltigen Lebensverbesserung (confidence).

Phase 2 – Vereinbarung eines Änderungplanes:
In der ersten Phase des Motivational Interviewing war es das Ziel des beratenden Dialogs, auf Seiten des Ratsuchenden eine tragende Motivation für Ver-

änderung aufzubauen und zu stärken. Ist dieses initiale Vertrauen in die Chancen einer positiven Veränderung hergestellt, so geht es nun in der zweiten Phase um die Erarbeitung und die Vereinbarung eines verbindlichen Fahrplanes der Veränderung. Der Beratungsprozeß folgt hier einem Dreiklang von Aktivitäten. *„Ziele vereinbaren" (setting goals):* Im gleichberechtigten Dialog werden konkrete Veränderungsziele erarbeitet und deren Rangfolge definiert. Diese Ziele sollen realistisch und im Lebenshorizont des Betroffenen erreichbar sein, sie sollen konkret und operational formuliert und durch die Benennung von Benchmark-Kriterien einer Evaluation zugänglich sein. Die gedankliche Vorwegnahme der Zielerreichung („Machen Sie einmal einen Sprung in die Zukunft: Was wird sich zum Besseren wenden, wenn Sie das Ziel ... erreichen?") ist geeignet, Zuversicht und Selbstwirksamkeitsoptimismus zu stärken. *„Wege der Zielerreichung reflektieren" (reflecting change options):* Im Mittelpunkt steht hier die Frage, auf welchen Wegen und in welcher Reihenfolge die zuvor festgelegten Ziele erreicht werden können (z. B. ambulante oder stationäre Therapie; Mobilisierung von Ressourcenpersonen des privaten Netzwerkes oder Unterstützung durch Selbsthilfeaktivitäten u. a.m.). Aufgabe des Beraters ist es in dieser Etappe, „die Vorstellungen des Klienten über den ihm angemessen erscheinenden Weg zu erfragen und präzisieren zu helfen, bei Bedarf Sachinformationen über alternative Behandlungsmöglichkeiten und ihre Vor- und Nachteile zu vermitteln und eine Entscheidung zu ermöglichen. Eigene Meinungen oder Empfehlungen sollten mit Zurückhaltung eingebracht werden" (Körkel/Veltrup 2003, S. 121 f.). *„Vereinbarung eines Änderungsplanes" (planing/contracting):* In Anlehnung an Case-Management-Verfahren (vgl. Kap. 4.1.3) erfolgt abschließend hier die Erarbeitung eines detaillierten Änderungsplanes, in dem die für den weiteren Hilfeprozeß relevanten Ressourcenpersonen und institutionellen Leistungen, die Schrittfolge und die Zeitfenster der Veränderung sowie überprüfbare Zwischenziele eingetragen sind. Die Verschriftlichung dieses Änderungsplanes in Form eines wechselseitig verpflichtenden Vertrages (contracting) stärkt die Verbindlichkeit der Vereinbarungen und das Commitment des Ratsuchenden. Gerahmt wird diese Phase der Planung und der Umsetzung von Lebensveränderungen von Seiten des Beraters durch eine empathiegetragene Haltung der Ermutigung, der Bestärkung und der unterstützenden Assistenz, welche dem Klienten hilft, Durststrecken erneuter Hilflosigkeit zu durchstehen und im Glauben an die Selbstwirksamkeit der eigenen Person zu wachsen (zur weiteren Anwendung und zur evidenzbasierten Evaluation des Motivational Interviewing vgl. Rollnick/Miller/Butler 2007; Rosengren 2009).

4.1.2 Ressourcendiagnostik

Es gehört heute zum „guten Ton" in der Praxis der Sozialen Arbeit, daß das pädagogische Handeln von Institutionen und Mitarbeitern als „ressourcenorientiert" und „ressourcenfördernd" dargestellt wird. Im Selbstmarketing der Öffentlichkeitsarbeit und auf den Hochglanzseiten der Selbstdarstellungen dürfen Hinweise auf „Stärkenorientierung", „Ressourcenentwicklung", und „Kompetenzförderung" nicht fehlen. Ressourcenorientierung ist so ein modisches Etikett geworden, mithilfe dessen die soziale Praxis sich einen Touch von Fortschrittlichkeit, Methodenaktualität, Innovation verleiht – „a jour" mit aktuellen wissenschaftlich-theoretischen Entwicklungstrends. Fokussiert man aber den Blick ein wenig und schaut hinter die Kulissen der öffentlichkeitswirksamen Selbstdarstellung, so fällt auf, daß in nur wenigen Einrichtungen und Diensten der Sozialen Arbeit ein spezifisches Instrumentarium der Ressourcendiagnostik konkret verfügbar ist. Der diagnostische Blick gilt vor allem der Defizitanalyse – gestützt auf eine Vielzahl von alterprobten Test-, Fragebögen- und Diagnostikverfahren, die die Lebensprobleme der Klienten, ihre Unzulänglichkeiten und mangelnden Bewältigungskompetenzen detailliert beschreiben. Was aber fehlt, das sind gebrauchsfertige Erhebungsinstrumentarien, die geeignet wären, die Ressourcen der Adressaten sozialer Unterstützung in strukturierter Form zu erfassen und in die Hilfeplanung einzubauen. Sprechen wir von Ressourcendiagnostik, so sprechen wir also im Konjunktiv. Werfen wir den Blick in eine nicht allzu ferne Zukunft. Im Kontext der Empowerment-Arbeit wird eine Ressourcendiagnostik der Zukunft vor allem an drei ‚Orten' zum Einsatz kommen:

Erstdiagnostik und Hilfeplanung: Empowerment-Arbeit hat zum Ziel, die dem Klienten verfügbaren Bewältigungsressourcen systematisch in den Hilfeprozeß einzubeziehen und zugleich lebensgeschichtlich verschüttete Ressourcen wieder aufzufinden und erneut zugänglich zu machen. Im Rahmen des Erstgesprächs und der anschließenden individuellen Hilfeplanung ist daher eine präzise Vermessung von Ressourcen unverzichtbar.

Prozeßbegleitende Reflexion: Das Kompetenzinventar kann über die Hilfeplanung hinaus auch als Instrument der Verfahrensevaluation eingesetzt werden. Es eignet sich als eine praktische Reflexionshilfe, mit der Sozialarbeiter und Klient im Verlauf ihres Arbeitskontraktes wiederholt das je aktuelle Ressourcensetting visualisieren, die bereits eingetretenen Veränderungen dokumentieren, Hindernisse im Zugang zu Ressourcen reflektieren und das weiterführende Hilfeverfahren neu organisieren.

Evaluation und Qualitätsdokumentation: Im Rahmen der abschließenden Fallevaluation schließlich dienen Verfahren der Ressourcendiagnostik zur Abschätzung von Ressourcenentwicklungen (quantitative und qualitative Veränderungen). Mit diesen Daten wird es zugleich möglich, ein Ressourcennetzwerk zu konstruieren und zu stabilisieren, welches dem Klienten nach Ende des institutionellen Kontaktes einen festen lebensweltlich-sozialen ‚Geleitschutz' bereitzustellen vermag.

Im folgenden wollen wir drei Schritte gehen: Beginnen wollen wir mit einer Definition dessen, was Menschen in der Bewältigung von kritischen Lebensereignissen und belastenden Lebenslagen Ressource sein kann. Im zweiten Schritt folgt eine umfangreiche Ressourcentaxonomie, die eine erste Sortierung unterschiedlicher (personen- und umweltbezogener) Ressourcenkategorien möglich macht. Im letzten Schritt werden schließlich – anknüpfend an noch unzureichend-wenige Vorgaben aus der psychologischen Forschung – zwei unterschiedliche Instrumentarien der Ressourcendiagnostik entwickelt:

das offene Verfahren („Ressourceninterview") und das geschlossene Verfahren („Kompetenzinventar") der Ressourcendiagnostik.

Der Ressourcen-Begriff in der Diskussion

Obwohl von wachsender Popularität ist der Ressourcenbegriff in der aktuellen Diskussion oft nur vage und wenig griffig gefaßt. So beklagt Nestmann (1996) die Unbestimmtheit des Ressourcenbegriffs und faßt zusammen: „Letztlich alles, was von einer bestimmten Person in einer bestimmten Situation wertgeschätzt und/oder als hilfreich erlebt wird, kann als eine Ressource betrachtet werden (Nestmann 1996, S. 362). Betrachten wir also zunächst einmal die Definitionsangebote in der (vor allem psychologischen) Literatur. Eine instruktive Einführung in Begriffsgeschichte und konzeptuelle Grundlagen stammt aus der Feder von Ute Willutzki (2003). Ihrer Argumentation folgend liegt der Ressourcenperspektive „die Annahme (zugrunde), daß Ressourcen für die Bewältigung alltäglicher ... Anforderungen bzw. Lebensaufgaben von zentraler Bedeutung sind und somit letztlich unsere psychische und physische Gesundheit sowie unser Wohlbefinden von ihrer Verfügbarkeit und ihrem Einsatz abhängig sind". Ressourcen – so argumentiert sie weiter – sind Potentiale (der Person selbst und/oder ihrer sozialen Umwelt), deren Einsatz lebenserhaltende bzw. lebensverbessernde Effekte produziert. Ob aber Potentiale als „lebenserhaltend" bzw. „lebensverbessernd" eingeschätzt werden, hängt davon ab, inwieweit sie im Dienste zentraler Motive, Ziele und Interessen der Person stehen, d. h. funktional sind im Lichte einer subjektiven Aufgabenbestimmung (Willutzki 2003, S. 91 und 95). Hiermit ergeben sich drei Elemente einer Definition:

- *Aufgabenabhängigkeit von Ressourcen:* Ressourcen haben keine generalisierte Wirksamkeit; sie dokumentieren ihre Wirksamkeit erst im Hinblick auf je zur Lösung anstehende konkrete Aufgaben und Problemsituationen;
- *Funktionalität von Ressourcen:* der ‚Nutzwert' von Person-Umwelt-Potentialen bemißt sich je nach ihrer Funktionalität im Hinblick auf die Erreichung definierter personaler Ziele, Motive, Interessen;
- *Bewertung und Sinnzuschreibung:* Personen- und Umweltpotentiale konstituieren sich als Ressourcen erst in einem Prozess der Bewertung und der Sinnzuschreibung durch die Person selbst.

Schiepek/Cremer (2003) interpretieren Ressourcen – ganz in Übereinstimmung mit Willutzki – als „relationale Konstrukte". Sie schreiben: „Ressourcen ‚hat' man nicht nur, sondern aktiviert sie, nimmt sie wahr und entwickelt sie in Abhängigkeit von den jeweils relevanten Lebenszielen bzw. den das jeweilige Lebensstil-Szenario bestimmenden, affektiv geladenen Themen. Ressourcen sind so gesehen keine eingelagerten Dispositionen ..., sondern aktive Konstruktionsleistungen unseres emotional geprägten Wahrnehmens und unseres individuellen und sozialen Handelns". Ressourcen sind mithin „...die aktive Konstruktionsleistung eines handelnden Subjekts, gegeben bestimmte Ziele und Herausforderungen" (Schiepek/Cremer 2003, S. 178 und 183). Eine inhaltlich konkrete begriffliche Füllung liefern Trösken/Grawe (2003).

Sie geben dem Ressourcenbegriff einen bedürfnistheoretischen Anstrich und verwenden ihn zur Bezeichnung von jenen produktiven Potentialen, die es Menschen möglich machen, ihre Grundbedürfnisse zu befriedigen und auf diese Weise eine Balance biopsychosozialen Wohlbefindens herzustellen. „Die psychische Aktivität von Menschen ist auf die Befriedigung von Grundbedürfnissen ausgerichtet. Zur Befriedigung der Grundbedürfnisse werden konkrete Fähigkeiten, Verhaltensroutinen, motivationale Bereitschaften etc. herausgebildet, die es Menschen erlauben, individuelle Person-Umwelt-Transaktionen so zu gestalten, daß sie in einem hohen Maße Wahrnehmungen im Sinne ihrer Bedürfnisse machen und Verletzungen derselben vermeiden können. Die konkreten Fähigkeiten – d. h. die Mittel, die zur Bedürfnisbefriedigung herausgebildet werden – können als Ressourcenpotentiale angesehen werden" (Trösken/Grawe 2003, S. 195; ebenso Trösken 2003). Unterschieden werden vier Grundbedürfnisse des Menschen: das Bedürfnis nach Orientierung und Kontrolle; das Bedürfnis nach Lustgewinn; das Bedürfnis nach sozialer Bindung; und das Bedürfnis nach Selbstwertschutz. Petzold schließlich (1997) erweitert den Definitionshorizont – in systemtheoretische Sprache gekleidet – auf die Aspekte einer kreativen Selbst- und Umweltgestaltung. Als Ressourcen – so schreibt er – „werden alle Mittel gesehen, durch die Systeme sich als lebens- und funktionsfähig erhalten (operating), Probleme bewältigen (coping), ihre Kontexte gestalten (creating) und sich selbst im Kontextbezug entwickeln können (developing)" (Petzold 1997, S. 451 f.). Unsere Begriffsbestimmung schließt an die hier aufgeführten Definitionsvorgaben an und ergänzt sie um einige Aspekte. Gerade mit Blick auf die unterschiedlichen Handlungsfelder der Sozialen Arbeit erscheint es notwendig, den Ressource-Begriff über den Horizont des bedürfnis- und entwicklungspsychologischen Denkens hinaus insbesondere auf die Bearbeitung von strukturellen Alltagsbelastungen und auf die Verwirklichung von Lebenszielen und Identitätsprojekten auszudehnen. *Unter Ressourcen wollen wir somit jene positiven Personenpotentiale („personale Ressourcen") und Umweltpotentiale („soziale Ressourcen") verstehen, die von der Person (1) zur Befriedigung ihrer Grundbedürfnisse, (2) zur Bewältigung altersspezifischer Entwicklungsaufgaben, (3) zur gelingenden Bearbeitung von belastenden Alltagsanforderungen sowie (4) zur Realisierung von langfristigen Identitätszielen genutzt werden können und damit zur Sicherung ihrer psychischen Integrität, zur Kontrolle von Selbst und Umwelt sowie zu einem umfassenden biopsychosozialen Wohlbefinden beitragen.*

Ressourcentaxonomie – ein Klassifikationsschema für Personen- und Umweltressourcen

Die hier beispielhaft aufgeführten Definitionen, so instruktiv sie auch sein mögen, bleiben für die sozialpädagogische Praxis noch zu allgemein und sind wohl kaum geeignet, als Blaupausen einer gebrauchsfertigen Ressourcendiagnostik zu dienen. Wie also können wir konkret jene Kraftquellen benennen, die Menschen in schwierigen Lebenslagen Hilfe spenden? In der Forschungsliteratur werden stets zwei Klassen von Ressourcen unterschieden (vgl. auch

Kap. 5): Personenressourcen (auch: personale oder „internale" Ressourcen) und Umweltressourcen (auch: soziale oder „externale" Ressourcen). *Personenressourcen* – das sind lebensgeschichtlich gewachsene, persönlichkeitsgebundene Überzeugungen, Selbstkognitionen, Werthaltungen, emotionale Bewältigungsstile und Handlungskompetenzen, die der Einzelne in der Auseinandersetzung mit Alltagsanforderungen, Entwicklungsaufgaben und kritischen Lebensereignissen zu nutzen vermag und die ihm ein Schutzschild gegen drohende Verletzungen der psychosozialen Integrität sind. *Umweltressourcen* – das sind zum einen Beziehungsressourcen, die in Partnerbeziehung, Familienbindungen und Netzwerkstrukturen eingelagert sind; und das sind zum anderen strukturelle Ressourcen von Lebenslagensicherheit (Arbeitsmarktintegration; ökonomisches und kulturelles Kapital; Niveau der Teilhabe an Konsum und Öffentlichkeit). Anknüpfend an die konzeptuellen Vorarbeiten von Geiser (2009), Klemenz (2003) und Prenzel/Gogolin/Krüger (2007) differenziert die folgende Übersicht diese beiden „Medaillenseiten" von Ressourcen (zum Ressourcensetting von Kindern vgl. einführend Wustmann 2004; 2005).

Personenressourcen

(1) physische Ressourcen
- Gesundheit; Kraft; Ausdauer; eine stabile Konstitution; ein funktionierendes Immunsystem; biophysische Stabilität;
- Protektive Temperamentsmerkmale wie z. B. eine ausgeglichen-stabile Stimmungslage; Optimismus und positive Emotionalität; Extraversion; eine hohe Anpassungsfähigkeit;
- Physische Attraktivität; ein positiver Bezug zum eigenen Körper.

(2) psychische Ressourcen
- Begabungsressourcen: intellektuelle Fähigkeiten und Informationsverarbeitungskompetenzen; Lern- und Leistungsfähigkeiten; kreative und künstlerische Talente; praktische Intelligenz; psychomotorische Ressourcen;
- Selbstakzeptanz und Selbstwertüberzeugung: ein ungebrochenes Selbstwertgefühl und der feste Glaube an die Sinnhaftigkeit des eigenen Lebensentwurfes;
- Motivationale Ressourcen: Interessen und identitätssichernde Lebensziele;
- Bewältigungsoptimismus: ein festes, lebensgeschichtlich gewachsenes Vertrauen in die eigene Gestaltungs- und Bewältigungskompetenz; Selbstwirksamkeitsüberzeugungen;
- Zukunftsoptimismus: eine positive Erwartung an zukünftige Ereignisse;
- Positive emotionale Regulationen; eine geringe negative Affektivität; Selbstsorge und Ressourcen der psychophysischen Entspannung.

(3) kulturelle und symbolische Ressourcen
- Kulturelles Kapital: in der subjektiven Bildungsgeschichte angeeignetes Wissen, verinnerlichte Fertigkeiten, Einstellungen, Überzeugungen; ein analytisches Wissen zur Reflexion von Selbst und Umwelt;
- Berufsbezogenes Wissenskapital: ein professionelles Know-How; ein in der Berufspraxis gewonnenes Expertenwissen;

- Einbindung in eine subjektive Handlungsethik: die Bindung an ein festes, identitätssicherndes (religiöses/ethisches/politisches) Glaubenssystem;
- Engagement und eine im bürgerschaftlichen Engagement beglaubigte Orientierung am Gemeinwohl („kommunitaristische Kompetenz");
- Lebenssinnhaftigkeit: die Konstruktion der subjektiven Identität in Übereinstimmung mit einem festen sinngebenden Lebensleitfaden;
- Erfahrungen der sozialen Anerkennung in bedeutsamen Zugehörigkeitsgemeinschaften.

(4) relationale Ressourcen
- Empathie: Sensibilität und die Wahrnehmung der inneren Befindlichkeiten, der Motive, Wünsche, Interessen und Handlungsweisen anderer Menschen;
- Offenheit: die Fähigkeit, die eigenen Gefühle, Bedürfnisse, Wünsche in Beziehungen einbringen und ausdrücken zu können;
- Beziehungsfähigkeit: die Fähigkeit, freundschaftliche und vertraute Bindungen mit anderen eingehen und aufrecht erhalten zu können; der Respekt anderen gegenüber; Verläßlichkeit und die Fähigkeit zur ‚Beziehungspflege';
- Konfliktfähigkeit: die Fähigkeit, eigene Rechte und begründete Interessen gegenüber anderen wahrnehmen und durchsetzen zu können und Konflikte in einer balancierten, nicht-disruptiven Form zu lösen;
- Kritikfähigkeit und Ambiguitätstoleranz: das Akzeptieren-Können von berechtigter Kritik an der eigenen Person; die Fähigkeit, Beziehungen auch unter dem Vorzeichen einer nicht vollständig-komplementären Bedürfnisbefriedigung sicher weiterzuführen.

In Lebenskrisen und belastenden Lebenslagen:

- Veröffentlichungsbereitschaft: die Bereitschaft und die Fähigkeit der Person, in Lebenskrisen Hilfesignale an andere zu versenden und deren soziale Unterstützung zu erbitten;
- Zielgerichtete Hilfenachfrage: das Wissen um problembezogen-geeignete Ressourcepersonen und ein ‚dosierter', d. h. den anderen nicht überfordernder Hilfeappell;
- Reziprozitätsbalance: die Bereitschaft und die Fähigkeit der Person, erfahrene soziale Unterstützungen (zu einem späteren Zeitpunkt) in angemessener Weise ‚zurückzuzahlen', um so nicht zum Schuldner in sozialen Beziehungen zu werden.

Umweltressourcen

(1) soziale Ressourcen
- Ressource Liebe: die liebende, harmonische und sichere Beziehung zum vertrautesten Menschen, in der die Partner u. a. Liebe, Sexualität, Verbundenheit, Vertrauen, Anerkennung, Unterstützung, (Für-)Sorge miteinander kommunizieren und im Verlaufe ihrer Beziehungsgeschichte weiterentwickeln;
- Personale Ressourcen des Partners: auf der Basis der Ressource Liebe die Chance der Person, in kritischen Lebensphasen an den personalen Ressour-

cen des Partners teilhaben und diese sich in Form von sozialer Unterstützung aneignen zu können;
- „Embedding": das soziale Eingebunden-Sein in unterstützende Netzwerke (Verwandtschafts-, Freundschafts-, Bekanntschafts- und Interessennetzwerke).

(2) ökonomische Ressourcen
- Arbeit, Arbeitseinkommen, Arbeitsplatzsicherheit: die relative Sicherheit von Arbeitsplatz und Erwerbseinkommen und hierauf aufbauend: die Sicherheit des individuellen und familienbezogenen Planungshorizonts im Hinblick auf Lebensgestaltung und Konsum;
- Ökonomisches Kapital: die Verfügung über unmittelbar in Geld konvertible Ressourcen wie z. B. Kapital- und Wertpapierbesitz, Grundbesitz und Wohneigentum, Miet- und Pachterträge u. a.m.;
- Sozialstatus: die an die je individuelle Arbeitsmarktposition gebundene soziale Anerkennung und Wertschätzung in relevanten Zugehörigkeitsgemeinschaften.

(3) ökologische Ressourcen
- Arbeitsplatzqualität: ein relativ geringes Maß an physischen Risiken und psychischen Belastungen am Arbeitsplatz; subjektive Spielräume in der inhaltlichen Gestaltung der alltäglichen Arbeitsvollzüge;
- Wohnqualität: relativ umfassende subjektive Freiheitsgrade im Hinblick auf die konkrete Ausgestaltung der Wohnbedingungen (Wohnstandort; Gebäude- und Wohnform; Wohnungsgröße – ‚personal space': ungeteilter personaler Raum; Privatheitsregulation); Möglichkeiten der Selbststilisierung durch Wohnausstattung und ‚Wohngeschmack';
- Wohnumfeldqualität: die Anregungsvielfalt der alltäglich genutzten natürlichen, baulichen und kulturellen Umwelt; Zugang zu den Ressourcen Naturerleben und Erholung; relativ geringe Belastung durch Umwelttoxien; überörtliche Vernetzung, Kommunikation, Mobilität.

(4) professionelle (Dienstleistungs-)Ressourcen
- Orientierungswissen: der Zugang zu verläßlichem Wissen im Hinblick auf verbürgte Rechtsansprüche und problemadäquate Dienstleistungen im gegliederten System der sozialen Sicherung;
- Strukturqualität: der Zugang zu Diensten und Einrichtungen psychosozialer Unterstützung in den Bereichen Prävention, Beratung, Therapie und technische Hilfen; niedrige Zugangsschwellen (Zugangswege; Zeitmuster; Beitragskosten) und eine individuell-fallbezogene Angebotsstruktur der Dienstleistungsagenturen;
- Prozeß- und Produktqualität: ein kooperativer und nicht bevormundender Hilfekontrakt; die gemeinsame Produktion (Co-Konstruktion) von problemangemessenen und vom Klienten als befriedigend erfahrenen Unterstützungshilfen.

Anknüpfend an noch unzureichend-wenige Vorgaben aus der psychologischen Forschung sollen im folgenden nun zwei unterschiedliche Instrumentarien der Ressourcendiagnostik vorgestellt und diskutiert werden: das offene

Verfahren („Ressourceninterview") und das geschlossene Verfahren („Kompetenzinventar").

Das offene Verfahren der Ressourcendiagnostik – das Ressourceninterview

Ein erstes Instrumentarium der Ressourcendiagnostik entstammt der klinischen Praxis der psychotherapeutischen Medizin. Schiepek/Cremer (2003) entwerfen in ihrem Beitrag zur Diskussion ein mehrdimensionales Assessmentverfahren, welches sie in der stationären psychotherapeutischen Praxis auf den Prüfstand stellen. Das von ihnen entwickelte Diagnostikum soll hierbei drei Kriterien erfüllen: (1) Dieses diagnostische Verfahren soll dem Klienten selbst als praktische Reflexionshilfe für seine Ressourcensituation hilfreich sein; (2) es soll zur Abschätzung von (quantitativen und qualitativen) Ressourcenveränderungen im Rahmen der Behandlungsevaluation tauglich sein; und es soll (3) nicht allein auf klinische Anwendungen beschränkt bleiben, sondern u. a. auch in pädagogischen Settings (mithin also auch in der Sozialen Arbeit) anwendbar sein (Schiepek/Cremer 2003, S. 153).

Der von uns bereits angesprochene Umstand, daß Menschen die für sie relevanten Ressourcen „eigen-sinnig" und höchst unterschiedlich buchstabieren und das Universum denkbarer Ressourcen prinzipiell unendlich ist, führt die Autoren dazu, auf den Einsatz von standardisierten Ressourcen-Checklisten zu verzichten. Ihr Interesse richtet sich auf die vom Einzelnen konkret wahrgenommenen und erlebten Ressourcen, auf jene Ressourcen also, zu denen die Person einen bewußten kognitiven und emotionalen Zugang hat. Sie wählen ein, diesem offenen Zugang entsprechendes Verfahren: *das offene Ressourceninterview*. Dieses Interview versteht sich als eine „offene Einladung zur Selbstreflexion", in der die Klienten sich ihre aktuell gegebenen Lebensherausforderungen vergegenwärtigen, die ihnen verfügbaren Ressourcen benennen und nach bestimmten Gesichtspunkten bewerten. Das Ressourceninterview, das sowohl in der Eingangsdiagnostik als auch in der abschließenden Ergebnisevaluation zum Einsatz kommen kann, gliedert sich in zwei Phasen: Am Anfang steht die offene biographische Erzählung, in der der Klient über für ihn relevante personale und soziale Ressourcen berichtet. Im zweiten Schritt folgt dann eine differenzierte Einschätzung und Bewertung der in der vorangehenden biographischen Erzählung aufgelisteten Ressourcen durch den Klienten selbst. Konkret sieht dies wie folgt aus (hier in einer vom Verfasser für die Praxis der Sozialen Arbeit angepaßten Fassung; N.H.):

Gesprächsvorgabe („Regieanweisung") zum Ressourceninterview:

„Ressourcen sind Kraftquellen – wie die französische Wurzel dieses Wortes nahe legt, denn „source" bedeutet „Quelle". Es sind Quellen, aus denen man all das schöpfen kann, was man zur Gestaltung eines zufriedenstellenden und guten Lebens braucht, was man braucht, um Probleme zu lösen oder mit Schwierigkeiten zurecht zu kommen. Das können sehr verschiedenartige Hilfen sein, denn jeder Mensch ist anders, und jede Situation, jede Herausforderung und Lebensphase braucht andere Ressourcen.

Ressourcen finden wir in uns selber, in persönlichen Fähigkeiten, Eigenschaften, Kompetenzen, Interessen und anderes mehr – wir sprechen hier von „personalen Ressourcen". Kraftquellen und Unterstützung finden wir aber natürlich auch in Partnern, Freunden, Eltern und anderen wichtigen Menschen in unserer sozialen Umgebung – wir sprechen hier von „sozialen Ressourcen".

Nehmen Sie sich jetzt ein wenig Zeit. Bitte überlegen Sie: Wenn Sie auf Ihr Leben und auf Ihre Lebensbelastungen in den letzten ... Monaten zurückblicken – was war da für Sie eine Ressource, die Sie haben nutzen können?" (Der Zeitraum der persönlichen Rückschau ist in Abhängigkeit von der jeweiligen Problemstellung zu spezifizieren).

Nach Ende des Gesprächs werden die benannten Ressourcen von der Mitarbeiterin/ dem Mitarbeiter der Institution zusammengefaßt und aufgelistet. In der zweiten Phase des Ressourceninterviews bewertet der Klient jede einzelne Ressourcen nach folgenden Dimensionen (Rating auf einer Skala 0–10):

- Grad der Ausprägung und der Verfügbarkeit der Ressource aktuell („aktuelle Verfügbarkeit" V) 0–10
- Ausmaß, in dem die Ressource vorhanden sein könnte, wenn sie nicht vernachlässigt (z. B. durch mangelnde Pflege), blockiert (z. B. durch innere Konflikte) oder verschüttet (z. B. durch aktuelle Probleme oder andere Präferenzen) wäre („Potentialität" P) 0–10
- Ausmaß, in dem die Ressource im Rahmen eines ressourcenorientierten Förderprogramms in einem definierten Zeitraum entwickelt werden soll („Ziel" Z) 0–10
- Relevanz der genannten Ressourcen im Bewertungshorizont des Klienten („Relevanz" R) 0–10.

Schiepek/Cremer berichten über drei Ergebnisse aus der klinischen Erprobung: (1) Das offene Verfahren der Ressourcendiagnostik liefert valide Daten einer Prozeß-Outcome-Evaluation. Durch den Einsatz metrischer Skalierungen zu Beginn und zum Ende der klinischen Therapie lassen sich zuverlässig jene ‚Zugewinne' vermessen, die sich für den Klienten im Verlauf des Therapieprozesses im Hinblick auf Ressourcenausstattung und gelingende Ressourcennutzung ergeben. Die Ergebnisse der Forschung dokumentieren, daß gerade bei Menschen mit psychiatrischen Erkrankungen die Ressource „soziale Unterstützung durch Partnerschaft/Familie/Freundschaft" sowie die Ressource „Entspannung/Kreativität/Regulation der psychischen Befindlichkeit" zu einer signifikanten Besserung des psychophysischen Wohlbefindens beitragen (vgl. Schiepek/Cremer 2003, S. 173 ff.).
(2) Das Ressourceninterview erfüllt aber nicht nur eine diagnostisch-bilanzierende Funktion, ihm kommt zugleich auch eine therapeutische Funktion zu.

Gerade bei Menschen, die – eingesponnen in erlernte Hilflosigkeit – keinen Zugang zu ihren produktiven Ressourcen-Kapitalien haben, führt die Thematisierung der Ressourcenseite des eigenen Lebens während und nach dem Interview zu einer signifikanten „Veränderung der intrapsychischen Ressourcenrepräsentanz" (Schiepek/Cremer 2003, S. 179). Anders formuliert: es öffnet sich der Wahrnehmungshorizont, der Klient findet einen kognitiv-emotionalen Zugang zu persönlichen Ressourcen und erfährt die eigene Biographie im veränderten Licht des Blickes auf die eigenen Lebensfähigkeiten und Bewältigungskompetenzen.

(3) Das Ressourceninterview – so die Autoren abschließend – kann über die Einzelfallhilfe hinaus auch in der Arbeit mit „Mehrpersonenkonstellationen" (Familie; Freundschaftsnetzwerk; Arbeitsteam) Anwendung finden. Erfaßt werden kann so u. a., vor welchen Herausforderungen die Gruppe aktuell steht, welche kollektiven Ressourcen zur Problemlösung benötigt werden und welche Ressourcenanteile von den einzelnen Mitgliedern der Gruppe ‚investiert' werden können bzw. welche Ressourcen erst in einem gemeinsamen Entwicklungsprozeß kollektiv hergestellt werden müssen. Durch diesen gruppenbezogenen Einsatz eröffnen sich dem Ressourceninterview Anwendungsperspektiven im Bereich der Paar- und Familienberatung, in der Arbeit mit komplexen Freundschaftsnetzwerken wie auch im institutionellen Feld der Teamentwicklung (vgl. Schiepek/Cremer 2003, S. 182).

Soweit unser Überblick über einen ersten erfolgversprechenden Entwicklungspfad der Ressourcendiagnostik. Freilich: Mit Blick auf den Arbeitsalltag der Sozialen Arbeit bedarf es eines kritischen Kommentars. Erprobt wurde das Ressourceninterview wie beschrieben in der stationären psychotherapeutischen Praxis. Zu einem gelingenden Einsatz dieses Instrumentariums – daran lassen die Autoren keinen Zweifel – bedarf es Menschen, die über ein differenziertes Wahrnehmungs-, Reflexions- und Verbalisierungsvermögen im Hinblick auf ihr inneres Erleben und ihre sozialen Beziehungsmuster verfügen, Menschen also, die ihre ressourcenbezogenen Selbst- und Umwelterfahrungen ‚auf der Zungenspitze' tragen. Die Alltagserfahrungen der Sozialen Arbeit dokumentieren aber immer wieder nachdrücklich, daß dieses Vermögen gerade bei Menschen, die die entmutigenden Abwärtsspiralen von Demoralisierung und erlernter Hilflosigkeit bis zum bitteren Ende durchlaufen haben, in der Regel nicht oder zumindest nicht zureichend gegeben ist. Für sie wird sich die hier vorgestellte offene und durch Reflexion und biographisches Gespräch zu füllende Form der Ressourcendiagnostik als nicht geeignet erweisen. Gerade mit Blick auf diese Menschen wird es somit notwendig sein, eine andere, die Selbstreflexion stärker strukturierende Form des Ressourcenassessments zu entwickeln.

Das geschlossene Verfahren der Ressourcendiagnostik – das Kompetenzinventar

Der Landschaftsverband Rheinland (überörtlicher Träger der Sozialhilfe) hat im Jahr 2005 das Erhebungsinstrumentarium „Individuelles Hilfsplanverfahren des Landschaftsverbandes Rheinland" vorgestellt und für den institutionellen Bereich des „Betreuten Wohnens" von Menschen mit Behinderung verbindlich eingeführt. Zum Einsatz kommt dieses diagnostische Erhebungsverfahren im Rahmen der Antragstellung und der individuellen Hilfeplanung, es dient somit in gleichen Teilen als Entscheidungsgrundlage für die Kostenübernahme durch die regional zuständige Hilfeplankonferenz wie auch als pädagogischer Leitfaden für die Entwicklungs- und Unterstützungshilfen der Einrichtung selbst. Zum konkreten Verfahren: Am Anfang steht für den behinderten Menschen eine erste Zeit des Probewohnens im Projekt „Betreutes Wohnen", eine Zeit des wechselseitigen Kennenlernens, in der eine solide dialogische Basis zwischen dem Bewohner und einem ihm zugeordneten Bezugsbetreuer aufgebaut werden soll. Zum Ende dieser Eingangsphase wird sodann ein diagnostisches Gespräch zwischen beiden Parteien vereinbart, in dem eine umfassende Erhebung des individuellen Patchwork von Fähigkeiten und Beeinträchtigungen, von subjektiven Lebenszielen und notwendigen Unterstützungsbedarfen auf der Tagesordnung steht. Im Mittelpunkt dieses diagnostischen Dialogs steht ein geschlossen-strukturiertes Kompetenzinventar, welches die „Fähigkeiten und Ressourcen" des Antragstellers wie auch seine „Störungen und Beeinträchtigungen" in sehr differenzierter und operational formulierter Form dokumentiert. In dieses Inventar gehen Angaben zu folgenden Kompetenzbereichen ein:

Kompetenzbereich: Alltägliche Lebensführung
Kompetenzbereich: Individuelle Basisversorgung
Kompetenzbereich: Gestaltung sozialer Beziehungen
Kompetenzbereich: Teilhabe am kulturellen und gesellschaftlichen Leben
Kompetenzbereich: Kognitive Kompetenzen und Orientierung
Kompetenzbereich: Psychische Kompetenz
Kompetenzbereich: Kommunikation
Lebensziele, Hindernisse, Zielvereinbarungen, gewünschte und erforderliche Hilfen.

Bislang liegen erst wenige Erfahrungen mit diesem geschlossenen Instrumentarium vor. Gleichwohl: Eine erste Erfahrungsbilanz ergibt Licht und Schatten. Auf der Sonnenseite ist zu vermerken, daß mit diesem Kompetenzinventar der Blick auf die Stärken, die Fähigkeiten und Talente von Menschen mit Behinderung zum ersten Mal systematisch verankert worden ist und daß damit im Handlungsfeld des Betreuten Wohnens eine neue mutmachende „Ressourcen-Kultur" Einzug gehalten hat. Auf der Schattenseite bleibt festzuhalten, daß die sorgsame Durchführung des Kompetentinventars sehr zeitaufwändig ist und im Strom der pädagogischen Alltagsgeschäfte kaum zu leisten ist. Und ein weiterer Befund: Konzipiert ist dieses geschlossene Verfahren der Ressourcendiagnostik als ein Instrumentarium, in dem der Klient, hier also der behinderte Mensch, in authentischer Selbstäußerung seine ganz subjektive Sicht personaler Fähigkeiten und Beeinträchtigungen zu Protokoll gibt, der betreuende Sozialarbeiter sich hingegen mit Interpretationshilfen, Kommentierungen und (von der Sicht des Klienten ggf. abweichenden) Einschätzungen weitestgehend zurückhält. Hierzu bedarf es jedoch klarer ‚Regieanweisungen' und auf Seiten des fallführenden Sozialarbeiters eines besonders sensiblen Umgangs mit der eigenen Interpretations- und Deutungsmacht. Eine erste empirische Analyse der diagnostischen Situation dokumentiert die reale Gefahr, daß der Sozialarbeiter dem Klienten beim Durchgang durch das Kompetenzinventar ‚die Hand führt', konkret: daß vor allem expertenseitige Einschätzungen und Bewertungen zur Niederschrift kommen und daß die nicht in gleichem Maße artikulationsmächtigen Selbstäußerungen des behinderten Menschen vor allem dort, wo sie sich mit den Deutungen der Experten nicht decken, keinen ungefilterten Eingang in die Diagnosestellung finden. Und so bleibt auch dieses geschlossene Instrumentarium der Ressourcendiagnostik ein noch unfertiges Projekt, welches in Zukunft in weiteren Handlungsfeldern der stationären wie auch der ambulanten Sozialen Arbeit weiterzuentwickeln ist.

4.1.3 Unterstützungsmanagement: das Arrangieren von Ressourcen

In unserem sozialberuflichen Alltag begegnen wir immer wieder Menschen, deren Leben im Wortsinn ‚in der Luft hängt', deren letzte Sicherheiten brüchig werden, die – wie auch immer – das tragende Fundament einer basalen Lebenssicherung verloren haben: Straßenkinder, die ihren Körper und ihre Gefühle für ein Essen und eine Übernachtungsmöglichkeit verkaufen; Drogenabhängige, deren Verelendungskarussell von Kriminalisierung, sozialer Vereinsamung und irreversibler körperlicher Schädigung sich immer schneller dem Ende entgegendreht; Menschen ohne Wohnung, für die die nächste kalte Nacht der Tod sein kann; überschuldete Familien, die durch Zwangsräumungsverfahren aus der Normalität in die beschämende Sonderwirklichkeit kommunaler Notunterkünfte fallen – Menschen also, die an ‚Nullpunkt-Stationen' ihres Lebens angekommen sind. Was diese Menschen benötigen, das sind Notfallhilfen – handfeste und ohne Zeitverzug verfügbare psychosoziale ‚Survival-Kits', die eine basale Grundsicherung und damit ein Überleben sicherstellen. *Die Herstellung und die Sicherung einer Grundausstattung von Lebensressourcen* ist so (im Anschluß an die Ressourcendiagnostik) Beginn und Startpunkt aller pädagogischen Empowerment-Arbeit. Hierfür gibt es sicher keine Patentrezepte. Aber es gibt hilfreiche Handreichungen. Eine dieser Handreichungen ist *die Methode des Unterstützungsmanagements (Case Management)*, die – aus der angloamerikanischen Sozialarbeit zu uns importiert – in unseren Breitengraden vor allem in den Schriften von Wolf Rainer Wendt ausgearbeitet worden ist (vgl. Wendt 1992; 1995; 1999; zu aktuellen Weiterentwicklungen vgl. Faß 2009; Löcherbach u.a. 2009; Neuffer 2009). Unterstützungsmanagement – das ist nach Wendt ein Prozeß der Hilfeleistung für Menschen, deren Leben ‚in der Luft hängt', weil die Komplexität der Lebensprobleme und die Unübersichtlichkeit der privaten und öffentlichen Hilferessourcen sie überfordern. In dieser Situation der Überforderung ist eine koordinierende, arrangierende und vernetzende Leistung notwendig, die verfügbare Hilferessourcen in der privaten Lebenswelt (soziale Unterstützung im Familien-, Freundes- und Nachbarschafts-Netzwerk) und in den öffentlichen Dienstleistungsagenturen in einer Hand zusammenführt und die pluralen Unterstützungsangebote der verschiedenen Anbieter zu einem geschlossenen und koordinierten Ganzen zusammenfügt. Und genau dies bedeutet Unterstützungsmanagement: die Organisation einer ganzheitlichen sozialen Hilfe durch *die Mobilisierung, das Arrangement und die Vernetzung von Unterstützungsressourcen.* Unterstützungsmanagement ist nach Wendt eine koordinierende und arrangierende Leistung in Ressourcennutzung und Dienstleistungserbringung. „Case Management ist eine Verfahrensweise in Sozial- und Gesundheitsdiensten, mit der im Einzelfall die nötige Unterstützung, Behandlung und Versorgung von Menschen rational bewerkstelligt wird. Angezeigt ist das gemeinte Vorgehen bei einer in der Regel komplexen Problematik mit einer Mehrzahl von Beteiligten und in vernetzten Bezügen. Im Case Management wird ein zielgerichtetes System der Zusammenarbeit organisiert" (Wendt 1999, S. 14). Und an früherer Stelle schreibt Wendt: „Das Unterstützungsmanagement hebt in der Durchführung von sozialer Arbeit auf die Fertigung von – selbständig nicht erreichbarem – sozialem Wohlbefinden ab. Die Ressourcen dafür liegen sowohl in der Person und der Familie, als auch in der sozialen Umgebung, in der Infrastruktur des Gemeinwesens und in dem politisch-administrativ eingerichteten Sozialleistungssystem. Fallweise heben Sozialarbeiter solche Ressourcen und führen sie möglichst situationsgerecht zusammen", sie arrangieren diese vielfältigen sozialen Ressourcen und konstruieren ein problemzugeschnittenes, konzertiertes Unterstützungsnetzwerk (Wendt 1992, S. 112).

Die Ziele des Unterstützungsmanagements können wir in zweifacher Weise bestimmen: (1) Die koordinierende, vernetzende, arrangierende Leistung zielt zum einen auf *die Herstellung eines Ressourcen-Netzwerkes,* das die Unterstützungsbeiträge der privaten Lebenswelt und der öffentlichen Dienstleistungsträger in einer abgestimmt-konzertierten Aktion der Hilfe zusammenführt. (2) Diese Beiträge zu einem gelingenden Lebensmanagement zielen zum anderen auch auf die Stärkung der persönlichen Befähigung des Klienten, dieses Netzwerk in eigener Regie und ohne pädagogische Anleitung zu handhaben *(subjektive Netzwerk-Kompetenz)* und auf diese Weise wieder unabhängig von pädagogischer Assistenz zu werden.

Das Management der Unterstützung folgt einem vorgegebenen Routenplan, von dem der helfende Kontrakt im Einzelfall abweichen kann, der aber die Schrittfolge des methodischen Vorgehens vorgibt. Zur Ablauforganisation des Unterstützungsmanagements liegen in der Literatur unterschiedliche Phasenmodelle vor. Wendt (1999, S. 96–133) unterscheidet hier – an Vorgaben aus der angloamerikanischen Literatur anknüpfend – die folgenden sechs Stadien des Unterstützungsmanagements:

Stadium 1:
Abklärung von Problemanlaß und institutioneller Zuständigkeit
Am Beginn des Unterstützungsmanagements steht – noch vor dem Beginn aller personenbezogenen Arbeit – eine grundsätzliche Klärung des Anliegens des Klienten wie auch der rechtlich-fachlichen Zuständigkeit der Institution. Viele Menschen, die an die Türen der Sozialen Arbeit klopfen, formulieren im Erstkontakt (intake) ihre Lebensprobleme und Unterstützungsbedarfe nur undeutlich. Aufgabe des abklärenden Erstgesprächs ist es daher, eine erste Ord-

nung in die Komplexität und Verwobenheit der Problemfäden zu bringen, die problematischen Anteile der aktuellen Lebenssituation präzise zu erfassen und Anspruchsberechtigungen auch mit rechtlichem Vorzeichen zu prüfen. An diese erste, nur kursorische Abklärung des Kontaktanlasses schließt sich die Klärung der fachlichen Zuständigkeit der Institution und des sachbearbeitenden Mitarbeiters. Hier gilt es, eine Antwort auf die Frage zu finden, ob der Unterstützungsmanager in seinem je spezifischen institutionellen Kontext ‚die richtige Adresse' für den Nutzer und sein Anliegen ist („screening": die Überprüfung der richtigen Passung von klientenseitigem Anliegen und institutionellem Dienstleistungsprofil). Konkret müssen Antworten auf folgende Fragen gefunden werden: Sind dem Manager (materielle und sächliche) hilfreiche Ressourcen unmittelbar oder mittelbar (durch die Einschaltung anderer Helfer oder Dienste) zugänglich, die dem Adressaten im Sinne einer Notfallhilfe zur Verfügung gestellt werden können? Und: Kann er vor dem Hintergrund des fachlichen Auftrages und des organisatorischen Zuschnitts seines institutionellen Handlungsfeldes jene Mittelpunktfunktion erfüllen, der eine arrangierende und vernetzende Unterstützungsarbeit bedarf? Ist diese Vorklärung positiv abgeschlossen, so endet diese erste Orientierungsphase mit Hinweisen auf die formalen Reglements des Arbeitskontraktes, auf die Definition der Rollen der Beteiligten und auf die Verteilung von Zuständigkeiten und Verantwortlichkeiten im Verlauf des Unterstützungsverfahrens.

Jenseits der fallbezogenen Vorabklärung ist es eine Daueraufgabe der organisationsbezogenen Evaluation, die Erreichbarkeit der Institution für die definierte Zielgruppe auf den Prüfstand zu stellen. Aufgabe ist es hier, den Zugang zur Institution offen zu gestalten und jene Zugangsbarrieren, die eine zielgerichtet nachgefragte Nutzung des Dienstleistungsprofils erschweren (rechtliche, finanzielle und räumliche Zugangsbeschränkungen; ungünstige Öffnungszeiten; ein unzureichender Bekanntheitsgrad; sonstige soziale und personale Hemmnisse), zu mindern.

Stadium 2:
Einschätzung und Bedarfsklärung
Der erste Arbeitsschritt des Case Managements besteht in der Einschätzung und Beurteilung (assessment) der Lebenslage des Unterstützungsbedürftigen: „Assessment ... meint in sozialer Arbeit einen Vorgang, in dem Professionelle und Klienten gemeinsam die Situation, ihren Kontext und die daraus resultierende Bedürftigkeit abklären" (Wendt 1992, S. 47). Das Assessment gibt Antworten auf vier Prüfpunkte:
- **Lebensprobleme:** Analyse und Deutung der Lebenswirklichkeit des Adressaten und der darin eingelagerten Stressoren, Restriktionen und Lebenskrisen;
- **Überlebensstrategien:** Diagnose jener personalen Stärken und sozialen Netzwerk-Ressourcen, die vom Betroffenen genutzt wurden und werden, um Lebensbelastungen zu bewältigen;
- **Ressourcensetting:** Identifikation von potentiellen (ergänzenden) Ressourcen in privater Lebenswelt und öffentlicher Dienstleistungslandschaft, die das Netzwerk der Hilfen komplettieren können; und

- **Stolpersteine:** Thematisierung von subjektiven Unfertigkeiten, Negativbeurteilungen und inneren Barrieren (Vorbehalte; Ängste; Unabhängigkeitswünsche), die der Mobilisierung und Nutzung von Unterstützungsressourcen im Wege stehen.

„Im Vorgang der Klärung und Einschätzung werden Daten beigezogen, die aus der Bobachtung von Personen und Situationen stammen, schriftliche Quellen und Informationen, die im Gespräch mit den Menschen, um deren Lage und Bedarf es geht, gewonnen werden. Beobachtungsdaten und Aktenmaterial erlauben je für sich keine hinreichende Einschätzung; sie fließen in die Beratung zwischen den Professionellen und ihren Klienten ein; diese nehmen Stellung zu den anderen Informationen, bekräftigen sie oder entwerten sie" (Wendt 1999, S. 111). Die Deutung von Lebenslage und Lebenssituation, die am Ende dieser Assessment-Phase steht, ist eine interpretative „Ko-Konstruktion" von Sozialarbeiter und Klient – in ihr verschränken sich die biographischen Sinninterpretationen und Selbstpräsentationen des Adressaten und das fachlich geleitete Fremdverstehen des sozialen Professionals. „Das Subjekt des Klienten, seine Sicht und Wertung ist gefragt – und ebenso die kompetente, weil fachlich ausgebildete Subjekthaftigkeit des Professionellen. Hier im Plural von mindestens zwei Subjekten zu sprechen, erscheint auch deshalb angebracht, weil eine (tatbestandsgerechte) Rundumeinschätzung von Lagen besser aus mehreren Perspektiven erfolgt, in sozialer Arbeit jedenfalls nicht die einsame Leistung eines Gutachters sein sollte" (Wendt 1992, S. 47).

Stadium 3:
Zielvereinbarung und Hilfeplanung
Die Phase der Planung führt zu Absprachen und Festlegungen im Hinblick auf Zielsetzungen, Schrittfolgen und Zeithorizonte der Unterstützungsaktivitäten. Anknüpfend an die Assessment-Befunde der vorangegangenen Arbeitsphase geht es hier darum, Ziele zu formulieren und über die zu deren Erreichung notwendigen Mittel und Wege zu disponieren. Der Planungsvorgang umfaßt fünf Schritte:

- **Zielformulierung:** Selektion von klar umschriebenen, eng fokussierten und überprüfbaren Zielsetzungen, die den Horizont des sozialarbeiterisch Machbaren nicht überschreiten sollen;
- **Prioritätensetzung:** Sortierung von Lebensproblemen und Zielsetzungen in einer Prioritätenliste, die der weiteren Arbeit eine Schrittfolge vorgibt;
- **Methodenwahl:** Auswahl der Techniken, Strategien und Interventionen, die Werkzeuge der Zielerreichung sein sollen;
- **Aufgabenverteilung:** Verteilung von Aufgaben, Zuständigkeiten und Verantwortlichkeiten im Dreieck zwischen Klient, Sozialarbeiter und weiteren kooperierenden Helfern im privaten und institutionellen Kontext;
- **Zeitstrukturierung:** Feinstrukturierung des Vorgehens in der Dimension der Zeit und die Festlegung von Wegmarkierungen, an denen Zwischenevaluationen durchgeführt werden sollen.

Diese kooperativ erarbeiteten Zielperspektiven gehen ein in einen schriftlich gefaßten Hilfeplan. Dieser Hilfeplan erfüllt zweierlei Funktion: Er ist zum einen der formale Antrag auf Leistungsgewährung, der dem zuständigen Leistungsträger zur Prüfung vorgelegt wird. Er ist zum anderen ein Arbeitskontrakt, der im Sinne einer beidseitigen Verpflichtung von Sozialarbeiter und Klient die Grundlage des weiteren Zusammenwirkens ist.

Stadium 4:
Kontrollierte Durchführung – das Erschließen von Ressourcen
Im Mittelpunkt dieser vierten Phase steht die Mobilisierung und die Vernetzung definierter Ressourcenquellen und damit die schrittweise Durchführung der arrangierenden Leistung des Unterstützungsmanagements. Wendt unterscheidet drei, einander ergänzende Vorgehensweisen:

- **Zusammenführen („connecting")**: Aktivitäten, die neue Beziehungen zu Helfern (in privater Lebenswelt oder institutionellem Dienstleistungsbetrieb) stiften und deren Unterstützungsressourcen erreichbar machen;
- **Aushandeln („negotiation")**: Aktivitäten, die eine vorhandene Verbindung zwischen Klient und Helfer verbessern und stärken; und
- **Fürsprache („advocacy")**: Aktivitäten, in denen der Case Manager dort, wo die Beziehungen zwischen Klient und Umweltressourcen durch offene Konflikte belastet oder gänzlich abgerissen sind, für den Klienten in stellvertretendem Engagement vermittelnd tätig wird.

Die Aktivitätsmuster des Unterstützungsmanagers unterscheiden sich in dieser Phase der Implementation signifikant vom herkömmlichen Aufgabenverständnis der professionellen Helfer. An die Stelle einer direkten Produktion von Dienstleistungen tritt hier eine (eher bescheiden zu buchstabierende) koordinierende, beziehungsschaffende und -bestärkende Arbeit. „Das Case Management leistet einzelne Hilfen und Behandlungen nicht selbst. Es führt sie zusammen, koordiniert sie und lenkt ihren Ablauf in dieser Phase der Umsetzung (Implementation) des Hilfeplans. In der Regel wird der Unterstützungsmanager nicht direkt in die Leistungserbringung eingeschaltet sein. Seine Aufgabe besteht dann darin, die vereinbarte Versorgung (Behandlung, Pflege, Erziehung, Unterstützung) zu überwachen, ihren Verlauf zu beobachten" (Wendt 1999, S. 122) ... „Oft überläßt der Case Manager (vereinbarungsgemäß) anderen formellen und informellen Helfern wie z. B. Angehörigen die Durchführung der Unterstützung. Die Hilfeleistung und ihre Verknüpfung mit Eigenleistungen des Klienten bleibt dann bloß noch zu überwachen. In wieder anderen Fällen agiert der Unterstützungsmanager in der Durchführungsphase vorwiegend als Koordinator im Netzwerk von Dienstleistungen bzw. Diensten. Insgesamt hängt es von der Lage im Einzelfall und von situativen Rahmenbedingungen ab, ob der Case Manager eher und mehr als Sachwalter oder Anleiter, als steuernder oder stützender Begleiter oder als Vermittler in Erscheinung tritt" (Wendt 1992, S. 48). Eine unverzichtbare begleitende Tätigkeit in dieser Phase ist *das Monitoring*, d.h. die Beobachtung, die Überwachung und die aktenmäßige Dokumentation der laufenden Unterstützungsprozesse. Monitoring ist ein Instrument der prozeßbegleitenden Evaluation: Es dient der Prüfung des Verlaufes des Unterstützungsmanagements entlang der vorgegebenen Zielkorridore; es liefert eine Informationsbasis, auf deren Fundament Neuarrangements, Kurskorrekturen und Feinkalibrierungen der konzertierten Hilfeaktion machbar werden; und es ermöglicht eine präzise Diagnose der bereits realisierten Entwicklungsfortschritte.

Stadium 5:
Evaluation
Das Arbeitspensum dieser fünften Phase besteht in der Erfüllung von zwei Aufgaben: Hier gilt es zum einen, das Arrangement der Unterstützungen, das sich mit der Zeit eingespielt hat, auf ein sicheres Fundament zu stellen. Der Case Manager setzt so Vermittlungsstrategien ein, die eine stabile Verknüpfung von Klient und Ressourcen-Netzwerk sichern. Verpflichtende vertragliche Abmachungen (,contracting') und die Vereinbarung von Aufgabenvollzugsregelungen sind Arbeitstechniken, die genutzt werden können, um die Selbstverpflichtung und die Motivation aller beteiligten Akteure zu sichern und zu festigen. Diese Phase dient zum anderen einer abschließenden Evaluation der Unterstützungsergebnisse (Erfolgskontrolle), in der Wirksamkeit und Wert des konstruierten Ressourcen-Netzwerkes rückschauend beurteilt werden. Im Mittelpunkt dieses Bewertungsverfahrens, in dem Instrumente der Selbst- und der Fremdevaluation zur Anwendung kommen können, steht die Prüfung der Zielerreichung, der fachlichen Angemessenheit der verwendeten Methoden und Verfahren sowie der Qualität der Durchführung (zu den Dimensionen des evaluativen Verfahrens vgl. Wendt 1999, S. 128 f.).

Stadium 6:
Entpflichtung und Rechenschaftslegung
Nach definitiver Aufgabenerfüllung endet das Unterstützungsmanagement mit der Auflösung des Arbeitskontraktes und einer beidseitigen Entpflichtung (,disengagement'). Eine Entpflichtung freilich, die in vielen Fällen nur ein ,Abschied auf Raten' sein wird, da die Unübersichtlichkeit und die Komplexität der Lebensproblematik des Klienten eine Neuvereinbarung und eine Weiterführung von Hilfen notwendig machen. Mit dem Abschluß der gemeinsamen Arbeit ist die Tätigkeit des Unterstützungsmanagers aber noch nicht beendet. Case Management ist eine soziale Dienstleistung, die öffentliche Gelder verbraucht. Sie steht damit stets auch in der Verpflichtung zur Rechenschaftslegung (accountability). Hierzu noch einmal die Einschätzung von Wendt: „Die staatlich organisierte Gemeinschaft treibt im Sozial- und Gesundheitswesen zur Unterstützung und Versorgung ihrer Angehörigen einen sehr hohen wirtschaftlichen Aufwand. Die mit diesen Aufgaben betrauten Dienste und Einrichtungen, in denen die zugewiesenen Ressourcen verbraucht werden, haben ihren Trägern und der Gesellschaft gegenüber eine Rechenschaftspflicht. Die Aktivitäten und ihre Ergebnisse sind prüffähig darzulegen, und die Mittelverwendung ist nachzuweisen" (Wendt 1999, S. 131). Ausführliche Falldokumentationen, aber auch eine fallübergreifende Sozialberichterstattung, in der die auf die jeweilige Zielgruppe bezogenen Entwicklungstrends sichtbar wer-

den, sind hier notwendige Instrumente der Rechenschaftslegung, die es auch einem externen Publikum möglich machen, die Angemessenheit des institutionellen Handelns zu prüfen.

In dieser Beschreibung des Routenplanes der Unterstützungsarbeit sind die Rollen, in denen der Case Manager geübt handeln muß, bereits ‚zwischen den Zeilen' angesprochen worden. Sie variieren in der konkreten Arbeit von Fall zu Fall:

Vermittler, Arrangeur und Koordinator: Der Unterstützungsmanager evaluiert die Probleme des Klienten und die Notwendigkeit, die Unterstützungsressourcen anderer Helfer (natürliche Helfer der Lebenswelt; professionelle Helfer spezialisierter Dienste und Einrichtungen) beizuziehen. Er orchestriert diese Einzelbeiträge der Hilfe im Netzwerk der privaten und öffentlichen Dienstleistung zu einem abgestimmten Nacheinander und fördert die Kommunikation zwischen den Helfern, um Konflikte und Doppelbetreuungen zu verhindern und reibungslose Anschlüsse an den Schnittstellen der Hilfe herzustellen.

Berater und unterstützender Begleiter: Der Unterstützungsmanager ist Lebensbegleiter dort, wo er Menschen durch Anregung, Ermutigung und Ratschlag auf ihren ersten, noch unsicheren Schritten in eine selbstbestimmte Lebensführung begleitet. Er vermittelt seinem Gegenüber Kompetenzen (Wissen, Fertigkeiten und Einstellungen), so daß dieser für sich selber die erschlossenen Hilfequellen erhalten und das Orchester der Netzwerk-Ressourcen in Zukunft ‚in eigener Regie' dirigieren kann.

Sachwalter und anwaltschaftlicher Fürsprecher: In den Fällen schließlich, in denen die Übermacht rechtlicher und administrativer Reglements und Verfahrensvorschriften den Klienten überfordert, tritt der soziale Arbeiter ein in eine engagierte Anwaltrolle, in der er versucht, in stellvertretender Parteilichkeit berechtigte Klienteninteressen gegenüber Dritten durchzusetzen.

Wie auch immer das Gesicht des Unterstützungsmanagements im Einzelfall aussehen mag – das unterstützende Arrangieren von Lebensressourcen ist auf Dialog, gemeinschaftliche Verständigung und Übereinkunft zwischen Sozialarbeiter und Klient notwendig angewiesen. Das Hilfearrangement ist so stets das *Produkt gemeinsamer Herstellung,* der Hilfeprozeß bleibt eingebunden in eine im Erfahrungshorizont des Klienten erreichte Verständigung über das Vorgehen, seine Inhalte und seine Form. Dort, wo das Unterstützungsmanagement gelingt und in kooperativem Austausch Überlebenspakete hergestellt werden, dort ist das Unterstützungsmanagement ein Grundfundament aller nachfolgenden Empowermentprozesse: Der Klient soll im Fortgang dieser Verständigungsarbeit taugliche Werkzeuge erwerben, durch deren Einsatz er fähig wird, sich in Zukunft in eigener Regie die für einen gelingenden Alltag notwendigen Unterstützungsressourcen zu erschließen und damit in allen Wechselfällen des Lebens Kompetenz, Selbstbestimmung und Eigensinn zu wahren.

Werfen wir hier abschließend noch einen Blick auf zwei neuere methodische Arbeitsansätze, die sich mit dem Konzept des Case Managements verbinden.

Ressourcenorientierte Beratung: Dieses aktuelle Beratungskonzept macht den Diskurs über Individualisierung und reflexive Modernisierung zu seinem expliziten Ausgangspunkt. Ressourcen – so Nestmann (2007) – sind ein gefährdetes personales Kapital. Wir leben in Zeiten der Unsicherheit, die Tragkraft alter Sicherungsnetze läßt nach. Strukturelle Krisen (siehe die aktuelle Krise des globalen Finanz- und Wirtschaftssystems) können nicht mehr durch wohlfahrtsstaatliche Leistungen abgefedert werden, sie schlagen unmittelbarer als in der Vergangenheit in den Alltag der Individuen durch und führen zu einem schmerzlich erlebten Down-Grading von Lebensqualität – und dies nicht nur im traditionellen Klientel der Sozialen Arbeit, sondern auch in Milieus in der bislang gesicherten Mitte der Gesellschaft. Zudem verlieren sich die in vergangenen Zeiten festen normativen Leitplanken des Lebens (Familien- und Berufstraditionen; Nachbarschaft und soziales Milieu; sichere religiöse und politische Glaubensmuster usw.). Eindeutigkeiten und tradierte Leitlinien verblassen, es wächst die Angst vor der ‚neuen' Freiheit, es mehren sich Einsamkeitserfahrungen und identitäre Krisen. Die Konsequenz dieser „Ent-Sicherung des Lebens": In die Sprechzimmer der psychosozialen Beratung treten mehr und mehr Menschen, die bereits signifikante Stationen des Ressourcenverlusts durchlaufen haben bzw. von Ressourcenverlust akut bedroht sind. Nestmann (2007, S. 730) spricht hier von „Ressourcen-Verlust-Spiralen". Ziel der ressourcenorientierten Beratung ist in dieser Situation (ganz im Sinne des Case Managements) eine „systematische Bewirtschaftung" der personalen und sozialen Ressourcen des Ratsuchenden. Nestmann notiert hier zwei Teilziele: In einem ersten Schritt ist es das Anliegen der beratenden Unterstützung, ein Weiterdrehen der „Ressourcen-Verlust-Spirale" abzubremsen und in akuter Notfallhilfe einen weitergehenden Verlust von (Rest-)Ressourcen zu verhindern. In einem zweiten Schritt ist es dann Ziel, das Ressourcenreservoir des Ratsuchenden im Sinne einer proaktiven Prävention aufzufüllen und ihm auf diese Weise taugliche Werkzeuge für ein selbstbestimmtes zukünftiges Krisenmanagement an die Hand zu geben. „Ressourcenorientierte psychosoziale Beratung (ist) somit eine professionelle Unterstützungsleistung, die in einem gemeinsamen Prozess der Orientierung, Planung, Entscheidung und Handlung versucht, bio-psycho-soziale Ressourcen von Personen und sozialökologische und ökonomische Ressourcen von Umweltsystemen ... zu entdecken, zu fördern, zu erhalten und aufeinander zu beziehen" (Nestmann 2007, S. 733).

Ressourcenorientierte Beratung strukturiert sich in drei Arbeitsschritten: *(1) Ressourcendiagnostik:* Eine gelingende Beratung erfordert eine besondere Ressourcensensibilität auf Seiten des Beraters. Ressourcendiagnostik (Erfassungsskalen zu persönlichen Stärken; Netzwerkkarte, projektiv-szenische Verfahren und Unterstützungsanalyse; institutionenbezogene Netzwerkdiagramme; vgl. Pantucek 2009) steht hier am Beginn des beratenden Dialogs gleichberechtigt neben der Problemdiagnostik. *(2) Basale Ressourcensicherung:* Die Beratung – so sagten wir – hat das Ziel, Ressourcen-Verlust-Spiralen zu durchbrechen. Im weiteren Verfahren geht es daher – ganz im Sinne konventioneller Sozialer Arbeit – um einen direkten Ressourcen-Input in Form einer ökonomischen und sozialen Grundsicherung („Überlebenspakete": Sicherung der ökonomischen Grundversorgung; Grundsicherung in Sachen Wohnen, Gesundheitsversorgung, physischer Schutz). Diese Grundsicherung kann im Wege eines „durchgehenden" (über eine längere Zeitstrecke begleitenden) Case-Management-Verfahrens hergestellt werden. Und schließlich: *(3) Mobilisierung von brachliegenden Umweltressourcen:* Auf der sicheren Basis dieser materiellen Grundsicherung erfolgt ein weiterführender Prozeß der Ressourcenerweiterung. Konkret bedeutet dies: *die Vermittlung von Nutzungskompetenzen:* die beratende Vermittlung von Fähigkeiten, die den Ratsuchenden in die Lage versetzen, verfügbare Ressourcen seines sozialen Netzwerkes schonend (nicht ausnutzend) zu nutzen (Kompetenz-Vermittlung); *die Mobilisierung von brachliegenden sozialen Ressourcen:* Beziehungsklärung insbesondere dort, wo die Beziehung des Ratsuchenden zu möglichen Ressourcepersonen seiner sozialen Umgebung mit der Hypothek unbewältigter Konflikte, Ressentiments, Ängste belastet und deren soziale Unterstützung daher nicht nutzbar ist (Mediatoren-Funktion); und schließlich *die Erschließung von neuen sozialen Ressourcen:* Wegweiser im Netzwerk privater und institutioneller Ressourcen und Begleitung im Zugang zu diesen Ressourcen (Türöffner-Funktion) (vgl. weiterführend Lenz 2000; 2002; Flükkiger/Wüsten 2008).

Netzwerkberatung: Die Grundposition der Netzwerkberatung formuliert Nestmann bereits 1991 wie folgt: „In netzwerk- und unterstützungsorientierten Beratungsperspektiven wird nicht nur das betroffene Individuum als Träger von Problemen und Stärken angesehen, an denen es anzuknüpfen gilt, sondern auch sein soziales Netzwerk. Soziale Netzwerke sind mögliche Belastungsquellen und Problemursachen, aber ebenso auch Bewältigungsressourcen" (Nestmann 1991, S. 48), die – so können wir fortsetzen – in einer arrangierenden und vernetzenden Leistung durch den sozialen Arbeiter zu einem konzertierten Hilfeprogramm gebündelt werden. Netzwerkberatung zielt auf private soziale Netzwerke – auf Beziehungsnetzwerke also, die auf gewachsenen familiären, verwandtschaftlichen oder freundschaftlichen Beziehungen beruhen und die ein relativ hohes Maß an Vertrautheit und geteilter Biographie aufweisen. Ziel der Arbeit ist es, Verbindungen, die sich in der Zeit gelockert haben, enger zu knüpfen, bestehende Risse in der Textur der Beziehungen zu kitten, emotionale Belastungen und Beziehungshypotheken zu mindern und die Unterstützungsbeiträge der Mitglieder des privaten Netzwerkes zu einem gemeinsamen Ganzen zu verknüpfen. Netzwerkberatung gliedert sich in eine analytische und eine vernetzende Leistung. Gegenstände der einführenden Netzwerk-Analyse sind hierbei: subjektive Barrieren der Problemveröffentlichung und der Inanspruchnahme von privater Hilfe; unausgesprochene, diffus-ungeklärte Vorbehalte, Ressentiments und Verstrickungen, die die privaten Bindungen negativ belasten; Umfang der vom privaten Netz faktisch zu erbringenden Unterstützungsleistungen und absehbare Leistungsgrenzen. Im vernetzenden Part der Netzwerkberatung geht es sodann (ganz im Sinne des Unterstützungsmanagements) um das Arrangement eines Ressourcen-Netzwerkes in der privaten Welt, in dem die Unterstützungsbeiträge der einzelnen Netzwerk-Mitglieder (Partner; Familienangehörige; Freunde und andere engagierte Helfer) sowohl im Hinblick auf ihre inhaltlichen Schwerpunkte als auch im Hinblick auf ihre zeitliche Abfolge zu einem stimmigen Gesamtpaket gebündelt werden. Methodisches Instrument dieses „Case Managements im Plural" ist die Netzwerk-Konferenz, die eine Begegnungsplattform bereitstellt, auf der eine solche arrangierende Leistung möglich wird (zu den Methoden der Netzwerkberatung vgl. Nestmann 2005; Otto/Bauer 2005; Straus 2002; 2007).

4.1.4 Biographisches Lernen und Kompetenzdialog

Das Unterstützungsmanagement, das hilfreiche und handfeste „Bewirtschaften von Lebensbedürfnissen" (Wendt 1995), ist das notwendige Fundament aller Empowerment-Prozesse in der Praxis der sozialen Einzelhilfe. Hinzukommen muß aber noch ein weiterer Baustein: die gemeinsame *Arbeit an der Biographie*. Lebensgeschichtliches Erinnern, Erzählen und Lernen – das verweist in zwei Richtungen: Biographische Arbeit ist zum einen Selbstthematisierung und Selbstvergewisserung im Licht gelebter subjektiver Zeit. Sie ist eine Reise zurück in die Sinnwelten vergangener Lebenszusammenhänge und Spurensuche nach verschütteten Lebenskräften. Biographische Arbeit ist zum anderen aber immer auch Zukunftsreise. Lebenslinien werden über die Ränder der Gegenwart hinweg verlängert und verdichten sich in Zukunftsentwürfen, die ein Mehr an Lebenswert versprechen. Wir werden im folgenden zwei methodische Varianten dieser Arbeit an der Biographie vorstellen: (1) Erinnerungsarbeit und biographisches Lernen; und (2) Kompetenzdialog und die lösungsorientierte Arbeit an der Lebenszukunft. Diese verschiedenen Spielarten biographischen Arbeitens unterscheiden sich in Nuancen. Deutlich werden diese Nuancierungen und Feindifferenzierungen vor allem im Hinblick auf die je unterschiedliche zeitliche Fokussierung, die in diesen Arbeitsansätzen die interpretierende Deutung von Lebensgeschichte anleitet. Das Konzept der Erinnerungsarbeit legt hier den Akzent auf eine detailgetreue Rekonstruktion der Handlungskontexte, Erfahrungshorizonte und Sinnzusammenhänge vergangener Lebensgeschichte und der darin eingelagerten Lebenserfolge; es folgt damit vor allem einer vergangenheitsbezogenen Perspektive. Der Kompetenzdialog hingegen folgt einer expliziten Zukunftsorientierung. Nicht eine rückwärtsgerichtete ‚biographische Archäologie' steht hier im Mittelpunkt. Biographisches Arbeiten bedeutet hier: die in die Zukunft hinein gerichtete Konstruktion von Lebensarrangements, die dem Betroffenen einen Zugewinn von Selbstverfügung, Lebensautonomie und Umweltkontrolle versprechen. In der Praxis der sozialen Einzelhilfe werden diese Biographie-Konzepte selten in ‚Reinkultur' zur Anwendung kommen. Die Versatzstücke dieser unterschiedlichen Arbeitsformen werden vielmehr im subjektiven Methodenmix des sozialen Arbeiters ihre je eigene Ausprägung finden und sich in eigenwilligen Collagen und Methoden-Patchworks niederschlagen. Eine Empowerment-Praxis, die in biographischer Spurensuche den verschütteten und unerzählten Alltagsgeschichten von Stärke und Lebensgelingen Gehör verschafft, trägt so bunt geschminkte Gesichter.

Erinnerungsarbeit und biographisches Lernen

Der Begriff des Lebenslaufes thematisiert die Chronologie personaler Ereignisse und Entwicklungen im Ablauf der Lebenszeit. Die neuere Lebenslauf- und Biographieforschung (vgl. einführend Felden 2008; Krüger/Marotzki 2006; Rosenthal 2002; Sackmann 2007; Völter u.a. 2009) hat darauf aufmerksam gemacht, daß die Vorstellung einer individuell konstruierten, entlang der Dimension des Lebensalters voranschreitenden subjektiven Entwicklungsgeschichte eine ‚Erfindung' der Moderne ist. „Nicht zu allen Zeiten erregte die Biographie eine derartige Aufmerksamkeit wie zu unseren Zeiten. Wir können sogar sagen, daß in dem Maße, in dem Tradition und traditionelle Lebensformen schwanden, eine Aufwertung der Biographie eingesetzt hat. Waren früher Lebensgeschichten primär räumlich, durch die Einbindung in Heimat, Nation, Milieu, durch Sprache und Dialekt bestimmt und begrenzt, so wird heute Biographie vor allem zeitlich strukturiert: Lebensgeschichte wird zur Entwicklungsgeschichte, die durch einen selbstgeschaffenen Lebensverlauf charakterisiert ist. Mobilitätsprozesse lösten die Bindung an Heimat und Herkunft auf, machten die individuelle Lebenslaufplanung ... zu einer lebenslänglichen Aufgabe" (Kade 1994, S. 53). So sehr sich aber Menschen auch – jenseits von Klasse und Milieu – im Besitz ihrer je eigenen Biographie meinen: Die Lebenslauforganisation ist keine freie Konstruktion des Subjekts. Der subjektive Lebenslauf ist durch verpflichtende gesellschaftliche Regelsysteme strukturiert und folgt institutionalisierten Organisationsprinzipien, die dem einzelnen einen festen Orientierungs- und Verpflichtungsrahmen vorgeben. Die Lebenslaufforschung hat für diesen Sachverhalt der sozialen Ordnung von Lebenslaufsequenzen den Begriff der *„Institutionalisierung von Lebensläufen"* geprägt. Es sind vor allem zwei Sets von normativen Erwartungen, die eine institutionalisierte Ordnung in die subjektiven Lebensentwürfe tragen:

(1) Die Chronologisierung des Lebenslaufes wird zum einen durch *rechtlich kodifizierte Altersnormen* hergestellt. Altersnormen sind an das Lebensalter gebundene ‚Eintrittskarten' in gesellschaftliche Rechte und Pflichten. Sie schaffen ein System chronologisch gestaffelter Altersstufen, die die Zugänge zu öffentlichen Berechtigungs- und Verpflichtungssystemen eröffnen: Die allgemeine Schulpflicht, die Zugangsberechtigung zu Institutionen sekundärer Bildung, zivil- und strafrechtliche Verantwortlichkeit, Wehrpflicht, Heirats- und Erbrechte, die Altersmarkierungen für den Eintritt in Ruhestand und Alterssicherung – alles dies sind Beispiele für Altersnormen, die eine am Lebensalter orientierte ‚Sortierung' des Lebenslaufes herstellen. „Die Chronologisierung des Lebenslaufs wird durch diese ... altersgeschichteten Systeme öffentlicher Rechte und Pflichten vorangetrieben. Indem sie Kriterien einführen, die an das chronologische Alter geknüpft sind, konstituieren sie verbindliche Altersgrenzen. Im Lauf der historischen Entwicklung haben sich die zentralen Leistungssysteme (Schul- und Alterssicherungssystem) stark verbreitet und damit zu einer Homogenisierung der Lebensläufe geführt" (Kohli 1985, S. 8). Altersnormen sind um

das Erwerbssystem herum organisiert. Sie geben der äußeren Gestalt eines jeden Lebensentwurfes eine scheinbar selbstverständliche homogene Form und begründen die Dreiteilung des Lebenslaufes in Vorbereitungs-, Aktivitäts- und Ruhephase (Kindheit und Jugend; aktives Erwerbsleben; Alter).

(2) Die Chronologisierung des Lebenslaufes wird zum anderen durch *die Erwartungsfahrpläne normativer Ereignisse* hergestellt. Jenseits der kodifizierten Altersnormen existiert eine lebensweltlich-soziale „Pragmatik der Alterskategorien" (Kohli 1985, S. 10). Gemeint sind hier jene Bestände weithin geteilter, lebensweltlicher Deutungsmuster, in denen Erwartungen und Zeitpläne im Hinblick auf ‚normale' und ‚alterstypische' Lebensveränderungen aufgespeichert sind. Lebensereignisse wie z. B. die Ablösung von der Bindungskraft der Elternmodelle, die Verselbständigung durch Eintritt in das Erwerbssystem und durch Gründung eines eigenen Haushaltes, die Gestaltung fester Partnerschaft usw. sind in diesen Erwartungsfahrplänen zeitlich sortiert und spezifischen Lebenszeitzonen zugeordnet, innerhalb derer diese Ereignisse anderen als ‚normal' und ‚vorhersehbar' erscheinen. Diese Chronologie normativer Ereignisse ist Produkt kultureller Überlieferung wie auch der Selbstsozialisation in den Netzwerken der Alterskohorte. Die Erwartungsfahrpläne besitzen eine fraglose alltagsweltliche Geltung, sie sind scheinbar selbstverständlich vorhandene Referenzskalen, an denen der einzelne seine subjektiven Lebensentwürfe im Vergleich mit anderen abtragen kann. Ihre Geltungskraft erweist sich überall dort, wo Menschen aus diesen Normalitätsschablonen herausfallen, ihre subjektive Lebenslauforganisation also nicht den alltagsweltlichen Fahrplänen erwartbarer Lebenstransformationen einpassen (z. B. der 40-Jährige, der noch bei seinen Eltern wohnt). Der hohe Rechtfertigungsbedarf, dem sich Menschen ausgesetzt sehen, die solche Erwartungsverstöße begehen, ist Dokument der zwingenden Kraft dieser alltagsweltlichen Lebenslaufdiktate.

Kodifizierte Altersnormen und lebensweltliche Erwartungsfahrpläne errichten im Ablauf des chronologischen Alters Zeitgrenzen, deren Erreichen Übergänge in neue Lebenskapitel markieren. „Lebenslaufsequenzen werden durch Übergänge markiert, die Neuorientierungen verlangen, um den Schritt von einer Sequenz zur nächsten angemessen zu bewältigen. Das Timing im Lebenslauf ist durch Zeitgrenzen des Lebensalters markiert, in dem ein Übergang vollzogen werden muß, um noch als altersgemäß zu gelten" (Kade 1994, S. 54). Glaser/Strauss (1971) haben für diese biographischen Markierungspunkte und Lebensübergänge den Begriff der *„Statuspassage"* geprägt. Sie bezeichnen mit diesem Begriff jene – subjektiv vielfach als in hohem Maße konfliktbelastet erlebten – ‚Zeiten der Veränderung', in denen sich tiefgreifende Transformationen der lebenszeitlichen Ordnung vollziehen (z. B. Abschied von der Kindheit; Eintritt in die Eltern-Rolle; Beendigung der Berufsbiographie). Statuspassagen sind durch den Abschied von den Relevanzen und Sicherheiten einer alten Statusgruppe und durch den Eintritt in eine neue Statusgruppe gekennzeichnet. Sie gliedern sich in drei Schritte: (1) der Abschied von alten biographischen Projekten (Separation); (2) das Austesten neuer Lebensoptionen in der Zeitspanne eines befristeten Moratoriums (Transition); und (3) die Aneignung der Sinnhorizonte der neuen Statusgruppe (Inkorporation).

Statuspassagen sind hierbei keine vereinheitlichten „Pauschalreisen" – sie tragen je nach Zugehörigkeit zu unterschiedlichen sozialen Welten, Klassen, Milieus, ethnischen Gruppen, Geschlechtern ein je unterschiedliches Gesicht. Doch bei aller Differenz: das kollektive und relativ zeitgleiche Durchlaufen dieser Statuspassagen im Sinn- und Lebenszusammenhang der Alterskohorte produziert eine Homogenisierung von Lebensverläufen.

Die Diskussion zur Institutionalisierung von Lebensläufen verweist – so haben wir gesehen – auf gesamtgesellschaftlicher Ebene auf die strukturelle Prägung typischer Lebensverlaufsmuster. Empirische Befunde dokumentieren – zumindest noch für die jüngere Vergangenheit der 60er und 70er Jahre – eine oft erstaunliche Synchronizität von altersgebundenen Handlungsweisen, biographischen Orientierungen und Lebenswegentscheidungen. Diese Erfahrung eines überindividuell wirksamen Vergesellschaftungsprogramms, das jenseits aller Illusionen von Individualität und vielfach auch jenseits bewußter Kalkulation seine Wirkung entfaltet, hat in dem Reden von einem „chronologisch standardisierten Normallebenslauf" bzw. von der „Normalbiographie" (Kohli 1985, S. 2) ihren sprachlichen Niederschlag gefunden. Zwar weiß die Soziologie des Lebenslaufes um milieu-, raumzeitlich- und geschlechtsspezifische Differenzierungen von Lebenswebmustern. Innerhalb dieser Differenzierungskategorien aber erscheint das Universum denkbarer Lebensentwürfe eingezäunt und sortiert in ‚Normaltypen'. Kohli (1985, S. 19 f.) verweist auf das Janusgesicht dieser gesellschaftlichen Standardisierung von Biographieverläufen: „Die Institutionalisierung des Lebenslaufs bedeutet (notwendige) Entlastung; sie gibt der Lebensführung ein festes Gerüst vor und setzt Kriterien dafür, was erreichbar ist und was nicht. Sie bedeutet aber auch – wie jede Herausbildung von Institutionen – eine Einschränkung der individuellen Handlungsspielräume" (Kohli 1985, S. 19 f.).

Nun mehren sich in den letzten Jahren empirisch beglaubigte Hinweise, die auf eine beschleunigte Erosion dieser Normalbiographien aufmerksam machen. Zwar existieren Altersnormen und lebensweltliche Erwartungsfahrpläne weiter. Jedoch: Es verblaßt die Bindungskraft dieser Lebenslaufdiktate. Normalbiographien zerfasern; die ehemals relative Einheitlichkeit und Synchronizität von Biographiefahrplänen macht einem bunten Flickenteppich gänzlich unvergleichlicher und idiosynkratisch gewebter Lebenslaufkonstruktionen Platz. Eine entwickelte und zunehmend auch selbstbewußte Subjektivität läßt sich nicht mehr bruchlos in die Grenzen einfügen, die ihr von einem vorgeordneten Vergesellschaftungsprogramm zugedacht sind. Biographie – eingebunden in die beschleunigte Dynamik von Individualisierungs- und Freisetzungsprozessen – wird zu einem vom Individuum ‚in eigener Regie' entworfenen selbstreferentiellen Programm; sie wird zu einer subjektiven Selbst-Erfindung. Diesen Aspekt der Selbst-Konstruktion von Biographie betont auch Kade (1994, S. 54), wenn sie schreibt: „Trotz aller als ‚Lebenslaufdiktat' wirkenden externen Vorgaben ist jede Biographie einmalig und unverwechselbar, weil sie unterschiedlich bewältigt worden ist. Die Lebensgeschichte ist nicht identisch mit dem Lebenslauf. Sie ist im Unterschied zu der chronologischen Ordnung des durch äußere Ereignisse strukturierten Lebenslaufs eine Geschichte, die jeder für sich erfinden und finden muß, damit das Lebensganze einen Sinn erhält. Lebensgeschichte ist eine existentielle Konstruktion, Brüche und Weichenstellungen, Widerstände und Krisen müssen in die Geschichte integrierbar sein, damit sie nicht in Fragmente zerfällt, sondern ihre Richtung und ihr Zusammenhang auch anderen gegenüber glaubhaft bekundet werden kann." Diese Notwendigkeit, die eigene Biographie jenseits aller standardisierenden Konventionen zu erfinden und immer wieder neu zu erfinden, ist in der aktuellen Diskussion in unterschiedlichen Begriffspaketen eingepackt worden: Da ist vom „Biographisierungsschub" (Fuchs 1988), von der „Entstrukturierung des Lebenslaufes" (Schefold 2001) die Rede, es wird von einer „strukturellen Lebensoffenheit" und vom „Verlust verläßlicher und unstrittiger Basissicherheiten der individuellen Lebensführung" (Keupp 1994, S. 343 und 347) gesprochen. Welcher Wortprägung man auch folgen mag, sie alle bezeichnen einen identischen Sachverhalt: Die ehemals fest verzurrten Pakete institutionalisierter Lebenslaufmuster werden aufgeschnürt, Biographie wird mehr und mehr zu einer „Selbsterfindung der Subjekte".

Die soziologische Forschung hat die Spuren dieser Biographisierung der Lebensverläufe in unterschiedlichen Lebensbereichen empirisch vermessen. Für den Bereich von Partnerschaft und Familie faßt Hartmann von Tyrell (1988) dies wie folgt zusammen: „Die bürgerliche Ehe- und Familienordnung (hatte) einen elementar selbstverständlichen Sinn- und Verweisungszusammenhang kulturell etabliert, der Liebe, Ehe, Zusammenleben/gemeinsames Haushalten, Sexualität und Familienbildung plausibel ‚unter einem Dach' vereinigt ... Die heutige Deinstitutionalisierung der Ehe/Familie ... besteht wesentlich darin, daß dieser so eindeutig zugeschnittene Sinn- und Verweisungszusammenhang für das Handeln unverbindlicher wird und sich lockert: aus A folgt nicht mehr unbedingt B, aus Liebe folgt heute durchaus nicht mehr (bindend und motivational zwingend) Heirat/Ehe, aus Verheiratetsein nicht mehr selbstverständlich Zusammenwohnen (getrennt wohnende kinderlose Ehepaare; ‚Wochenendehen'), aus Verheiratetsein aber auch nicht mehr notwendig ein Sexualprivileg oder der Wunsch nach Kindern. Liebe kommt gut ohne Ehe aus und Ehe auch ohne Kinder; überhaupt treten Ehe und Elternschaft deutlicher auseinander; die ‚pure' Ehe (ohne Kinder) wird ebenso zur Option wie die ‚pure' Mutterschaft ohne Ehemann. Unverheiratetes Zusammenleben ist (wie überwiegend der Fall) ohne Kinder, aber auch mit Kindern zu haben. ... Man sieht: ‚das Paket' der alten Institution ist aufgeschnürt, die einzelnen Elemente sind gegebenenfalls ‚isolierbar' und für sich zugänglich, aber auch in verschiedenen Varianten kombinierbar. Auch sind sie sukzessive nacheinander wählbar – je nach Umständen und im Prinzip auch ohne irgendwie naheliegende oder zwingende Abfolge" (Tyrell 1988 zit. n. Beck-Gernsheim 1994 a, S. 119 f.). Neben Partnerschaft und Familie gewinnt auch das Zentrum des Lebenslaufsregimes – die Erwerbsbiographie – kontingente Muster. Konnten frühere Generationen noch in hohem Maße auf die ‚Machbarkeit' einer Erwerbsbiographie vertrauen, die durch eine relative Arbeitsplatzsicherheit, eine über die gesamte Lebensarbeitszeit hinweg ungebrochene Kontinuität und eine hierin eingelagerte lineare Aufwärtsmobilität gekennzeichnet war („Normalarbeitsbiographie"), so ist seit den 80er Jahren das Ende dieser Sicherheiten eingeläutet: Erwerbsbiographien heute und in Zukunft werden – vor dem Hintergrund einer beschleunigten und in ihren Kursen noch kaum absehbaren Dynamik von Umbrüchen sowohl der Arbeitsmarktstrukturen als auch der marktgängigen Arbeitsqualifikationen – bunten ‚Patchwork-Berufsbiographien' weichen, in denen vielfältige Statusinkonsistenzen und Karrierebrüche, berufslebenslange Zwänge zu Nach-, Weiter-, Neu-Lernen, das Oszillieren zwischen Branchenwechsel, Arbeitslosigkeit, Umschulungen und beruflichen Neuanfängen miteinander verwoben sind. Und schließlich: Auch die Lebensstile – die spezifischen subjektiven Muster der individuellen Organisation und expressiven Gestaltung des Alltags also – vervielfältigen sich (Pluralisierung der Lebensstilmuster). Zwar folgen die (von der sozialen Differenzierungs- und Ungleichheitsforschung empirisch diagnostizierten und typisierend zusammengefaßten) Lebensstilmuster in groben Linien der Strukturmatrix von Klassen- und Schichtzugehörigkeit. (So unterscheidet z. B. Bourdieu drei Klassenfraktionen, denen je unterschiedliche Habitus-(Lebensstil-)Grundformen entsprechen: „Arbeiterklasse", aufstiegsorientiertes „Kleinbürgertum"; und kultursetzende „Bourgeoisie"). Jedoch: Auch hier werden die subjektiven Wahl- und Entscheidungsfreiheiten größer. Die geschichtete gesellschaftliche Lebenswelt zerfasert ‚nach innen' in vielfältige soziale Milieus, die unterschiedliche Sinnwelten (von Wertorientierungen, Beziehungs- und Verkehrsformen, Alltagspraktiken, Habitusformen und Selbstrepräsentationen) konstituieren und die als offene Wahloptionen in die Entscheidungsfreiheit der Subjekte gestellt sind (zur Entwicklung von Lebensstilmustern und sozialen Milieus im gesellschaftlichen Wandel vgl. Georg 1998; Vester u. a. 2002; Wahl 2004).

Die Soziologie ist es gewohnt, diese Veränderungen des Lebenslaufsregimes als „riskante Freiheiten" (so der Buchtitel von Beck/Beck-Gernsheim 1994) zu beschreiben, um durch diese Wortschöpfung die Ambivalenz der Freisetzung, die Gleichzeitigkeit von Sonnen- und Schattenseiten, zum Ausdruck zu bringen. Denn: Gesellschaftliche Freisetzung bedeutet auf der einen Seite: Aufbrechen des Gehäuses der Hörigkeit und objektiver Zugewinn von Graden individueller Gestaltungskompetenz, die auch eigenwillige Verknüpfungen und Kombinationen von Lebensoptionen zulassen und dem Subjekt erweiterte Toleranzspielräume von Eigen-Sinn eröffnen. Sie bedeutet auf der anderen Seite aber auch: Verlust sichernder und orientierender Lebensleitplanken wie auch unmittelbare und unteilbare Selbstverantwortung für das Gelingen oder Mißlingen der eigenen Biographie. Die Wellenschläge dieser Ambivalenz des Biographisierungsprozesses aber sind es, die vermehrt die Soziale Arbeit erreichen. Mehr und mehr Menschen finden den Weg in einen helfenden Dialog, die sich im Dickicht der Lebensoptionen verirrt haben, die ihre biographischen Bilanzen allein in roten Zahlen schreiben, die an den Frösten der neuen Freiheit leiden. Die MitarbeiterInnen sozialer Dienste berichten immer wieder, daß psychosoziale Arbeit in zunehmendem Maße zu einer *Lebensorientierungsarbeit* für erweiterte Adressatengruppen wird – Ausfallbürge also für den schmerzlichen Verlust jenes normativen Koordinatensystems des Lebens, das früheren Generationen noch verläßlicher, selbstverständlich verfügbarer und gehandhabter Sinn- und Orientierungskompaß war.

So unterschiedlich und unvergleichlich die Lebensgeschichten der Menschen auch sein mögen, die ihre Unsicherheiten, Verletzungen und Hilflosigkeiten im helfenden Kontrakt ‚veröffentlichen': Gemeinsam ist ihnen, daß sie sich selbst aus einer Defizitperspektive heraus ‚entwerfen', daß sie ihre eigene Lebensgeschichte also allein nur unter dem Vorzeichen des Versagens interpretieren. Kritische Lebensereignisse, traumatische Erfahrungen, schuldhafte Verstrickungen und ungelebte Lebensmöglichkeiten verdichten sich in ihren Selbstbeschreibungen zu dunklen Bildern biographischer Schiffbrüche. Und mehr noch: In vielen Fällen sind die Erzählfäden, die die Lebensgegenwart mit der biographischen Geschichte verbinden, ganz abgerissen. Die eigene Versagensgeschichte wird hermetisch abgeriegelt und abgespalten, sie ist dem reflektierenden Bewußtsein kaum noch zugänglich und überflutet doch – unvorhergesehen und unkalkulierbar – gleichsam wie ein Untergrundstrom Lebensgegenwart und Lebenszukunft. Blimlinger u. a. (1996, S. 86) schreiben hierzu: „Viele (alte) Menschen tragen unerledigte Geschichten mit sich herum. Es drücken sie Erinnerungen an Situationen, in denen sie Schuld auf sich geladen, sie falsche Entscheidungen getroffen, Wichtiges versäumt haben. Meist schließen sie diese Schattenseiten ihres Lebens fest in sich ein, ihnen selbst oft nicht mehr zugänglich. Dinge, die in früheren Jahren eher zur Seite geschoben werden konnten, weil vielfältige Aktivitäten und Anforderungen des Alltags sie verdeckten oder weil noch Zeit zur Erledigung zu sein schien, tauchen am Ende des Lebens (oder auch schon in früheren Lebensetappen; N.H.) ‚mahnend' wieder auf." Diese Grundmelodie des Versagens, verbunden mit dem unabweisbaren Zwang, die Verantwortung für diesen ‚Minus-Lebenslauf' übernehmen zu müssen, überschattet auch die Lebenszukunft vieler Menschen. Sie kondensiert sich in einer grundlegenden *Erwartung der Zukunftsverschlossenheit:* Die eigene Lebenszukunft erscheint ihnen als ein Rad der Wiederkehr des Immer-Gleichen, ein Ausstieg aus der Tretmühle entmutigender Lebenseinschränkungen und verpaßter Lebenschancen ist ihnen kaum vorstellbar.

Und doch: „Ohne Zukunftserwartungen vermag niemand zu leben. Der Einzelne (vermag sich) nur dann der Zukunft zuzuwenden und sich neu zu orientieren, wenn die Vergangenheit nicht alle Energien bindet und diese als vollendete Vergangenheit akzeptiert ist" (Kade 1994, S. 56). Hier nun ist der Ausgangspunkt der Erinnerungsarbeit und des biographischen Lernens: Die Grundüberzeugung dieser neuen biographischen Arbeitsansätze ist es, daß Menschen Lebenskohärenz, also die sichernde Erfahrung der Sinnhaftigkeit der eigenen Lebensgeschichte und die Erfahrung der Authentizität der eigenen Lebenswege, in Selbsterzählungen (Selbstnarrationen) konstruieren. Ernst (1994) hat diesen Gedanken wie folgt zusammengefaßt: „Der Mensch ist das geschichtenerzählende und geschichtenhörende Wesen ... Geschichten sind die natürliche und einzigartige Form, das menschliche Erleben zu ordnen und zu begreifen. Erst in einer Geschichte, in einer geordneten Sequenz von Ereignissen gewinnt das Chaos von Eindrücken und Erfahrungen, dem jeder Mensch täglich unterworfen ist, eine Struktur, einen Sinn ... Als Erzähler oder Romancier erschaffen wir uns in der Lebens-Geschichte selbst. Wir verbinden die Episoden und Erfahrungen des eigenen Lebens in einem mehr oder weniger schlüssigen Text zu einem ganz persönlichen Mythos" (Ernst 1994, S. 20). Das gemeinsame Anliegen aller biographischen Arbeitsansätze ist es daher, Gelegenheitsräume aufzuschließen, in denen Menschen in diskursiver Form die für sie identitätsrelevanten Ereignisse der eigenen Lebensgeschichte auf der Zeitachse ordnend aufeinander beziehen können und in der sozialen Präsentation dieser Lebenserzählungen Selbstakzeptanz, Selbstwertschätzung und ein Gefühl von Sinnhaftigkeit und Lebensgelingen entwickeln. Das erzählende (Wieder-)Aufgreifen von biographischen Fäden hat zum Ziel, Würde und Wert des eigenen Lebens – allen Lebensniederlagen und Verlusten zum Trotz – zu erinnern, die Schatten negativ eingefärbter Selbst-Typisierungen zu bannen und Schutzschilder gegen Identitätsreduktionen und Ohnmachtserfahrungen aufzubauen. Die narrative Praxis eröffnet auf diese Weise Möglichkeitsräume, in denen der einzelne aus der „Kultur des Schweigens" (Freire 1973) austreten, Sprache finden kann und in der rückschauenden reflexiven Aneignung der lebensgeschichtlich aufgeschichteten Erfahrungsbestände Werkzeuge für die Bearbeitung des Zurückliegenden und Orientierungen für das noch unbekannte Zukünftige gewinnen kann (vgl. hierzu auch Rappaport 1995; 2000; Mankowski/Rappaport 1995).

Erinnerung ist immer Neuinterpretation des Vergangenen – betrachtet vom Standort des Hier und Jetzt. In diese Neuinterpretation eingelagert ist immer auch die Chance, das früher Erfahrene mit neuen Augen sehen zu lernen, das Buch des Versagens umzuschreiben, Selbstattribuierungen von Schuld und Versäumnis, Schwäche und Minderwertigkeit in einem neuen Licht zu betrachten, zu relativieren, abzuschließen, kurz: neu zu bearbeiten. „Mit der Erinnerungsarbeit ist ... eine Praxis der Moderne umschrieben, in der das Erinnerte einer ständigen Reinterpretation und Veränderung unterliegt, in dem Maße, in dem sich auch die Lebenspraxis wandelt. In dieser Funktion des Umdeutens von Wissens- und Erfahrungsbeständen gemäß der gegenwärtigen Situation und entsprechend den neuen Anforderungen kommt Erinnerungsarbeit die Bedeutung einer Infragestellung von Erwartetem zu. Die Gegenwartsperspektive bestimmt den Rückblick auf die Vergangenheit, die Darstellung ist an der heutigen Sicht wie an dem Gegenüber orientiert. Sie entsteht insoweit interaktiv in jeder Situation neu. Erinnerungsarbeit verwandelt sich im Dialog, die Erinnernden sind ebenso Produzenten wie Produkt ihrer Erinnerung. Sie verändern sich mit der veränderten Perspektive auf die Vergangenheit. Das Erzählen der Lebensgeschichte zwingt schließlich dazu, die Geschichte gemäß der veränderten Perspektive neu zu ordnen. Evidenz zu sichern und dabei u.U. einen bisher unbekannten oder alternativen Sinn zu gewinnen, der die Lebensgeschichte in einem neuen Licht erscheinen läßt, ist das Ziel der Erinnerungsarbeit. Ihr kommt dabei im Wortsinn die Funktion der Infragestellung der Lebensgeschichte zu: Mit der Erinnerungsarbeit werden ... noch offene Lebensfragen bearbeitet, die bisher nur halbwegs verstanden waren, die nach Abrundung oder nach Abschluß drängen. Auch um sich unbeschwerter der Gegenwart (und Zukunft; N.H.) zuzuwenden, kann ein bilanzierender Rückblick nötig sein" (Kade 1994, S. 60 f.). Wir können dieses Generalziel, das das biographische Erinnern, Erzählen und Lernen anleitet, in folgende Teilziele differenzieren:

(1) Kontinuität und Lebenskohärenz

Die Erinnerungsarbeit ist zunächst einmal der Versuch, in einer rückwärtsgerichteten Revue von Lebensereignissen und Lebenspassagen einen verknüpfenden ‚roten Lebensfaden' zu finden, der als Ariadne-Faden subjektiver Identitätskonstruktionen tauglich ist. Denn: Lebenssinn stellt sich nur dort ein, wo es dem einzelnen gelingt, die geraden Strecken, Wegkreuzungen, Umwege und Sackgassen der eigenen Biographie in einer zusammenhängenden Lebensgeschichte zu ordnen und damit dem eigenen Voranschreiten in der Lebensspanne, allen Brüchen und Zersplitterungen zum Trotz, eine kohärente Gestalt zu geben. „Die Erzählpraxis dient nicht nur dem trivialen Verständigungs- und Mitteilungsbedarf im Alltag, um überhaupt handlungsfähig zu sein. Ihr kommt überdies eine lebenswichtige Bedeutung für die Erhaltung der Identität zu, für die Gewißheit, daß der einzelne über alle Wechselfälle des Lebens hinweg der Gleiche geblieben ist und sein Leben nicht in unverbundene Episoden zerfällt. Um an sich selbst nicht zu verzweifeln, muß die Lebensgeschichte über Krisen und Wechselfälle hinweg als ein einheitlicher Lebensweg zu verstehen sein" (Kade 1994, S. 56 f.).

(2) Das Entdecken von lebensgeschichtlich verschütteten Stärken

Unser Zeitalter der Individualisierung ist durchzogen von einer ‚stillen' Alltagsnorm, die da lautet: „Ein jeder von uns ist verantwortlich für die selbständige Besorgung und Regelung von Alltagsangelegenheiten." Die tagtägliche Erfüllung dieser stillen Alltagsnorm ist selbstverständliches Erwartungsfundament aller sozialen Verkehrsformen. Und so gelingt es Menschen vielfach über lange Zeitetappen hinweg, die Belastungen und Zumutungen einer einschränkenden Lebenswirklichkeit auszubalancieren und Lebenssouveränität auch unter widrigen Verhältnissen zu wahren. Diese Zeiten eines relativen Lebensgelingens aber, in denen Fähigkeiten, Stärken und Ressourcen verfügbar waren und eine Balancierung von Lebensgewichten gelang, geraten nur allzu schnell in Vergessenheit, da sie das Selbstverständliche sind. In Erinnerung verbleibt hingegen allein das Zerbrechen des Selbstverständlichen – jene Lebensereignisse und Lebenszeiten, in denen sichernde Alltagsroutinen zersplittern und das mühsam austarierte Lebensmobile in Unordnung gerät. Erinnerungsarbeit hat hier das Ziel, biographisch verschüttete Erfahrungen der eigenen Stärke wachzurufen und damit den oftmals grenzenlosen Selbstattribuierungen von Schwäche und Hilflosigkeit erinnernd kontrastierende Selbsterfahrungen entgegenzusetzen. (Anstoß hierzu kann vielfach eine einfache Frage sein: „Ich frage mich oft, wie Sie es wohl geschafft haben, all diesen Belastungen die Stirn zu bieten und sich durchzubeißen.") Dort aber, wo die Entdeckung lebensgeschichtlich verschütteter Stärken gelingt, vermag die Biographiearbeit ein Stück Selbstwert und damit auch Lebensmut aus der Vergangenheit in die Gegenwart hinein zu retten.

(3) Das Herstellen von Zugehörigkeit

Erinnerungsarbeit ist immer auch ein Erinnern gelebter Beziehungen. Erinnernd rufen wir die Gesichter von Menschen in unser Leben zurück, die uns verloren gegangen sind. Die Empfindungen, Hoffnungen, Lebenssettings, die uns mit anderen verknüpft haben, werden mit neuem Leben erfüllt. In diesem Erinnern von Gemeinschaft und Zusammengehörigkeit mischen sich Lebensglück und Schmerz: Auf der einen Seite entsteht in dieser biographischen Rückschau das Gefühl einer bedeutungsvollen personalen Einbindung in ein kollektives Ganzes („sense of collectivity"; Rose 1990). Auf der anderen Seite ist diese Erinnerung vielfach geprägt durch die schmerzliche Erfahrung von Verlust wie auch durch eine geschärfte Wahrnehmung der eigenen Einsamkeit in der Lebensgegenwart. Beides aber sind unerläßliche Bestandteile einer Erinnerungsarbeit, die die Erfahrung von Zugehörigkeit dem Reich des Vergessens entreißen möchte ohne zugleich eine illusionierende biographische Schönfärberei zu betreiben. Auch Kade (1994, S. 57) verweist auf die identitätsstiftende Bedeutung dieser hier angesprochenen erinnernden Rekonstruktion von sozialer Zugehörigkeit: „Individuen (können) einer sozialen Gemeinschaft nur angehören, wenn sie ihre individuelle Biographie glaubhaft als Geschichte von Milieus und sozialen Gemeinschaften darstellen können. Wesentlich für die Auseinandersetzung mit Biographien ist deshalb nicht nur die Frage der Selbstvergewisserung, sondern auch die Frage der Zugehörigkeit: Identität wie soziale Zugehörigkeit werden durch biographisches Erzählen gesichert und bestätigt. Erinnerungsarbeit durch Erzählen wird im höheren Lebensalter wichtiger, weil sie die Bindungswirkung von Lebensformen bewahren kann, die das Individuum längst verlassen, aufgegeben oder verloren hat. Wird jedoch eine Lebensform nicht mehr mit anderen geteilt, ... verlieren Erinnerungen zunehmend ihre Funktion der Sicherung von Zugehörigkeit. Zugehörigkeit ist begründet in gemeinschaftlichen Praxen: Sie erhält und reproduziert sich im Austausch gemeinsamer Erinnerungen, durch das Erzählen oder Anhören von Geschichten."

(4) Die retrospektive Bearbeitung von Lebensmarkierungen

Erinnerungsarbeit kann gelebte Lebenszeit nicht ungeschehen machen. Sie ist kein Zauberstab, der schmerzliche Markierungen der Biographie (traumatisch-einschneidende, die Lebenskontinuität durchtrennende Lebensereignisse; unausgeglichene Beziehungsbilanzen und schuldhafte Verstrickungen; biographische Fehlentscheidungen und Versäumnisse usw.) zu löschen vermag. Arbeitsziel des erinnernden biographischen Lernens ist es, die stillen Mechanismen der Ächtung und der Abspaltung zu bearbeiten, die diese Lebensmarkierungen dem reflektierenden Bewußtsein entzogen haben und die damit ihrer abschließenden Verarbeitung im Wege stehen. Erinnerungsarbeit ist damit immer auch das Anstoßen von Lebensbilanzen, in denen nicht nur die Haben-Seiten, sondern auch die verdrängten Soll-Seiten der Biographie abgebucht, durchgearbeitet und damit letztendlich als nicht mehr zu korrigierende, gelebte subjektive Vergangenheit auch abgeschlossen werden. Diese – oft sehr schmerzliche – Bilanzierung von Lebensniederlagen hat vielfach eine signifikante entlastende Wirkung: Sie nimmt dem einzelnen die Last, vor sich selbst und vor den anderen eine bruchlose Fassade von Lebensgelingen aufrecht zu erhalten. Und sie eröffnet ihm neue Chancen, das Gehäuse der Verdrängung aufzubrechen und eine Haltung der Akzeptanz auch gegenüber den Schattenseiten der eigenen Biographie zu entwickeln („Akzeptanz" hier als Gegenstück zu Abspaltung, zum „Nicht-wahr-haben-Wollen", zum „Darüber-hinweg-Reden"). Kähler (1997, S. 306 f.) formuliert diese Zielsetzung im Anschluß an Filipp (1996) in folgenden Worten: „Negative biographische Anteile auf freiwilliger Basis in einer vertrauenschaffenden Atmosphäre mit anderen Menschen teilen zu können, kann erleichternd wirken. Ein richtiges Verständnis von Empowerment sollte deshalb auch diese Seiten der Biographie zulassen und fördern. Dies gelingt am ehesten dann ..., wenn genügend

Gelegenheit gegeben ist, ‚von seinen guten, respektablen Seiten zu berichten', da dann Selbstachtung und Selbstwertgefühl gestärkt und damit die Voraussetzungen geschaffen werden, sich auch den Schattenseiten der Lebensgeschichte zuzuwenden. Lebensrückschau dient dazu, sich der eigenen Herkunft und Vergangenheit bewußt zu werden, das eigene Leben in seinen positiven und negativen Ausschnitten zu akzeptieren und befriedigende Antworten auf die Frage zu finden, ‚wozu' man eigentlich gelebt hat".

(5) **Der Zugewinn von Zukunft**

Die Lebensgeschichten, die Menschen erzählen, sind nicht nur rückwärts gerichtete Bearbeitung von Lebenskonstruktionen, Wissensmustern und Erfahrungsbeständen. Sie liefern einen roten Faden, der sich in die Zukunft hinein verlängern läßt. Stark (1996) betont in diesem Sinn die vorwärtsweisende, der Zukunft zugewandte Funktion von erinnerter Lebensgeschichte. Diese ist für ihn Initialzündung und Werkzeug zur Verwirklichung bislang ungelebter personaler Utopien: „Geschichten geben der eigenen Entwicklung ein Profil, ein Gesicht – werden also gleichsam Profilgeber der eigenen Existenz und dienen als Innovationswerkzeug für soziale Entwicklungen. Geschichten beinhalten beides: analytische und weiterweisende Elemente; sie behandeln tradiertes Wissen ebenso, wie sie offene Anschlußstellen anbieten, Fäden auslegen, die aufzugreifen ein Weitererzählen der gesellschaftlichen und ein Neuanfangen der eigenen Geschichte bedeutet" (Stark 1996, S. 50).

Die biographische Reflexion ist immer schon Teil des helfenden Dialogs zwischen Sozialarbeiter und Klient. Jedoch: Biographische Sinnzusammenhänge und lebensgeschichtliche Chronologien werden in der traditionellen sozialen Einzelhilfe nur in höchst selektiver Weise zum Thema. Die Rückschau auf biographische Ereignisse dient hier in erster Linie der Sammlung von ‚Lebens-Facts' für die Erstellung einer ‚bündigen' Sozialanamnese. Im Vordergrund steht hier also eine gezielte und expertengesteuerte Informationssammlung, die dem sozialen Arbeiter Evidenzbausteine für die Konstruktion einer ersten (das weitere helfende Handeln anleitende) Arbeitshypothese über Struktur und Genese jener Lebensprobleme an die Hand gibt, die Gegenstand der helfenden Beziehung sind. Welche biographischen Informationen und Daten thematisiert werden und welche nicht, das entscheidet das Auswahlprogramm im Kopf des Experten, das seiner jeweiligen methodischen Orientierung entstammt (Psychoanalyse; Familientherapie; Kurzzeit-Therapie usw.). Dieses Auswahlprogramm setzt Relevanzmuster; in seinem Licht erscheinen bestimmte biographische Facetten als relevant, andere hingegen werden vernachlässigt. Biographie ist im Kontext der Sozialanamnese also vor allem ein Steinbruch für Lebensdaten, die sich im Kopf des Sozialarbeiters zu einem diagnostischen Puzzle zusammensetzen (zur Kritik dieser konventionellen sozialpädagogischen Diagnostik vgl. Hanses 2000; 2004; Kähler 2001; Peters 1999).

Erinnerungsarbeit und biographisches Lernen im oben beschriebenen Sinn wählt einen anderen Zugriff auf die Sinnzusammenhänge subjektiver Lebensverläufe. Die Biographie ist hier nicht (nur) Belegstelle für diagnostische Urteile. Die biographische Selbstthematisierung, das erinnernde Erzählen der eigenen Lebensgeschichte, ist das pädagogische Programm selbst – sie macht es dem Erzählenden möglich, die Kontinuitäten und Diskontinuitäten der eigenen Lebenswege interpretativ zu rekonstruieren, in der Rückschau auf das gelebte Leben Selbstwert und Kohärenz zu erfahren und die Erfahrung eigener Stärke zu schöpfen. In den letzten Jahren sind insbesondere in der Erwachsenenbildung und in der Arbeit mit älteren Menschen vielfältige Arbeitswerkzeuge entwickelt worden, die mit Gewinn auch in einer biographisch modellierten sozialen Einzelhilfe nutzbar gemacht werden können (vgl. hierzu einführend u. a. Hölzle/Jansen 2009; Kraus 1996; Ruhe 2009; Seitz 2004). Ohne hier alle diese Werkzeuge vorstellen zu können, ein Beispiel, das die Richtung angibt, in der ein solches Programm der sozialen Autobiographik in der Sozialen Arbeit Gestalt gewinnen könnte. Kade (1994, S. 66) entwickelt in ihrer Bildungsarbeit mit älteren Menschen *„die Methode der themengelenkten Autobiographie"*. Sehr ähnlich den psychoanalytisch geleiteten Ich-Reisen in die Lebensvergangenheit ist diese Methodik durch eine explizite Themenfokussierung gekennzeichnet. Gegenstand der biographischen Reflexion ist nicht die ganze Lebensgeschichte, sondern ein Teilaspekt wird zum Thema gemacht. Erinnerungsarbeit ist im Horizont dieses methodischen Konzeptes die erinnernde Bearbeitung von biographischen Schlüsselthemen, die – in den ersten Etappen des helfenden Dialogs aufgefunden – hier in den Mittelpunkt rücken (Schlüsselthemen können z. B. sein: die Chronologie der eigenen Biographie; Alltagskontexte lebensgeschichtlicher Zeitetappen; kritische Wendepunkte im Lebensweg; zeitgeschichtliche Ereignisse und deren subjektive Wahrnehmung). Zum Einsatz kommen in dieser themengelenkten Erzählarbeit Lebensprotokolle zu diesen Schlüsselthemen, die zunächst zu Hause verfaßt im gemeinsamen Gespräch Gegenstand biographisch gelenkter Reflexion werden.

Andere Methoden der erinnernden Arbeit an der Biographie weisen über die Grenzen der sozialen Einzelfallarbeit hinaus. Die erinnerte Lebensgeschichte wird hier zu einer Erzählung für ein größeres Publikum. In vielen Biographie-Projekten ist die Erinnerungsarbeit so auf Gemeinschaft angelegt. Beispiele einer biographischen Arbeit, die die Grenzen des helfenden Dialogs überschreitet und im kollektiven Erzählfaden der Erinnerungsgemeinschaft aufgeht, sind u. a. die Schreibwerkstatt, das Erzählcafé, das Zeitzeugen-Interview, der Generationen-Dialog (vgl. weiterführend Kade 1994, S. 67–84). Gemeinsam ist diesen unterschiedlichen Varianten von Erinnerungsgemeinschaften der Ausgangspunkt: Am Anfang stehen biographische Fundstücke, von denen ein Erzählanreiz ausgeht (alte Fotos, Familienalben, Spielzeug, Zeugnisse, Schulhefte und längst verloren geglaubte Tagebücher, historische Stadtansichten, alte Zeitungen, Archivmaterial u.a.m.). Die Auseinandersetzung mit diesen Erinnerungsobjekten ist Rohstoff für das erinnernde Gespräch in der Gruppe, das längst Vergessenes an die Bewußtseinsoberfläche treten läßt, gemeinsame Erinnerungen vertieft und individuelle Besonderheiten zur Sprache bringt. Die Beschäftigung mit diesen Erinnerungsfundstücken schafft nicht nur selbstvergewissernde Gemeinschaft. Sie eröffnet zugleich die Möglichkeit, im Besonderen das Allgemeine zu entdecken. Konkret: Die erinnerten Verlaufslinien, Ereignismuster und Beziehungssettings des individuell besonderen Lebens werden zu Erkenntnismitteln, in denen sich kollektive Zeitgeschichte spiegelt und anderen Generationen kommunizierbar wird („Oral History" als das Bemühen, die Niederschläge und Desiderate der kollektiven Zeitgeschichte in den subjektiv eingefärbten Erinnerungsspuren der Augen- und Ohrenzeugen abzubilden; vgl. zusammenfassend Charlton/Myers 2006).

Schließen wir hier mit einer kurzen Bilanz: Erinnerungsarbeit und biographisches Lernen haben das Ziel, verschüttete individuelle Lebensgeschichte ‚zur Sprache zu bringen', ihre Sonnen- wie auch Schattenseiten von der Schwerkraft des Vergessens und Verdrängens zu befreien. Kurssetzungen und Rhythmik dieser Lebenshermeneutik liegen in den Händen des Betroffenen – behutsame Impulssetzungen durch den sozialen Arbeiter vermitteln ordnende, die Erinnerungsvielfalt sortierende Strukturgitter. Am Ende einer gelingenden biographischen Arbeit steht ‚ein neuer Blick auf die eigenen Lebenskurse': An die Stelle geschlossener, monolithisch-fester negativer Selbstattribuierungen („das Buch des Lebensversagens") treten Erinnerungsspuren, in denen Erfahrungen von Selbstwert wie auch Dokumente der Wertschätzung signifikanter anderer sichtbar werden. Und an die Stelle unbezahlter Vergangenheitsschulden tritt ein biographisches Abschlußsaldo, das mit verpaßten Lebensoptionen, biographischen Sackgassen, Versäumnissen und Beziehungshypotheken abschließt und ohne Groll den Blick in die Lebenszukunft öffnet. Biographische Arbeit, so verstanden, ist Wegweiser zu neuen Lebenskräften und Schutzschild gegen Identitätsverluste.

Kompetenzdialog und die lösungsorientierte Arbeit an der Lebenszukunft

Wenden wir uns nun einem zweiten Ansatz biographischen Arbeitens zu. Der Kompetenzdialog ist ein weiteres Arbeitsinstrument im Handwerkskoffer der Empowerment-Praxis auf der Ebene der sozialen Einzelhilfe. Fundament und methodisches Grundgerüst des Kompetenzdialogs sind *die Arbeitsansätze einer lösungsorientierten Beratung,* wie sie von DeShazer und MitarbeiterInnen seit Beginn der 80er Jahre am Brief Family Therapy Center in Milwaukee entwickelt und erprobt worden sind (vgl. zur Einführung Berg 1995; DeShazer 1996; 2004; 2005; Walter/Peller 1995). Obwohl zunächst als Kurzzeit-Therapie (brief therapy) für den klinischen Bereich entwickelt, haben die Grundprinzipien und Vorgehensweisen der lösungsorientierten Beratung in den letzten Jahren auch Eingang in das Methodenrepertoire der Empowerment-Praxis gefunden (vgl. DeJong/Miller 1995; Bamberger 2005; 2007). Wir wollen daher hier zunächst in einer kurzen Übersicht die Grundprinzipien der lösungsorientierten Beratung vorstellen.

Der Respekt vor der Lebensautonomie der Klienten: Das erklärte Arbeitsziel der lösungsorientierten Beratung ist es, verfügbare Lebenskräfte der Klienten in einem gemeinsamen Suchprozeß zu entdecken und sie in ihrer Alltagskompetenz zu stärken. Grundkapital dieses Beratungskontraktes ist ein grundsätzliches Vertrauen in die Selbstverfügungskräfte der Adressaten. „Die

Vorstellung, KlientInnen zu stärken, basiert auf einer Annahme über menschliche Probleme und ihre Lösungen, die davon ausgeht, daß KlientInnen in der Lage sind, die Dinge zu wählen, die gut für sie sind" (Berg 1995, S. 67). Das methodische Vorgehen trägt diesem grundlegenden Respekt vor der Selbstbestimmung des Gegenübers dadurch Rechnung, daß der Beratungsprozeß die Hegemonie der Expertenmacht suspendiert und auf eine fürsorgliche Bevormundung des Klienten unter dem Vorzeichen professioneller Expertise verzichtet. Nicht der Experte entscheidet über Hilfeprogramm und Beratungskurs. Die Festlegung der Arbeitsziele wie auch die Auswahl der geeigneten Wege, auf denen diese Ziele erreicht werden sollen, liegen in den Händen des Klienten. „Wir halten es für außerordentlich bedeutsam, daß KlientInnen das Gefühl haben, daß sie über ihr Leben soweit wie möglich selbst entscheiden. Indem sie bei der Zielbestimmung und Erarbeitung der Lösungen mitwirken, können sie über den weiteren Verlauf ihres Lebens mitentscheiden. In dieser Haltung drückt sich Respekt für unsere KlientInnen aus, und wir arbeiten mit ihnen, statt für sie" (Berg 1995, S. 68).

Die Prozeßorientierung der Beratung: Das zweite Grundprinzip der lösungsorientierten Beratung betrifft das Konzept ‚Lebensveränderung'. Viele Menschen finden den Weg in beratende Settings erst nach langen ‚Mißerfolgsstories'. Sie erleben, daß sie über relevante Ausschnitte ihrer Lebenswelt ‚die Kontrolle verlieren', daß die Lebensfäden sich verwirren und daß die ihnen verfügbaren personalen und sozialen Ressourcen nicht ausreichen, um in eigener Kraft die Lebenslinien, die durch kritische Lebensereignisse in Unordnung geraten sind, neu zu sortieren. Diese subjektive Krisenerfahrung verknüpft sich in vielen Fällen mit der Erwartung, die Beratung möge die Rückkehr zu einem alten, durch ein kritisches Ereignis zerstörten Lebensgleichgewicht möglich machen und eine ‚verwirrte' Lebensordnung heilen. Der lösungsorientierte Beratungsansatz setzt hier einen deutlichen Kontrapunkt: Nicht die Rückkehr zu alten Zuständen einer Lebensbalance ist hier Arbeitsziel. Dieser Arbeitsansatz vertraut vielmehr auf die produktive Kraft von Lebensveränderungen. „Die lösungsorientierte Therapie (glaubt), daß Veränderungsprozesse unvermeidlich sind und sich fortwährend ereignen. Der buddhistischen Auffassung vergleichbar, wonach Stabilität nur eine Illusion ist, die aus Augenblicken besteht, die im Gedächtnis festgehalten werden, betrachtet dieses Modell das menschliche Leben als einen Prozeß ständigen Wandels" (Berg 1995, S. 25 f.). Lösungsorientierte Beratung ist damit vor allem eine Ermutigung zur Suche nach neuen und nach eigenen Maßstäben wünschenswerten Lebenszukünften.

Die radikale Zukunftsorientierung des Beratungsprozesses: Beratungskonzepte psychoanalytischer und psychiatrischer Tradition folgen einer gemeinsamen Logik linearer Kausalität. So unterschiedlich sie im Detail auch sein mögen: Gemeinsam ist ihnen die Überzeugung, „daß der Weg, ein Problem zu lösen, darin besteht, herauszufinden, welches die Ursache ist, so daß man dann Änderungen herbeiführen kann, indem die Ursache beseitigt wird" (Walter/Peller 1995, S. 18). Diesen Beratungskonzepten eignet damit eine retrospektive Blickrichtung: Der analytische Blick richtet sich zurück auf biographisch verborgene „Problem-In-Formationen" (DeShazer u. a. 1986), d.h. auf lebensgeschichtlich bedeutsame Beziehungsmuster und Lebensarrangements, in die das Problem eingebettet ist. Das Konzept der lösungsorientierten Beratung bricht mit diesem Glauben an eine kausale Verknüpfung von Problem-Genese und wirksamen Lösungsmitteln. Sein Blick gilt allein einer veränderten Lebenszukunft des Klienten. Berg formuliert diese radikale Zukunftsorientierung wie folgt: „Das Verstehen von Gefühlen und der eigenen Geschichte (ändert) nicht die Zukunft. Das Leben verändert sich, wenn man etwas tut" (Berg 1995, S. 79). Lösungsorientierte Beratung ist so vor allem eine Einladung zur Veränderung der in die Zukunft hineinreichenden Lebenskurse. Mit dieser Gegenstandsbestimmung aber verändert sich der Fokus des beratenden Gesprächs: In seinem Mittelpunkt steht nicht mehr das Vergangenheitsbuch lebensgeschichtlich erfahrener Verletzungen und Hilflosigkeiten. Im Mittelpunkt stehen vielmehr: (1) die Buchstabierung von realistischen Lebenszukünften, die dem Betroffenen ein Mehr an Lebensautonomie, Umweltkontrolle und Selbstverfügung versprechen; (2) die Suche nach Lösungen, die das Erreichen dieser Lebenszukünfte möglich machen; und (3) die stützende Begleitung dieser Reise in die Stärke durch den sozialen Arbeiter und die Vermittlung von hilfreichen Ressourcen im Prozeß der Verwirklichung dieser Lösungen. Das Arbeitsziel einer solchermaßen in die Lebenszukunft hinein gerichteten Beratungsarbeit ist dann die Konstruktion von Zukunftsprojekten, die dem Betroffenen ein gelingendes Lebensmanagement erreichbar werden lassen.

Geleitet von diesen Grundüberzeugungen umfaßt der Kompetenzdialog drei Arbeitsphasen: (1) Zielfokussierung: die Formulierung von wünschenswerten Lebenszielen; (2) Reframing: die Suche nach Zeiten und Settings des Lebensgelingens; und (3) stellvertretende Lebensdeutung und die Co-Konstruktion von Lösungswegen.

(1) Zielfokussierung – die Formulierung von ‚wünschenswerten' Lebenszielen: Ausgangsmaterial vieler Beratungsprozesse ist ein festes Erwartungsmuster im Kopf des Ratsuchenden: die Erwartung nämlich, daß ‚dasselbe' sich immer und immer wieder wiederholen wird. Hinter dieser Erwartung steht ein Erfahrungsmuster, das wir als „Verstrickung im Problem" beschreiben können. Lebensprobleme und immer wieder neue Lösungsanläufe – so die Erfahrung des Betroffenen – drehen sich im Kreise. Belastungsereignisse verschwinden nicht; sie kehren mit immer neuen Gesichtern und in immer neuen Verkleidungen zurück. Diese Erfahrung eines geschlossenen und scheinbar nicht aufzubrechenden Zirkels von Problem, fehlschlagenden Lösungsversuchen und Problemwiederkehr festigt auf Seiten des Betroffenen Wahrnehmungs- und Bewertungsmuster, die die Nicht-Veränderbarkeit von Lebensbelastungen unterstellen und die ihm die personale Zukunft verschließen.

Der Einstieg der Beratungsarbeit ist es hier, den Blick des Klienten für die Zukunft erneut zu öffnen und die Erwartung von Veränderung zu schaffen. Am Beginn steht damit die Dekonstruktion von Attribuierungsmustern, die von einer Konstanz und Unverrückbarkeit von Lebensproblemen ausgehen. „Die Erwartung, was passieren könnte, beeinflußt das Verhalten: Wenn man erwartet, daß immer wieder dasselbe passiert, dann ist es auch sinnvoll, weiterhin dasselbe zu tun und zu denken. Wenn man aber erwartet, daß etwas

Neues passiert, dann ist es auch sinnvoll, etwas anderes zu tun, um dem Neuen eine Chance zu geben" (DeShazer u. a. 1986, S. 191 f.). Der Kompetenzdialog inszeniert diese Auswege aus der Vorstellung von Nicht-Veränderbarkeit und Zukunftsverschlossenheit mit der Wunderfrage: „Gehen wir einmal gemeinsam auf eine Phantasiereise. In der letzten Nacht, während Sie schliefen, ist ein Wunder passiert. Das Wunder besteht darin, daß das Lebensproblem, über das wir hier reden, sich aufgelöst hat und verschwunden ist. Was ist für Sie am anderen Morgen anders? Woran erkennen Sie, daß ein Wunder geschehen ist?" Diese einführende Wunderfrage kann mit ergänzenden Nachfragen verbunden sein wie z.B: „Was glauben Sie: Woran wird Ihr Mann (Frau; Kind; Freund...) erkennen, daß sich mit Ihnen etwas verändert hat, daß es mit Ihnen bergauf geht?" „Wenn er/sie das bemerkt: Wie wird sich das in seinem/ihrem Verhalten niederschlagen?" Und: „Wie werden Sie auf dieses veränderte Verhalten eingehen?" Die Wunderfrage und diese ergänzenden Nachfragen, die zunächst einmal recht einfach ‚gestrickt' erscheinen mögen, sind nach unseren Erfahrungen geeignete Instrumente, um festgefahrene Kognitionen und Problemwahrnehmungen aufzulösen. Diese Fragen richten (1) den Blick des Ratsuchenden nach vorne und fokussieren die Aufmerksamkeit auf das, was nach eigenen Maßstäben eine wünschenswerte Zukunft ausmachen könnte (Zukunftsorientierung). Sie festigen (2) die Erwartung, daß veränderte Lebenszuschnitte in der Zukunft möglich und machbar sind (Befestigung von Veränderungserwartungen). Und (3) schließlich helfen sie, die Ziele, die eine solche veränderte personale Zukunft einholen soll, präziser zu buchstabieren (Zielpräzisierung). Die Lebensziele, die der Betroffene in seiner Phantasiereise formuliert, sollten dabei folgenden Kriterien entsprechen: Sie sollten klein, einfach und im Lebenskontext des Betroffenen erreichbar sein. Sie sollten nicht in Form des Ausbleibens von negativen und unerwünschten Verhaltensweisen („Ich werde nie wieder..."), sondern eher in der Form von konkreten, positiven Verhaltensalternativen beschrieben werden („Immer wenn dies wieder geschieht, werde ich..."). Und schließlich sollten sie nicht so sehr utopische Fernziele umschreiben, sondern vielmehr erste konkrete Verhaltensänderungen buchstabieren, die einen Kurswechsel im Umgang mit lebensalltäglichen Belastungen signalisieren. Hierzu noch einmal DeShazer u. a. (1986, S. 192) „Wir haben festgestellt, daß es günstig ist, die Klienten dazu zu bringen, genau zu beschreiben, was anders sein soll, wenn ihr Problem gelöst ist. Es erscheint einleuchtend, daß man sein Ziel eher erreicht, wenn man genau weiß, was man will. Was nicht auf den ersten Blick einleuchtet, ist, daß auch schon die Erwartung, ein anderes, befriedigenderes Ziel zu erreichen, weiterhelfen kann. Die Beschreibung von potentiellen Zielen wird benutzt, um zu definieren, wohin die Entwicklung gehen soll und wie sie befriedigender verlaufen kann" (vgl. weiterführend Berg 1995, S. 70–78; DeJong/Miller 1995, S. 730).

(2) Reframing – die Suche nach lebensgeschichtlich zurückliegenden Zeiten und Settings des Lebensgelingens: Der zweite Arbeitsschritt des Kompetenzdialogs besteht in einer gemeinsamen Reise zurück in die Lebensvergangenheit des Klienten. Das methodische Prinzip dieser Lebensreise ist *das Refra-*

ming (Wechsel des Bezugsrahmens) der biographischen Rückschau. Dies bedeutet: In der Rekonstruktion zurückliegender Lebensverläufe richtet sich der gemeinsame Blick nicht auf Zeiten des Unvermögens und des Lebensmißlingens. Diese biographische Reise ist – anders als in vielen Beratungskonzepten – kein Blättern im Vergangenheitsbuch des Versagens und des Nicht-Gelingens. Ganz im Gegenteil: Die gemeinsame Suche gilt dem Auffinden von Zeiten und Lebensarrangements, die dem Betroffenen in der Vergangenheit signifikante Erfahrungen von Kompetenz, Gelingen und Erfolgreich-Sein haben vermitteln können. Der Blick richtet sich also – aus einer aktuellen Lebenssituation der Belastung und alltäglich beglaubigten Hilflosigkeit – zurück auf jene kleinen und oft nur flüchtigen Lebenserfolge, in denen in der subjektiven Perspektive des Betroffenen „alle Lebensbausteine zusammengepaßt haben" und die aktuell zur Verhandlung anstehenden Lebensprobleme – wenn auch nur für kurze Zwischenzeiten – ‚stillgestellt' waren. DeShazer nennt diese biographischen Zeiten des Gelingens *„Ausnahme-Zeiten"*, in denen sich Stärken und zugleich mögliche Lösungen für die aktuellen Lebensprobleme kristallisieren. Einladungen zur Reise zurück in diese biographischen Ausnahme-Zeiten liefern Fragen wie z. B.: „Wie sah das aus, als Sie das letzte Mal einen besseren Tag hatten? Was machte dieses ‚Besser' aus? Wie haben Sie es damals geschafft, trotz so schwerwiegender Belastungen über lange Zeitetappen hinweg klarzukommen? Was haben Sie damals richtig gemacht? Und: Was haben Sie investiert, um die Fäden Ihres Alltags in der Hand zu behalten?" Dieser veränderte Blick auf die in Biographien eingelagerten „kleinen Erfolgsgeschichten" erfüllt im Kontext des Kompetenzdialogs mehrere Funktionen: Er transportiert (1) die Zuschreibung von Kompetenz durch den Berater an die Adresse des Betroffenen. Er verändert damit (2) die Selbstwahrnehmung des Betroffenen, macht Mut und vermittelt erste Spuren eines neuen Selbstvertrauens. Und er eröffnet (3) Orientierungsleitlinien für den weiteren Arbeitskontrakt: Aufgabe des weiteren Vorgehens ist es dann, diese lebensgeschichtlich verborgenen Zeiten und Settings des Gelingens in die Lebensgegenwart einzuholen und auf die aktuellen Krisenereignisse zuzuschneiden.

(3) Stellvertretende Lebensdeutung und die Ko-Konstruktion von Lösungswegen: In der abschließenden dritten Arbeitsphase schließlich steht das gemeinsame Entwerfen und Aushandeln (Ko-Konstruktion) von Lösungswegen im Mittelpunkt. Arbeitsauftrag ist es hier, die identifizierten Lebensziele (Arbeitsschritt 1) und die in der biographischen Rückschau entdeckten klientenseitigen Kompetenzen (Arbeitsschritt 2) zu verbinden zu einer machbaren Abfolge von Lösungsschritten. In den Mittelpunkt der helfenden Beziehung rückt so *ein zukunftsorientierter biographischer Dialog,* in dem die Lebensdeutungen des Klienten und die (durchaus nicht immer deckungsgleichen, sondern vielfach abweichenden und konträren) stellvertretenden Lebensdeutungen des beruflichen Helfers zusammengeführt werden und in einer gemeinsamen Verständigung über machbare Lösungen verknüpft werden. Die Rolle des sozialen Professionals kann in dieser letzten Arbeitsphase als die eines erfahrenen und unterstützenden Wegbegleiters und Mentors beschrieben werden. In seinem Handlungsprofil fließen unterstützende Kompetenzen (Ermutigung; emotionale Bekräftigung und selbstwertstärkende Rückmeldung) auf der einen und analytische Kompetenzen (sensible Alltagshermeneutik; antizipatorisches Durcharbeiten von möglichen Widerständen; Entwurf von machbaren Lösungsstrategien) auf der anderen Seite zusammen. Zu diesem Katalog von Kompetenzen zählen u. a.:

- *Die Vermittlung von subjektiven Kompetenz- und Kontrollüberzeugungen:* die Akzentuierung und die Beglaubigung der klientenseitig verfügbaren Ressourcen; die Korrektur von negativen Erklärungsstilen und (Selbst-)Attributionsmustern, die ‚Lebensunglück' in den Kategorien von subjektivem Verschulden und Versagen einfangen; die Vermittlung der Erfahrung von der Veränderbarkeit und Gestaltbarkeit der eigenen Lebensumstände und die Stärkung des Vertrauens des Klienten in sein Vermögen, in eigener Kraft relevante Ausschnitte der Umwelt gestalten zu können.
- *Die Stärkung von Veränderungsmotivationen:* die emotionale Unterstützung bei der Bearbeitung von Bedrohlichkeitserfahrungen; Mut-Machen und Aktivierung; der Abbau von Vermeidungstendenzen; die Stärkung des Gefühls der Selbstverantwortlichkeit.
- *Die Analyse von Widerständen:* das Inszenieren eines ‚Strategien-Dialogs' als einer gemeinsamen Suche nach machbaren Lösungsperspektiven und nach funktionierenden Strategien der Lebenskursveränderung.
- *Die Unterstützung von Coping-Strategien:* die Zulieferung von Ressourcen zur emotionalen, kognitiven und instrumentellen Bearbeitung von Belastungen, die mit ersten (oft noch unsicheren) Lebensveränderungen verbunden sind.
- *Das Stiften von Zusammenhängen:* das Herstellen von Zugängen und Brücken zu hilfreichen Umweltkontexten, die dem einzelnen die Erfahrung von sozialem Eingebunden-Sein und kollektiver Handlungsfähigkeit vermitteln können; das Einüben von Fähigkeiten, die auf eine zielgerichtete Nutzung von Umweltressourcen wie auch auf eine Sensibilität für eine angemessene Rückzahlung von erfahrenen Hilfeleistungen gerichtet sind.

Der Kompetenzdialog – so können wir zusammenfassen – ist ein Joint Venture der biographischen Erfahrungsproduktion. Durch die Thematisierung biographischer Selbstentwürfe unter dem Vorzeichen der Stärke eröffnet dieser Dialog Erfahrungsräume, in denen Menschen bislang verschüttete Fähigkeiten zur Selbstbestimmung und Lebensgestaltung entdecken und neue Formen eines gelingenden Alltagsmanagements realisieren können. Der Kompetenzdialog vertraut dabei auf *die Kraft der kleinen Erfolge:* Erfahrungen aus der Praxis der Empowerment-Arbeit zeigen, daß es für diese Kurswechsel in das Lebensgelingen vielfach nur kleiner Anstösse bedarf. Die Veränderung des Blickwinkels (reframing), das Aufbrechen der zirkulär-problembezogenen Wahrnehmungs- und Handlungsmuster und die Entdeckung der eigenen Stärken stoßen in vielen Fällen eigendynamische Entwicklungsprozesse an, in denen die Betroffenen in relativ kurzen Zeithorizonten in die Rolle von autonomen Regisseuren ihrer Lebensgeschichte zurückkehren und produktive Lebensformen in Selbstorganisation entwerfen. Diese eigendynamische Kraft der kleinen Lebenserfolge haben auch Walter/Peller (1995, S. 35

ff.) im Auge, wenn sie schreiben: „Die kleinen Veränderungen, die kleinen erfolgreichen Lösungsschritte führen zu großen Änderungen." Menschen wählen für ihre Probleme in vielen Fällen immer wieder die gleiche Lösung („die Strategie des Mehr-Desselben"). Die Veränderung dieses Lösungsmusters im Kleinen produziert dann, wenn diese Korrektur als produktiv und erfolgreich erlebt wird, große Veränderungen in multiplen Lebenssituationen. „Menschen, die einen (kleinen) Erfolg erlebt haben, indem sie etwas bewältigen konnten, (befinden) sich in einem Zustand, der leichteren Zugang zu Ressourcen ermöglicht, um Lösungen für andere, schwierigere Probleme zu finden" (Walter/Peller 1995, S. 36). Der Kompetenzdialog, der diese kleinen Lebenserfolge auf dem Wege dialogischer Auseinandersetzung und Verhandlung systematisch herzustellen versucht, ist damit ein wichtiges Instrument im Werkzeugkasten einer bemächtigenden und autonomiefördernden sozialen Praxis.

4.2 Empowerment auf der Ebene der kollektiven Selbstorganisation

Empowerment ist nicht allein nur das Ergebnis eines einzelfallbezogenen Settings von Beratung und Begleitung. In vielen (vielleicht sogar den meisten) Fällen ist Empowerment das Produkt einer ‚konzertierten Aktion' – das gemeinschaftliche Produkt von Menschen also, die sich zusammenfinden, ihre Kräfte bündeln und gemeinsam aus einer Situation der Machtlosigkeit, Resignation und Demoralisierung heraus beginnen, Alltag und Umwelt aktiv zu gestalten. Diese Prozesse kollektiver Selbstorganisation, die die Grenzen der Privatheit überwinden und eine neue Gemeinschaftlichkeit herstellen, sollen im folgenden im Mittelpunkt stehen. In den Blick rücken hier die vielfältigen *Orte und Szenarien des bürgerschaftlichen Engagements.* Das freiwillige soziale Engagement der Bürger ist ein Bereich sozialer Aktion, der vom Sektor der beruflich-entgeltlichen Dienstleistung wie auch vom Sektor der familialen Eigenhilfe zu unterscheiden ist. Freiwilliges soziales Engagement umfaßt alle freiwillig und unentgeltlich erbrachten Aktivitäten von Menschen, die sie in gemeinschaftlicher Form und in eigener Verantwortung ausführen, um Lebensprobleme zu bewältigen, Umweltstrukturen zu verändern oder anderen zu helfen. Das bürgerschaftliche Engagement kennt viele Spielarten. Es umfaßt (1) *die soziale Selbsthilfe* in freien Assoziationen und Initiativgruppen, (2) *die ehrenamtliche Mitarbeit* in Wohlfahrtsverbänden und anderen sozialen Organisationen und (3) *die strittigen bürgerschaftlichen Initiativen,* die in kritischer sozialer Einmischung gemeinschaftliche Interessen verfolgen (z. B. Umweltveränderung; Dienstleistungsgestaltung; Partizipation an politischer Willensbildung und Entscheidungsfindung) und Gegenmacht gegen eine ‚Stellvertreter-Demokratie' einfordern. Gemeinsam ist all diesen Feldern sozialer Aktion, daß sie kollektive Antworten auf Erfahrungen des Ausgeliefert-Seins formulieren. Prozesse des Empowerment sind hier in sozialer Gemeinschaft eingelagert, sie vollziehen sich in der stärkenden Gemeinschaft mit anderen („die Ressource Solidarität"). Die folgende Darstellung ist von zwei Argumentationsfäden geleitet: Zum einen wollen wir die eigendynamischen Prozesse und Verläufe von Empowerment-Prozessen auf dieser Ebene der Selbstorganisation in informellen Gruppen (insbesondere in Selbsthilfe-Initiativen) beschreiben und analysieren. Zum anderen wollen wir die Grundrisse einer Sozialen Arbeit skizzieren, die engagierten Bürgern Gelegenheitsstrukturen für Selbstorganisation bietet und ihnen Aufbauhilfen bei der Gestaltung von unterstützenden Netzwerken vermittelt.

4.2.1 Zur Struktur und Entwicklung des bürgerschaftlichen Engagements im Prozeß der Modernisierung

Die bunte Vielfalt des bürgerschaftlichen Engagements, die den aktuellen ‚Markt der Möglichkeiten' kennzeichnet, kennt durchaus historische Vorläufer. In ihr spiegeln sich die Spuren zweier unterschiedlicher Traditionslinien, die weit in die vormoderne Zeit zurückreichen: die Selbstorganisation der Arbeiter in Gilden, Zünften und freien Hilfskassen, welche Schutzschild gegen Lohnausfall, Erwerbsunfähigkeit und Krankheitsfolgen waren; und das (religiös motivierte und kirchlich gebundene) ehrenamtliche Engagement insbesondere von Frauen aus bürgerlichen Kreisen für die städtische Armutsbevölkerung. Das freiwillige soziale Engagement – so schreibt Wex (1995) – „ist kein sozialpolitisches Novum. Bereits in früheren Jahrhunderten gab es selbstorganisierte Initiativen. Die Gilden und Zünfte hatten zum Teil Selbsthilfecharakter. Im 18. Jahrhundert bildete sich das Vereinswesen als bürgerliche Variante sozialer Selbstorganisation. Im 19. Jahrhundert führte der Druck der sozialen Frage zur Entstehung einer Selbsthilfebewegung, die ihren Kern in der Arbeiterbewegung bzw. Gewerkschaftsbewegung (Arbeitervereine) und der Genossenschaftsbewegung hatte. Mit den Erfolgen der Arbeiterbewegung und dem entwickelten Sozialstaat verlor Selbsthilfe zunächst an Bedeutung. Nach vereinzelten Anfängen in den fünfziger und sechziger Jahren entwickelte sich in den siebziger und achtziger Jahren eine Selbsthilfebewegung, die nach den genannten Vorläufern als die „Neue Selbsthilfebewegung" charakterisiert werden kann. Sie reagiert auf spezifische neue Problemlagen und auf sich verändernde Partizipationsbedürfnisse der Menschen. Eine Besonderheit gegenüber früheren Varianten von Selbsthilfe und Selbstorganisation besteht darin, daß diese Entwicklungen auf dem Hintergrund eines entwickelten Sozialstaats entstehen. Selbsthilfe ist heute also keine Reaktion auf die Abwesenheit des Staates – wie zumeist in früheren Zeiten –, sondern oft Reaktion auf Entwicklungen im staatlichen Bereich. Selbsthilfe entwickelt sich so quasi als Pendant zur staatlichen Versorgung. Ökonomisch gesprochen stellen staatliche Aktivitäten in kapitalistischen Gesellschaften eine Reaktion auf ‚Marktversagen' dar. Der Staat tritt insbesondere dort auf den Plan, wo Güter und Dienstleistungen vom Markt entweder gar nicht oder nicht in der notwendigen Menge oder nicht für bestimmte Bevölkerungskreise angeboten werden. Der Staat dient auch als Reparaturbetrieb für Schäden, die der ‚Markt' anrichtet (z. B. Ausstoß aus dem Arbeitsmarkt usw.). Selbsthilfe-Initiativen sind vor diesem Hintergrund auch als Reaktion auf Formen von vermeintlichem oder tatsächlichem ‚Staatsversagen' zu begreifen, als Kritik oder innovatives Korrektiv des Sozialstaats" (Wex

1995, S. 15 f.). Wenngleich also die aktuellen Formen bürgerschaftlicher Selbstorganisation an alte Traditionslinien anknüpfen – in diesen neuen Spielarten des freiwilligen sozialen Engagements spiegelt sich eine neue Qualität. Nach Wex (1995, S. 17 ff.) kann diese neue Qualität nur in einer Theorie gesellschaftlicher Differenzierung begrifflich angemessen abgebildet werden. Eine solche Theorie gesellschaftlicher Modernisierung begreift gesellschaftliche Entwicklung als einen Prozeß der Ausdifferenzierung funktional getrennter Teilsysteme. Dies bedeutet: Einheitliche gesellschaftliche Strukturen werden aufgespalten, es vollzieht sich eine immer weiter beschleunigte Spezialisierung und arbeitsteilige Differenzierung unterschiedlicher gesellschaftlicher Teilsegmente und Lebensbereiche, die funktional unterschiedliche, aber nicht immer trennscharf voneinander getrennte Aufgaben wahrnehmen (so stehen z. B. die psychosozialen Belange des einzelnen im Schnittfeld der Dienst- und Versorgungsleistungen von privater Lebenswelt, staatlichen Sozialagenturen und Wohlfahrtsorganisationen). Diese Teilsysteme folgen zugleich einem eigenen Sinn, d.h. sie entwickeln eine je eigene Rationalität des Handelns. Wex entwickelt ein ‚Sektorenmodell' der organisatorischen Verfaßtheit von Gesellschaft jenseits der privaten Sphäre der Lebenswelt. Er unterscheidet drei Sektoren: der *Marktsektor* – er umfaßt erwerbswirtschaftliche Unternehmen; der *Staatssektor* – er umfaßt staatliche Behörden, Verwaltungen und Daseinsvorsorgen; und schließlich der *Non-Profit-Sektor* – er umfaßt nicht-staatliche Nonprofit-Organisationen, die im Wege der Subsidiarität soziale Dienstleistungen produzieren (Vereine; Verbände; freie gemeinnützige Organisationen). Ehrenamtliches Engagement, Selbsthilfe und Bürgerbewegung sind nach Wex Teilsegment des Non-Profit-Sektors. War dieser Sektor in der Vergangenheit nahezu ausschließlich Domäne und Zuständigkeitsterrain der Kirchen und der Wohlfahrtsverbände, so treten in der jüngeren Zeitetappe neue Initiativen, Projekte, Organisationsformen hinzu, die sich der organisatorischen Zugehörigkeit und der inhaltlichen Rationalität dieser Wohlfahrtsorganisationen entziehen. Selbstorganisation – so können wir sagen – richtet sich im „Souterrain des Non-Profit-Sektors" ein. Die Organisationsformen des bürgerschaftlichen Engagements weisen – im Unterschied zum Ehrenamt in traditionellen Wohlfahrtsverbänden – einen eher geringeren Formalisierungsgrad auf. Sie verfügen zwar über Regelmäßigkeit, Organisiertheit, Arbeitsteilung und Öffentlichkeit, sie sind aber nicht in das organisatorische und ideologische Korsett einer Institution eingebunden. Sie sind bedarfsorientiert, d.h. sie sind an der Befriedigung der lebensweltlich artikulierten Bedarfe ihrer Mitglieder orientiert, nicht an der Verwirklichung wie auch immer ‚öffentlich' definierter Aufgaben. Sie sind in hohem Maße auf Freiwilligkeit und Unentgeltlichkeit der Arbeit der Mitglieder angewiesen. Und sie weisen mitgliedschaftliche Strukturen auf, d.h. Entscheidungen folgen nicht einer abstrakten institutionellen Rationalität, sondern sind in die Hände der Mitglieder gelegt. Selbsthilfe, Ehrenamt und Bürgerengagement beinhalten starke gemeinschaftliche Aspekte: persönliche Verbundenheit, face-to-face-Beziehungen, universalistische soziale Verkehrsformen, die über die Orientierung an instrumentell-partikularen Interessen hinausgehen. (Nach Trojan u. a. 1985 sind es vor allem diese Beziehungsqualitäten, auf die es den Mitgliedern selbstorganisierter Initiativen ankommt:

„Kein Konkurrenzdenken; das Gefühl, so ungeschminkt da sein zu können; menschlich angenommen werden; Zuwendung; Berührungsängste überwinden; Vertrautheit; Gemeinschaftsgefühl und immer wieder der Wunsch nach Geborgenheit"). Die hier angesprochene neue Unmittelbarkeit zwischen Menschen aber macht die Attraktivität dieser neuen Vergemeinschaftungsmuster aus, sie ist Motor eines freiwilligen sozialen Engagements, das sich nicht mehr in den institutionellen Domänen der traditionellen Wohlfahrtsarbeit einzäunen läßt. „Die zentrale Leistung von Selbsthilfe-Initiativen besteht m.E. darin, die Kluft zwischen den Individuen und den gesellschaftlichen Makrogebilden überbrücken zu helfen. Moderne Gesellschaften sind funktional ausdifferenzierte, hochkomplexe Gebilde, in denen jedes gesellschaftliche Subsystem seiner eigenen Logik und Rationalität folgt. Für die Individuen sind diese Gebilde und Rationalitäten immer schwerer zu durchschauen und zu verstehen. Gesellschaftliche Teilhabe wird so eingeschränkt. Der Bedarf an Instanzen zwischen den Individuen und diesen Makrogebilden wächst. Selbsthilfe-Initiativen und -organisationen bieten die Möglichkeit relativ selbstbestimmter gesellschaftlicher Teilhabe. Sie ermöglichen als Zwischeninstanzen die Einflußnahme auf gesellschaftliche Großgebilde. Sie stellen ein ‚Intermedium' zwischen den gesellschaftlichen Subsystemen ‚Erwerbswirtschaft', ‚Staat', ‚Non-Profit-Sektor' und ‚der informellen Sphäre' dar und ermöglichen eine Form politischer Partizipation" (Wex 1995, S. 28).

Zu den Ursachen des neuen sozialen Bürgerengagements sind bereits viele gelehrte Bücher geschrieben worden. Wir können hier in einer kursorischen Übersicht vor allem folgende Faktoren benennen:

(1) ‚Staatsversagen' und die strukturellen Grenzen der sozialstaatlichen Wohlfahrtsproduktion: Das Projekt der wohlfahrtsstaatlichen Systemintegration stößt mehr und mehr an strukturelle Grenzen. Diese Grenzen sind nicht nur finanzieller Natur (Vervielfältigung des durch rechtliche Sicherungsgarantien abgesicherten Anspruchsvolumens am Ende der Arbeitsgesellschaft; Ausschöpfung der Finanzreserven der Sozialversicherung; Eingrenzung der Margen staatlicher Sozialinvestitionen durch sinkende steuerliche Wertschöpfung u.a.m.). Es werden auch qualitative strukturelle Leistungsgrenzen sichtbar, die Pankoke (1983) wie folgt benennt: die Dynamik lebensweltlicher Problemproduktion; die Ersatzbürgschaft des Sozialstaates für Daseinsvorsorgen, die die Bürger über ihre Arbeitsmarkttätigkeit nicht mehr herstellen können; und das Versagen der Leistungsprogramme institutioneller Hilfe: „Die private Lebenswelt scheint noch durch Alltagsroutinen stabilisiert, doch werden heute mehr und mehr neue Probleme und Bedürfnisse auffällig, welche die Normalitätsstandards von Arbeitsleben und Familienleben zu sprengen drohen, ohne daß alle neuen Bedürfnisse durch eine marktvermittelte Bedarfsdeckung abgefangen werden können und ohne daß für alle neuen Probleme professionalisierte und organisierte Problemlösungsmuster bereitgestellt werden können. Die ökonomische Systematik der Arbeitsgesellschaft stößt zudem an Grenzen, nicht nur weil die Inklusion aller Arbeitswilligen in den Arbeitsprozeß immer weniger zu garantieren ist, sondern auch deshalb, weil jene Güter wachsen, deren Preis man sich als Arbeitslohn nicht mehr erarbeiten kann. Hier muß der Staat mit Ausgleichsleistungen (z. B. Wohngeld) einspringen und damit die das ökonomische Leistungssystem bislang stabilisierende Basisideologie des leistungsgerechten Tausches selbst außer Kraft setzen. Gerade diese Scherenbewegung zwischen Anspruchsinflation und Kostenexplosion führt den Sozialstaat schon rein fiskalisch an die Grenzen seiner

Möglichkeiten. Hinzu kommen qualitative Grenzen, daß für die mehr und mehr aus dem Kompetenzrahmen privater Eigenhilfe und Selbstversorgung herausfallenden und so öffentlich auffällig werdenden Probleme die sozialstaatlich programmierten Leistungsmodi professionalisierter und organisierter Hilfe nicht mehr greifen" (Pankoke 1983, S. 34 f.).

(2) Kritik der zentralen Gestaltungsprinzipien sozialstaatlicher Wohlfahrtsproduktion: Die Kritik an den grundlegenden Gestaltungsprinzipien sozialer Dienstleistungsprogramme trägt viele Vorzeichen. Wir wollen hier nur drei Facetten der Kritik auswählen. *Die Segmentierung der Zuständigkeiten:* Es gibt wohl kaum einen Rechtsbereich, der so dicht verregelt ist wie der Bereich des sozialen Dienstleistungsrechts. Niederschlag dieser rechtlichen Regelungsdichte auf der Ebene der Institution ist eine (für den Bürger kaum noch zu bewältigende) Unübersichtlichkeit der Zuständigkeiten. Die Dienstleistungslandschaft ist ein hochgradig differenziertes, spezialisiertes und arbeitsteilig zergliedertes Ensemble von Verwaltungsressorts, Diensten und Einrichtungen, die ihrem Handeln je eigene Problemzuschnitte, Handlungsprogramme und Dienstleistungsprofile zugrundelegen. Diese Unübersichtlichkeit aber produziert zumindest bei den Bürgern, die nicht schon die Eintrittskarten einer signifikanten bürokratischen Kompetenz mitbringen, Zugangsbarrieren, Hilflosigkeitserfahrungen und – im schlechtesten Fall – Interaktionsabbrüche und reproduziert auf diese Weise altbekannte Muster einer milieutypischen Versorgungsdisparität. *Die passive Institutionalisierung der Hilfe:* Dieser Begriff macht auf den Umstand aufmerksam, daß die Leistungserstellung in Sozialverwaltung, Verbänden und Trägern sozialer Sicherung nahezu ausschließlich reaktiv organisiert ist. Die Agenturen sozialer Sicherung sind auf einen Modus des Abwartens festgelegt, d.h. ihr Handeln setzt immer erst dann ein, wenn ihnen ein rechtlich definierter ‚Störungsfall' zur Kenntnis gebracht wird. Eine solche passive Institutionalisierung aber programmiert Prozesse der Problemeskalation und -verfestigung im Vorfeld des institutionellen Zugriffs. Sie schafft sozial selektive Versorgungsmuster, da sie die Dienstleistungsproduktion notwendig an die Bereitschaft der Adressaten bindet, eigeninitiativ ihre Hilfeersuchen anzumelden. Für die Implementation von präventiven Handlungsstrategien, die vorsorgend, gestaltend und aktiv auf die Produktionsbedingungen lebensweltlicher ‚Notfälle' Einfluß nehmen, bleibt hingegen kaum Raum. *Die Dominanz der Anbieter:* Der Begriff der Anbieterdominanz thematisiert schließlich die Monopolisierung von Entscheidungsmacht in den Händen der professionellen Helfer. Die Chancen, Einfluß auf die Gestaltung von sozialen Dienstleistungen zu nehmen, sind zwischen den beteiligten Akteursgruppen – Dienstleistungsanbieter und Dienstleistungsnutzer – ungleich verteilt. Anbieterdominanz konkretisiert sich zum einen in der Definitionsmacht der Experten. Denn: Nicht alle Hilfeersuchen der Lebenswelt sind Gegenstand helfender Bearbeitung. Die privaten Hilfeanfragen müssen vielmehr zu allererst über Verfahren selektiver Interpretation und Bedeutungszuschreibung in ‚behörden-offizielle' Handlungsanlässe übersetzt werden. Diese Übersetzungsarbeit aber und die in ihr eingelagerte Problemselektion liegen in den Händen der Experten. Anbieterdominanz konkretisiert sich zum anderen in der expertenseitigen Normierung der Bedürfnisse. Die beruflichen Helfer verfügen – in den Ermessenstoleranzen der gesetzlichen Regelungen – über die Macht, von Fall zu Fall Bedarfsnormen zu definieren, bedürfnisrelevante Entscheidungen zu treffen und Leistungsgrenzen zu setzen. Dieser so beschriebenen Anbietermacht stehen auf Seiten der Dienstleistungsadressaten keine gleichwertigen Ressourcen von Gegenmacht gegenüber. Über den formalen Widerspruch hinaus fehlen wirksame Partizipationsmöglichkeiten, die der Verfügungsmacht der Experten Grenzen setzen könnten.

(3) **Die Herrschaft der Experten und der Verlust von Legitimitätsglauben:** Die helfende Beziehung, die institutionelle Interaktion zwischen Dienstleistungsanbieter und Nutzer, ist stets durch Muster der Herrschaft bestimmt. Sie ist gekennzeichnet durch eine strukturelle Asymmetrie, die nach von Ferber (1983) in der *Monopolisierung von Ressourcen der Verfügungsmacht* in den Händen des Experten begründet ist. Konkret: Der (in der Professionalität verdichtete) exklusive Besitz von Problemwissen und Problemlösungstechnologien, die Macht, die Anlässe und Situationen helfender Intervention zu definieren, lebensweltliche Bedarfe zu normieren und institutionelle Leistungspakete zu schnüren, schaffen ein Gefälle von Definitions-, Entscheidungs- und Handlungsmacht, das den Adressaten sozialer Dienstleistungen in eine Position struktureller Abhängigkeit einzwängt. Diese strukturelle Asymmetrie der Beziehung aber ist dort, wo sie im „Legitimitätsglauben" der Adressaten aufgehoben ist, unproblematisch und kaum je Gegenstand kritischer Problematisierung. Legitimitätsglauben – das ist nach von Ferber (1983, S. 288 f.) – ein Set von generalisierten Erwartungen in den Köpfen der Dienstleistungsnutzer, deren Erfüllung im Hilfeprozeß ihre (befristete) Unterordnung unter die Macht der Experten erträglich und ‚lohnend' macht: z. B. die Erwartungen, daß der Experte qua Berufsposition durch eine besondere fachliche Kompetenz ausgewiesen ist, daß er uneigennützig und engagiert für die Nutzerinteressen eintritt, die Verantwortlichkeit für die Bearbeitung von Problemsituationen und für die Abwehr von Risiken übernimmt und institutionell verfügbare Ermessensspielräume in der Gestaltung von Leistungen im Interesse des Adressaten ausschöpft. Dort, wo diese Erwartungen in der helfenden Interaktion eingelöst und beglaubigt werden, dort verbleibt die beschriebene Monopolisierung von Verfügungsmacht in den Händen der Helfer und die Legitimität ihrer Expertenherrschaft im Bereich fragloser Geltung. Dort aber, wo die als selbstverständlich angesehene Übertragung von Kompetenz, Verantwortung, Definitions- und Verfügungsmacht nicht mit der Erfüllung der Legitimitätserwartungen ‚honoriert' wird, dort entstehen schmerzliche Erfahrungen von Kontrollverlust, Kompetenzenteignung und sozialer Kontrolle (vgl. von Ferber 1983; Freidson 1975). Die Selbsthilfe-Bewegung ist in dieser Perspektive ein Dokument der Erfahrung, daß der Legitimitätsglauben, in dem die Dominanz der Experten über lange Zeitstrecken hinweg aufgehoben waren, brüchig wird. Die Monopolisierung von Expertenmacht wird problematisch, die Legitimation sozialstaatlicher Programme der Problemregulierung unsicher, die in ihnen eingelagerte ‚stille' Entwertung von Eigenkompetenz und Selbstorganisation zur öffentlichen Frage. Eine verberuflichte Fürsorglichkeit, die die Eigenkompetenz ihrer Adressaten enteignet, expertenbestimmte Definitionen von Problemlagen und Problemlösungen durchsetzt und die Klienten auf einen Objekt-Status festschreibt, stößt immer mehr auf kritischen Widerstand. Die Selbsthilfezusammenschlüsse sind hier ein wichtiges Korrektiv. Sie sind der Versuch von Menschen, die Herrschaft der Experten durch selbstorganisierte Eigentätigkeit einzugrenzen und Selbstverfügung und Autonomie auch in Lebensphasen kritischer Belastung zu wahren.

(4) **Die Rückgewinnung des Politischen:** Eine letzte Entwicklung, die eng mit der Formierung und Pluralisierung von Selbstorganisation verbunden ist, ist die Repolitisierung bürgerschaftlicher Interessenartikulation und Interessendurchsetzung. Ausgangspunkt dieser Entwicklungsbewegung war (beginnend noch in der reformoptimistischen Phase der 70er Jahre) *die beschleunigte Delegitimierung einer Stellvertreter-Politik*, die die Teilhabe der Bürger am politischen Willensbildungsprozeß auf regelmäßig wiederkehrende Wahlroutinen, Verfahrensregeln und institutionalisierte Gesetzgebung begrenzt. Vor allem auf der kommunalen Ebene, im Kontext von Entscheidungen, die die personale Lebensgestaltung und die unmittelbare Lebenswelt betreffen, formierte sich der Widerstand. Zündfunke des Widerstands war die wiederkehrende Erfahrung der Bürger, daß ihnen vielerorts der Zugang zu laufenden kommunalpoliti-

schen Planungen und Entscheidungen verwehrt ist. Sie werden nicht rechtzeitig über relevante Politikvorhaben in Kenntnis gesetzt oder aber erst zu einem Zeitpunkt in die Entscheidungsverfahren einbezogen, zu dem die Vorlagen bereits in einer beschlußfertigen Fassung vorliegen und damit nur noch eingeschränkt verhandlungsfähig sind – die garantierten Anhörungs- und Mitwirkungsrechte der Bürger scheinen nur lästige politische Pflicht. Selbsthilfe-Initiativen, Bürgerengagement und soziale Bewegungen führten hier durch ihren kritischen Einspruch zu einer „Entgrenzung des Politischen" (Beck 1986). Das Prinzip Bürgerbeteiligung – Grundprinzip einer jeden demokratischen Verfassung – gewann neuen Glanz. Anspruch dieser ‚neuen Politik von unten' ist die Implementation von Partizipationsverfahren, die den Wünschen und Bedürfnissen der Bürger nach Mitmachen, Mitgestalten, Sich-Einmischen in Dienstleistungsproduktion und lokaler Politik Rechnung tragen und eine eigenverantwortliche Gestaltung von lokalen Umwelten zulassen. In diesem Anspruch hat die aktuelle Debatte über Zivilgesellschaft und Kommunitarismus ihren Ursprung. Das Programm der „civil society" ist das Programm einer weiterführenden Demokratisierung, die die Teilhabe am politischen Willensbildungsprozeß über die Grenzen der etablierten Institutionen einer parlamentarischen Ordnung hinaus erweitert und verstärkt. Dieses Programm betont die Eigenverantwortung und Eigenbeteiligung der Bürger in der Besorgung lokaler Angelegenheiten. Das Projekt der civil society zielt so konsequent auf eine Wiederbelebung des Gemeinschaftsdenkens und auf die Herstellung neuer ziviler Verbindlichkeiten. Arbeitsziel ist die Rückgewinnung von Potentialen einer kollektiven Selbstregelung in kleinen lokalen Kreisen. Bürger-Beiräte, Bürgerausschüsse und Arbeitskreise mit politischem Mandat, Bürgerentscheide und andere Verfahren einer direkten Demokratie ‚von unten' – dies sind Beispiele für Organisationsformen einer lokalen bürgerschaftlichen Öffentlichkeit, in denen sich das Prinzip Bürgerbeteiligung konkretisiert und politisch wendet.

In der aktuellen Literatur finden sich zahlreiche Hinweise, die einen Brückenschlag zwischen der Dynamik gesellschaftlicher Individualisierungsprozesse auf der einen und der Entstehung dieser neuen Formen solidarischer Gemeinschaftlichkeit auf der anderen Seite möglich machen. Die buntscheckige Vielfalt des Engagements und der Selbstorganisation der Bürger – so die These – ist Ausdruck und Resultat eines neuen Schubes gesellschaftlicher Freisetzung. Individualisierung – so haben wir argumentiert – wird auf der Ebene der interaktiven Bezüge erfahrbar in einem tiefgreifenden Wandel der Texturen sozialer Beziehungen. Die Mitglieder hochentwickelter moderner Industriegesellschaften können ihr Leben nicht mehr problemlos im Beziehungskontext vertrauter sozialer Milieus einrichten. Sie sind angesichts voranschreitender ökonomischer Modernisierung, erhöhter Mobilitätsanforderungen und beschleunigter Umwälzungen ihrer sozialräumlichen Lebensbedingungen in immer stärkerem Maße darauf angewiesen, ihre Lebensführung selbsttätig in eigener Verantwortung und auf eigenes Risiko zu inszenieren. Die Folge: Traditionale Gemeinschaftsbindungen lösen sich mehr und mehr auf, sie verlieren ihre solidaritätsstiftende Prägekraft. Ehemals klassen- und milieuspezifisch zusammengebundene ganzheitliche Lebenszusammenhänge zerfallen, das soziale Leben segmentiert sich in subjektiv selegierte (zeitliche und räumliche) Teil-Zugehörigkeiten. Im Erlebnishorizont der Subjekte ist diese Erosion traditionaler Ligaturen hochambivalent: Sie wird als Gewinn erfahren dort, wo es dem einzelnen gelingt, die Schwerkraft von einschnürenden Sozialformen aufzuheben, eigenständige Lebensmuster zu entwerfen und eine Wahl-Biographie zu leben. Sie bedeutet hingen Verunsicherung und Verlust dort, wo der einzelne in eine gemeinschaftlose Freiheit entlassen wird und das Kartenhaus der Zugehörigkeiten zusammenbricht. Vor diesem Hintergrund betrachtet können die vielfältigen Initiativen, Projekte und Selbsthilfegruppen, die den sozialen Markt bevölkern, als Gegenrezepte gegen ‚die Fröste der Freiheit' interpretiert werden: Diese neuen Vergemeinschaftungsformen stiften neue Zugehörigkeiten und Solidaritätsräume, die in Gemeinschaft aufgehobenen Sinn, Orientierung und soziale Rückbindung versprechen. Diese Gemeinschaften sind in dieser Sichtweise *neue Orte der sozialen Inklusion*, die mehr und mehr an die Stelle der traditionalen natürlichen Netzwerke (Familie; Verwandtschaft; Nachbarschaft) treten und die Leerstellen der Einsamkeit füllen. Die neuen Gemeinschaften erfüllen hierbei vier unterschiedliche Funktionen:

- **Die neuen Solidargemeinschaften als soziale Relevanzstruktur:**
  Die neuen Gemeinschaften eröffnen symbolische Räume, in denen Bedeutung, Sinn, Orientierung ‚gehandelt' werden. Sie sind Räume der Selbstverständigung, in denen – im kommunikativen Austausch mit anderen – verinnerlichte Glaubenssysteme, selbstbezogene Kognitionen und lebensweltlich eingeübte Relevanzen und Wertpräferenzen auf den Prüfstand gestellt werden. Die neuen Gemeinschaften ermutigen auf diese Weise personale Aufbrüche und biographische Neuanfänge („die Möglichkeiten des Es-anders-Machens") und fungieren als Orientierungshilfen in einer immer unübersichtlicher werdenden Welt der Lebensoptionen.

- **Die neuen Solidargemeinschaften als Optionsraum:**
  Die neuen Gemeinschaften sind Testfelder für eigenwillige Entwürfe von Identität. Die subjektiven (immer nur vorläufigen) Konstruktionen von Selbstverständnis und Identität werden unsicherer, sie sind das je individuelle Patchwork höchst divergenter Sinn-Bausteine. Subjektive Sinngebung und Lebenskohärenz wie auch die Träume von bislang noch ungelebten Lebensmöglichkeiten bedürfen, sollen sie ‚sicheres Kapital' der Person werden, des konkreten Austausches und der Auseinandersetzung mit anderen. Die neuen Gemeinschaften sind hier Freiräume der Verständigung, des Experimentierens, des Austestens von Lebensmöglichkeiten und Identitätsbausteinen. Sie liefern dem zerbrechlichen Projekt subjektiver Identitätskonstruktion eine Art sozialen Geleitschutz.

- **Die neuen Solidargemeinschaften als Unterstützungsressource:**
  Soziale Netzwerke dienen in Situationen akuter Betroffenheit, in denen die Ich-Identität unter dem Druck sozialer Belastungen und überforderter personaler Kräfte zu zerbrechen droht, als Rückhalt und emotionale Stütze. Diese Netzwerke liefern durch vielfältige Formen der sozialen Unterstützung Beiträge zum personalen Krisenmanagement (emotionale, informationelle, instrumentelle Unterstützung; die Vermittlung von Erfahrungen der Wertschätzung, Zuwendung und Zugehörigkeit auch und gerade in Zeiten subjektiver Belastung). Soziale Unterstützung wird freilich nur dort ein sta-

biles Fundament finden, wo sie den Regeln der Reziprozität folgt, d.h. auf ausbalancierten Gleichgewichten des Gebens und des Nehmens aller Gruppenteilnehmer aufgebaut ist und sich nicht in Einbahn-Straßen des Versendens oder des Empfangens von Hilfe erschöpft.

- **Die neuen Solidargemeinschaften als kollektiver Aktionsraum:**
Die neuen Gemeinschaften sind schließlich Instrumente einer kollektiven und solidarisch geprägten Interessenartikulation und Interessendurchsetzung. Ihre Wirkungen erschöpfen sich nicht in Prozessen der Selbstveränderung. Sie sind vielmehr auch Aktionszentren einer zivilen Widerspenstigkeit, die auf eine Veränderung sozialer und räumlicher Umwelten und auf die Herstellung eines kollektiven sozialen Gutes ausgerichtet ist. In diesem Aktionsraum der Sozialveränderung kommen vielfältig-bunte Strategien politischer Einmischung zur Anwendung: die Bündelung der Einzelinteressen der Bürger, die damit von Seiten der Politik und der Verwaltung nicht mehr durch selektive Strategien der Nicht-Beachtung entwertet werden können (Kieffer 1984 spricht hier von „der Stärke der großen Zahl" – strength by numbers); ein geübtes Jonglieren mit parteipolitisch gebundenen Interessen und Legitimationszwängen; ein kritisches Beharren auf Mitwirkungsrechten; der kalkulierte Einsatz von Skandalisierungstechniken; die Mobilisierung einer unterstützenden Öffentlichkeit u.a.m.

Schließen wir hier diese einführenden Anmerkungen. Im folgenden Abschnitt rückt der Blick näher heran an die dynamischen Prozesse der Selbstorganisation in inszenierten Gemeinschaften. In den Mittelpunkt treten eine Analyse der Etappen und Stationen, die diese Prozesse der Selbstorganisation durchlaufen, wie auch eine Analyse der produktiven Beträge einer Sozialen Arbeit, die Menschen miteinander verknüpfen, Zugehörigkeiten stiften und Aufbauhilfen bei der Gestaltung von fördernden Netzwerkstrukturen vermitteln will.

4.2.2 Eigeninitiierte Prozesse der Selbstorganisation: Stationen kollektiver Reisen in die Stärke

In der Literatur finden sich verschiedene Versuche, die Entwicklungsverläufe von kollektiven Prozessen des Empowerment zu typisieren. Eine der frühesten und zugleich überzeugendsten Arbeiten ist hier die schon angesprochene Untersuchung von Charles Kieffer (1981; 1984). Kieffer hat in seiner qualitativ angelegten Studie Empowerment-Geschichten auf der Ebene des kollektiven Engagements aufgezeichnet und ausgewertet. Im Rahmen von Langzeitbeobachtungen und Intensivinterviews mit insgesamt 15 Aktivisten in lokalen Gemeinschaften entwickelte er ein Phasen-Modell, das in idealtypischer Weise jene Etappen und Stationen benennt, die kollektive Empowerment-Prozesse durchlaufen. Kieffer kleidet diese Entwicklungsverläufe in die Metapher des „Erwachsen-Werdens": Die Transformationsprozesse, die in einer signifikanten Situation der Machtlosigkeit ihren Ausgang nehmen und hin zu einer entwickelten, politisch bewußten und konfliktfähigen partizipatorischen Kompetenz führen, beschreibt er als eine dynamische kollektive Reise der Veränderung, die „von einem Stadium sozio-politischen Analphabetentums (illiteracy or infancy) hin zu einem Stadium des sozio-politischen Erwachsen-Seins" führt (Kieffer 1984, S. 18). Kieffer unterscheidet vier Entwicklungsphasen: die Phase des Aufbruchs („entry"); die Phase der Mobilisierung („advancement"); die Phase der Formierung und der Institutionalisierung („incorporation") und die Phase entwickelter Politikfähigkeit („commitment"). Wir wollen im folgenden dieses Entwicklungstableau nutzen, um an einem eigenen Beispiel die Stufenfolge kollektiver Prozesse der Selbstorganisation nachzuzeichnen.

Grundlage unserer Untersuchung war die aktive Teilnahme und die beobachtende Begleitung einer Nachbarschaftsinitiative am Rande einer westdeutschen Großstadt, die – wachgerüttelt durch den Verkehrstod zweier Kinder – die Beruhigung des Durchgangsverkehrs und die Gestaltung geschützter und naturnaher Spielflächen für die Kinder auf ihre Fahnen geschrieben hatte. Das (qualitative) methodische Vorgehen können wir kennzeichnen als eine ‚engagiert-aktive Teilnahme mit forscherischem Blick'. Die Entwicklungsverläufe dieser Initiativgruppe wurden über einen Zeitraum von 15 Monaten dokumentiert, der jeweilige ‚Stand der Dinge' durch turnusmäßig (alle vier Monate) wiederholte Intensivinterviews mit engagierten Mitgliedern festgehalten. Nach Abschluß der Erhebung wurden die Daten in retrospektiver Interpretation kategorial geordnet und in den von Kieffer vorgegebenen Entwicklungsfahrplan einsortiert. Wir können folgende Phasen kollektiver Empowerment-Prozesse unterscheiden:

(1) Die Situation des Aufbruchs („entry")

„Noch vor wenigen Monaten hätte ich mir nicht im Traum vorstellen können, daß ich gemeinsam mit anderen hier im Stadtteil etwas bewegen kann, daß ‚die da oben' unsere Meinung respektieren und daß wir unser Leben in die eigene Hand nehmen können. Ich habe immer gedacht, daß meine Stimme nicht gefragt ist und daß die ‚Politikfürsten' der Stadt zwischen den Wahlterminen auch gut ohne uns Stimmvolk auskommen. Seit wir den Stadtteil hier selbständig umgekrempelt haben, hat sich das gründlich geändert" (Aktivistin des Nachbarschaftsprojektes zur Verkehrsberuhigung im Stadtteil). Dieses Zitat markiert recht deutlich den Ausgangspunkt von Empowerment-Prozessen. Es beschreibt das „Gefühl der Ohnmacht" (sense of powerlessness), die Erwartung der Betroffenen also, daß man durch eigenes Handeln die Lebensverhältnisse nicht ‚geraderücken' kann. Und auch das macht das Zitat deutlich: Der einzelne begreift sich selbst als Opfer, das von Umweltgegebenheiten abhängig ist, nicht aber als Subjekt, das die Lebenswelt aktiv zu gestalten vermag. Das resignative Akzeptieren des alltäglich Gegebenen, das Gefühl, ohnmächtig in der Hand eines nicht zu beeinflussenden Schicksals zu sein, eine Weltsicht, die die soziale Wirklichkeit als unveränderbar fest erscheinen läßt, die Geringschätzung der eigenen Erfahrungen und Überzeugungen und das fehlende Vertrauen in die eigenen Möglichkeiten des Sich-Einmischens – dies alles kennzeichnet diese ‚Kultur des Rückzugs', in der sich biographisch hergestellte erlernte Hilflosigkeit sedimentiert.

(2) Die Phase der Mobilisierung („advancement")

Der Abschied von der Ohnmacht beginnt in der Regel mit einer tiefgreifenden und schmerzlichen Betroffenheit. Ein kritisches Ereignis (Krankheit und Behinderung; Arbeitslosigkeit; Opfererfahrungen; die akute Bedrohung der natürlichen Umwelt u.a.m.) zerschneidet die Routinen des Gewohnten. Die biographische Textur zerbricht, Lebenszusammenhänge werden zerrissen, die Kontinuität eines Alltags, der sich im Gehäuse der Abhängigkeit eingerichtet hatte, wird unterbrochen. Das auslösende kritische Ereignis in unserem Fall: Zwei Kinder werden im Laufe eines Jahres im Verkehr auf der Straße, die den Stadtteil zerschneidet, getötet. Trauer, noch ziellose Wut und die begründete Furcht, daß diese Lebenskatastrophe jede Familie zu jeder Zeit erneut betreffen kann, führen zu ersten tastenden Versuchen der Solidarisierung. Familien, die zuvor kein Wort miteinander gewechselt haben, treffen sich. Verabredet wird, daß einige ausgewählte Stimmführer beim Leiter des Stadtbauamtes und beim Landtagsabgeordneten des Bezirkes vorsprechen, um eine veränderte Verkehrsführung und geschützte Spielareale für die Kinder einzufordern. Die Ergebnisse dieser ersten Gespräche sind enttäuschend. Außer unbestimmten Vertröstungen bringen die ‚Delegierten' nichts nach Hause. Die Empörung auf Seiten der Bewohner, die jetzt ein Ziel kennt, ist groß: „Die Empörung schlug hohe Wellen. Wieviele Kinder sollten denn noch sterben, bevor die Politiker und die Verwalter aufwachen? Für manche unserer Nachbarn waren diese erfolglosen Gespräche das Ende der Mitarbeit. Für mich aber war das in einem anderen Sinn ein Schlüsselerlebnis: Wir müssen uns wehren – jetzt erst recht – und die gewählten Vertreter, die mit unserer Stimme Politik machen, an ihre Verantwortung erinnern" (Mitarbeiterin des Nachbarschaftsprojektes). Trotz dieses ersten Mißlingens: In dieser ersten Phase der Solidarisierung und der nachfolgenden Zusammenarbeit entsteht nicht nur ein klareres Bild der eigenen Ziele und Wünsche. Die erlebte ‚Arroganz der Macht' und die anfängliche Erfolglosigkeit des noch unsicheren Versuches, den eigenen Anliegen in den Räumen von Politik und Verwaltung Gehör zu verschaffen, schärfen zugleich den Blick für jene Widerstände und Barrieren, die Bevormundung und soziale Ohnmacht aufrechterhalten und festschreiben. In die kritische Wahrnehmung rücken in dieser Phase vor allem die Akteure auf dem politischen und administrativen Parkett, die durch ihr Handeln bzw. durch ihr Unterlassen die berechtigten Anliegen der Betroffenen entwerten und ihren noch unsicheren Versuchen der Selbstorganisation und Selbstvertretung Widerstand entgegensetzen. Die sich konstituierende Gruppe findet auf diese Weise auch in Fehlschlägen, Entmutigung und Widerstand ein ‚Gegenüber', an dessen Adresse sich in der Folgezeit ihre kritischen Einsprüche und Forderungen richten. Diese kritische Grenzziehung ist für den weiteren Emanzipationsprozeß von besonderer Bedeutung. Sie führt dazu, daß die symbolische Macht der politischen und administrativen Autorität verblaßt und der eigene Zorn einen Gegenstand bekommt. Kieffer formuliert diese Erfahrung in folgenden Worten: „Die Ent-Mystifizierung der Macht und die Neudefinition der Beziehung zwischen Selbst und staatlicher Autorität ist die zentrale Entwicklungsaufgabe in dieser Zeit, die der ersten Mobilisierung folgt" (Kieffer 1984, S. 19 f.).

(3) Die Phase der Formierung („incorporation")

In der folgenden Phase organisiert sich die Gruppe der Betroffenen nach innen. ‚Organisation nach innen' bedeutet: Die Gruppe formuliert ein Zielprogramm, das kurzfristig erreichbare und langfristig zu verfolgende Ziele differenziert. Sie beginnt mit der systematischen Sammlung von Daten zur Problemstellung, die ihr Anliegen untermauern sollen („unser Anliegen ‚wasserdicht' machen"). Zugleich gewinnt sie zunehmend Geschick im Bereich der öffentlichkeitswirksamen Außendarstellung und mobilisiert die zustimmende Aufmerksamkeit einer erweiterten Öffentlichkeit. Die Initiative entwickelt einen geschärften Blick für Interessen, Widerstände und Verflechtungen im Netzwerk der kommunalen Sozialpolitik und Sozialverwaltung, die in die eigene Strategieplanung kalkulierend einbezogen werden müssen. Und schließlich: Sie geht auf die Suche nach möglichen Koalitions- und Bündnispartnern in der offensiven Vertretung ihrer Anliegen. In diesem komplexen ‚Geschäft' einer zunehmenden organisatorischen Differenzierung bedarf die Initiative in aller Regel der Unterstützung von außen. Nach unseren Erfahrungen bemißt sich Erfolg oder Mißerfolg in dieser sensiblen Phase daran, ob es der Gruppe gelingt, die Unterstützung einer (oder mehrerer) auf dem kommunalpolitischen Parkett geübten Person(en) zu gewinnen und diese für das eigene Vorhaben einzuspannen. Kieffer nennt diese Person(en) „outside community organizer" oder auch „Mentor": Diese Mentoren-Rolle können verschiedene Menschen einnehmen – in eigener Person betroffene und engagierte BürgerInnen, Pfarrer, Gemeinwesenarbeiter, MitarbeiterInnen des Allgemeinen Sozialdienstes und andere Schlüsselpersonen des Stadtteils, deren Expertise, Engagement und Ratschlag für die Gruppe Ermutigung und emotionaler Rückhalt sein können. Funktion dieser Mentoren ist es nicht, alle konzeptionellen und strategischen Zügel in die eigene Hand zu nehmen. Ihre Funktion ist eher bescheidener buchstabiert: den Mut und das Durchhaltevermögen der Gruppenmitglieder auch in Situationen der Entmutigung und der Resignation bestärken; durch einen distanziert-analytischen Blick ein kritisches Verständnis der Webmuster sozialer und politischer Interessenverflechtungen auf kommunaler Ebene herstellen; hilfreiche Kontakte vermitteln und Türen zu möglichen Bündnispartnern in Politik und Verwaltung öffnen; Einladungen zum Experimentieren mit noch ungeübten politischen Fähigkeiten versenden. „Der ‚organizer' handelt als Rollenmodell, Mentor, Bündnispartner, Wegweiser und Freund. Neben handfesten Hilfen bei der Suche nach geeigneten Aktionen der Interessendurchsetzung vermittelt er/sie unentbehrliche emotionale Unterstützung, die den Schwung der Bewegung auch inmitten der täglichen Frustrationen und Konflikte am Leben erhält" (Kieffer 1984, S. 20). In unserem Beispiel ist der Pfarrer der Kirchengemeinde diese unterstützende Kraft. Seine geduldige Präsenz, seine verläßliche Mitarbeit und sein zurückhaltender Ratschlag bedeuten für die Gruppe Ermutigung und emotionale Bekräftigung, welche den Mut stärken, einen neuen Anlauf zu wagen und die eigenen, noch ungeübten politischen Kräfte erneut auf die Probe zu stellen: „Kaum am Anfang waren wir schon am Ende. Erst die beharrliche Hilfe unseres Pfarrers hat uns Mut gemacht, nicht klein beizugeben und einen neuen Versuch zu wagen. So gestärkt sind wir hingegangen und haben die Fraktionen des Stadtrates zu mehreren Ortsterminen eingeladen und Kontakte zu einem freien Stadtplanungsbüro hergestellt, das unsere Vorstellungen von einer kindergerechten Verkehrs- und Flächengestaltung aufs Reißbrett gebracht hat" (Mitarbeiter des Nachbarschaftsprojektes). Solchermaßen gestärkt gelingt es der Gruppe, die anfänglichen Niederlagen durchzustehen, nützliche Allianzen zu bilden und erste Strategien einer Einmischung in das lokalpolitische Geschäft zu entwerfen. Die Gruppe wird so zu einem ernstzunehmenden Verhandlungspartner für Politik und Verwaltung. Das vorläufige Etappenziel: Die Aktivisten entdecken gemeinsam neue Ressourcen der Stärke, sie entwickeln politikfähige Durchsetzungsstrategien und erlernen so „die grundlegende Grammatik politischer Teilhabe" (Kieffer 1984, S. 21).

(4) Die Phase entwickelter Politikfähigkeit („commitment")

In den Selbstbeschreibungen der Mitarbeiter ist diese abschließende Phase die Zeit des Erwachsen-Werdens. Anfängliche Unsicherheiten und erste Rückschläge sind überwunden, die Einsicht in soziale und politische Zusammenhänge reift, eine Reihe von personalen und gruppenbezogenen Kompetenzen im Umgang mit Politikern, Behörden, Medien und der interessierten Öffentlichkeit haben sich herausgebildet und werden in den Arbeitsalltag der Gruppe integriert. Kurz: Die Gruppe gewinnt „Politikfähigkeit". Politikfähigkeit umfaßt nach sozialwissenschaftlicher Definition stets zwei Komponenten: Organisationsfähigkeit und Konfliktfähigkeit. *Organisationsfähigkeit* meint in diesem Zusammenhang die Kompetenz der Gruppe, ein begründetes Eigeninteresse kollektiv zu artikulieren und zur Durchsetzung dieses Interesses Bündnispartner zu mobilisieren, bürokratische Kompetenz im Umgang mit den Verfahren, Regelungen und Begründungsnotwendigkeiten des politisch-administrativen Systems zu dokumentieren und sich des Zugangs zu Kanälen der politischen Einflußnahme zu versichern. *Konfliktfähigkeit* bedeutet hingegen die Fähigkeit, die Verweigerung von Entgegenkommen und Konsensbereitschaft auf ‚der anderen Seite' zu skandalisieren und so Widerstandsmacht geltend zu machen. „Nach mehr als einem Jahr war es dann soweit: Auf Antrag der ... Fraktion wurde eine öffentliche Anhörung des Stadtrates einberufen, auf der wir unsere Umgestaltungspläne – technisch bis ins kleinste Detail durchgeplant und im Kostenteil bis auf die letzte Stelle begründet – vorstellen konnten. Dem hatte die Bauverwaltung nichts Gleichwertiges entgegen zu setzen, und so gab es dann im Stadtrat ein einstimmig positives Votum. Rückblickend kann ich sagen: Der Erfolg belohnt alle Mühen. In der nächsten Woche wird die ‚Todesstraße' für den Durchgangsverkehr gesperrt; und auf der anderen Seite, da wo bisher nur Brachland war, da stehen schon die Hütten des Abenteuerspielplatzes für unsere Kinder" (Mitarbeiterin des Nachbarschaftsprojektes).

Schließen wir hier unser Beispiel. Die von uns beschriebenen vier Phasen von Prozessen des Empowerment auf der Ebene solidarischer Gruppenbezüge haben idealtypischen Charakter. In der Wirklichkeit vieler Gruppen verlaufen diese Phasen nicht linear, geradlinig, so als folgten sie einer inhärenten Entwicklungslogik. Sie werden begleitet von Brüchen und Rückschlägen, Sackgassen und Regressionen. Empowerment steuert so eigenwillige Zick-Zack-Kurse, in denen sich Aktion und Reflexion, Konflikt und Einigung beständig mischen.

In der Literatur zum bürgerschaftlichen Engagement überwiegt eine optimistisch-positive Einschätzung der Kraft der ‚kleinen sozialen Netze'. Zwar ist die Entdecker-Euphorie der ersten Forschungsjahre mittlerweile verflogen. Doch auch bei nüchterner Betrachtungsweise gilt: Die selbstorganisierten Gemeinschaften sind für viele ein Hoffnungsfunke – Zauberformel gegen die soziale Kälte einer Individualisierung, die die Ressource Solidarität mehr und mehr im Säurebad von Konkurrenz und selbstverliebter ‚Ego-Kultur' auflöst. In diesen Gemeinschaften artikuliert sich eine neue Form von Nähe und Sinnstiftung, von Ligatur und sozialer Verankerung, die Zeichen der Hoffnung inmitten beschleunigter sozialer Erosionsprozesse setzt. Die vielen mutmachenden Beispiele von Initiativen (auch das von uns oben vorgestellte), in denen Menschen schrittweise Abschied von der Ohnmacht nehmen und ihre Stimme erheben, lesen sich wie stimmige Belege dieser positiven Wertschätzung. Und doch: Es gibt auch eine andere Seite. Im Schatten gelingender Empowerment-Karrieren stehen Geschichten des Nicht-Gelingens, des Abbruchs und des Scheiterns. Not tut daher ein präzise bilanzierender Blick auf die Leistungen, die selbstorganisierte Gemeinschaften für ihre Mitglieder erbringen, und auf die subjektiven Spuren, die sie in den Biographien der Akteure hinterlassen. Eine solche Evaluation von Leistungen und Wirkungen der inszenierten Gemeinschaften ist Gegenstand der Netzwerk-Forschung.

Die Netzwerk-Forschung untersucht die filigranen Systeme von Beziehungen und Bindungen, die das soziale Leben in den verschiedenen Alltagswelten zusammenhalten. Leitfaden ihres analytischen Blickes ist die Frage nach dem Zusammenhang zwischen sozialer Integration in unterstützende Bindungen auf der einen und Wohlbefinden, Lebensqualität und Kohärenzerleben der Akteure auf der anderen Seite. Der *Begriff des sozialen Netzwerkes* bezeichnet das Geflecht der informellen (d.h. nicht überwiegend durch die Anforderungen formaler Organisationen bestimmten) Beziehungen des einzelnen Menschen mit Personen aus seiner sozialen Umgebung. Soziale Netzwerke beschreiben so die Gesamtheit von Verbindungen zwischen sozialen Akteuren in den informellen Sektoren des Alltags. Der korrespondierende *Begriff der sozialen Unterstützung* bezeichnet die innerhalb dieser Netzwerke ausgetauschten Leistungen (diese Leistungen werden üblicherweise wie folgt sortiert: Unterstützung in Form von materieller Hilfe und handfester Dienstleistung, emotionaler Beistand, Orientierung, Information und selbstwertbestärkende Rückmeldung über die eigene Person). Informelle Netzwerke – so können wir sagen – sind also eine Art ‚Infrastruktur' für die Produktion, Verteilung und Konsumtion verschiedener Unterstützungsleistungen. Die Analyse sozialer Netzwerke liefert uns eine Landkarte, mit der wir uns im Bezugsgewebe der menschlichen Angelegenheiten orientieren können. Die Analyse von Akten sozialer Unterstützung liefert uns ein Inventar jener Ressourcen, die von den

Akteuren im sozialen Netzwerk produziert, ausgetauscht und zur Lebensbewältigung (insbesondere in kritischen Lebensetappen) genutzt werden. War die Analyse sozialer Netzwerke zunächst auf eine Untersuchung der privaten Beziehungswelt eingeschränkt (Familienbeziehungen, Verwandtschaftsbeziehungen, Freundesnetzwerke, Beziehungen zu Nachbarn, Bekannten, Arbeitskollegen), so ist das Netzwerk-Konzept in den letzten Jahren auch für die Analyse der Strukturmuster, Leistungen und Wirkungen der kleinen sozialen Netzwerke solidarischer Gemeinschaft fruchtbar gemacht worden. Die Untersuchung des bürgerschaftlichen Engagements und der in selbstorganisierten Projekten, Gruppen und Initiativen eingelagerten Empowerment-Prozesse hat so Anschluß an die populäre, in ihrer Diversifizierung kaum noch zu überschauende Netzwerk-Forschung gewonnen.

Soziale Netzwerke haben in den Sozialwissenschaften seit einige Jahren Hochkonjunktur. Anthropologie, Kommunikationswissenschaften, Soziologie, Sozialmedizin und nicht zuletzt auch die Psychologie befassen sich in unzähligen Arbeiten mit den bunten Webmuster alltäglicher sozialer Beziehungen (zur Übersicht über den Forschungsstand vgl. Röhrle 1994; Trappmann/Hummel/Sodeur 2009). Fundament des Erfolges und der grenzüberschreitenden Popularität ist mit Sicherheit die Bildhaftigkeit und die einprägsame Anschaulichkeit, die dieses Konzept auszeichnen. „Das Netzwerkkonzept ist von bemerkenswerter Schlichtheit und deshalb auch schnell definiert. Es bezeichnet die Tatsache, daß Menschen mit anderen sozial verknüpft sind und vermittelt für dieses Faktum eine bildhafte Darstellungsmöglichkeit. Menschen werden als Knoten dargestellt, von denen Verbindungsbänder zu anderen Menschen laufen, die wiederum als Knoten symbolisiert werden. Bei der Rekonstruktion des sozialen Zusammenhangs mehrerer Menschen ergibt sich auf diese Weise das Bild schlampig geknoteter Fischnetze mit einer Vielzahl von Knoten oder Zellen unterschiedlicher Größe, von denen jede mit allen anderen entweder direkt oder indirekt verbunden ist" (Keupp 1987, S. 11 f.). Der Erfinder des Netzwerk-Gedankens, der britischen Sozialanthropologe John Barnes, skizziert dieses Bild in ähnlichen Worten: „Jeder Mensch steht mit einer Anzahl anderer Menschen in Verbindung, von denen einige in direkter Berührung miteinander sind und andere nicht ... Nach meiner Meinung ist es zweckmäßig, von einem sozialen Umfeld dieser Art als einem Netzwerk zu sprechen. Die Vorstellung, die ich dabei habe, ist die eines Netzes von Punkten, von denen einige durch Linien untereinander verbunden sind. Die Punkte in diesem Bild sind Menschen, manchmal auch Gruppen, und die Linien zeigen an, welche Menschen miteinander interagieren" (Barnes 1954 zit. n. Klatetzki/Winter 1988, S. 2). Das Konzept des sozialen Netzwerkes hatte seinen ersten Auftritt in der Sozialanthropologie, vor allem in Großbritannien; es wurde jedoch schnell über diese disziplinären Grenzen hinaus von Soziologie, Psychologie und Kommunikationsforschung aufgegriffen. Es stellte ein konzeptuelles Raster bereit, das es möglich machte, die Einseitigkeit strukturfunktionalistischer Analyse aufzubrechen. Strukturfunktionalistische Theorie und Forschung sind an den Stabilitätsbedingungen sozialer Systeme interessiert. In ihrem Mittelpunkt stehen aus diesem Grunde vor allem Systeme sozialer Beziehungen, die in formal-organisatorische Kontexte eingebunden sind und die durch ein hohes Maß an komplementärer Spezialisierung, Funktionalisierung und institutioneller Formierung die Stabilität des Austausches zwischen Menschen garantieren (insbesondere die Austauschbeziehungen im System der Arbeit). Das Netzwerk-Konzept stellt dieser strukturfunktionalistischen Sichtweise eine Analyse der informellen, mit subjektivem Sinn, Intentionen, Bedürfnissen angefüllten Webmuster sozialer Beziehungen gegenüber, die jenseits und oft auch quer zu den geordneten und organisierten, in klar buchstabierten Rollen uniformierten Beziehungen der institutionalisierten Welt existieren. Keupp (1987) schreibt in diesem Zusammenhang: „Gerade für sich wandelnde und komplexer werdende Kulturen erweisen sich strukturfunktionalistische Analysen als unzureichend. In sich wandelnden Kulturen drängen die Individuen aus dem tradierten Normen- und Rollensystem heraus und werden zunehmend zu ‚Unternehmern' ihrer sozialen Beziehungen. So jedenfalls begründet Jeremy Boissevain, ein führender Vertreter der britischen Sozialanthropologie, das große Interesse seiner Disziplin an der Netzwerkanalyse. ‚Statt auf einen Menschen als ein Mitglied von Gruppen und institutionellen Komplexen zu sehen, deren Normen und Zwängen er sich passiv unterwirft, ist es wichtig, ihn als Unternehmer zu sehen, der Normen und Beziehungen zu seinem eigenen sozialen und psychischen Vorteil zu beeinflussen versucht' (Boissevain 1974). Das Netzwerkkonzept bot das Maß an theoretischer Offenheit, das geeignet erschien, die Handlungsräume und Beziehungsarbeit empirisch sichtbar zu machen, die sich neben der institutionellen Welt entfaltet und gesellschaftliche Wirklichkeit herstellt. Ganz im Sinne des bei Boissevain anklingenden ökonomischen Bildes vom Individuum als Unternehmer seiner sozialen Beziehungen läßt sich sagen, daß die Netzwerkanalyse geeignet scheint, das ‚soziale Kapital' (im Sinne Bourdieus) zu erfassen, also jenes Potential von anderen Menschen, das eine Person für spezifische Zwecke und unter spezifischen Bedingungen mobilisieren kann" (Keupp 1987, S. 14).

Nach mehr als drei Jahrzehnten der Forschungsarbeit ist heute klar, daß das Konzept „Soziale Netzwerke und soziale Unterstützung" ein multidimensionales Konstrukt ist, dessen Strukturen und Funktionen je nach Standort des Forschers in ganz unterschiedlichen forschungspraktischen Koordinatensystemen abgebildet werden können. Die Bibliotheken, die mittlerweile mit Forschungsarbeiten zum Thema gefüllt sind, dokumentieren eine insgesamt höchst inkonsistente Befundlage. Konzeptuelle Unschärfen, die Vieldeutigkeit von Definitionen, Variablenwahl und Operationalisierungen, die Diversität von Untersuchungsplänen, die Verwendung multipler (testtheoretisch kaum je gesicherter) Meßinstrumente u.a.m. schaffen ein verwirrend unscharfes Bild der Forschungslandschaft. Und mehr noch: Die Unübersichtlichkeit vervielfältigt sich angesichts der hochgradigen arbeitsteiligen Differenzierung der Forschungsperspektiven nach innen. Die Vermessung sozialer Netzwerke und die Analyse ihrer unterstützenden Wirkungen differenzieren sich in unterschiedliche ‚Branchen', die hier nur benannt werden können: *Strukturelle Analyse:* die Vermessung der Geometrie sozialer Beziehungen; *Funktionale Analyse:* die Untersuchung der Produkte und Austauschgüter sozialer Unterstützung; *Relationale Analyse:* die Analyse der Reziprozitätsbedingungen des wechselseitigen Austausches zwischen Netzwerkmitgliedern; *Stressor-Analyse:* die Erhebung der stressorspezifischen Wirkweisen sozialer Unterstützung; und *Biographische Analyse:* die Untersuchung der Veränderungen von sozialen Netzwerken im individuellen Lebenslauf (vgl. hierzu ausführlich Röhrle 1994, S. 70–159). Die Befunde dieser unterschiedlichen ‚Forschungsbranchen' können hier nicht vorgestellt werden – dies wäre ein anderes Buch. Beschränken wir uns daher auf zwei Aspekte: (1) die Untersuchung der Austauschgüter (Leistungen), die in solidarischen Gemeinschaftsbezügen produziert und gehandelt werden; und (2) die Analyse der Wirkungen erfahrener sozialer Unterstützung auf der Ebene der Person (personale Effekte sozialer Unterstützung).

(1) **Die Austauschgüter sozialer Unterstützung:** Relative Übereinstimmung besteht in der Literatur im Hinblick auf die Leistungen sozialer Unterstützung, die auf den Beziehungsbahnen sozialer Netzwerke gehandelt und getauscht werden. Zumeist auf empirisch-induktivem Wege aus der Langzeitbeobachtung von selbstorganisierten Gemeinschaften und Selbsthilfe-Netzwerken gewonnen, können wir in einfacher typologischer Sortierung folgende Leistungsschwerpunkte unterscheiden:

- **Emotionale Unterstützung:**
  Verminderung von Ohnmachts-, Abhängigkeits- und Isolationserfahrungen; Regulation der Emotionalität durch das Ausleben-Können von Gefühlen wie Wut, Angst, Verzweiflung, Niedergeschlagenheit usw.; Stärkung der Selbstwerterfahrung durch die Wertschätzung und die Ich-stützende Anerkennung der anderen.
- **Instrumentelle Unterstützung:**
  Bereitstellung von materiellen Hilfen, konkreten Handlungstechniken und handfesten praktischen Alltagshilfen im Umgang mit einem kritischen Lebensereignis; Vermittlung von entlastenden Hilfen; Unterstützung des Betroffenen bei der schwierigen Suche nach einer neuen Lebensroutine, einem veränderten Lebensstil und einem neuen Lebensrhythmus.
- **Kognitive (informationelle) Unterstützung:**
  Aufklärung und Information über garantierte Rechte und verfügbare Dienstleistungen im System sozialer Sicherung; Hinweise auf weitere hilfreiche Ressource-Personen in privater Lebenswelt und administrativer Umwelt; Orientierungshilfe durch Zulieferung von neuen Informationen und durch das Öffnen von Türen zu neuen Informationsquellen.
- **Aufrechterhaltung der sozialen Identität:**
  Stärkung des Selbstwertes und der sozialen Identität durch die Kommunikation von Wertschätzung, Anerkennung und Zuwendung auch und gerade in Zeiten subjektiver Belastung.
- **Vermittlung von neuen sozialen Kontakten:**
  In-Kontakt-Bringen mit anderen Menschen in vergleichbarer Lebenslage; Vermittlung eines Zugehörigkeitsempfindens und Stärkung des Gefühls des sozialen Eingebundenseins (vgl. die Typologie sozialer Unterstützung von Diewald 1991, S. 70–83).

(2) **Die Wirkungen sozialer Unterstützung auf der Ebene der Person:** Während die Leistungsvielfalt sozialer Unterstützung durch (überwiegend deskriptiv angelegte) Studien gut dokumentiert ist, bleiben ihre Wirkungsmechanismen in ihrem sozialen, psychologischen und auch physiologischen Zusammenspiel bis heute weitgehend ungeklärt. Die Diskussion wird hier durch zwei konkurrierende Hypothesen bestimmt: Die *Hypothese der direkten Wirkung (Haupteffekt-These)* geht von einem direkten Einfluß der sozialen Unterstützung auf das biopsychosoziale Wohlbefinden aus. Soziale Einbindung und das Erleben vertrauter Bindungen – so diese These – bedeutet für das

Subjekt ein ‚Mehr an Lebensqualität'. Unabhängig vom Ausmaß der aktuell wirkenden Belastungen schafft ein vertrauensvolles Beziehungsnetz positive Erfahrungen von Sicherheit, Nähe und Anerkennung. Soziale Unterstützung erfüllt menschliche Grundbedürfnisse; sie fördert unmittelbar Wohlbefinden, Selbstwertgefühl und psychische Widerstandskräfte und erfüllt damit auf direkte Weise eine salutogenetische (gesunderhaltende) Wirkung. Die *Hypothese der indirekten Wirkung (Puffer-Effekt-These)* unterstellt hingegen eine salutogenetische Wirkung sozialer Unterstützung nur in Situationen akuter Belastung. Während sie in Zeiten durchschnittlicher Belastung keine Wirkung entfaltet, wirkt soziale Unterstützung in Zeiten vermehrter Belastung als eine Art psychosoziales Schutzschild. Der Rückgriff auf Unterstützungsressourcen ihrer sozialen Umwelt macht es der Person möglich, drohende Einschränkungen des Wohlbefindens abzuwehren oder zu mildern. Soziale Unterstützung liefert so spezifische (stressorbezogene) Beiträge zur Krisenbewältigung (vgl. Röhrle 1994, S. 75).

Befriedigung sozialer Bedürfnisse und psychosoziale Immunität

Angeleitet von der Direkt-These untersucht die Wirkungsforschung den Zusammenhang zwischen sozialer Unterstützung auf der einen und Wohlbefinden, Lebensqualität, Kohärenzempfinden auf der anderen Seite. Leitfaden ist ihr hierbei die Annahme, daß soziale Unterstützung allgemeine soziale Bedürfnisse befriedigt. Die Befriedigung dieser sozialen Bedürfnisse aber schafft ein Fundament von Wohlbefinden, das biographische Verläufe gegen Verletzungen und psychosoziale Brüche absichert. Richtungsweisend war für dieses Denkmuster ein früher Beitrag von Weiss (1974). Für Weiss ist die informelle Hilfe eine soziale Ressource, die verschiedene grundlegende soziale Bedürfnisse zu stillen vermag. In inhaltlicher Nähe zur Theorie der Bedürfnishierarchie von Maslow und zur Bindungstheorie von Bowlby unterscheidet Weiss folgende Bedürfnisqualitäten: Soziale Integration und Verknüpfung (social integration; attachment); Bereitstellung von pflegender sozialer Aufmerksamkeit (opportunity for nurturance), Bestärkung von Selbstwert (reassurance of worth), Einbindung in ein verläßliches Bündnissystem (sense of reliable alliance) und Orientierung und Sinnstiftung (obtaining guidance) (Weiss 1974 ref. n. Röhrle 1994, S. 74). Spätere Beiträge liefern weiter nach innen differenzierte Bedürfnistaxonomien. Versucht man, in der Vielfalt der Angebote die Schnittmengen des Gemeinsamen zu entdecken, so sind es vor allem drei Bündel von sozialen Bedürfnissen, zu deren Befriedigung soziale Unterstützung beitragen kann:

- **Affiliation und Sicherheitserleben:**
  Affiliative Bedürfnisse wie z. B. soziale Zugehörigkeit und Aufgehoben-Sein in einem größeren Ganzen; Abwehr von Einsamkeit; Bedürfnis nach sozialer Aufmerksamkeit, Bindung und zuverlässigem Rückhalt.
- **Identität und Selbstwerterleben:**
  Wunsch nach sozialer Anerkennung und Wertschätzung; der symbolische Austausch von Fremd- und Selbstbildern und die Möglichkeit zu reflexiver

Selbstverständigung; die Erfahrung von Selbstwert durch die Rückmeldungen der anderen.
- **Orientierung und kognitive Regulation:**
Reduktion kognitiver Unsicherheit; kognitive Orientierung durch sozialen Vergleich; Validierung von (selbst- und umweltbezogenen) Wahrnehmungs- und Erfahrungsmustern; Verminderung von Rollenambivalenz und die Stärkung von Ambiguitätstoleranz.

Die Netzwerk-Forschung nimmt an, daß die Befriedigung dieser sozialen Bedürfnisse wie eine Art psychosoziales Schutzschild wirkt. Soziale Unterstützung erfüllt dort, wo sie vom Subjekt als befriedigend erlebt wird, allgemeine präventive und salutogenetische Wirkungen. Sie ist Gegengift gegen Einsamkeit, Depression und resignativen Rückzug, sie schafft ein „positives und aktives Gefühl des In-der-Welt-Seins" (Kieffer 1984, S. 31) und stellt die individuelle Biographie unter das schützende Dach eines generalisierten biopsychosozialen Wohlbefindens. In diesem Punkt wissen sich die Experten einig: So wie die Erfahrung, ohnmächtig den Ergebnissen der Entscheidungen anderer ausgesetzt zu sein und sich nicht wehren zu können, Resignation und Hilflosigkeit (bis hin zur physischen Erkrankung) schafft, so kann das Eintreten in ein Leben mit Fähigkeiten das Fundament einer produktiven und kreativen Lebensbewältigung sein. Die aktive Gestaltung der eigenen Lebensräume, Partizipation und die soziale Anerkennung der anderen sind Bausteine einer neuen Lebensqualität, die für den einzelnen ein psychosoziales Schutzschild gegen biographische Brüche ist und ihn vor den Fallstricken erneuter Abhängigkeit bewahrt.

Unterstützung der individuellen Krisenbewältigung

Die Hypothese der indirekten Wirkung (Puffer-These) untersucht den Zusammenhang zwischen sozialer Unterstützung und Krisenbewältigung. Die Annahme lautet hier: Personen, die in tragfähige soziale Netze wohlintegriert sind, sind in höherem Maße in der Lage, mit akuten Belastungen und krisenhaften Ereignissen produktiv umzugehen als Personen, die nur einen geringen Grad an sozialer Integration aufweisen. Ihre Inklusion in eine „sorgende Gemeinschaft" (caring community) – so diese These – bestärkt und unterstützt das individuelle Bewältigungshandeln (coping) und mindert die negativen Effekte akuter Belastungen. Hierzu einige erläuternde Anmerkungen: Individuelles Bewältigungshandeln umfaßt alle Arten von Anstrengungen, die eine Person unternimmt, um belastende Lebensumstände selbst oder die damit verbundenen negativen Auswirkungen zu bewältigen. Coping-Strategien sind also problem-(stressor-)spezifisch zugeschnittene personale Kompetenzmuster, auf die die Person zurückgreift, um Belastungen ‚kleinzuarbeiten' und bestehende Ungleichgewichte im Passungsgefüge zwischen Umwelt und Person auszugleichen. Mit Lazarus/Folkman (1984) können wir drei verschiedene Coping-Strategien unterscheiden:

- **Instrumentell-problembezogenes Bewältigungshandeln:**
Die Veränderung der belastenden Situation selbst durch eine Anpassung der

Lebensgestaltung an veränderte Lebensumstände; die Suche nach Information und problembezogener Unterstützung; eine aktive Veränderung der objektiven Lebenssituation; die Suche nach neuen Lebensaufgaben und der Aufbau alternativer Quellen von Lebenszufriedenheit; die Bereitschaft und die Fähigkeit, die Hilfe anderer anzurufen und zu akzeptieren.
- **Kognitiv-selbstbezogenes Bewältigungshandeln:**
Die Neubewertung der akuten Lebensbelastung und die Minderung der von ihr ausgehenden Bedrohlichkeit; die Veränderung des eigenen Anspruchsniveaus, des Selbstkonzeptes und der Lebenspläne; die Umwertung zentraler Lebenswerte und Lebensziele; die Herstellung einer ‚realistischen‘ Ursachenzuschreibung für Lebensbelastungen (Kausalattribution), die herabsetzende Selbstbezichtigungen und Schuldzuweisungen allein an die eigene Person vermeidet.
- **Emotionale Regulation – Linderung der emotionalen Folgen der Belastung:**
Das Zulassen und das Durcharbeiten von Trauer, Angst, Verzweiflung, Niedergeschlagenheit; das Bemühen, die Hoffnung aufrecht zu erhalten („sich nicht unterkriegen lassen"); die Wiederherstellung des seelisch-emotionalen Gleichgewichts und das Kitten des angeschlagenen Selbstvertrauens (vgl. Diewald 1991, S. 97 ff.; Keupp 1991, S. 479 ff.).

Die solidarischen Netzwerke, in die Menschen eingebunden sind (Familie, Verwandtschaft; Freunde wie auch selbstorganisierte Gemeinschaften), sind diesen instrumentellen, kognitiven und emotionalen Strategien der Belastungsbewältigung ‚ein sozialer Begleitschutz'. Sie ergänzen das Reservoire der alltagsweltlichen Ressourcen der von einem kritischen Lebensereignis betroffenen Person und erweitern auf diese Weise die Gelegenheitsstrukturen gelingender Problembewältigung. Die Unterstützung, die in diesen solidarischen Räumen angeboten wird, kann viele Gesichter tragen: die Erweiterung des Horizonts problembezogener Information und die Vermittlung neuer Kenntnisse; die Stabilisierung der Motivation der Person und die Stärkung von Durchhaltevermögen; das Stiften von Kontrollüberzeugungen und der Abbau von Entmutigungen; die Unterstützung bei der Auswahl von Bewältigungsstilen; die Einübung einer Lebensweise, die vor vermeidbaren Belastungen bewahrt; die Stärkung von Selbstvertrauen und Zutrauen in die eigenen Stärken durch den Zuspruch der anderen. Welche konkrete Gestalt die soziale Unterstützung des individuellen Bewältigungshandelns auch immer haben mag – sie hilft der betroffenen Person, die Bedrohlichkeit eines kritischen Ereignisses zu mindern und ihr Vertrauen in die eigenen Kontrollkompetenzen zu festigen.

4.2.3 Selbsthilfe-Förderung und Netzwerkarbeit im intermediären Raum

Die Kraft zur Selbstorganisation ist kein sozial gleichverteiltes Gut. Bei aller positiven Wertschätzung des produktiven Potentials der neuen Selbsthilfe-Bewegung ist dies ein oft übersehener Sachverhalt: Die Teilhabe an solidarischen Gemeinschaften ist keineswegs prinzipiell offen für alle. Die Teilhabe an Selbstorganisation folgt den Spuren einer ‚stillen‘ Selektivität, sie variiert entlang der Demarkationslinien sozialer Ungleichheit (Bildung, Einkommen, Macht). Und so ergeben sich auch hier alte Ungleichheitsrelationen: Im Gegensatz zu Angehörigen mittlerer und gehobener sozialkultureller Milieus verfügt vor allem die ‚klassische' Klientel sozialstaatlicher Dienstleistungsagenturen, nämlich Personen mit geringem Einkommen, niedriger allgemeiner und beruflicher Bildung und einer nur wenig vernehmbaren öffentlichen Stimme, kaum über das (ökonomische, kulturelle und soziale) Kapital, das nötig ist, um sich selbstbewußt und schöpferisch in Assoziationen bürgerschaftlichen Engagements einzumischen. Für die freigesetzten Individuen der Moderne, die sich selbst kaum noch in Kategorien von Klassen- und Statusgruppen-Zugehörigkeit zu definieren vermögen, erweisen sich sozialstrukturelle Unterschiedlichkeiten im Zugang zu gesellschaftlichen Ressourcen als unverändert wirksam.

In einem Überblick über die Forschungslage zeichnet Keupp (1989, S. 58) diese sozialstrukturellen Ungleichheitsrelationen etwas präziser: „Je höher der Bildungsstand einer Person ist, desto größer sind ihre Netzwerke, desto mehr sozialen Begleitschutz hat sie, desto vertrauter sind die Beziehungen und desto weiter ist die geographische Reichweite der Beziehungen. Mit dem Einkommen steigt die Zahl der vertrauten Personen, die nicht aus der Verwandtschaft stammen und es wächst auch die Qualität und die Sicherheit der von diesen Personen erwartbaren praktischen und gemeinschaftlichen Unterstützung. Die Ergebnisse stellen die romantischen Vorstellungen von der Gesellschaftlichkeit in Arbeiter- und Unterschichten gründlich in Frage. Den Armen fehlten nicht nur Freunde, sie hatten außerdem weniger Verwandtschaftskontakte als Angehörige der Mittelschichten" (Keupp 1989, S. 58). Diese Ungleichverteilung des Beziehungskapitals durchtrennt nicht nur die sozialen Verkehrskreise der Alltagswelt. Der rote Faden der sozialen Ungleichheit zieht sich auch durch die Mitgliedschaft in selbstorganisierten Projekten, Initiativen und Selbsthilfe-Organisationen. Alle Forschungen, die die Mitglieder dieser Netzwerke auf Kriterien sozialstruktureller Zugehörigkeit untersuchen, verweisen in übereinstimmender Diagnose auf den deutlichen Mittelschicht-Bias der Mitgliedschaft. Angehörige mittlerer und gehobener sozialer Zugehörigkeit verfügen im Unterschied zu Menschen an den Rändern der sozialen Inklusion über das notwendige kulturelle Kapital, das ihnen eine gelingende Selbstvertretung in den Räumen kollektiver Selbstorganisation und Interessenvertretung möglich macht: ein hoher Grad an Informiertheit; die Fähigkeit zu Artikulation und Reflexion wie auch die Fähigkeit zum ‚Management' von Gruppen; das Geübt-Sein in der Selbstvertretung auf der Bühne der Öffentlichkeit u.a.m. Die Lobeshymnen auf die Kraft der Selbstorganisation, die in vielen Räumen der Sozialpolitik in Zeiten fiskalischer Krise und schwindender politischer Legitimation angestimmt werden, bekommen vor dem Hintergrund dieser sozialstrukturellen Ungleichheit zynische Obertöne.

Aus diesen Ungleichheitsrelationen ergibt sich eine dringende Forderung an Sozialpolitik und Dienstleistungsmarkt: Sozialpolitik muß Ressourcen schaffen und Soziale Arbeit muß verläßliche Hilfen bereitstellen dort, wo im System der gesellschaftlichen Ungleichheit das entsprechende Kapital fehlt, um soziale Netzwerke und solidarische Gemeinschaften in eigener Kraft aufzubauen. „Gefordert sind professionelle Ziele und Kompetenzen, die Prozesse von solidarischer Vernetzung und Selbstorganisation vor allem dort zu initiieren und zu unterstützen versuchen, wo sie auf der Basis der vorhandenen psychischen und sozialen Ressourcen nicht von selbst entstehen können. Statt einer Förderung und Beschleunigung von Individualisierungsprozessen (z. B. als psychotherapeutische Modernisierung) gilt es, Projekte zur Gewinnung kollektiver Handlungsfähigkeit zu unterstützen, und dies speziell dort, wo die vorhandenen Ressourcen für einen autonomen Prozeß von gesellschaftlicher Selbstorganisation nicht ausreichen" (Keupp 1992 b, S. 151). In das Zentrum einer Politik und Praxis des Empowerment tritt hier eine spezifische Zielsetzung: *das Stiften von Zusammenhängen* – d.h. die Inszenierung, der Aufbau und die Weiterentwicklung von fördernden Strukturen, die die Selbstorganisation von Menschen unterstützen und kollektiv hergestellte Ressourcen für eine selbstbestimmte Lebensgestaltung freisetzen. Anliegen einer solchermaßen definierten psychosozialen Praxis ist es, die Menschen bei ihrer gemeinschaftlichen Suche nach selbstbestimmten Lebensweisen zu unterstützen und ihnen durch das Stiften von neuen sozialen Zusammenhängen und Netzwerken einen schöpferischen Umgang mit den Gestaltungsfreiräumen der Moderne möglich zu machen.

Das Stiften von tragfähigen Zusammenhängen ist Anspruch und Tätigkeitsfeld vielfältiger neuer *Service-Agenturen im intermediären Raum*. Diese Service-Agenturen, die seit Mitte der 80er Jahre vielerorts entstanden sind und die sich in der Zwischenzeit als lokale Zentren der Selbsthilfe-Förderung etabliert haben, tragen eine verwirrende Vielzahl von Namen: „Informations- und Kontaktstelle für Selbsthilfe und ehrenamtliche Mitarbeit"; „Regionale Arbeitsgemeinschaft Selbsthilfegruppen"; „Servicebüro für freiwilliges Engagement"; „Netzwerk Selbsthilfe" u.a.m. Angesiedelt an der Schnittstelle zwischen der einzelnen Person und der Sphäre der Öffentlichkeit, zwischen Selbsthilfe und professionellem Dienstleistungssystem erfüllen sie vielfältige vermittelnde, vernetzende, überbrückende Funktionen. Sie öffnen den Zugang von Einzelpersonen zu solidarischen Gemeinschaften, von Gemeinschaften zur institutionalisierten Welt von Politik, Verwaltung und marktlichen Dienstleistungsträgern und wirken auf diese Weise als ein Gegengewicht gegen die zentrifugalen Kräfte der Individualisierung. Ziel dieser intermediären ‚Schaltzentralen' im Feld der Selbstorganisation ist es, die Zugangsschwellen zur Sphäre des bürgerschaftlichen Engagements zu senken, Menschen mit gleichgelagerten Anliegen, Interessen und Bedürfnissen miteinander zu vernetzen und durch das Arrangement von förderlichen Rahmenbedingungen Prozesse der Selbstorganisation anzustoßen (eine Übersicht über Entwicklungsgeschichte, Unterstützungsangebote und Zukunftsperspektiven dieser Service-Einrichtungen in Sachen Selbsthilfe findet sich in den Arbeiten von Braun/Kettler/Becker 1997; Dirr 2009; Matzat 2004). In der Praxis der Selbsthilfe-Unterstützung lassen sich fünf Arbeitsschwerpunkte unterscheiden:

(1) **Die Wegweiserfunktion:** Diese Service-Einrichtungen für Selbsthilfe und Ehrenamt sind Wegweiser und Türöffner. Sie vermitteln interessierten Bürgern ein transparentes Bild der lokalen Selbsthilfe-Szenerie, bringen Menschen mit gleichartigen Betroffenheiten miteinander in Kontakt und eröffnen durch diese initiale Vernetzung Zugänge zu Teilhabe und Mitarbeit.

(2) **Die Vermittlung von Starthilfen:** Die Selbsthilfe-Kontaktstellen vermitteln Selbsthilfe-Initiativen in den ersten Phasen ihrer Arbeit rechtliche, organisatorische und administrative Starthilfen (z. B. in Fragen der Rechtsform, der

Raumbeschaffung und Sachausstattung, der regional verfügbaren finanziellen Förderressourcen, der Antragstellung usw.) und stärken so deren bürokratische Kompetenz.

(3) **Die Vernetzung der Netzwerke:** Die Selbsthilfe-Kontaktstellen inszenieren des weiteren einen ‚Blick über den Tellerrand'. Sie bilden ein institutionalisiertes Gesprächsforum (z. B. in Form eines örtlichen „Selbsthilfe-Rates"), vermittels dessen es möglich wird, daß benachbarte Initiativen einander kennenlernen, in einen grenzüberschreitenden Dialog über örtliche Bedarfsschwerpunkte und gemeinsame Anliegen eintreten und in einer konzertierten Aktion gemeinschaftlich vertretene Forderungen an Politik und Verwaltung formulieren.

(4) **Das Angebot von Weiterbildungsprogrammen:** Die Service-Einrichtungen für Selbsthilfe und Ehrenamt tragen schließlich auch dem vermehrten Bedarf der in Selbsthilfe engagierten Bürger nach Weiterbildung und Kompetenzerweiterung Rechnung. Weiterbildungsseminare zu Themen wie z. B. „Rechtsberatung in Selbsthilfeorganisationen", „Soziales Management und Qualitätssicherung in Non-Profit-Organisationen", „Beziehungsdynamik und Beziehungskrisen im Alltag der Selbsthilfe" u.a.m. sind Dokumente dieses Arbeitsschwerpunktes.

(5) **Der Aufbau von Beteiligungsnetzwerken:** In der alltäglichen Arbeit geht es aber nicht nur um eine Vernetzung der Selbsthilfe-Initiativen. Ein ebenso relevanter Arbeitsbereich ist das Inszenieren eines Dialogs zwischen den Mitarbeitern der Selbsthilfe-Initiativen auf der einen und relevanten Vertretern sozialer und gesundheitsbezogener Dienste und Einrichtungen auf der anderen Seite (niedergelassene Ärzte; Sozial- und Gesundheitsverwaltung; Krankenkassen; ambulante Erziehungs-, Beratungs- und Pflegedienste; Einrichtungen der psychosozialen Beratung usw.). Vor allem in den Städten und Gemeinden, die in den 1990er Jahren am „Gesunde-Städte"-Projekt der Weltgesundheitsorganisation (WHO) beteiligt waren, sind so paritätisch besetzte Gremien entstanden („Regionale Gesundheitskonferenzen"), in denen Berührungsängste und wechselseitige Vorbehalte abgebaut und produktive Formen der Arbeitsteilung wie auch der Kooperation vereinbart werden können.

Aufgabenprofil der Service-Einrichtungen für Selbsthilfe und freiwilliges bürgerschaftliches Engagement

Information, Dokumentation und Öffentlichkeitsarbeit

- Bekanntmachung der Informations- und Kontaktstelle in der Öffentlichkeit, bei Bürgern, Helfer- und Selbsthilfegruppen (z. B. durch Herausgabe eines Faltblattes zur Außendarstellung der Informations- und Kontaktstelle, durch aktiv-zugehende Selbstpräsentation in Behörden, Verbänden und anderen Institutionen und durch eine aktive Pressearbeit);
- Erstellung einer Informationsdatenbank über den Markt des sozialen Engagements im lokalen Raum (Sammlung aller verfügbaren Informationen über Orte des freiwilligen sozialen Engagements und über bereits bestehende Helfer- und Selbsthilfegruppen – Art und Ziele der Initiative; Unterstützungsschwerpunkte; Treffpunkte; Kontaktpersonen usw.); beständige Aktualisierung der Datenbank;

- Herausgabe von Informationsbroschüren über Helfer- und Selbsthilfegruppen (mit Adressenverzeichnis und Kontaktpersonen); Herausgabe einer Selbsthilfe-Zeitung als Medium lokaler Kommunikation;
- Organisation von Informationsbörsen (‚Tag der Selbsthilfe'; ‚Selbsthilfe-Forum') für ehrenamtliches Engagement und Selbsthilfe im Sozial- und Gesundheitsbereich (Selbstpräsentation der Initiativen; Eröffnung von Zugangschancen für interessierte Bürger; Vernetzung der Initiativen nach innen; Schaffung eines selbsthilfefreundlichen Klimas auf kommunaler Ebene).

Informations- und Kontaktvermittlung für interessierte Bürger

- Informationsgespräche mit interessierten Bürgern über konkrete Möglichkeiten für freiwilliges soziales Engagement in verschiedenen Einrichtungen und Diensten, Selbsthilfeorganisationen und -gruppen;
- Verbesserung der Zugangschancen zu sozialen Initiativen durch die gezielte Information über Bedingungen und Anforderungen für soziale Tätigkeit und durch die Evaluation der personalen Anliegen, Interessen und aktuellen Lebenslagen interessierter Bürger;
- Vermittlung interessierter Bürger an Kontaktpersonen in Helfer- und Selbsthilfegruppen (‚Wegweiser-Funktion').

Beratung und Unterstützung von Gruppen

- Hilfestellung bei Gründung und Aufbau von Helfer- und Selbsthilfegruppen;
- Beratung von Gruppen und sozialen Projekten im Hinblick auf konzeptionelle Zuschnitte, Rechtsform, Organisationsstruktur, Öffentlichkeitsarbeit;
- Bereitstellung von organisatorischen Aufbauhilfen (Raumvermittlung; Sachausstattung); Beratung im Hinblick auf finanzielle Förderungsmöglichkeiten und administrative Antragsverfahren (z. B. an die Adresse von lokalen Selbsthilfe-Fonds);
- Ausübung einer ‚Brückenfunktion' zwischen den Unterstützungsbedarfen der sozialen Initiativen auf der einen und den Unterstützungsangeboten der kommunalen und verbandlichen Träger auf der anderen Seite.

Weiterbildungsangebote und Erfahrungsaustausch für Mitarbeiter in Selbsthilfeorganisationen und Ehrenamt

- Erweiterung von Kenntnissen, Qualifikationen und sozialen Kompetenzen durch das Angebot von interessenrelevanten Weiterbildungskursen (z. B. ‚Gruppenprozesse und Beziehungsmanagement in Gruppen'; ‚Weiterbildung Sozialrecht'; ‚Werkstattseminar Öffentlichkeitsarbeit');
- Import von professionellem Know-How durch die Beteiligung von sachverständigen Experten an Veranstaltungen der Fort- und Weiterbildung;
- Einrichtung von ‚round-table-Gesprächen' zwischen engagierten Bürgern aus unterschiedlichen Gruppierungen zur Entdeckung von gemeinsamen Interessen und zur Planung gemeinsamer Aktionen.

Vernetzung der örtlichen sozialen Initiativen und der professionellen Helfer im kommunalen System sozialer Sicherung

- Fachliche Abstimmung mit ‚Schlüsselpersonen' in den Schaltzentralen der Behörden und Verbände mit dem Ziel, die Zugangswege interessierter Bürger zu sozialen Initiativen zu verkürzen und unnötige Verweisungen an andere Stellen zu vermeiden;

- Einrichtung von ‚grenzüberschreitenden' Gesprächsforen zwischen sozial engagierten Bürgern und Mitarbeitern sozialer Dienste und Einrichtungen: Abbau unnötiger wechselseitiger Unsicherheiten, Konkurrenzängste und Abgrenzungshaltungen; Klärung der Möglichkeiten und der Modalitäten einer möglichen Zusammenarbeit wie z. B. Abstimmung der Angebotsmuster im Bereich der sozialen Dienstleistung (Vermeidung von Angebotsdoppelungen); Erarbeitung von Basismaterial für eine kleinräumige Sozialberichterstattung wie auch für eine zukunftsorientierte Bedarfsplanung; Abstimmung von Zielprojektionen für die Weiterentwicklung des formellen und informellen Hilfesektors (vgl. auch die Übersicht von Thiel 2007, S. 378 ff.).

Selbsthilfe-Förderung ist ein schwieriges Geschäft. Die Erfüllung des hier aufgelisteten, umfangreichen Katalogs von Aufgaben erfordert eine spezifische neue Fachlichkeit, die von den Professionalitätsprofilen in anderen Handlungsfeldern der Sozialen Arbeit deutlich unterschieden ist. In der Literatur ist diese neue Fachlichkeit in den *Begriff der Mentorenschaft* (mentorship) gefaßt worden, die korrespondierende Rolle des beruflichen Unterstützers in den Begriff des Mentors und kundigen Ratgebers. Sagen wir zuerst, was diese Mentoren-Rolle nicht umfaßt: Der Mentor ist kein Architekt für das Strukturhaus, in das die Selbsthilfe-Initiative dann einzieht; er ist kein Lehrer, er ist kein Psychotherapeut für Beziehungskollisionen und Gruppenkonflikte; er ist keine Galionsfigur der gemeinschaftlichen Aktion und kein Marketing-Manager in Sachen Selbsthilfe. Positiv formuliert können wir sagen: Der Mentor ist *Ermutiger* dort, wo er durch Präsenz, geduldiges Zuhören und Mitarbeit den Rücken, Mut und Selbstvertrauen stärkt („einfach nur da sein: das vermittelt vielfach eine gehörige Portion Kraft"). Er ist *Reflexionsspiegel* dort, wo Gruppenprozesse nach innen und Aktionsprogramme nach außen in Sackgassen laufen und ein neutraler Blick neue Perspektiven zu eröffnen vermag. Er ist *kundiger Ratgeber* dort, wo er (auf Abruf) seine professionelle Expertise in konzeptuellen, organisatorischen und rechtlichen Fragestellungen, in Fragen der schwierigen, nur allzu oft konfliktbelasteten Beziehungsarbeit, in Fragen der Strategieplanung und Aktionsgestaltung bereitstellt. Und er ist *strategischer Bündnispartner* dort, wo er in der lokalen politischen und administrativen Welt die Türen zu Entscheidungsträgern und Schlüsselpersonen aufstößt, die der Gruppe bislang verschlossen waren, strategische Allianzen vorbereitet und so die Politikfähigkeit der selbstorganisierten Gemeinschaften stärkt. In allen diesen Teil-Rollen folgt der Mentor einer methodischen Richtschnur, die Balke (1991, S. 20) wie folgt beschreibt: Offenheit und methodische Flexibilität, die sich in der Bereitschaft zum Neu-Lernen, zur flexiblen Anpassung an gruppen- und situationsspezifische Notwendigkeiten, zum Experimentieren mit noch ungeübten neuen Formen der Unterstützung niederschlägt („es gibt nicht nur einen Weg"); die Selbstbegrenzung der Expertenschaft (ein eher reaktives und zurückgenommenes Handeln; „weniger ist mehr"); eine beständige kritische Infragestellung der eigenen Haltung und der darin oft versteckten Züge von Bevormundung und stiller Entmutigung („verdränge und fremdbestimme oder fördere und ermutige ich selbstbestimmtes Handeln"). Diese neue Fachlichkeit, die sich in der Mentor-Rolle kristallisiert, bündelt unterschiedliche Kompetenzen.

Empowerment auf der Ebene der kollektiven Selbstorganisation

- *Informations- und Anregungskompetenz:* die Vermittlung von konkreten Kenntnissen über die Selbsthilfe- und Dienstleistungslandschaft vor Ort; diagnostisch präzise Abklärung der Problemlagen der nachfragenden Bürger und die Förderung ihrer Bereitschaft zum sozialen Engagement; Organisation von selbsthilferelevanten Angeboten der Weiterbildung.
- *Organisationskompetenz in der Bereitstellung von Infrastruktur:* Organisationstalent und die Fähigkeit, gemeinsam mit den Initiativen auf konventionellen Antragswegen oder über ‚den kurzen Dienstweg' Ressourcen in Form von Finanzen, Dienstleistung, Sachausstattung oder Räumlichkeiten einzufordern.
- *Vernetzungs- und Mediationskompetenz:* die Kompetenz, unterschiedliche Systemteile, die ihre Domänen in der Regel stark voneinander abgrenzen und Grenzüberschreitungen eifersüchtig abwehren, miteinander zu vernetzen (z. B. Verminderung der ‚inneren Grenzziehung' zwischen Selbsthilfe-Initiativen unterschiedlicher Interessenorientierung; die Verminderung der ‚äußeren Grenzziehung' zwischen Selbsthilfe und Einrichtungen des institutionalisierten Versorgungssystems); die Fähigkeit, zwischen den unterschiedlichen Kulturen, Handlungslogiken und Denkweisen dieser Teilsysteme zu vermitteln und in Konfliktfällen ausgleichende Gespräche zu moderieren.
- *Beratungskompetenz:* die Kompetenz zur Beratung und unterstützenden Begleitung von Gruppenprozessen in kritischen Entwicklungsetappen; die Fähigkeit zu Institutionen- und Politikberatung – Beratung hier insbesondere im Hinblick auf die Gestaltung von öffentlichen ‚Incentive'-Programmen zur Förderung von Selbstorganisation, die Bereitstellung und die Vergabe von Ressourcen (kommunaler Selbsthilfe-Fond) und die Konstruktion von partizipativen Strukturen.
- *Sozialpolitische Kompetenz:* die aktive Einmischung des Unterstützers in die sozial- und gesundheitspolitische Planung im Sinne einer Mitarbeit in politischen Beiräten, Gremien und fachlichen Arbeitskreisen; der Aufbau von Beteiligungsstrukturen, die Plattform der sozialpolitischen Eigenvertretung der selbstorganisierten Gemeinschaften im kommunalen Raum sein können; die Gründung eines kommunalen Selbsthilfe-Beirates zur Förderung von Selbsthilfe und zur Vergabe von öffentlichen Fördermitteln.

Die neue Fachlichkeit, die in diesem Repertoire von Handlungskompetenzen sichtbar wird, stößt im Berufsalltag der Unterstützungsarbeit immer wieder an Ecken und Kanten. Wir wollen hier zum Abschluß dieses Abschnitts zumindest auf drei Stolpersteine hinweisen, die einer gelingenden Ausgestaltung der Mentoren-Rolle im Wege stehen können:

(1) Eine Praxis der Selbsthilfe-Förderung, die sich den Prinzipien des Empowerment verpflichtet fühlt, erfordert von den pädagogischen MitarbeiterInnen eine spezifische professionelle Grundhaltung, die den allzu selbstverständlichen pädagogischen Blick auf die Unfertigkeiten und Defizite von Menschen überwindet, ihre Selbstverfügungskräfte in den Mittelpunkt rückt und sie zu eigeninszenierter Lebensgestaltung und sozialer Einmischung anstiftet. UnterstützerInnen müssen hier erst einmal umlernen, denn in Ausbildung und All-

tagstheorien dominiert auch bei ihnen noch vielfach ein Defizit-Blickwinkel auf die Menschen, nach dem deren biographische Entwicklungslinien, aktuelle Lebensprobleme und Lebenszukünfte allein nur in Kategorien von Mangel, Unfähigkeit und Versagen buchstabiert werden. Nach Balke (1991) ist es das (einer bewußten Reflexion kaum zugängliche) mangelnde Vertrauen gegenüber der Idee von Selbsthilfeorganisation, das viele engagierte Helfer zwar bemüht, aber letztlich hilflos agieren läßt. „Diese Einstellung führt zu einer Abwertung der Chancen und Möglichkeiten, die in Selbsthilfegruppen stecken. Mangelndes Vertrauen zeigt sich beispielsweise in ‚Verantwortungsängsten', die solche Helfer gegenüber den Gruppen aufbauen. Dann sind nicht mehr die Gruppe oder die Menschen, die eine Selbsthilfegruppe gründen wollen, für sich und das Geschehen verantwortlich, sondern der berufliche Helfer, der sich bemüht zu helfen, zieht diese ‚Zuständigkeit' an sich" (Balke 1991, S. 22 f.). Ein Zuviel an Anleitung, Einmischung und wohlmeinender, aber letztendlich doch bevormundender Intervention sind Signale dieses stillen Mißtrauens in die (Selbst-)Organisationsfähigkeiten der Menschen. Mißtrauen und produktive Selbsthilfe-Förderung aber schließen einander aus. Grundlage der Unterstützungsarbeit muß vielmehr ein grundlegendes Vertrauen in die Fähigkeit von Menschen sein, in Prozessen kollektiver Selbstorganisation zu autonomen Regisseuren der eigenen Lebensgeschichte zu werden.

(2) Selbsthilfe-Förderung erfordert ein verändertes Repertoire von Handlungsinstrumenten und betritt oftmals methodisches Neuland. An die Stelle der sozialen Einzelfall-Arbeit – Königsweg in vielen Handlungsfeldern der Sozialen Arbeit – tritt hier die Vernetzung und die sozialpolitische Einmischung. In dem anspruchsvollen Profil der Unterstützungsarbeit verknüpfen sich neuartige Anforderungen an die MitarbeiterInnen, die sowohl ein Sich-Einlassen auf unsichere und in ihrer Dynamik nicht kalkulierbare Gruppenprozesse als auch ein Sich-Einmischen in das Interessenfeld der lokalpolitischen Interessenartikulation und Entscheidungsfindung notwendig machen. Zu diesen neuartigen Handlungsqualifikationen gehören Fähigkeiten wie z. B.: Lebensweltanalyse und sensible Alltagshermeneutik; Erschließen und Vernetzen von Ressourcen im gruppenbezogenen Unterstützungsmanagement; Initiierung und Moderation von (nicht immer konfliktfreien) Verhandlungen zwischen Vertretern des administrativ-politischen Systems und Betroffenen; sozialpolitische Advokatorenschaft und das Eröffnen von Teilhabechancen in der Arena von Politik und Verwaltung.

(3) Selbsthilfe-Förderung ist stets auf ein „Sich-überflüssig-Machen" hin angelegt. Der Respekt vor der Autonomie der anderen und das Vertrauen in deren Expertenschaft in eigener Sache verbietet eine professionelle Haltung, die durch lehrmeisterhafte Belehrung, Anleitung und Führung die Aktionsformen der Selbstorganisation reglementiert („stets – manchmal auch wider den besseren Augenschein – Zurückhaltung wahren und direktive Interventionen vermeiden; Fehler zulassen können; sich nicht für alle Mißgeschicke verantwortlich zu fühlen"). „Gefragt ist ein Helfertypus, der seine Rolle auf Gegenseitigkeit, Gleichgestelltheit und Entfaltung von Selbsthilfepotentialen hin verändert hat und darüber hinaus das Prinzip des Sich-überflüssig-Machens als Ziel und Weg seiner Arbeit ansieht. Die damit einhergehenden Verordnun-

gen lauten folgerichtig: reaktiv statt aktiv zu sein, sich zurückhalten, nicht zu führen" (Bobzien 1993, S. 49). Dieser Abschied von der Experten-Verantwortung und die Selbstbeschränkung der professionellen Zuständigkeit führen aber im Selbsterleben der verberuflichten Helfer vielfach zu einer angekratzten professionellen Identität. Denn: Im Sich-überflüssig-Machen kann der einzelne berufliche Unterstützer weder authentisch sein noch eine positive Definition von Selbstwert und professioneller Kompetenz finden. Die Unmöglichkeit, sich auf längere Zeit in dieser Rolle des Sich-überflüssig-Machens einzurichten, führt im Arbeitsalltag vielfach zu einer stillen Konsequenz: Die selbsthilfeinteressierten Bürger werden ‚an die Hand genommen', der berufliche Helfer macht sich durch organisatorische Expertise, gruppenpädagogische Anleitung und Supervision zu einem unverzichtbaren Verantwortungszentrum der Initiative und produziert so neue Abhängigkeiten einer wohlmeinenden Fürsorglichkeit. Lösungen für dieses professionelle Dilemma gibt es (noch) nicht. Was bleibt, das ist eine beständige sensible Selbstreflexion und eine aufmerksam-faire kollegiale Beratung.

4.3 Empowerment auf der Ebene von Organisation und institutioneller Struktur

Verlassen wir nun die Ebene der Selbsthilfe und der Selbstorganisation und wenden uns der institutionellen Ebene von Empowerment zu. Wir wollen hier zwei Aspekte unterscheiden: Empowerment auf institutioneller Ebene zielt zum einen auf die Eröffnung von neuen Gestaltungsspielräumen für Bürgerbeteiligung und ziviles Engagement *(Bürgerbeteiligung)*. Hier geht es um die Schaffung gesicherter Instrumente und Verfahren zur Teilhabe der Bürger an Programmplanung, Dienstleistungsgestaltung und Entscheidungsfindung im Kontext von Verbänden, Sozialverwaltungen und kommunalpolitischen Gremien. Empowerment auf institutioneller Ebene zielt zum anderen auf die Ausgestaltung konkret jener Arbeitsplatzstrukturen, in die die Soziale Arbeit eingebunden ist *(Organisationsentwicklung)*. Hier steht der Umbau organisatorischer Webmuster auf dem Programm und die Schaffung von Arbeitsstrukturen (betriebsinterne Entscheidungsstrukturen, Kooperationsmuster und Handlungsabläufe; Teamkultur; Verbesserung der individuellen Arbeitsplatzqualität), die die Gestaltungsfreiräume der beruflichen Helfer in der Bewältigung ihrer berufsalltäglichen Aufgaben vergrößern und Arbeitsqualitäten herstellen, in denen sich eine ‚bemächtigende' Soziale Arbeit einrichten kann. Im folgenden werden uns beide Aspekte beschäftigen.

4.3.1 Bürgerbeteiligung und Konsumentenkontrolle

Empowerment auf institutioneller Ebene zielt auf die Stärkung und Verbreiterung von Bürgerbeteiligung und zivilem Engagement. Gefragt sind hier Gegenrezepte gegen den resignativen Rückzug der Bürger ins Private. Gefragt ist ein strittiges Sich-Einmischen der Bürger – ihre aktive Einflußnahme auf kommunale Belange, auf soziale Dienstleistungsprogramme und lokale Politikvorhaben. Zündfunke des bürgerschaftlichen Engagements ist vielfach die Erfahrung betroffener Bürger, ‚vor verschlossenen Türen zu stehen'. Obwohl das Prinzip Bürgerbeteiligung spätestens seit den 60er Jahren auf der Tagesordnung steht, ist die Wirklichkeit hinter den Fassaden administrativer Hochglanzbroschüren und politischer Festreden eher grau: Nach wie vor stoßen engagierte Bürger, die ihre sozialen Anliegen und Interessen kollektiv artikulieren und in Einrichtungen, Verbände, Verwaltungen und Parteien hineintragen, auf eine Mauer der Unzugänglichkeit. Der Bürgerwille – so scheint es – ist an diesen Orten vielfach ‚nicht gefragt', da er mit institutionenseitigen Sichtweisen und Interessen nicht deckungsgleich ist, altvertraute Routinen stört und ein neues, unkonventionelles Denken und Handeln herausfordert. Nach wie vor vollzieht sich auch die Gestaltung der Dienstleistungsprogramme der Wohlfahrtsverbände und der Sozialverwaltungen weitgehend unter Ausschluß der Öffentlichkeit. Die Buchstabierung von Qualitätsstandards, die Entscheidung über Programmschwerpunkte und Ressourceneinsatz, die Kontrolle der Dienstleistungsqualität – all dies geschieht entlang der Richtschnur einer inneren (aus der Außenperspektive kaum nachvollziehbaren) Administrationslogik und bleibt der Einflußnahme und der Kontrolle der Bürger verschlossen. Und auch im Bereich der politischen Willensbildung und Beschlußfassung ist es – trotz der in den Gemeindeverfassungen verankerten formalen Mitwirkungsrechte (das Mandat engagierter Bürger in politischen Ausschüssen; Bürgerentscheide usw.) – nicht viel anders. Der Zugang zur Arena der kommunalpolitischen Entscheidungsfindung ist engagierten Bürgern weitgehend verschlossen. Politische Planungen und Entscheidungen, die die Lebensgestaltung der Bürger vielfach empfindlich berühren, sind mehr das Resultat parteipolitischer Machtspiele denn authentischer Ausdruck artikulierter Bürgerinteressen. Empowerment-Arbeit auf dieser Ebene des administrativen-politischen Systems bedeutet daher, die Responsivität von Einrichtungen, Verwaltung und Politik für Bürgerbelange zu stärken, institutionelle und politische Settings zu arrangieren, die die Wünsche und Bedürfnisse der Betroffenen nach Mitmachen, Mitgestalten und Sich-Einmischen aufgreifen und verpflichtende partizipative Verfahrensregeln und Entscheidungsstrukturen für Adressatenbeteiligung zu installieren. Im folgenden wollen wir die Arbeitsansätze einer so buchstabierten Bürgerbeteiligung in drei Facetten vorstellen: (1) das ehrenamtliche soziale Bürgerengagement; (2) Advisory Boards und Konsumentenkontrolle im Kontext der Sozialadministration; und (3) Bürgerbeiräte und das Konzept der lokalen Arbeitsgemeinschaften.

(1) Ehrenamt und ‚organisierte Nächstenliebe'

Unser erster Blick gilt hier jenen Institutionen, die traditionell die Orte sind, an denen sich das Bürgerengagement artikuliert: das Ehrenamt im Rahmen von Parteien, Kirchen, Wohlfahrtsverbänden, Jugendverbänden und freigemeinnützigen Vereinigungen. Unser Blick richtet sich hier also auf Organisationen, die im Wege einer subsidiären Aufgabendelegation und einer aufgabengebundenen Transferfinanzierung in die sozialstaatliche Dienstleistungsproduktion eingespannt sind. Unter dem Dach dieser Organisationen ist das ehrenamtliche soziale Engagement der Bürger – im Unterschied zu Selbsthilfe und Projekten der Selbstorganisation – Teil einer fest vorgegebenen verbandlichen Struktur. Die institutionalisierte ehrenamtliche Arbeit kann durch drei Merkmale gekennzeichnet werden: (1) Das Ehrenamt ist in die ideologische Sinnwelt und die (konzeptionellen, programmatischen und organisatorischen) Baupläne einer Gesamtorganisation eingebunden. (2) Es realisiert sich in enger (oft aber auch strittiger) Kooperation zwischen ehrenamtlichen Helfern und beruflichen Mitgliedern der Organisation. (3) Im Erfahrungshorizont der ehrenamtlichen Mitarbeiter tritt der Aspekt der Selbst-Betroffenheit und der Selbsthilfe gegenüber dem (religiös, ethisch, zivil motivierten) Engagement für andere deutlich in den Hintergrund (zur Übersicht über die Handlungsfelder des Bürgerengagements vgl. Beher/Liebig/Rauschenbach 1998; 2000; Bundesministerium für Familien, Senioren, Frauen und Jugend 2001; Heinze/Olk 2001; Zimmer 2006).

Die Bedeutung des Ehrenamtes für unsere Demokratie ist quer durch alle gesellschaftlichen Gruppen und politischen Lager unumstritten. Das freiwillige gemeinwohlorientierte Engagement der Bürger ist in allen aktuellen gesellschaftspolitischen Diskursen mit durchweg positiven Konnotationen und Valenzen verbunden. „Bürgerschaftliches Engagement (trägt) zu den demokratischen Qualitäten der Gesellschaft bei. Gegen eine lange etatistische Tradition gewandt, bedeutet die Wiederentdeckung der aktiven Bürgerin und des aktiven Bürgers für die politische Kultur der Bundesrepublik einen Gewinn. In den zivilgesellschaftlichen Räumen entsteht eine Praxis des Engagements, das auf das Gemeinwesen bezogen ist und dieses in sozialen Netzwerken immer wieder neu erschafft. In der aktiven Nutzung der Bürgerrechte und in der sozialen Teilhabe entfalten sich gemeinwohlbezogene Motive und Werthaltungen und damit eine partizipatorische Kultur, auf die die Demokratie angewiesen ist" (Forschungsjournal Neue Soziale Bewegungen 2000, S. 2). Ehrenamt – hierin wissen sich alle einig – ist ein wertvolles Gut, eine soziale Wertschöpfung, in der Menschen jenseits von Eigennutz und Egoismus tätige Sorge für andere tragen, zivile Verantwortung übernehmen und Gemeinsinn stiften. In dieses allseitige und ungeteilte Lob des Ehrenamtes mischt sich ein zweites Argumentationsmuster: die Sorge um eine Verknappung der gesellschaftlichen Ressource Bürgerengagement. Alle empirischen Zeichen weisen in diese Richtung: Die ehrenamtliche Bürgerarbeit verliert ihren Selbstverständlichkeitscharakter. Die traditionalen sozialmoralischen Milieus des Katholizismus, des Protestantismus und der Arbeiterbewegung und die in ihnen eingelagerte bürgerliche Pflichtethik erodieren. Ehemals geteilte (religiös und lebensweltlich verankerte) normative Verpflichtungen zu tätiger Nächstenliebe schwinden. Die Schwelle, die Menschen vom artikulierten Interesse an Mitarbeit hin zum konkreten Engagement in Kirchen, Verbänden und Vereinen überschreiten müssen, wird höher. Gerade in Zeiten ausgeschöpfter Sozialetats ist eine solche Tendenz aber in besonderem Maße bedrohlich. Die Dienstleistungsproduktion des Staates wie auch der subsidiär tätigen verbandlichen Träger ist notwendig auf die unentgeltliche Ressource Ehrenamt angewiesen. Viele der Programme, Projekte und Initiativen von staatlichen Einrichtungen, Wohlfahrtsverbänden und gemeinnützigen Trägern, die heute mutmachende

Gegenrezepte gegen eine voranschreitende soziale Kälte sind (psychosoziale Betreuungsdienste; erzieherische Hilfen für Kinder, Jugendliche und Familien; ambulante sozialpflegerische Dienste; Hilfen für psychisch kranke, behinderte und suchtkranke Menschen; Hilfen für Asylbewerber und Kriegsopfer u. a.m.), sind ohne die praktizierte Nächstenliebe der ehrenamtlichen Helfer in ihrem Bestand gefährdet. Ein weiterer und möglicherweise beschleunigter Rückzug der Menschen aus kostenfrei bereitgestellter Mitmenschlichkeit gefährdet so das fragile monetäre Gleichgewicht der Sozialstaatlichkeit und produziert Legitimationsprobleme von heute noch kaum absehbarer Reichweite. Diese Sorge um eine Verknappung des Bürgersinns ist Leitthema der aktuellen politischen Diskussion. Diese Sorge ist zugleich Anknüpfungspunkt für das vermehrte staatliche Bemühen, die Auswanderung der Bürger aus dem Territorium der sozialen Selbstverpflichtung zu mindern und noch brachliegende Engagementpotentiale auszuschöpfen. Eine Kultur des Bürgerengagements – so das Argument – bedarf einer dialogischen, anregenden und fördernden Politik, die Gemeinsinn und ziviles Engagement stärkt und diesen „civic matters" (Keupp/Kraus/Straus 2000) eine unterstützende Infrastruktur bereitstellt. Und so mehren sich in den letzten Jahren auf politischer Seite die Versuche, jenseits der schönen Worte und der anerkennenden Gesten konkrete Incentive-Programme für ehrenamtliches Engagement zu implementieren und verbesserte fördernde Rahmenbedingungen für diese modernen Engagementformen herzustellen. Die Einberufung einer Enquete-Kommission des Deutschen Bundestages zur „Zukunft des Bürgerschaftlichen Engagements" (1999–2002), deren Auftrag es war, die Grundrisse einer solchen Incentive-Politik auszuarbeiten, ist hier nur ein letztes Zeichen für das neue und verstärkte Engagement des Staates in Sachen Ehrenamt (zu den Ergebnissen der Enquete-Kommission vgl. Deutscher Bundestag 2002). Die Ressource Ehrenamtlichkeit – so können wir hier festhalten – hat an sozialpolitischer Bedeutung gewonnen – sie steht im Herzen der aktuellen Diskurse über eine Rückgewinnung von Solidarität, Gemeinsinn und ziviler Verantwortlichkeit. Dieser Bedeutungsgewinn im Feld der Politik hat sein Gegenstück auch im Feld der sozialwissenschaftlichen Forschung. Gerade in den letzten Jahren sind vielfältige empirischen Arbeiten vorgelegt worden, die das Potential, die Arbeitsformen und die Entwicklungstendenzen der organisierten Nächstenliebe' empirisch vermessen (vgl. Keupp/Straus 2009; Olk/Klein/Hartnuß 2009; im internationalen Vergleich Putnam 2001; 2002). Werfen wir einen Blick auf die Befunde dieser Untersuchungen.

Die Zeitdiagnosen dieser neueren Veröffentlichungen verweisen auf ein ‚neues' Ehrenamt. Diagnostiziert wird *ein grundlegender Strukturwandel des ehrenamtlichen Engagements* der Bürger, ein Prozeß der Modernisierung, der sowohl die subjektiven Motivationsstrukturen der ehrenamtlichen Mitarbeiter (Anlässe, Inhalte und Formen des Engagements) als auch die organisatorischen Settings des Ehrenamtes (inhaltliche und organisatorische Einbindung des Ehrenamtes in den Zielhorizont der Großorganisation) verändert. „Seit der zweiten Hälfte der 80er Jahre werden aus theoretisch-analytischer Perspektive Spuren für die Existenz eines neuartigen Engagements gesucht ...

Dem Ehrenamt wird ein grundlegender Gestaltwechsel bescheinigt, der mit Bezeichnungen wie ‚altes' und ‚neues' oder ‚traditionelles' und ‚modernisiertes' Ehrenamt charakterisiert wird. Hinter dieser begrifflichen Polarität verbirgt sich ein theoretisch-analytisches Konzept, in dessen Kontext Wandlungstendenzen des Ehrenamts beschrieben und in Thesen eines ‚Bedeutungsverlusts', einer ‚Ausdifferenzierung' und einer ‚Verlagerung' des Engagements gekleidet werden. Diese Wandlungserscheinungen gelten als Ausdruck für Prozesse der Modernisierung, die sowohl die normativen und subjektiven Grundlagen als auch die strukturelle und objektive Verfaßtheit der Ehrenamtlichkeit betreffen" (Beher/Liebig/Rauschenbach 2000, S. 12 f.). An die Stelle des ‚klassischen Ehrenamtes' in Kirche, Partei und Verband tritt so ein neuer, modernisierter Idealtyp des gemeinwohlorientierten Engagements. Wir können diese Wandlungsprozesse wie folgt beschreiben:

Veränderte Motivationsstrukturen der ehrenamtlich engagierten Bürger: Männer, Frauen, junge und alte Menschen haben heute ein verändertes Verhältnis zum Ehrenamt. Ihre Motive haben sich gewandelt, die Bedürfnisse, die Interessen und die Anliegen, die ein ehrenamtliches Engagement begründen, aber auch die subjektiven Gegenwerte, die durch die unentgeltliche Bürgerarbeit geschöpft werden sollen, haben sich verändert. Ehrenamtlichkeit ist heute nicht mehr (allein) tätige Nächstenliebe und religiös-altruistische Pflichterfüllung. An die Seite dieser ‚klassischen' Motivationsmuster einer religiös oder zivil begründeten Pflichtethik sind durchaus ‚eigennützige' Motive (Selbstentfaltungswerte und -motive) getreten wie z. B. persönliche Betroffenheit, die Suche nach Lebenssinn und subjektiver Erfüllung, der Wunsch nach sozialer Gemeinschaft und Selbstverwirklichung, politischer Gestaltungswillen. Menschen tun etwas für andere, sie leisten tätige Nächstenliebe – und sie tun etwas für sich selbst, sie suchen Lebenssinn, soziale Erfüllung, Anerkennung, soziale Verantwortung, Teilhabe am öffentlichen Leben. Ehrenamtliches Engagement wird so zu einem (in die individuelle Biographie eingepaßten) Element von Lebensgestaltung und Identitätsentwurf.

Veränderte Inhalte und Formen des ehrenamtlichen Engagements: Die Inhalte und die Arbeitsformen des ehrenamtlichen Engagements modernisieren sich. An die Seite der psychosozialen Domänen des Ehrenamtes in den Bereichen Erziehung, Pflege und Betreuung treten neue Themen und Arbeitsfelder wie Ökologie und Umweltschutz, Friedensarbeit und die Betreuung der Opfer von Krieg, Vertreibung und Gewalt. Diese thematische Differenzierung geht einher mit einer Veränderung auch den zeitlichen Investments. An die Stelle einer dauerhaften, oft sogar lebenslangen Engagementverpflichtung in Parteien, Verbänden und Großorganisationen treten befristete, auf einen überschaubaren Zeithorizont eingegrenzte und prinzipiell aufkündbare Verpflichtungen. Gebunden ist dieses Engagement vielfach an konkrete Einzelprojekte mit Zielprojektionen mittlerer Reichweite, die konkrete Ankerpunkte für die Vorstellungen, Bedürfnisse und Wünsche der Ehrenamtlichen sind und ihnen größere Freiräume und erweiterte Gestaltungsmöglichkeiten auf lokaler und regionaler Ebene eröffnen.

Veränderte Ansprüche an die Fachlichkeit der ehrenamtlichen Tätigkeiten: In der konkreten Arbeit vollzieht sich in immer schnelleren Schüben ein stiller

Prozeß der Professionalisierung des Ehrenamtes. Neue Themenstellungen und gesellschaftspolitische Anliegen, insbesondere dort, wo sie eine sozialpolitische Einmischung und oftmals schwierige und anspruchliche Prozesse der politischen Aushandlung mit Akteuren in Politik, Verwaltung und Wirtschaft notwendig machen, erfordern ein erweitertes Qualifikationsprofil der ehrenamtlichen MitarbeiterInnen und eine Verfachlichung ihres methodischen Inventars („Semi-Professionalität des Ehrenamtes"). Mit dieser notwendigen Professionalisierung des ehrenamtlichen Engagements aber werden die Übergänge zur entgeltlich-beruflichen Tätigkeit fließend. Ehrenamtlich sich engagierende Bürger werden in Zukunft wohl nicht mehr völlig unbezahlt zu gewinnen und zu motivieren sein. Ehrenamtliche Arbeit überlagert sich in vielen Bereichen immer stärker mit Honorartätigkeit, Niedriglohnarbeit und Ersatzerwerbsarbeit und gewinnt damit eine neue arbeitsmarktpolitische Funktion.

Die Auswanderung des ehrenamtlichen Engagements aus dem Terrain der traditionellen verbandlichen Träger: Die Orte, an denen ehrenamtliche psychosoziale Tätigkeiten erbracht werden, verändern sich. Parteien und Gewerkschaften, Kirchen und Wohlfahrtsverbände und manche anderen traditionsreichen Organisationen und Verbände melden stagnierende oder sogar rückläufige Mitgliederzahlen. Die Zahl der Menschen, die bereit sind, ihre Mitmenschlichkeit in die institutionellen Gebäude der klassischen verbandlichen Hilfe zu investieren, sinkt. Diese gesellschaftlichen Organisationen sind – so das öffentliche Bild – offensichtlich aufgrund von strukturellen Innovationsdefiziten immer weniger in der Lage, vorhandene Potentiale von Solidarität und Mitmenschlichkeit auszuschöpfen und das artikulierte Engagement ehrenamtlicher Helfer in die eigenen organisatorischen Strukturen einzubinden. Die Ressource ‚praktizierte Mitmenschlichkeit' wird für sie zu einem knappen Gut. Anders die Situation auf der Seite der neuen Formen der Selbstorganisation in Bürgerinitiativen, freien gemeinnützigen Vereinigungen, Selbsthilfegruppen und arbeitsbezogenen Netzwerken (z. B. Tauschbörsen; Freiwilligenagenturen). Sie sind die neuen Kristallisationskerne des gemeinwohlorientierten Engagements. Die oftmals beschworene „Krise des ehrenamtlichen Engagements" ist somit kein allgemeiner Trend, sondern ein Phänomen, das nur ein Teilsegment der gemeinwohlorientierten Handlungsfelder betrifft. Vor allem die etablierten Organisationen wie Kirchen, Parteien, Gewerkschaften, Wohlfahrts- und Jugendverbände, die sich durch eine besondere Nähe zum politisch-administrativen System auszeichnen und die stark in korporatistische Arrangements auf der Makro-Ebene eingebunden sind, verlieren mehr und mehr die Fähigkeit, das Engagement der Bürger zu mobilisieren. Die kleinen Netze der Selbstorganisation hingegen gewinnen eine neue Attraktivität: Im Unterschied zu korporatistisch verfaßten Großorganisationen ermöglichen sie engagierten Bürgern aufgrund ihrer überschaubaren Gruppengröße eine besondere Unmittelbarkeit des Gemeinschaftserlebens und vermitteln ihnen auf diese Weise die anschaulich-konkrete Erfahrung, daß das eigene Engagement wertvoll ist, gebraucht wird und anderen Menschen eine hilfreiche Unterstützung ist.

Die traditionellen Orte des Ehrenamtes, die Institutionen mit verbandlichem Zuschnitt, sind – so dieser letzte Befund – in besonderer Weise von den Umbrüchen des hier beschriebenen Strukturwandels betroffen. Sie stehen vor neuen Herausforderungen. Auf der Suche nach den Ursachen für die Auswanderung des Ehrenamtes aus den Hoheitszonen der Verbände wird der geübte Blick schnell fündig: Eine feste weltanschaulich-ideologische Ausrichtung, die einer beschleunigten Dynamik der Individualisierung von Lebenslagen und Biographiemustern noch nicht Rechnung getragen hat, verkrustete bürokratische Verfassungen, ein hierarchisches Machtgefälle in den Kooperationsmustern zwischen professionell-entgeltlichen Mitarbeitern und Ehrenamtlern, vor allem aber ein institutionelles Gerüst, das den ehrenamtlich engagierten Bürgern kaum Spielräume für Teilhabe und Partizipation eröffnet – diese Faktoren in ihrer wechselseitigen Verschränktheit sind es, die uns Erklärungen für das Ausdünnen der Ressource Ehrenamt im verbandlichen Sektor liefern. Eine wirksame Incentive-Politik im Bereich der ehrenamtlichen sozialen Mitarbeit muß daher im *Umbau der verbandlichen Organisationsstrukturen* ihren Ausgangspunkt nehmen.

Aus der Analyse der inneren Strukturen der Institutionen der Wohlfahrtspflege verfügen wir über ein recht präzises Organisationswissen, das uns hier Orientierungshilfen zu geben vermag. Klages (2000) bringt die empirischen Defizitdiagnosen im Anschluß an eine aktuelle bundesweite Erhebung auf folgenden Punkt: Nach seinen Befunden ist es vor allem eines, das das Engagement der Bürger in verbandlichen Strukturen erstickt und das vorhandene Engagementpotential unausgeschöpft läßt: *der Mangel an konkreten Chancen und Angeboten zur Verantwortungswahrnehmung.* Klages schreibt hierzu: „Zwar wird den Menschen heute das Erfordernis der Verantwortungsbereitschaft als Kernpunkt einer individuellen Ethik unablässig vorgehalten. Es wird dessen ungeachtet aber – auch im Ehrenamt – viel zu wenig getan, um hierfür die institutionellen und organisatorischen Voraussetzungen zu schaffen ... Im Bereich des freiwilligen außerberuflichen Engagements findet sich dieser strukturelle Mangel überall da, wo man sich bei der Entscheidung über Organisationsmuster am herkömmlichen Vereinsmodell orientiert, das gerade bezüglich der Verantwortungszuteilung sehr strikte Trennlinien vorsieht, die zwar oberflächlich betrachtet nichts mit einer Unterscheidung zwischen ‚oben' und ‚unten' zu tun haben, die aber faktisch gesehen hierarchische Abstufungen zwischen herausgehobenen Entscheidungsberechtigten und ‚Nur-Mitgliedern' begünstigen bzw. geradezu zur Grundlage des organisatorischen Konzepts erheben ... In der Zukunft wird es daher notwendig sein, ‚Verantwortungsrollen' für möglichst alle bereitzustellen, d.h. solche Rollen, die es den Menschen erlauben, sich die Erfolge ihrer Tätigkeit selber zuzurechnen und somit in einem aktiven, Entscheidungsmöglichkeiten einschließenden Sinne ‚verantwortlich' zu handeln" (Klages 2000, S. 45 f.).

Anknüpfend an diese Befunde können wir also sagen, daß insbesondere hierarchisch strukturierte Organisationen, in denen die ehrenamtlich tätigen Mitglieder über keine eigenständigen Verantwortungsdomänen verfügen und sich in einen von den professionellen Mitarbeitern vorgegebenen Arbeits- und Organisationsplan einfügen müssen, das Engagement der Bürger eher ersticken. Hingegen sind organisatorische Arrangements, die durch eine offene Leitung, ein nur geringes Machtgefälle zwischen professionellen Mitarbeitern und Ehrenamtlern, eine wechselseitige Anerkennung der Zuständigkeitsdomänen und eine partizipative Aushandlungs- und Entscheidungsstruktur gekennzeichnet sind, das Fundament eines produktiven zivilen Engagements. Der Arbeitskreis „Ehrenamtliche soziale Dienstleistungen" der Gesellschaft für Sozialen Fortschritt hat bereits 1989 in einer sehr sorgfältig ausgearbeiteten Studie Bestand, Potential und Entwicklungsperspektiven ehrenamtlicher Hilfe im Sozial- und Gesundheitsbereich erkundet. Auf der Grundlage dieser Daten sind in dieser Studie zahlreiche Ansatzpunkte vermerkt, an denen eine Förderung des ehrenamtlichen sozialen Engagements unter dem Vorzeichen des Empowerment-Gedanken anknüpfen kann. Ansatzpunkte der Reform können u. a. sein:

- **Authentische Beziehungsformen:** Ehrenamtliches soziales Engagement lebt von dem Bedürfnis der Helfer nach authentischen Interaktions- und Hilfeformen. Triebfeder ist das Bedürfnis, die in der eigenen Biographie selbst erfahrene Lebenssicherheit mit anderen zu teilen, Lebenserfahrungen weiterzugeben und in konkreten psychosozialen Notlagen hilfreiche Unterstützung geben zu können. Die Leistungsdomäne der ehrenamtlichen sozialen Tätigkeit ist Alltagsmanagement, biographischer Dialog und emotionale Unterstützung (handfeste Alltagshilfe und Pflege; Beratung und reflexive Selbstverständigung; Lebensbegleitung). Konzeption und organisatorischer Zuschnitt der verbandlichen Arbeit müssen diese Leistungsdomänen reflektieren. Eine Eingrenzung des ehrenamtlichen Engagements hingegen allein auf organisatorisch-disponierende Tätigkeiten („Regiearbeiten") geht an den Bedürfnissen der engagierten Bürger vorbei.
- **Erweiterung der sozialen Kontaktkreise und Weiterbildung:** Ehrenamtliche soziale Tätigkeit ist nicht gleichzusetzen mit uneigennütziger sozialer Tätigkeit. Das Sich-Einsetzen für andere ist verbunden mit der (durchaus legitimen) Erwartung der Ehrenamtler, daß ihr Engagement mit spezifischen ‚Gegenwerten' honoriert wird. Ein Gegenwert ist die Erweiterung der sozialen Beziehungs- und Bekanntschaftsnetze. Die ehrenamtliche Arbeit ist für viele ein Schlupfloch aus den Begrenzungen der sozialen Verkehrskreise des Alltags und Instrument zur Befriedigung anderweitig nicht abgedeckter Beziehungswünsche. Das verbandliche Programm sollte daher in einer Weise strukturiert sein, daß es Orte und Zeiten der Begegnung institutionell vorsieht und soziale Bindungen wertschätzt und pflegt. Ein anderer Gegenwert besteht in dem Erwerb neuer Qualifikationen und Kompetenzen. Menschen, die sich sozial engagieren, möchten alte Kompetenzen aufpolieren, neue Informationen, Kenntnisse und Sachstände gewinnen und erweiterte methodische Qualifikationen im Umgang mit Menschen und ihren Lebensproblemen erwerben. Die Konsequenz auf der Ebene der verbandlichen Organisation kann daher nur lauten, daß die Träger eine bunte Palette von bedürfnisgerechten Weiterbildungskursen vorhalten, die diesen Hunger nach Neu-Lernen befriedigen können.
- **Zeitsouveränität und Einsatzflexibilität:** Das individuell verfügbare Zeitreservoir für ehrenamtliche Tätigkeiten ist nicht unendlich (Klages ermittelte

in seiner Untersuchung (2000) eine Einsatzzeit von durchschnittlich fünf Stunden/Woche). Und auch die Verteilung dieser Einsatzzeiten über die Woche folgt je individuellen Stundenplänen. Die verbandlich-organisatorischen Strukturen müssen dem Rechnung tragen. Gefordert ist hier ein flexibles Einsatzmanagement, das die Zeit- und Planungssouveränität in den Händen der ehrenamtlichen Mitarbeiter beläßt und deren subjektive Wünsche und Bedarfe nicht in einer unveränderbar-starren Einsatzorganisation erstickt (freie Zeiteinteilung; die Möglichkeit zum Wechsel von Terminen und Einsatzschwerpunkten). Zeitsouveränität und Einsatzflexibilität müssen aber mit einem mittleren Verpflichtungsgrad der Mitarbeit austariert werden, d.h. die Mitarbeit (Pflege; psychosoziale Unterstützung; Einzelfallarbeit) bedarf bei allen individuellen Zuschnitten einer zeitlichen Kontinuität, ohne daß sie den Charakter der Unentbehrlichkeit gewinnt und damit in der subjektiven Wahrnehmung zum belastenden Zwang wird („eine Zeit lang muß es auch ohne mich gehen").

- **Autonomie und Domänegrenzen:** So mancher örtliche Ableger eines gemeinnützigen Verbandes ist durch einen Dauerkonflikt zwischen ehrenamtlichen Helfern und professionellen Mitarbeitern belastet. Streitigkeiten um jeweilige Zuständigkeitsschwerpunkte und Zuständigkeitsgrenzen, wechselseitige Rationalisierungsängste und kritische Vorbehalte an die Adresse der jeweils anderen Seite (Vorwurf des ‚methodischen Dilettantismus' an die Adresse der Ehrenamtler; Vorwurf der ‚professionellen Kolonisierung' an die Adresse der Hauptamtler) machen einen produktiven Dialog und ein ertragreiches Zusammenführen der jeweiligen Arbeitsqualifikationen und Kompetenzen unmöglich. Neuere Organisationskonzepte gehen hier neue Wege, indem sie dem ehrenamtlichen Engagement unter dem Dach des Verbandes eine eigene Leistungsdomäne reservieren, die frei ist von professioneller Einmischung (z. B. Überführung der ambulanten sozialpflegerischen Hilfen in ein eigenständiges Ressort der ehrenamtlichen Tätigkeit). In diesen Organisationsmodellen obliegt der Gruppe der ehrenamtlichen Mitarbeiter die konzeptuelle, organisatorische und durchführungspraktische Allein-Zuständigkeit und Verantwortung für die dieser Domäne zugeordneten Leistungsbereiche. Die Tätigkeit der Hauptamtler beschränkt sich auf die Bereitstellung einer unterstützenden (organisatorischen, finanziellen, sächlichen, beratenden) Infrastruktur. Gelingt eine solche balancierte Zuständigkeitsverteilung unter Wahrung der Autonomie des ehrenamtlichen Sektors (die Domäne der Ehrenamtler als qualitativ hochwertige Ergänzung, nicht aber als Konkurrenz der professionellen Zuständigkeit), so eröffnen sich neue Chancen für kooperative Arbeitszusammenhänge quer über die Grenze der (Un-)Entgeltlichkeit hinweg.
- **Lokaler Problemfokus:** Bewährt hat sich schließlich ein kleinräumig-lokaler Problemfokus (Deckungsgleichheit von privater Lebenswelt und Bezugsradius der ehrenamtlichen Hilfe). Die vorliegenden Forschungsbefunde sprechen hier eine eindeutige Sprache: Sie beschreiben einen kleinräumig-lokalen Fokus als Katalysator für das Aktiv-Werden und Sich-Einmischen. Denn: Die Verortung des ehrenamtlichen sozialen Engagements in den Aktionsradien der konkreten Lebenswelt („vor der eigenen Haustür") übersetzt die

abstrakte Idee der territorialen Gemeinschaftlichkeit ins Konkrete, Anschauliche, Greifbare. Sie macht es möglich, daß über das Transportband fürsorglicher Unterstützung ein Gefühl für nachbarschaftliche Verbundenheit entsteht, das sozialräumliche Verankerung und Identität vermittelt und die verstaubte alte Idee des „Gemein-Wohls" mit neuem Leben erfüllt.

Diese Vorschläge und Empfehlungen formulieren ein Anforderungsprofil für den konzeptuellen und organisatorischen Umbau verbandlicher Strukturen, der den Bürgern neue Möglichkeiten für Mitarbeit und ehrenamtliches soziales Engagement eröffnet. Das Prinzip Bürgerbeteiligung findet hier nicht nur bloße akklamatorische Zustimmung. Die Motive, Interessen und Sinnorientierungen, die die Bürger mit ihrem Engagement verbinden, werden vielmehr ernst genommen und in organisatorische Reglements übersetzt, die eine verläßliche Infrastruktur der Unterstützung bilden. Nur eine solche durchgreifende Modernisierung der verbandlich-organisatorischen Baupläne – so unsere Prognose – wird es möglich machen, daß Menschen auch in Zukunft das Schneckenhaus der Privatheit verlassen, eine neue Verantwortlichkeit für andere entwickeln und sich in tätiger Mitmenschlichkeit einmischen.

(2) Konsumentenkontrolle und Service Monitoring

Hinter dem Konzept der Konsumentenkontrolle (consumer control) steht der Anspruch, Verfahren formaler Mitwirkung auch in der hoheitlichen Verwaltung (insbesondere in der Sozialverwaltung) zu verankern und sachverständigen Bürgern ein Mandat im Prozeß der Planung, Gestaltung und Implementation von sozialen Dienstleistungen zu geben. Das Konzept der Konsumentenkontrolle betritt im deutschsprachigen Raum Neuland. Anders in den USA, in denen das Verhältnis zwischen Verwaltung und Bürger traditionell durch ein weniger signifikantes Machtgefälle geprägt ist. Grundgedanke ist hier, auf der Leitungsebene der öffentlichen Sozialverwaltung ein Kontrollgremium einzurichten. Dieses Gremium wird in der Regel „Advisory Board" (Beratender Beirat) genannt – seine Funktion ist etwa der Funktion des Aufsichtsrates eines größeren Unternehmens vergleichbar. Sitz und Stimme in diesem Advisory Board haben neben der Leitung der jeweiligen Institution und den Vertretern der Aufsichtsbehörde auch engagierte (und in der Regel zugleich ‚problembetroffene') Bürger; sie üben ein formales Aufsichts- und Kontrollmandat aus. Die in der Literatur dokumentierten Beispiele für diese Aufsichtsinstanz sind bunt und vielfältig: z. B. Beirat für die Belange wohnungsloser Menschen; Beirat für Fragen der Resozialisierung; Beirat für kommunale Armenhilfen; Beirat für die Rehabilitation behinderter und chronisch kranker Menschen.

Bell/Bell (1983) haben in einem frühen Beitrag zum Thema das Funktionieren von Konsumentenkontrolle untersucht. Folgen wir ihren Argumenten. Die rechtlichen Vorgaben ebenso wie auch die kommunalen Politikentscheidungen im Sozialbereich sind – so die Autoren – nur selten in strikte Konditionalprogramme gefaßt (Programme, die einem strengen „Wenn-dann"-Schema folgen und der ausführenden Institution nur geringe Ermessensspielräume lassen). Viel häufiger sind diese Vorgaben in Zweckprogramme gepackt, die zwar bestimmte Handlungsziele definieren, die Auswahl der zur

Zielerreichung geeigneten Mittel und die Entscheidung über deren Anwendung aber in das Ermessen der Institution stellen. Die rechtlichen und politischen Vorgaben eröffnen der Institution somit spezifische Interpretations- und Gestaltungsfreiräume, die diese nutzt, um neue Aufgaben und Programme in bestehende Organisationsstrukturen und Handlungsroutinen einzupassen. Diese ‚hausinterne' Übersetzung der Vorgaben in konkrete Dienstleistungsprogramme (service planing) und deren konkrete Verwirklichung (service implementation) unterliegen im Regelfall allein der Kontrolle der Institution selbst. Das Konzept der Konsumentenkontrolle unternimmt hier nun den Versuch, diese Kontrolle zu demokratisieren und engagierte Bürger in diese Kontrollverfahren zu integrieren. Ziel ist es dabei, die Dienstleistungsgestaltung sozialer Dienste und Einrichtungen mit einem kritischen Auge zu verfolgen („monitoring the bureaucracy"). „Monitoring ... umfaßt eine kritische Analyse der Aktionen und Handlungsweisen sowohl der öffentlichen als auch der privaten Sozialagenturen im Vollzug der Gesetzesimplementation. Diese kritische Analyse beinhaltet solche Aktivitäten wie z. B. die Einflußnahme auf Kurs und Inhalt von bürokratischen Regeln, auf administrative Entscheidungen, programmatische Richtlinien und finanzrelevante Prioritätensetzungen und auf andere Aspekte, die mit der Implementation politischer Entscheidungen verbunden sind. Ziel dieser Form des Monitoring ist es, die Interessen der Klienten zu schützen und sicherzustellen, daß die im Rahmen der Gesetzgebung vorgesehenen Wohlfahrtserträge (benefits) die Zielpopulation auch wirklich erreichen" (Bell/Bell 1983, S. 120 f.).

Wir können hier nicht alle Befunde zum alltäglichen Funktionieren dieser Advisory Boards, aber auch zu ihren Problemen und Stolpersteinen referieren (insbesondere Probleme, die aus der ungleichen Verteilung von Expertise und Macht zwischen den professionellen Experten und den engagierten Laien resultieren). Insgesamt aber liefern die Erfahrungen ein positives Bild. Engagierte Bürger, mit einem formalen Mandat ausgestattet, treten hier ein in die Rolle von ‚aktiven Konsumenten', sie werden auch im hoheitlich-administrativen Raum zu ‚Experten in eigener Sache', die in dreierlei Weise Einfluß ausüben: Sie sind Beschwerde- und Konfliktbearbeitungsstelle in strittigen Einzelfällen; sie haben teil an der Entwicklung und Planung von Konzepten und Dienstleistungen; und sie leisten einen kritischen Beitrag zur Evaluation der Implementation von Dienstleistungsprogrammen. So betrachtet liefert uns das Konzept der Konsumentenkontrolle wichtige Anregungen und Ideenbausteine, die im weiteren Empowerment-Diskurs auch auf unserer Seite des Atlantiks produktiv genutzt werden können.

(3) Bürgerbeiräte und örtliche Arbeitsgemeinschaften

Das Bürgerengagement beschränkt sich aber nicht allein auf die Forderung nach Teilhabe an administrativen Verfahren und Entscheidungsvollzügen. Die Bürgerbegehren adressieren sich vielerorts weiterreichend auch in direkter Linie an die Akteure auf dem kommunalpolitischen Parkett. Für viele Bürger, die sich ‚auf eigene Rechnung' in Initiativen und selbstorganisierten Netzwerken engagieren, reicht eine parteipolitisch verkrustete ‚Stellvertreter-Politik' nicht aus, um gelebte Demokratie vor Ort mit Sinn und Inhalt zu füllen. Ihr Engagement zielt auf die *Entwicklung von durchsetzungskräftigen Strategien sozialpolitischer Einmischung,* die ihnen auch jenseits der Parteienkartelle und parlamentarischen Demokratie-Inszenierungen ein in politischen Kategorien buchstabiertes Gestaltungsvermögen eröffnen. Erfahrungen auf diesem schwierigen Parkett der politischen Bürgerbeteiligung dokumentieren, daß eine solche Teilhabe an Gestaltungs- und Entscheidungsmacht nicht (allein) durch radikale („außerparlamentarische") Opposition erstritten werden kann. Es bedarf vielmehr formell abgesicherter Verfahren der Bürgerbeteiligung, die in Form von vertraglichen Vereinbarungen strukturelle Garantien für die Teilhabe, das Mitwirken und das Mitbestimmen der Bürger sichern. Berger/Neuhaus (1977; 1996) verweisen in diesem Zusammenhang auf die Notwendigkeit von *„vermittelnden Strukturen"* (mediating structures; an anderer Stelle verwenden sie auch den Begriff der „intermediären Instanzen"). Gemeint sind damit „Brückeninstanzen", die geeignet sind, die sich immer weiter öffnende Kluft zwischen der Lebenswelt der Bürger einerseits und den Entscheidungsträgern in Politik, Verwaltung und Verbänden andererseits zu überbrücken, und die es engagierten Bürgern möglich machen, ihre Interessen in konzertierter Weise zu artikulieren und in die formellen Machtstrukturen einzubringen. Beispiele für solche Brückeninstanzen sind *die Beiräte und örtlichen Arbeitsgemeinschaften,* die in den letzten Jahren in zahlreichen Städten und Gemeinden ins Leben gerufen worden sind (Jugendstadtrat; Arbeitsgemeinschaft der Organisationen behinderter und chronisch kranker Menschen; Seniorenbeirat; Arbeitskreis zur Gestaltung der kommunalen psychosozialen Versorgungslandschaft usw.). In diesen Arbeitskreisen assoziieren sich nichtverbandlich gebundene Bürger ebenso wie Vertreter der unterschiedlichen Projekte, Initiativen und Selbsthilfe-Organisationen vor Ort – insgesamt eine bunte Mischung von Menschen, die in eigener Sache ihre politische Stimme erheben. Ziel dieser Beteiligungsgremien ist es, die gemeinsamen Interessen der in ihnen organisierten Menschen zu bündeln und sie gegenüber Politik und Verwaltung offensiv zur Geltung zu bringen. Die Arbeitsweisen, Einmischungsstrategien und Organisationsprobleme der Beiräte und örtlichen Arbeitsgemeinschaften sind an anderer Stelle ausführlich beschrieben worden (vgl. Herriger 1989 a). Wir wollen uns hier in Stichworten auf drei Aspekte beschränken:

Wegweiser-Funktion und die Vernetzung der Netzwerke: Auf örtlicher Ebene besteht heute eine verwirrende Vielfalt von Diensten und Angeboten für Menschen mit spezifischen psychosozialen Anliegen. Die mangelnde Übersichtlichkeit dieser Angebote, komplizierte Antragswege und Bewilligungsverfahren schaffen aber vielfach Zugangsbarrieren, die eine frühzeitige Inanspruchnahme dieser verfügbaren Dienste erschweren. Hier ergibt sich nun eine erste wichtige Aufgabe für die örtliche Arbeitsgemeinschaft: Sie kann auf örtlicher Ebene eine notwendige ‚Mittelpunktfunktion' erfüllen und eine zentrale Anlaufstelle für Ratsuchende sein (ergänzend zum Wirkungsbereich der Serviceagenturen für Selbsthilfe und ehrenamtliche Mitarbeit). In dieser Mittelpunktfunktion verweist sie die Betroffenen an schon bestehende Selbsthilfegruppen, sie vermittelt fachlichen Ratschlag im Einzelfall und ist Wegweiser im unwegsamen Gelände unterschiedlicher Träger und Dienstleistungsanbieter. Die örtliche Arbeitsgemeinschaft kann ihre Mittelpunktfunktion aber auch in einem weiteren Sinn ausfüllen: Sie kann helfen, einen Austausch über gemeinsam interessierende versorgungspolitische Fragen in Gang zu bringen und so bestehende Kenntnislücken über die Arbeit einander benachbarter Initiativen zu schließen. Durch einen solchen ‚grenzüberschreitenden' Austausch können die örtlichen Bedarfsschwerpunkte erhoben, Vorschläge für eine bedarfsgerechte Ausgestaltung der öffentlichen und privaten Dienstleistungsprogramme erarbeitet und Einzelprojekte und politische Forderungen der beteiligten Einzelverbände miteinander abgestimmt werden.

Die Zusammenarbeit zwischen örtlicher Arbeitsgemeinschaft und öffentlicher Verwaltung: Divergierende Organisationsprinzipien und Handlungsorientierungen, Unkenntnis und wechselseitige Vorbehalte behindern vielfach die Zusammenarbeit zwischen örtlichen Initiativen und Sozialverwaltung. Hier kommt der örtlichen Arbeitsgemeinschaft eine bedeutsame Mediationsfunktion zu: Sie ist eine zentrale Sammelstelle für Erfahrungen im schwierigen Umgang mit der Verwaltung. Hier fließen vielfältige Informationen über die ortsspezifische ‚Verwaltungskultur' zusammen (Wissen über relevante Ansprechpartner, über interne Verwaltungsabläufe und Entscheidungshierarchien, über mögliche Bündnispartner und Widerstandsfronten usw.). Diese Kenntnisse erhöhen die bürokratische Kompetenz der Arbeitsgemeinschaft, welche systematisch genutzt werden kann, um die Ansprüche der Initiativgruppen einspruchssicher zu formulieren, sie auf einen sicheren administrativ-politischen Weg zu bringen und zu einem positiven Entscheid zu führen. Bedeutsam ist diese Rückendeckung vor allem für kleinere und nicht organisationsstarke Gruppen, die keinen anderweitigen Zugang zur Verwaltung haben und denen Bündnispartner in Parteien, Behörden und interessierter Öffentlichkeit fehlen.

Die Interessenvertretung im Rahmen der kommunalen Sozial- und Gesundheitspolitik: Nicht minder wichtig ist es schließlich auch, eine aktive Beteiligung der ‚in eigener Sache' engagierten Menschen an der Arbeit der verschiedenen kommunalpolitischen Gremien (insbesondere Sozial-, Gesundheits- und Jugendhilfeausschuß) zu erwirken. Denn: Noch immer ist es vielerorts eine leidvolle Erfahrung der Betroffeneninitiativen, daß ihnen der Zugang zu laufenden kommunalpolitischen Planungen und Entscheidungen verwehrt ist. Sie werden nicht rechtzeitig über relevante Politikvorhaben in Kenntnis gesetzt oder eine Information erfolgt erst zu einem Zeitpunkt, zu dem die Vorlagen bereits in einer beschlußfertigen Fassung vorliegen und damit nur noch eingeschränkt verhandlungsfähig sind. Daß hier aber auch eine andere Praxis denkbar ist, das zeigen die Beispiele funktionierender Selbsthilfe-, Behinderten- und Senioren-Beiräte. Durch eine offensive Gegenwehr und einen oftmals langen Streit mit der örtlichen Politik („Bürgerteilhabe gibt es im politischen Geschäft nicht zum Null-Tarif") haben sie eine verbindliche Mitwirkung betroffener Menschen an allen für sie relevanten Planungs- und Entscheidungsverfahren durchsetzen können. Die Delegierten der Beiräte sind bereits in die ersten Planungsphasen einbezogen, um die aktuelle Bedarfssituation zu ermitteln, die gesundheits- und versorgungspolitischen Veränderungsvorschläge der Initiativen und Selbsthilfe-Organisationen zu erheben und ihr Votum (evtl. ergänzt um die Stellungnahmen unabhängiger Gutachter) in die Entscheidungsvollzüge einzubringen (Planungsbeteiligung). Durch Sitz und Stimme in entscheidungsvorbereitenden Ausschüssen des Stadt- bzw. Gemeinderates sind die delegierten Beiratsmitglieder zugleich in die laufenden Prozesse der politischen Willensbildung, Prioritätensetzung und Entscheidungsfindung einbezogen (Politikbeteiligung). Diese Teilhabe an Planungs- und Politikverfahren – das zeigen die vorliegenden Erfahrungen – erfordert stets einen nicht immer ganz leichten Balanceakt: Auf der einen Seite muß der Beirat zwischen engagierten Bürgern, Initiativen und Betroffenenorganisationen mit zum Teil recht unterschiedlichen und nicht deckungsgleichen Interessen, Zielsetzungen und Arbeitsorientierungen Ausgleich schaffen und einen tragfähigen Konsens herstellen. Auf der anderen Seite muß er den Akteuren in Feld der kommunalen Politik ein akzeptierter und sachverständiger Gesprächspartner sein, ohne sich für deren Rechtfertigungs- und Legitimationsinteressen einspannen und kooptieren zu lassen. Möglich wird eine durchsetzungsfähige politische Einmischung nur durch einen kalkulierten Einsatz von Konfliktstrategien: indem die Akteure beständig die Legitimation einer Politik in Frage stellen, die – ohne die Stimme der Politikadressaten zu hören – ihre Entscheidungen hinter verschlossenen Türen trifft und damit dienstleistungsbezogene und versorgungspolitische Wirklichkeiten schafft, die am Bedarf der Bürger vorbeigehen. Dort, wo die beschriebenen Beiräte und Arbeitsgemeinschaften heute erfolgreich und produktiv arbeiten, dort tun sie es nach konfliktreichen ersten Anfängen. Nur durch ein kritisches Beharren auf Mitwirkungsrechten, durch einen kalkulierten Einsatz von Skandalisierungstechniken sowie durch die Mobilisierung einer unterstützenden Öffentlichkeit vermögen diese Beteiligungsgremien jene Freiräume für Selbstgestaltung und Selbstvertretung zu eröffnen, ohne die eine bedürfnisnahe und bürgerorientierte lokale Politik nicht zu verwirklichen ist.

4.3.2 Organisationsentwicklung und ‚innere Reform' in der Sozialen Arbeit

Die Implementation einer Empowerment-Praxis verändert im Regelfall die Baupläne und die Identität der jeweiligen Arbeitsorganisation. Zur Veranschaulichung können wir auf das Bild des Mobiles zurückgreifen. Das Mobile ist ein System in (relativem) Gleichgewicht. Die Veränderung eines Elements führt nun zu Ungleichgewichten des gesamten Systems. Es erfolgen Neuanpassungen, Standortveränderungen, Neubalancierungen aller Elemente, die dann in einem neuen (gegenüber dem Ausgangspunkt aber qualitativ veränderten) Gleichgewicht ihren Abschluß finden. Die Implementation des Empowerment-Konzeptes in den Arbeitsalltag eines sozialen Dienstes – so dieses Bild – ist nicht ohne Folgen: Sie produziert signifikante organisatorische Ungleichgewichte und erfordert deutliche Kurswechsel in der Gestaltung der organisatorischen Verläufe, Kooperationen, Entscheidungsprozesse und Arbeitsplatzgestaltungen. Wie müssen Arbeitszuschnitte, Zeitmanagement, Fallbearbeitungsverfahren, Arbeitsschwerpunkte im Licht dieser neuen Perspektive verändert werden? Wie verändert sich das methodische Repertoire der Institution? In welcher Weise müssen Kompetenzen und Entscheidungsbefugnisse auf der Ebene der Hierarchie neu verteilt werden? Wie gewinnt man die Kollegenschaft für diese neue Perspektive? Welche Rezepte gibt es, individuelle Motivation zu stärken, kollegiale Kommunikation zu fördern und kooperative Strategien einer ganzheitlichen Bearbeitung komplexer Problemstellungen herzustellen? In der Suche nach Antworten auf Fragen wie diese verknüpft sich der Empowerment-Diskurs mit neueren Konzepten der Organisationsentwicklung.

Unter dem Begriff ‚Organisationsentwicklung' werden verschiedene Strategien der geplanten Veränderung von Organisationen zusammengefaßt. Organisationsentwicklung bezeichnet einen längerfristig angelegten, organisationsumfassenden Prozeß der Entwicklung und Veränderung, der auf eine Verbesserung der Institution-Umwelt-Beziehungen, der Leistungsfähigkeit der Organisation und der Zufriedenheit der MitarbeiterInnen ausgerichtet ist. Ziele der Organisationsentwicklung sind somit die Implementation von verbesserten Verfahren der Bürgerbeteiligung (Partizipation), die Verbesserung der Leistungsfähigkeit der Organisation (Effektivität und Dienstleistungsqualität) sowie die Schaffung einer neuen Qualität des Arbeitslebens für die Organisationsmitglieder (Humanisierung des Arbeitslebens und autonome Arbeitsgestaltung). Organisationsentwicklung begreift Organisationen als komplexe soziale Systeme. Die Analyse der Probleme und die Interventionen setzen auf verschiedenen Ebenen an und berücksichtigen deren wechselseitige Beeinflussung. Mit Puch (1994, S. 212 ff.) können wir drei Analyse- und Interventionsebenen unterscheiden: (1) die Ebene der Gesamtorganisation: Abbau von Hierarchiestufungen; Veränderung der vertikalen und horizontalen Verteilung von Entscheidungsmacht und Verantwortlichkeit; (2) die Ebene der kollegialen Kommunikaton und Kooperation: Schaffung einer gemeinschaftlichen Team- und Organisationskultur; Öffnung der (formellen und informellen) Kommunikationen für ganzheitliche Problemlösungsverfahren; und (3) die Ebene der individuellen Qualifikation: Weiterentwicklung von Arbeitsqualifikationen und organisationales Lernen; Verbesserung und qualitative Anreicherung der Arbeitsplatzstrukturen.

(1) Umbau organisatorischer Strukturen

Bauplan der öffentlichen Verwaltung ist bis heute ein bürokratischer Strukturansatz, der bereits in der Gründungsphase der modernen öffentlichen Verwaltung im 19. Jahrhundert entwickelt worden ist (vgl. Weber zuerst 1922). Zentrale Funktion öffentlicher Verwaltungen ist es, den Vollzug gesetzlicher Entscheidungsprogramme zu gewährleisten. In neuerer Zeit ist zu dieser historisch älteren Funktion ergänzend die Funktion der Politikvorbereitung hinzugetreten: Neben Gesetzesvollzug ist es Aufgabe von Verwaltung, lösungsbedürftige Probleme zu artikulieren, politische Ziele zu formulieren und Handlungsoptionen für den politischen Entscheidungsprozeß zu entwickeln.

Bei der Erfüllung beider Funktionen orientiert sich die Verwaltung an der Geltung der legitimen Ordnung (Verfassung; Gesetze; konkrete, die Verwaltung als Vollzugsorganisation betreffende Durchführungsbestimmungen). Auftrag der Sozialverwaltung als Teilsegment der öffentlichen Verwaltung ist die Erstellung und die Vermittlung öffentlicher Sozialleistungen mit dem Ziel, definierten Bevölkerungsgruppen ein gesellschaftlich notwendiges Mindestniveau individueller und familiärer Reproduktion zu sichern und die Folgen spezifischer sozialer Problemlagen zu mindern. Sie ist damit Ausfallbürge in sozialen Krisensituationen und Garant sozialer Sicherheit. Die öffentlichen Sozialleistungen können dabei in Form von monetären Hilfen (Hilfen zum Lebensunterhalt; Hilfen in besonderen Lebenslagen; Wohn- und Kindergeld usw.), aber auch in Form von nicht-monetären Subsidiarleistungen (Erziehungshilfen; Beratung; Therapie usw.) gewährt werden. Eingebunden ist das Handeln der Sozialverwaltung in formal-hierarchische Organisationsstrukturen. Diese Organisationsstrukturen können mit Kühn (1992, S. 302 ff.) in den Dimensionen „Differenzierung", „Zentralisierung" und „Standardisierung" abgebildet werden. So unterschiedlich die Sozialadministration von Kommune zu Kommune auch organisiert sein mag – es gibt Schnittmengen von Gemeinsamkeiten: Sozialverwaltung ist zum ersten gekennzeichnet durch ein hohes Maß an *vertikaler und horizontaler Differenzierung*. In vertikaler Dimension ist sie durch ein ausgeprägtes Über- und Unter-Einander von Hierarchieebenen gekennzeichnet, denen eine ungleiche Verteilung von Autorität und Informations-, Verfahrens- und Entscheidungsmacht korrespondiert. In horizontaler Dimension differenzieren sich die Verwaltungsgesamtaufgaben entlang der Gesetzessystematik in Untereinheiten (Einzelressorts) mit je spezifischer Zuständigkeit, Arbeitsform und Leistungsdomäne. Sozialverwaltung ist zum zweiten durch einen hohen Grad an *Zentralisierung* gekennzeichnet. Die Struktur von Entscheidungs- und Machtbefugnissen ist vertikal geschichtet, d.h. die Entscheidungsmacht in Grundsatzfragen und strittigen Einzelfällen, Konzeptgestaltung und Angebotsplanung, Budgetpolitik und Personalführung ist in der Organisationsspitze konzentriert (Dezernent; Amtsleiter), während die Organisationsbasis in der berufsalltäglichen Abwicklung ihrer ‚Standardfälle' über relative Unabhängigkeit und Entscheidungsselbständigkeit verfügt. Die Dienstleistungsprogramme der Sozialverwaltung sind zum dritten durch ein hohes Maß an *Standardisierung* bestimmt. Standardisierung bedeutet die Festlegung der Einzelzuständigkeiten, Kompetenzen, Arbeitsabläufe und zu erbringenden Dienstleistungen durch unpersönliche Dauerregelungen. Standardisierungen strukturieren das administrative Handeln in Routineprogrammen, die die individuelle Besonderheit des einzelnen Falls ausblenden und die Unterstützung in vorgefertigten Standardpaketen der Hilfe verpacken. Sozialadministration – so kann man zusammenfassend sagen – ist auch heute, zumindest in ihrem Kern der hoheitlichen Verwaltungsvollzüge, ein komplexes und hochgradig arbeitsteilig differenziertes System, das durch ein hohes Maß an horizontaler Differenzierung, vertikaler Machtschichtung und Maßnahmenstandardisierung gekennzeichnet ist. Diese Organisationsform aber produziert spezifische Dysfunktionalitäten – Reibungspunkte, die die Koordinaten für Kritik und zugleich Ansatzpunkte für Organisationsentwicklung sind.

Vertikale Entdifferenzierung und Verantwortungsdelegation

Die meisten heutigen Organisationspläne von Sozialverwaltung beruhen noch immer auf eindeutig hierarchischen Strukturierungen mit einer ausgeprägten vertikalen Verteilung von Entscheidungs-, Steuerungs- und Kontrollmacht. Mit der zunehmenden Komplexität alltagsweltlicher Problemlagen und spezifischer Hilfebedarfe der Adressaten Sozialer Arbeit aber wird diese Hierarchisierung mehr und mehr zum Problem. „Neue Aufgaben und wachsende qualitative Anforderungen deuten darauf hin, daß die Arbeit in öffentlichen Verwaltungen tendenziell weiter an Komplexität und Dynamik zunehmen wird. Die Bearbeitung dieser Aufgaben kann nicht mehr zentral gesteuert werden. Der auf einige Leitungsinstanzen eingeschränkte Sinnbildungsprozeß läuft nämlich Gefahr, daß komplexe Problemsituationen nur einseitig erfaßt oder gar nicht berücksichtigt werden. Die Bearbeitung komplexer Problemsituationen erfordert aber, daß kognitive und normative Sinnmuster sich situativ weiterentwickeln können. Eine kulturelle Entwicklung öffentlicher Verwaltungen ist in Form eines Lern- und Managementprozesses zu gestalten, der die Verwaltungsangehörigen sozial integriert. Das heißt Sinnentwicklung und -vermittlung erfolgen in ‚funktionaler' Hinsicht ausschließlich in einem kommunikativen Prozeß zwischen gleichberechtigten Subjekten. Nicht Machtposition, sondern die besseren Argumente sind für die Entwicklung und Vermittlung von Sinn in einem Kommunikationsprozeß zwischen Verwaltungsangehörigen entscheidend" (Fromm/Moddenborg/Rock 1995, S. 49). In diesem Zitat wird das Gegenrezept bereits deutlich: Die Schaffung von dezentralen Verantwortungsbereichen und die Delegation von Verantwortung von der Organisationsspitze auf *bereichsübergreifend arbeitende Arbeitsgruppen*, die mit einem hohen Maß an Selbststeuerungskompetenz ausgestattet sind und eine Mehrzahl von bislang entlang der vertikalen Machtschiene getrennten Funktionen (Bewirtschaftung von Ressourcen; Organisation von Arbeitsabläufen und Kooperationsverfahren; Qualitätskontrolle und Personalentwicklung) zusammenfassen und bündeln. Erste Verwirklichungen dieses Konzeptes der Enthierarchisierung sind bereits in der Erprobungsphase – so etwa im Modell der „Jugendhilfestation", das lebensweltliche Diagnose, Entscheidungsfindung, Dienstleistungserstellung und Ressourceneinsatz integriert und in kleinräumigem Ortsbezug alle Anliegen der Unterstützung und Förderung von Kindern, Jugendlichen und Familien in Form einer autonomen und sich selbst steuernden Organisationseinheit bearbeitet.

Problemfragmentierung und horizontale Aufgabenintegration

Die öffentliche Verwaltung im Allgemeinen und die Sozialverwaltung im Besonderen sind hochgradig arbeitsteilig organisierte Systeme, die auf horizontaler Ebene in das Nebeneinander von zahlreichen teilautonomen Ressorts mit je spezifischer Aufgabenstellung, Zuständigkeit und Dienstleistungsprogrammatik gegliedert sind. Diese horizontale Zergliederung von Aufgaben und Zuständigkeiten aber produziert eine (von den Klienten vielfach als verwirrend und belastend erlebte) *Fragmentierung lebensweltlicher Problemzusammenhänge*. Die Verwaltungsvollzüge der sozialen Dienstleistungsorganisation zergliedern die Ganzheitlichkeit und die Komplexität vielfältig miteinander verwobener alltagsweltlicher Problematiken. Sie zerschneiden die ganzheitlichen Problemknäuel der Lebenswelt in Teilsegmente, um diese in den umgrenzten Zuständigkeitsrahmen der jeweils zuständigen administrativen Einheit einzupassen und damit überhaupt erst bearbeitbar zu machen. „Die an den Erscheinungsformen der sozialen Probleme ansetzenden und nach Sachgebieten organisierten sozialen Dienste zergliedern die komplexen Strukturen der sozialen Probleme in ‚Fälle', deren Äußerungsform isoliert in den einzelnen Ressorts bearbeitet werden. Der Klient erscheint – einmal mehr – als Bündel von Symptomen ... Die Zuständigkeit eines Amtes (Sachgebietes) für ein einzelnes Symptom führt gleichzeitig dazu, daß andere Symptome vernachlässigt und ihre Verstärkung in Kauf genommen werden. Eine verantwortliche ‚ganzheitliche' Hilfe wird nicht geleistet" (Bronke/Wenzel 1980, S. 125). Hinzu kommt ein weiterer Aspekt: Die funktionale Arbeitsteilung führt zu signifikanten Reibungsverlusten an den Schnittstellen der Einzelzuständigkeit. Diese Reibungsverluste äußern sich u. a. in langen ‚Durchlaufzeiten' der Einzelfälle und in Mehrfachbetreuungen, die mit einer erhöhten Verausgabung von Ressourcen (Doppel-Arbeit) und einem kaum noch zu kontrollierenden ‚Aneinander-vorbei-Arbeiten' verbunden sind. Hier bedarf es einer der Enthierarchisierung korrespondierenden Verknüpfung auf horizontaler Ebene. Ein entwicklungsorientierter Reformansatz fordert hier die Aufhebung des Fachbereichsdenkens. „Dem Prinzip der Aufgabenintegration oder der ‚ganzheitlichen Aufgabenwahrnehmung' folgend kann versucht werden, möglichst viele Aufgabenbestandteile wieder zusammenzuführen. Bei Aufgaben, die nicht ohnehin aufgrund ihrer Komplexität oder ihres Umfanges die Zusammenarbeit mehrerer Mitarbeiter erfordern, kann dies zur Annäherung an das Leitbild „eine Aufgabe – ein Bearbeiter" führen. Hierdurch werden zum einen unnötige Vorgangsunterbrechungen, Doppel- und Mehrfachbetreuungen, Nach- und Rückfragen an andere (Mit-)Bearbeiter des Vorgangs vermieden und eine höhere Transparenz und Flexibilität der Bearbeitung ermöglicht. Zum anderen führt die Betreuung ganzer Vorgänge statt einzelner, routinemäßiger Teilarbeitsschritte für den einzelnen Mitarbeiter zu vielschichtigeren, interessanteren und motivierenderen Arbeitsinhalten" (Fromm/Moddenborg/Rock 1995, S. 51). Notwendige organisatorische Voraussetzung einer solchen Aufgabenintegration, die die negativen Folgen der Problemfragmentierung zu korrigieren versucht, ist die Auflösung tradierter Ressortgrenzen und die integrative Verschmelzung bislang geteilt ressortierender Zuständigkeiten (u. a. Auflösung der Grenzen zwischen Sozial- und Jugendamt, zwischen Jugendhilfe und Jugendförderung, zwischen familienergänzenden und familienersetzenden Angeboten der Jugendhilfe).

Selektiver Umweltbezug und erhöhte Problemsensibilität

Der Umweltbezug der Sozialadministration, d.h. ihr Sich-Einlassen auf lebensweltliche Problematiken, ist ein höchst selektiver. Denn: Nicht alle ‚amtsbekannten' Probleme werden Gegenstand administrativer Bearbeitung. Vielmehr werden nur solche Probleme in den Hilfeprozeß aufgenommen, die als

Anwendungsbeispiele rechtlich programmierter Sachverhalte dargestellt werden können („Sozialhilfebedürftigkeit"; „Erziehungsbedürftigkeit"; „Gefährdung der Entwicklung und des Wohls des Kindes" u.a.m.). Dies erfordert von den Praktikern aber eine spezifische ‚Übersetzungsarbeit': Sie müssen die ihnen zur Kenntnis gebrachten privaten Probleme erst einmal über Prozesse selektiver Interpretation und Bedeutungszuschreibung in ‚behörden-offizielle' Probleme übersetzen. Sie müssen diese – unter Rückgriff auf alltagsweltliche Wissensbestände und außerrechtliche Anwendungsregeln – auf programmatisch vorgegebene ‚Standardprobleme' zuschneiden, um die Zuständigkeit der helfenden Verwaltung allererst zu begründen. Diese Transformation von individuellen Problemen in administrativ anerkannte Problemfälle erfüllt eine spezifische Selektionsfunktion: Sie hilft, Problemanteile auszuscheiden, die sich gegen die Routinen einer bruchlos-unproblematischen Fallbearbeitung sperren („schwierige Fälle"). Sie sichert zugleich über die selektive Steuerung der Ressource Arbeitskraft die Konsistenz der institutionellen Organisationsmittel („wo ‚lohnt' das Investment verberuflichter Hilfe und wo nicht"). Dieses distanzierte Verhältnis zwischen dem administrativen System und seiner Umwelt ist in den letzten Jahren – angesichts der sich ständig wandelnden und zunehmend komplexer werdenden Umweltanforderungen – in die Kreuzlinien der Kritik geraten. Die Sozialadministration gerät immer mehr in die Abhängigkeit von kaum noch zu prognostizierenden ‚turbulenten' Umweltanforderungen (siehe z. B. die neuartigen Anforderungen an das System sozialer Sicherung angesichts einer Arbeitsgesellschaft, der mehr und mehr die Arbeit ausgeht). So stehen die Vollzugsbehörden sozialer Dienstleistungspolitik zunehmend vor der Notwendigkeit, sich auf die Lebenswelt ihrer Adressaten einzulassen und ihren selektiven Umweltbezug zu lockern. Sie müssen die lebensweltlichen Definitionen ihrer Adressaten aufgreifen und ihr Unterstützungshandeln auf jene Interaktionsnetze und strukturellen Kontexte ausweiten, in denen problematische Lebenslagen verortet sind. Hinter der Forderung nach situations- und problemnahen Arbeitsformen verbirgt sich ein weiterer Sachverhalt: die eingeschränkte Zukunftsperspektive einer, die Not nur verwaltenden Sozialadministration. Die passive Institutionalisierung des behördlichen Unterstützungsmanagements (die „Komm-Struktur" der Sozialverwaltung) führt nämlich dazu, daß übergreifende strukturelle Problementwicklungen, die sich mittelfristig in veränderten Anforderungen an die Sozialbehörden niederschlagen können, nur bedingt (wenn überhaupt) vorhergesehen werden können. Eine eingeschränkte Prognosefähigkeit, eine mangelnde Sensibilität für dynamische Veränderungen und Umschichtungen in den lebensweltlichen Bedarfslagen und eine nur sehr geringe zukunftsorientierte Steuerungskapazität sind die Folge. Dieser strukturelle Mangel kann aber innerhalb der beschriebenen Organisationsstrukturen der Sozialverwaltung nicht grundsätzlich behoben werden. Abhilfe verspricht allein die Errichtung eines problemsensiblen ‚Frühwarn-Systems', das neuartige soziale Problemlagen registriert, aufgreift und bewältigt, bevor diese sich in Störungsprofilen und Abweichungskarrieren verfestigen können. Erste Ansatzpunkte einer produktiven Organisationsentwicklung können hier sein: die Dezentralisierung der Dienstleistungsgestaltung und die Einrichtung von bürgernahen

Verwaltungseinheiten im Stadtteil; die Vernetzung der vorgeschalteten ‚Diagnosestellen' (Kindergärten und Kindertagesstätten; Schulen und Jugendfreizeiteinrichtungen; freie Kinder- und Jugendprojekte und stadtteilbezogen arbeitende Beratungsdienste); die Installation einer sensiblen Diagnose-Apparatur, die Brüche in individuellen Biographieverläufe und familiären Sozialisationsleistungen frühzeitig anzeigt und zugehend-unterstützende Hilfestellungen verfügbar macht.

(2) Teamkultur und Organisationsidentität

Ziel der Organisationsentwicklung auf der Ebene der kommunikativen Prozesse ist die zielgerichtete Einbeziehung der MitarbeiterInnen in Problemlösungsprozesse und die Schaffung einer Sicherheit stiftenden Teamkultur. Die Bedeutung von offenen kommunikativen Austauschformen und von eigenverantwortlich-kooperativen Handlungsweisen ergibt sich aus einer einfachen Einsicht: Die Mitarbeiter sind der wichtigste Leistungsfaktor der Verwaltung. Ohne ihr Engagement kommen kaum nennenswerte Leistungen zustande. Die Mitarbeiter engagieren sich aber erst dann, wenn ihre Anliegen und Interessen ernst genommen werden und ihre Arbeitsvollzüge in eine offene, fördernde und wertschätzende Atmosphäre eingebettet sind. Daß dies nicht selbstverständlich ist, das zeigen vielfältige Beispiele von Empowerment-Projekten, die nicht am guten Willen, wohl aber an unzureichenden kooperativen Bezügen gescheitert sind. Für die Schaffung einer förderlichen Teamkultur gibt es keine Patentrezepte. In der Literatur werden vielfältige ‚Verordnungen' gehandelt (vgl. Bullinger u. a. 1995; Guttierez/GlenMaye/DeLois 1995; Ortmann 1995): *Die Gestaltung von angemessenen Informationsabläufen:* Die Implementation von innovativen Arbeitsformen setzt die Entwicklung offener und flexibler Kommunikationsstrukturen voraus (problemlösungsorientierte Zusammenarbeit zwischen den an einer Aufgabe beteiligten Akteuren in Form von Gesprächen und Gruppendiskussionen). Eine produktive, kognitiv-dispositive Problemlösungsarbeit ist nur möglich auf der Basis einer ‚betriebsinternen' Demokratisierung von Information. Offene Kommunikation aber macht es unerläßlich, daß alle Mitarbeiter auf allen Ebenen der Hierarchie Zugang zu umfassender Information haben und Verfahren, Entscheidungsabläufe und Beschlußergebnisse auf diese Weise für alle eine signifikante Transparenz gewinnen (vgl. Ortmann 1995, S. 64 f.). *Kollegiale Supervision und Prozeßevaluation:* Die Offenheit der Kommunikation im Verbund mit der (schon beschriebenen) Erweiterung der Dispositionsfreiräume der einzelnen Mitarbeiter schaffen ein Betriebsklima, das eine wechselseitige ‚prüfende Reflexion' des beruflichen Handelns im Sinne einer turnusmäßigen kollegialen Supervision und Prozeßevaluation möglich macht. Eingebunden in ein Klima der Sicherheit und der Wertschätzung wird es dem einzelnen Mitarbeiter möglich, Konfrontation und Kritik auszuhalten (z. B. die Kritik an einem zu direktiven, die Selbstbestimmung des Adressaten beschneidenden Interventionsstil), Kapazitäten einer kollegialen Selbststeuerung auszubilden und die oft holprigen und zwischen Fort- und Rückschritten alternierenden Implementationsverläufe mit einem kritischen Auge zu betrachten. *Die Entwicklung von Füh-*

rungskompetenz: Projekte der Organisationsentwicklung leben von Führungskräften, die ihre Funktion nicht auf eine machtgestützte Steuerung und Kontrolle der Verwaltungsabläufe beschränken, sondern vielmehr ihre Aufgabe in der Förderung der Beschäftigten sehen (Führungskompetenz als ‚Coaching' der Mitarbeiter). Führungskräfte, die ihren Mitarbeitern Vertrauen entgegenbringen, sie ermutigen und mit mutmachendem Vorbild vorangehen, sind ‚Motoren' der Leistungsbereitschaft und der Leistungskraft aller Organisationsmitglieder. Das engagierte Eintreten der Führungsetage für Empowerment und innovative Praxis, die offensive Präsentation der Empowerment-Praxis nach außen (eine selbstbewußte Public-Relations-Arbeit für die eigene Empowerment-Praxis in der institutionellen Außendarstellung) und ihre Verteidigung auch gegen die Einsprüche, Vorbehalte und Kritiken anderer Dienste im kommunalen Netzwerk stärken den Rücken der Mitarbeiter in den vielen kritischen Situationen ihres beruflichen Alltags und schaffen eine gemeinsame, die eigene berufliche Identität beglaubigende Teamkultur. *Die Entwicklung einer gemeinsamen Organisationsphilosophie:* Das letzte Ziel eines entwicklungsorientierten Organisationsansatzes ist die Implementation eines Systems gemeinsamer handlungsleitender Überzeugungen und Verpflichtungen (Organisationsidentität – corporate identity). Alle Untersuchungen belegen übereinstimmend die besondere Bedeutung dieses Aspektes. Die Erfahrung, daß man nicht Einzelkämpfer in Sachen Empowerment ist, und die Sicherheit, daß die anderen Teammitglieder in gleicher Weise einer gemeinsam geteilten Philosophie des beruflichen Handelns folgen, schafft einen Background von Verläßlichkeit, der sowohl in den Auseinandersetzungen mit den Vertretern anderer Institutionen (Außenbeziehungen) als auch in der Bewältigung schwieriger Situationen in der Arbeit mit einzelnen Adressaten (Binnenbeziehungen) ein wirksamer Schutzschild sein kann.

(3) **Kompetenzerweiterung und organisationales Lernen**

Die Neuformierung institutioneller Strukturen und die erfolgreiche Implementation von Empowerment-Programmen erfordert schließlich eine Erweiterung und Aufwertung des Qualifikationsniveaus der Mitarbeiterinnen und Mitarbeiter. Gerade eine institutionelle Problemlösungskultur, die auf die dispositiven Kompetenzen der MitarbeiterInnen, ihre Eigenverantwortlichkeit und kooperative Selbststeuerungsfähigkeit vertraut, ist auf ein beständiges „learning on the job" aller Organisationsmitglieder notwendig angewiesen. „Eine kulturelle und organisatorische Entwicklung in öffentlichen Verwaltungen erfordert die Fähigkeit zum Lernen auf individueller und institutioneller Ebene. Kognitiv-dispositive Problemlösungsarbeit setzt auf individueller Ebene die Fähigkeit voraus, geeignete fachliche, kommunikative und soziale Kompetenzen auszubilden. Einsichten, Wissen und Assoziationen zwischen vergangenen und zukünftigen Handlungen sind zu vermitteln. Lernen ist auch auf institutioneller Ebene ein kommunikativer Prozeß, in dem eine konstruktive und reflexive Auseinandersetzung zwischen den Verwaltungsangehörigen zur Entwicklung innovativer Handlungsmuster führt. Die Transformation öffentlicher Verwaltungen auf das Niveau lernfähiger Organisationen bedarf der Beseitigung wesentlicher Lernhindernisse in Form bürokratisch-hierarchischer Verfahrensregeln zugunsten interaktiver Arbeitsprozesse" (Fromm/Moddenborg/Rock 1995, S. 50). Ziel auf dieser Ebene der Personalqualifikation ist *die Schaffung einer institutionellen Lernkultur* (Ortmann 1995 spricht in diesem Zusammenhang von „learn management"; vgl. im gleichen Sinn Bobzien 2002), die für den einzelnen Mitarbeiter durch den Zugewinn von neuen fachlichen, kommunikativen und sozialen Kompetenzen ein Mehr an Arbeitsplatzqualität schafft und zugleich für das institutionelle Ganze ein Mehr an Dienstleistungsqualität herstellt. Unverzichtbare Requisite einer solchen institutionellen Lernkultur sind u. a.: die Ermutigung der Mitarbeiter zu beständiger Weiterbildung und In-Service-Training („das Schaffen von Situationen des kollektiven Weiter-Lernens"); die Unterstützung der Mitarbeiter in ihrem Bemühen, die eigenen Kompetenzen und Schwerpunktsetzungen entsprechend den eigenen Interessen und den fachlichen Notwendigkeiten weiterzuentwickeln sowie bestehende Praxisprogramme zu erweitern und gemäß den eigenen Fähigkeiten und Kenntnissen umzubuchstabieren; sowie eine flexible Arbeitszeitgestaltung (Arbeitszeitkonten; ‚Sabbat'-Zeiten für berufliche Weiterbildung), die einen befristeten Ausstieg aus der beruflichen Tätigkeit zum Erwerb von institutionell nutzbaren Qualifikationen möglich macht. Eine so in Stichworten beschriebene institutionelle Kultur beständigen Weiter-Lernens ist Schlüssel zum Gelingen jedweder Organisationsreform – sie ist ein wirksames Gegenrezept gegen Resignation, Motivationsverlust und Burning-Out und schafft ein innovationsfreundliches Klima der Ermutigung.

4.4 Empowerment auf der Ebene von Stadtteil und sozialräumlichen Kontexten

Wenden wir uns der letzten Ebene der Empowerment-Arbeit zu: der Ebene der Nachbarschaft und des Quartiermilieus. Wir betreten hier das analytische Feld der Stadtsoziologie – und deren Gegenwartsdiagnosen sind eindeutig: Da ist von einer „bedrohten Stadtgesellschaft" (Anhut/Heitmeyer 2000) die Rede, die „Rückkehr städtischer Armutsquartiere" (Keim/Neef 2000) wird diagnostiziert, die „Stadt der Ausgegrenzten" (Häußermann/Siebel 2000) und „Räume der gesellschaftlichen Exklusion" (Keim 2004) werden entdeckt. Gemeinsam ist diesen neuen stadtsoziologischen Studien der Befund von der *Spaltung der Städte:* Der Riß geht mitten durch die Stadt. In ihrem Zentrum die „erste Stadt", das in Hochglanz-Architektur eingekleidete Stadtzentrum, in dem – im überregionalen und internationalen Wettbewerb miteinander konkurrierend – Handel und Dienstleistung der wirtschaftlichen Global Players, Konsum und kulturelle Inszenierung verortet sind. Und an den Rändern der Stadt die Quartiere von Bevölkerungsgruppen in prekären Lebensverhältnissen, die Orte einer residenziellen sozialen Segregation, in denen die Brücken zur Normalgesellschaft mehr und mehr abreißen, soziale Probleme sich verdichten und die „ausgrenzende Eingeschlossenheit" (Keim/Neef 2000, S. 266) vielfach nur noch beaufsichtigend und kontrollierend verwaltet wird. „In allen Großstädten" – so die Diagnose von Keim/Neef (2000) – „gibt es heute Problemviertel mit seit langem als überwunden geglaubten Verelendungs- und neuen Ausgrenzungsphänomenen. Die gesellschaftliche Spaltung zwischen „drinnen" und „draußen" verfestigt sich mit der Existenz dieser Quartiere, in denen die wesentlichen Bedingungen für Marginalisierungsprozesse zusammentreffen: objektive Benachteiligungen (Langzeitarbeitslosigkeit, geringes Bildungsniveau, schlechte Wohnverhältnisse) und der Abbruch von Beziehungen zur Normalgesellschaft, verbunden mit dem Verlust von Fähigkeiten, einer Erwerbsarbeit überhaupt nachzugehen" (Keim/Neef 2000 S. 248). Diese sich beschleunigenden Entwicklungen sozialräumlicher Spaltung gehen einher mit einer neuen Konjunktur der raumbezogenen Sozialen Arbeit. Bereits Mitte der 1990er Jahre wurden – zunächst in Hamburg und in Nordrhein-Westfalen (vgl. Alisch/ Dangschat 1993; 1998) – Förderprogramme für benachteiligte städtische Gebiete aufgelegt. Heute – zehn Jahre später – sind mehr als 350 solcher Quartiere in das Bund-Länder-Programm „Stadtteile mit besonderem Entwicklungsbedarf – Die soziale Stadt" aufgenommen – eine Zahl, die sicher noch größer wäre, wären die Finanzetats nicht bereits ausgeschöpft. Im Herzen dieses sozialräumlichen Aktionsprogramms steht die Zielsetzung, *das Quartier als Ressource der Lebensbewältigung* zu entwickeln und die Abwärtsspirale von Armut, Ausgrenzung und sozialem Rückzug durch die Förderung von baulich-struktureller Lebensqualität, durch die soziale Vernetzung der Bewohnerschaft und die Aktivierung von lokaler Gemeinschaftlichkeit zu bremsen. Empowerment als handlungsleitendes Prinzip der sozialräumlichen Sozialen Arbeit meint hier: die Menschen „vor Ort" ermutigen und befähigen, ihre Stimme zu erheben, ihre (raum- und alltagsbezogenen) Bedürfnisse zu artikulieren, eigene Ressourcen zu entdecken und ihre Lebensverhältnisse gemäß der eigenen Interessen zu gestalten. Diese Begriffsbestimmung macht eines deutlich: Eine sozialräumliche Arbeit, die sich dem Empowerment-Konzept verpflichtet weiß, formuliert einen Gegenpart gegen die Top-Down-Strategien einer stellvertretend planenden Stadtentwicklungspolitik. Nicht (alleine) die Expertenschaft von Sozialraumplanern, Stadtarchitekten und Sozialdemographen ist hier gefragt. Anknüpfend an alte Traditionslinien einer in politischen Kategorien formulierten parteilichen Gemeinwesenarbeit zielt die Arbeit vielmehr auf die Aktivierung der Bewältigungsressourcen der Bewohnerschaft und auf ihr produktives Vermögen, zu Aktivposten in der Gestaltung der eigenen sozialräumlichen Lebenswirklichkeit zu werden.

4.4.1 Dynamiken sozialräumlicher Segregation

Sozialräumliche Arbeit heute ist eingebunden in das Spannungsfeld vielfältiger struktureller Umbrüche und Verwerfungen. Gemeinsamer Nenner der Vielzahl aktueller stadtsoziologischer Studien (vgl. weiterführend Anhut/ Heitmeyer 2000; Friedrichs/Blasius 2000; Häußermann/Siebel 2004; Häußermann/Kronauer/Siebel 2004) ist die Diagnose multipler sozialer Spaltungen. Vier Problemlinien sollen hier benannt werden (vgl. ausführlich Herriger 2006; Knopp 2006):

Die Verstetigung von Einkommensarmut und Arbeitslosigkeit: Die sich beschleunigende Deindustrialisierung ganzer Wirtschaftsregionen, die Automatisierung der Produktion und Standortverlagerungen ins Ausland führten seit Beginn der 1980er Jahre zu einem signifikanten Verlust von Arbeitsplätzen im Bereich der gering qualifizierten Arbeitnehmer, welcher auch durch eine ‚Umleitung' dieses Arbeitsvermögens in den Dienstleistungssektor nicht aufgefangen werden konnte. Diese Welle der Exklusion der „Jedermann-Qualifikationen" aus dem Arbeitsmarkt war zudem begleitet durch eine durchgreifende Prekarisierung der qualifizierten betrieblichen und dienstleistenden Arbeit. Gemeinsam führten diese Veränderungen des Arbeitsmarktes zu einer Entqualifizierung des Arbeitsvermögens, zu einem Anwachsen von armutsnahen Beschäftigungsverhältnissen im Niedriglohnsektor und zu einer dauerhaften Ausgrenzung nicht marktfähigen (weil nicht umfassend qualifizierten) Arbeitsvermögens aus dem Arbeitsmarkt. Am Rande der Arbeitsgesellschaft entstanden so neue Risikogruppen der Armut („new urban underclass"), denen der Zugang zu einer stabilen Arbeitsmarktintegration dauerhaft verwehrt ist: Mehrpersonenhaushalte mit nur einem Einkommen im Niedriglohnsektor oder in Arbeitslosigkeit; Ein-Elternteil-Familien mit nur geringer Arbeitsmarktintegration; Zuwanderer und Migrantenfamilien der ersten Generation; Jugendliche und junge Erwachsene ohne Zugang zum Arbeitsmarkt.

Die Verfestigung von sozialräumlichen Mustern der residenziellen Segregation: Die Deregulierung des Wohnungsmarktes und eine renditeorientierte Investitionspolitik des privaten Marktes führten zu einer Verknappung des innerstädtischen Wohnungsangebotes für einkommensschwache Haushalte. Diese Engführung des niedrigpreisigen Wohnungsangebots löste jedoch eine Welle höchst selektiver innerstädtischer Wanderungsprozesse aus: Haushalte in prekären Lebensverhältnissen konzentrierten und konzentrieren sich in benachteiligten Wohnquartieren, deren bauliche, infrastrukturelle und stadtkulturelle Armut ein renditeorientiertes Investment des privaten Marktes auch in der Zukunft nicht lohnend erscheinen lassen. Mit dieser Einwanderung von Armutshaushalten in bereits benachteiligte Quartiere wächst zugleich die ethnische Heterogenität und die kulturelle Fremdheit dieser unfreiwilligen Nachbarschaften. Überschreitet diese Heterogenität und Fremdheit aber einen kritischen Punkt, so beschleunigt sich die Abwanderung der alten (mehrheitlich deutschen) Stammbevölkerung (Singles; junge Familien in relativ stabilen Einkommenslagen). Diese Bevölkerungsgruppen wandern aus in Wohnstandorte, die Lebensqualität und soziale Homogenität zu einem bezahlbaren Preis miteinander verknüpfen. Diese hier beschriebenen Prozesse innerstädtischer Wanderung und Sukzession führen auf diese Weise zu einer Entmischung der Wohnbevölkerung entlang der Koordinaten von Einkommen, Familienstatus und Nationalität; es entsteht eine innerstädtische Landkarte residenzieller Segregration.

Die Entstehung von „Kolonien der Ausgeschlossenen": Die Konzentration von benachteiligten Bevölkerungsgruppen auf das enge Territorium ohnehin schon benachteiligter Quartiere führt zu zusätzlichen diskreditierenden Effekten für die Menschen mit dieser Adresse („eine arme Nachbarschaft macht die Bewohner noch ärmer"). Häußermann (2000, S. 17 ff.) beschreibt diese benachteiligenden Kontexteffekte („Abwärtsspirale") wie folgt: Die selektive Abwanderung von einkommenssicheren Haushalten und das hieran geknüpfte Absinken der ortsgebundenen Kaufkraft führen in einer zweiten Welle zu einer Auswanderung des Kapitals und zu einer Minderung der Investments. Die Folge: das Veralten und der Verfall des Wohnraumbestandes; ein Down-Grading des (halb-) öffentlichen Raumes und ein Ausdünnen der kommerziellen, kulturellen und sozialen Infrastruktur. Hinzu kommt: Schlechte materielle Wohn(umfeld-)bedingungen verringern den Horizont der Lern-, Erfahrungs- und Gestaltungsmöglichkeiten der Kinder und Jugendlichen. Enge Wohnungen, die keine ungeteilte Privatheit zulassen, ein betoniertes, naturfernes Wohnumfeld, wenige anregende und die Eigengestaltung herausfordernde Spielmöglichkeiten, durch Schnellstraßen und Bahnlinien eingezäunte Aktionskreise – all dies sind Eckwerte einer anregungsarmen sozialräumlichen Umwelt, die den Kindern und Jugendlichen wenig Stoff für eine entdeckendlernende, kreative und gestaltende Umweltaneignung bereitstellt. Und ein weiterer diskreditierender Kontexteffekt: Die Erfahrungswelt der Kinder wird durch die fehlende soziale Repräsentation von Normalitätsnormen (insbesondere Erwerbsrollen; eine marktangepaßte Arbeitsethik; regelmäßiger Schulbesuch und schulische Leistungsbereitschaft u. a.m.) weiter eingeschränkt. Hoch segregierte Armutsquartiere werden so zu einem ‚Sozialisationsmilieu der Abweichung'; das Fehlen von Normalitätsmodellen und sozialen Verpflichtungen, die ein „normales Leben" ausmachen, programmiert einen stillen lebensgeschichtlichen Drift der Kinder in eine abweichende ortsgebundene Minderheitskultur, die gegenüber dem Mainstream der Mehrheitsgesellschaft die Legitimität einer „Normalität der Abweichung" aggressiv behauptet.

Die Verschärfung der ethnischen Segregation nach innen: Auch im Binnenraum dieser Quartiere der Überflüssigen vollziehen sich Prozesse der Separation und der Segregation: Auf engem Raum und in unfreiwilliger Nachbarschaft bilden sich nach außen hermetisch geschlossene „ethnische Kolonien". Dies bedeutet: Es vollzieht sich eine innerquartierliche Entmischung der Lebenswelten entlang der Dimensionen von Ethnie, Nationalität und Religion („Parallelgesellschaften"). Diese ethnischen Kolonien sind kleinräumige homogene Gemeinschaften, die nach innen stark integriert und somit Schutzschild gegen die konflikthafte Unübersichtlichkeit einer multiethnischen Nähe sind. Diese ethnisch homogenen lokalen Kulturen vermitteln zum einen Schutz, Verbundenheit und Ortsidentität. Sie produzieren zum anderen soziale Schließungen, sie zeichnen eine Grenzlinie zwischen Innen und Außen, zwischen Zugehörigkeit und Fremdheit, entlang derer sich interethnische Konflikte im Quartier entzünden. Die Folge dieser ethnischen Segregation im Binnenraum benachteiligter Quartiere ist eine Aufkündigung von gruppenübergreifender Solidarität sowie das Verblassen von Gemeinsinn. Die Wohnbevölkerung spaltet sich in konkurrierende, sich wechselseitig abgrenzende und bedrohende Teilgruppen, denen nurmehr eines gemeinsam ist: eine lokale Kultur der Gleichgültigkeit.

4.4.2 Kollektive Ressourcen stärken: Offene Horizonte einer Empowerment-Arbeit im Stadtteil

Die soziologische Forschung betrachtet diese kritischen Entwicklungen mit einem distanzierten, analytisch-sezierenden Blick. Geprägt ist diese wissenschaftliche Wahrnehmung städtischer Lebenswirklichkeiten in weiten Passagen von einem *Defizit-Blick auf Orte und Menschen*. Negative Szenarien vom Verfall der baulichen Substanz, vom Versiegen ökonomischer Impulse, von der Verödung der infrastrukturellen und kulturellen Landschaft bestimmen die forscherische Sicht auf „Stadtteile mit besonderem Entwicklungsbedarf". Zugleich werden die Menschen, die hier ihre Wohnadresse haben, als wehrlose Opfer der (oben dargestellten) übermächtigen Verwerfungen struktureller Makromilieus beschrieben. Ihre Lebenslagen und Lebenserfahrungen, ihre biographischen Geschichten, ihre sozialen Bindungsnetzwerke und Alltagsgeschicklichkeiten erscheinen so auch dem wissenschaftlichen Blick nur allzu oft allein als Defizit, Mangel und Ungenügen. Die Folge dieses Defizit-Blicks aber ist, daß die vorhandenen Lebensfähigkeiten und Alltagskompetenzen der Menschen, denen die sozialräumliche Arbeit begegnet, ihre produktiven Ressourcen von Lebensbewältigung und Lebenskraft aus dem Blick geraten. „Die sozialwissenschaftliche Stadt- und Armutsforschung befaßte sich bis Anfang der 1990er Jahre vorwiegend mit den strukturellen Dimensionen sozialer und räumlicher Marginalisierung, ermittelt mit objektiven Kriterien und standardisierten Variablen, zumeist bei großen Populationen. Das wissenschaftliche Interesse richtete sich auf die Probleme randstädtischer Neubausiedlungen, die Entwicklungen in altindustriellen Städten vor dem Hintergrund regionaler Ungleichheiten, die Betroffenheit, Dauer und Kumulation von Armutslagen und die Situation der Ausländer in den Städten. Der innere Zusammenhang von sozialer und räumlicher Marginalisierung blieb jedoch bis dahin systematisch nur wenig geklärt. Die Haltungen und Verhaltensweisen der Betroffenen wurden in dieser Forschung vernachlässigt. Marginalisierte wurden nur selten als handelnde Subjekte, sondern als Träger von Defiziten überwiegend der Arbeitsmarktanforderungen oder als Träger von Diskriminierungsmerkmalen (Herkunft, Geschlecht, Alter) gesehen. Die Armutsquartiere erschienen so als ‚Behälter-Raum', der mit Armutsbevölkerung gefüllt wird" (Keim/Neef 2000, S. 252 f.). Die neuere Forschung ist auf diesen blinden Fleck auf der wissenschaftlichen Netzhaut aufmerksam geworden. Sie folgt einer explizit formulierten Ressourcenperspektive – dies freilich ohne ‚die harte Wirklichkeit' der benachteiligenden und ausgrenzenden Lebensbedingungen in problematischen Stadtvierteln aus den Augen zu verlieren. In diesen Studien dokumentiert sich *die Wiederentdeckung des Milieus* als einer intermediären Instanz, die zwischen der Ebene der sozialräumlichen Strukturen einerseits und der Ebene des Erlebens und Handelns der Wohnbevölkerung andererseits vermittelt. Der Blick richtet sich hier auf die je konkreten Webmuster von Ressourcen und Restriktionen der aktiven Lebensgestaltung im Quartier; der Wahrnehmungshorizont öffnet sich für die ortsgebundene kollektive Praxis der Alltagsbewältigung der Bewohner selbst. Die milieuspezifischen Lebenswelten und die in ihnen eingelagerten Aneignungsmuster sozialer Lebenswirklichkeiten erscheinen somit als Ressource, als eine „schützende Stützstruktur" (Keim/Neef 2000, S. 253), die (zumindest potentiell) als Filter strukturell ungleicher Lebensverhältnisse wirken kann und die Entwicklungsketten der Verfestigung von sozialer Benachteiligung wirksam und nachhaltig zu unterbrechen hilft. Das Empowerment-Konzept, auf sozialräumlicher Ebene dekliniert, bricht also mit dem Blick auf die Schwächen und Abhängigkeiten. Menschen werden hier nicht mehr (allein und ausschließlich) aus einer Opferperspektive wahrgenommen. Ganz im Gegenteil: Sie werden – auch in Lebenslagen der Exklusion – in der Rolle von kompetenten Akteuren wahrgenommen, die über das Vermögen verfügen, ihren Lebensalltag in der Bündelung kollektiver Kräfte aktiv zu gestalten. Empowerment-Arbeit auf der Ebene sozialräumlicher Aggregate (raumbezogenes Empowerment) zielt somit auf die *Förderung von kollektiven Ressourcen „vor Ort"*, auf die Förderung von Stärken, Fähigkeiten und Talenten einer Mehrzahl von Quartiersbewohnern also, die im kooperativen Handeln von Hausgemeinschaften, Nachbarschaften, Bewohnerversammlungen und lokalen Aktionsgruppen entstehen und wachsen. Ein Blick auf die Agenda der im Bund-Länder-Programm „Stadtteile mit besonderem Entwicklungsbedarf – Die Soziale Stadt" zusammengeschlossenen Projekte läßt vor allem zwei Aktionsstrategien erkennen, die diesem Ziel einer sozialräumlichen Ressourcenaktivierung dienen:

Vernetzung, soziale Unterstützung, „embedding": Empowerment zielt zum einen auf das Stiften von neuen Netzwerken und Zugehörigkeitsgemeinschaften – vor allem dort, wo die Resignation, die Demoralisierung und die Entmutigung der Bewohner einen autonomen Prozess der Selbstorganisation sabotieren (und dies ist die Startsituation vieler sozialräumlicher Projekte). Hier ist Empowerment Zündfunke einer solidarischen Vernetzung. In vielfältigen kleinen Aktionen, die erste bescheidene Schritte hin zu einer Verbesserung der Lebensqualität vor Ort sein können, bringt eine solche pädagogische Regiearbeit Menschen mit vergleichbaren Anliegen und Betroffenheiten zusammen, sie macht Mut, liefert Assistenz bei der Formulierung und Adressierung von Anliegen und unterstützt die Menschen in ihrem je eigenen Weg der Aneignung und der Gestaltung ihrer Lebenswelt. Gelingt es auf diese behutsame und nicht-bevormundende Weise, ein buntes Patchwork von Netzwerken zu stimulieren, die von Vertrauen und Vertrautheit, von Solidarität und wechselseitiger Anerkennung getragen sind, so mehrt sich das soziale Kapital des Stadtteils. Die Bewohner entwickeln ein Gefühl der Zugehörigkeit und der Verbundenheit über Generationengrenzen und ethnische Barrieren hinweg („embedding"), sie erfahren hilfreiche emotionale und alltagspraktische Unterstützung in der Besorgung von Alltagsanliegen, sie treten aus dem Schatten einer amtlichen Fürsorglichkeit hinaus in eigene Verantwortungsrollen und werden so zu Aktivposten in der Gestaltung ihrer erweiterten sozialen und räumlichen Umwelt.

Politikfähigkeit, Interessenorganisation, politische Einmischung: Empowerment zielt zum anderen auf eine „Ermutigung zum aufrechten Gang" (Keupp 1997) und auf die Bekräftigung der Politikfähigkeit der Bewohnerschaft. Politikfähigkeit – so sagten wir – umfaßt nach sozialwissenschaftlicher Definition zwei Komponenten: Organisationsfähigkeit und Konfliktfähigkeit. Organisationsfähigkeit meint in diesem Zusammenhang die Kompetenz der Quartiersbewohner, die widerstreitenden partikularen Bedürfnisse und Interessen einzelner Bewohnergruppen – wie z. B. die Interessen der älteren Bürger gegen die Interessen der Kinder – miteinander in lebbaren Kompromißformeln zu versöhnen („Interessenmediation"), ein begründetes kollektives Interesse in die Kanäle von Politik und Verwaltung ‚einzufädeln', es meint bürokratische Kompetenz im Umgang mit der Sprache, den Verfahren, Regelungen und Begründungsnotwendigkeiten des politisch-administrativen Systems wie auch die Fähigkeit, auf der Klaviatur der medialen Selbstdarstellung zu spielen. Konfliktfähigkeit bedeutet hingegen, die Teilhabe an Prozessen der politischen Willensbildung einzufordern, die Verweigerung von Entgegenkommen und Konsensbereitschaft „auf der anderen Seite" zu skandalisieren, sich machtvoller Bündnispartner in Politik, Verbänden und Zivilgesellschaft zu versichern und so Widerstandsmacht geltend zu machen. Auf diesem oft zunächst unsicheren und mit vielen Stolpersteinen gepflasterten Weg in die politische Selbstbestimmung verlassen die Menschen die ausgetretenen Pfade erlernter Hilflosigkeit. Sie gewinnen – gemeinsam mit anderen – Zuversicht, sie übernehmen Regie und Verantwortung in der Gestaltung lokaler Lebensverhältnisse und werden Schritt für Schritt zu einem Machtfaktor auf der Bühne der lokalen Öffentlichkeit.

Die komplexe Problemlage in benachteiligten Stadtteilen, in der bauliche Desintegration, soziale Probleme und interagierende Kontexteffekte miteinander verwoben sind, erfordert ein integriertes Reformprogramm der Stadtteilentwicklung. Nicht also das unverbundene Nebeneinander von baulicher Modernisierung, lokaler Wirtschaftsförderung, ortsgebundenen Arbeitsprojekten und pädagogischen Initiativen – gefordert ist eine integrierte Politik, welche alle Akteure einbezieht und eine ressourcenorientierte Soziale Arbeit mit ortsspezifisch zugeschnittenen Beiträgen der Stadtentwicklungs-, Arbeitsmarkt-, Wohnungs-, Wirtschafts- und Sozialpolitik zu einem koordinierten Ganzen verknüpft (so auch die explizite Zielstellung des Programms „Stadtteile mit besonderem Entwicklungsbedarf"). In dieser „konzertierten Aktion" lassen sich freilich unterschiedliche Schwerpunkte und fachliche Zuständigkeiten unterscheiden. Wir wollen hier zwei Ebenen differenzieren: Zum einen eine integrierte, vernetzte und ressortübergreifend gestaltete Stadtteilentwicklung, in der die verschiedenen Ressorts von Politik, Kommunalverwaltung und Arbeitsagentur gemeinsam im Sinne der Bedarfe des sozialen Raumes agieren. Und zum anderen die aktivierende, organisierende und moderierende Arbeit im Stadtteil selbst, die sich – wie oben beschrieben – die Förderung von sozialen Zugehörigkeitsnetzwerken und den Aufbau von vielfältig-bunten Strukturen der Partizipation und politischen Beteiligung der Bewohner auf die Fahnen geschrieben hat.

Perspektiven einer integrierten und ressortübergreifenden Stadtteilentwicklung: Auf die Bedeutung eines ressortübergreifenden integrierten Handlungsprogramms macht Häußermann (2004) aufmerksam. Er fordert eine Modernisierung von Politik und Verwaltung, in der die Sozialraumentwicklung zu einer Querschnittsaufgabe wird – über alle Ressortgrenzen und vertikale Organisationslinien hinweg – und er fordert die Einführung von neuen Strategien der Reformimplementation („new governance"). „‚Governance' bezeichnet die Organisation von Politiksteuerung, die sich nicht auf den administrativen Apparat beschränkt. Sie stellt in Rechnung, daß an der Entwicklung von Stadtteilen eine Vielzahl von öffentlichen und nicht-öffentlichen Akteuren in einem komplexen Zusammenspiel beteiligt ist – im Unterschied etwa zur Durchsetzung von rechtlichen Normen. Schlichte top-down-Strategien sind in einem solchen Handlungsfeld überfordert bzw. nicht erfolgreich durchsetzbar. Mit dem Programm Soziale Stadt sollen neue Formen von „urban governance" angestoßen und erprobt werden. Dazu gehört die Überwindung von drei Grenzen, die jeweils spezifische Reibungsverluste und Blockaden verursachen: die Grenze zwischen den Fachressorts bzw. Dezernaten; die Grenze zwischen öffentlichen und nicht-öffentlichen Akteuren, die Grenzen zwischen Verwaltung und Bürgern bzw. Bewohnern. Die Überwindung dieser Grenzen soll Synergieeffekte freisetzen und Engagement für die Bewältigung komplexer Problemlagen wecken" (Häußermann 2004, S. 24; vgl. Seyboth 2008).

Vor dem Hintergrund der Erfahrungen der Entwicklungsprojekte der Stadt Essen formuliert Lüttringhaus (2000) dieses Anliegen in gleicher Weise: „Auf der Ebene der Gesamtstadt geht es zum einen darum, Geldströme in die benachteiligten Gebiete umzulenken, die von der Reststadt abgespalten sind, zum anderen darum, über neue Kooperationsstrukturen zwischen den verschiedenen Ämtern, Vertretern von Arbeitsamt, Privatwirtschaft, Verbänden, Universitäten usw. die Rahmenbedingungen „von oben" so zu verbessern, daß die vorhandenen Ressourcen unkomplizierter „von unten" gebündelt und effektiver genutzt werden können. Ziel ist eine Struktur, auf die die MitarbeiterInnen an der Basis zurückgreifen können, um nicht bei jedem einzelnen Projekt stets mühsam die verschiedenen AnsprechpartnerInnen suchen und die Fäden zusammenknüpfen zu müssen" (Lüttringhaus 2000, S. 83).

Ein Blick auf den Politik- und Verwaltungsalltag der Kommunen dokumentiert, daß diese Forderung nach einer Abkehr von der sektoralen Linienverwaltung, so richtig sie auch ist, noch wenig geübte Praxis ist. Unterschiedliche Finanzierungsgrundsätze, nicht abgestimmte Rechts- und Erlaßgrundlagen, vor allem aber Ressort-Egoismen und nicht kompatible Verwaltungssprachen und –kulturen stehen einer Vernetzung von Teilpolitiken, Verwaltung und Markt entgegen. Einen Schritt in die richtige Richtung weisen hier die Projekte der Stadt Essen: Dort realisiert ein „Verwaltungskoordinator" (allerdings beschränkt allein auf den Zuständigkeitshorizont der Kommunalverwaltung) die hier aufgeführte Mittelpunktfunktion. Seine Regiearbeit gilt der ressortübergreifenden Bündelung und Territorialisierung von quartiersbezogenen Maßnahmen in den Bereichen Bau- und Verkehrsplanung, Wirtschaftsförderung, Beschäftigung und Qualifikation sowie Infrastrukturentwicklung (vgl. ausführlich Grimm/Hinte/Litges 2004).

Perspektiven der Ressourcenaktivierung vor Ort: Die soziale Landschaft von Stadtteilen verändert sich in beschleunigten Zeittakten. Innerstädtische Mobilität und Sukzession verändern das demographische und multiethnische Gesicht der Stadtteile, Kurswechsel im rechtlichen System der sozialen Sicherung (siehe die Einführung des SGB II zum 1.1. 2005), aber auch nicht-kalkulierbare Umbrüche des industriellen Arbeitsmarktes (siehe die Massenentlassungen am Opel-Standort Bochum) führen zu verschärften und neuen Armutslagen. Eine ressourcenorientierte Soziale Arbeit, die ihre Adressaten erreicht, bedarf daher in besonderem Maße einer lebensweltlichen Sensibilität für die sich verändernden Bedarfe, Interessen, Ressourcen der Bewohnerschaft. Gefordert ist hier eine (in kurzen Zeitintervallen jeweils fortzuschreibende) kleinräumige Sozialberichterstattung, die durch den systematischen Einsatz von Instrumenten der Bedarfs- und Ressourcendiagnostik das politische und pädagogische Handeln ‚a jour' hält („was ist den Bewohnern wichtig"; „welche Ideen haben sie"; „welche lokalen Ressourcepersonen/Multiplikatoren können mit ins Boot geholt werden"). Die Bedarfs- und Ressourcendiagnostik ist eine erste Komponente im Kompetenzprofil der „Stadtteilmoderatoren", die vor Ort Aktivisten der Ressourcenaktivierung sind. Hinzu kommen weitere Bausteine einer spezifischen Professionalität: eine gute Portion an pädagogischer Phantasie; Verhandlungsgeschick in der Zusammenarbeit mit Wohnungsbauträgern, Architekten, Stadtplanern, privaten Investoren und die Moderation von konfligierenden partikularen Interessen; Networking-Kompetenz beim Anstiften von zivilgesellschaftlicher Selbstorganisation und bürgerschaftlichem Engagement; und nicht zuletzt eine mutmachende Unterstützung der Bewohner beim Aufbau von vielfältig-bunten Beteiligungsformen (Jour fixe mit Bezirksvertretern, runde Tische in ortsbezogenen Planungsverfahren, Bewohnerbeiräte bei den Wohnungsgenossenschaften, Elternvertretungen in Kindertageseinrichtungen, Schulen, Jugendzentren, Kinder- und Jugendparlamente u. a.m.). Insgesamt ergibt sich somit ein höchst anspruchsvolles Profil beruflicher Qualifikationen, Fähigkeiten und Kompetenzen, das Grundstoff für die Tätigkeit als Stadtteilmoderator ist. Hierin mischen sich unterschiedliche Rollen:

- *„Problemsensor":* Diagnosestelle für stadtteilbezogen-strukturelle Problemlagen und Problemverschärfungen;
- *„Ressourcendiagnostiker":* Seismograph für (noch verschüttete oder ungenutzte) Talente, Stärken und Kompetenzen der Bewohner und das Schaffen von Möglichkeitsräumen zu deren Erprobung;
- *„Organisationshelfer":* Anschub-, Finanz- und Organisationshilfe für Bewohneraktivitäten und Selbstgestaltung;
- *„Türöffner":* Anwaltliche Vertretung der Bewohner beim Zugang zu lokaler Politik, Verwaltung, Wirtschaft;
- *„Dialogmanager":* Moderation von Verständigungsprozessen im Schnittfeld zwischen privater Lebenswelt, Verwaltung, Institutionen und Markt; und
- *„Konfliktmediator":* Vermittlung in Situationen des Konfliktes innerhalb der Bewohnerschaft und Ausgleich von partikularen Interessen.

Stadtteilmoderatoren sind intermediäre Instanzen. Sie stellen Verbindungen her zwischen den verschiedenen Sphären von privater Lebenswelt, lokaler Öffentlichkeit, Politik, Verwaltung und Markt. Diese intermediären Netzwerker schlagen Brücken zwischen der „Fachwelt" und der „Alltagswelt" und suchen hierbei auf beiden Ebenen nach Kommunikations- und Beteiligungsansätzen. Erfolgreich sind sie in dem Maße, in dem es ihnen gelingt, jenes Empowerment-Ethos zu leben und berufsalltäglich zu füllen, das Maria Lüttringhaus wie folgt formuliert: „Wer mit dem Anspruch von Empowerment antritt und Menschen unterstützen will, ihre Lebensbedingungen selbst zu gestalten, und auftretende Konflikte bearbeiten will, der muß Abschied nehmen vom problemlösenden Expertentum, das schon weiß, wie die Lösung aussieht, muß sich verabschieden vom Modell einer ‚naiv-parteilichen' Gemeinwesenarbeit, die prinzipiell parteilich und solidarisch auf der Seite der Betroffenen steht. Gefragt ist eine ‚Parteilichkeit', die nicht uneingeschränkt die Positionen der Benachteiligten übernimmt, sondern Parteilichkeit anders ausdrückt: durch die Unterstützung der BewohnerInnen bei der selbständigen Interessenwahrnehmung und durch die Ermutigung von Konfliktparteien, die Auseinandersetzung (...) offen und selbst zu führen. Diese grundsätzliche Akzeptanz verschiedener Seiten schließt eigene Positionen nicht aus, jedoch ermöglicht sie es, sich respektvoll mit den unterschiedlichen Standpunkten auseinander zu setzen, diese ernst zu nehmen und dadurch in einen Prozeß der Verständigung zu treten" (Lüttringhaus 2000, S. 95).

5 Zielstationen: Psychologisches und politisches Empowerment

Markieren wir am Anfang dieses Kapitels kurz unseren Standort: Wir haben in der bisherigen Darstellung die Ausgangspunkte von Empowerment-Prozessen aufgezeigt: die Lebenskonten, auf denen vielfältige Erfahrungen von Hilflosigkeit und Ohnmacht abgebucht sind. Und wir haben die methodischen Instrumente einer Sozialen Arbeit kennengelernt, die Menschen mögliche Auswege aus erlernter Hilflosigkeit aufzeigen und sie zu Reisen in die Stärke ermutigen will. Wie aber kann man nun das Ziel dieser Prozesse der Wiederaneignung von Selbstbestimmung und Autonomie konkret fassen? Wir alle kennen solche mutmachenden Beispiele: Menschen, die sich ‚am eigenen Schopf' aus einem Sumpf der Ohnmacht befreien konnten. Der Haftentlassene, der einer langen Rückfälligkeitskarriere zum Trotz ‚aussteigt' und ein Leben in Straffreiheit lebt; die alte Frau, die die für sie notwendigen ambulanten Alltagshilfen in eigener Regie organisiert und sich so gegen eine drohende Heimunterbringung zur Wehr setzt; der chronisch kranke Mann, der sich aus dem Schneckenhaus der Vereinzelung befreit und in einer Selbsthilfegruppe gegen Ignoranz und Vorurteile und für eine Verbesserung der Lebensbedingungen behinderter Menschen streitet – die Liste der Beispiele ist ohne Ende. Aber was ist diesen Menschen, die für sich und gemeinsam mit anderen neue Lebenshorizonte erobern, gemeinsam? Wie kann man die Meßlatte buchstabieren, an der sich gelingende Empowerment-Geschichten abtragen lassen? Welches sind – bei aller biographischen Unterschiedlichkeit – die produktiven Kapitale, die Menschen auf ihren Reisen in die Stärke gewinnen? Hier fallen die Antworten der Forschung recht unterschiedlich aus. In der angloamerikanischen Literatur gibt es vielfältige Versuche, die Zielzustände produktiver Empowerment-Prozesse – ein gelingendes Lebensmanagement in Selbstbestimmung – auf zentrale Grundelemente zurückzuführen. Wir wollen hier im Anschluß an diese Debatte zwei Zielzustände gelingender Empowerment-Prozesse unterscheiden, die wir *„psychologisches (psychological) Empowerment"* und *„politisches (community) Empowerment"* nennen wollen.

Diese Unterscheidung wurde zuerst von Swift/Levin (1987) in die Debatte eingeführt. Die Autorinnen benennen mit diesem Begriffspaar „die zwei Seiten der Empowerment-Medaille", die für sie untrennbar zusammengehören. „Empowerment bezieht sich sowohl auf (1) die Entwicklung eines bestimmten Musters der Selbstwahrnehmung (das Gefühl von Kraft, Kompetenz, Selbstwert usw.) als auch auf (2) die Veränderung der Sozialstruktur im Hinblick auf eine Neuverteilung von Macht (Veränderung der Gelegenheitsstruktur der Gesellschaft) – in anderen Worten: Empowerment umfaßt Veränderungen sowohl der Selbsterfahrung der Person als auch der objektiven Lebenswirklichkeit" (Swift/Levin 1987, S. 73). Rissel (1994) knüpft hier an, wenn er schreibt: „Jüngere Definitionen (von Empowerment) greifen eine bedeutsame Unterscheidung auf – nämlich die zwischen der subjektiven Erfahrung von psychologischem Empowerment und der objektiven Realität veränderter struktureller Rahmenbedingungen für die Reallokation von Ressourcen ... Diese Unterscheidung ist bedeutsam: Psychologisches Empowerment (psychological empowerment) kann definiert werden als ein Gefühl erweiterter Kontrolle über das eigene Leben ... Politisches Empowerment (community empowerment) umfaßt – zusätzlich zu diesem erhöhten Level von psychologischem Empowerment – eine Komponente der aktiven Teilnahme an politischer Aktion und die Umverteilung von Ressourcen bzw. die aktive Einflußnahme auf Prozesse der politischen Entscheidungsfindung" (Rissel 1994, S. 41). Und auch in der deutschsprachigen Literatur findet sich eine Unterscheidung, die in die gleiche Richtung weist. So differenzieren Trojan/Deneke/Halves (1985) im Hinblick auf die Zielsetzungen von Gesundheitsselbsthilfegruppen zwei unterschiedliche Zielorientierungen: (1) Selbstveränderung (innenorientierte Zielsetzung) als die Herstellung eines Mehr an Lebensqualität in der Auseinandersetzung mit chronischer Krankheit und Behinderung; und (2) Sozialveränderung (außenorientierte Zielsetzung) als die aktive Gestaltung des Arrangements professioneller Unterstützung und die Ausübung eines sozial- und gesundheitspolitisch relevanten Einflusses.

Psychologisches Empowerment untersucht die individuellen Parameter der Reisen in die Stärke. In den Mittelpunkt der Aufmerksamkeit treten hier die individuellen Niederschläge von Empowerment-Erfahrungen: die Veränderungen in der psychischen Ausstattung der Menschen. Diese Veränderungen sind in der Literatur in unterschiedliche Begrifflichkeiten gefaßt worden. Gemeinsam ist diesen das Bild des Schutzschildes: Menschen – an den Endstationen mutmachender Reisen in die Stärken angekommen – erwerben das Schutzschild einer spezifischen seelischen Widerstandsfähigkeit, das es ihnen in ihrer weiteren Biographie möglich macht, die Bedrohungen und Gefährdungen erneuter Hilflosigkeit abzuwehren. Diese Muster von seelischer Widerstandsfähigkeit können auf drei Ebenen konkreter gefaßt werden: auf der Ebene der selbstbezogenen Kognitionen und der Selbstwerterfahrung, auf der Ebene der Kompetenz-Ausstattung und auf der Ebene der Handlungsmotivation. Die Vermessung dieser veränderten inneren Ausstattung der Individuen ist Domäne der persönlichkeitspsychologischen Forschung. Zum Einsatz kommen hier sowohl standardisierte Persönlichkeitsinventare als auch narrative Erhebungsverfahren, die in der Erzählung biographischer Geschichten die subjektiven Niederschläge eines gelingenden Lebensmanagements aufzuspüren versuchen.

Politisches Empowerment weist über die Ebene der Selbstveränderung hinaus. Das Endprodukt von Empowerment-Prozesse wird hier u. a. zwar auch in Parametern personaler Veränderung abgebildet (Zugewinn an Kontrollüberzeugungen und Kompetenzen in der Auseinandersetzung mit der sozialen und politischen Umwelt). Die Untersuchungen zum Thema „politisches Empowerment" vermessen die Niederschläge von Empowerment aber weiterführend auch in Kategorien der Sozialveränderung. In den Mittelpunkt rücken hier die im öffentlichen Raum sichtbaren und in handfesten Veränderungen der Lebenswelt meßbaren Effekte des sozialen Engagements: die (durchaus strittigen und konflikthaften) Aktionen bürgerschaftlicher Einmischung, das öffentliche Eintreten der Bürger für eine Teilhabe an Prozessen der politischen Willensbildung, ihre in solidarischer Gemeinschaft gestärkte Fähigkeit, eine aktive Rolle auf der Bühne der lokalräumlichen Umwelt zu spielen und ein Mehr an Verteilungsgerechtigkeit zu erstreiten. Untersuchungen, die den Blick auf diese sozialverändernden Facetten erfolgreicher Empowerment-Prozesse richten, greifen auf die Methodik der Prozeßevaluation zurück. Ziel dieser Evaluationsforschungen ist es, über Verfahren der forscherischen Begleitung von Bürgerinitiativen, Selbsthilfezusammenschlüssen und anderen Projekten des freiwilligen bürgerschaftlichen Engagements die Produkte sozialverändernder Empowerment-Prozesse zu vermessen.

In der folgenden Darstellung wollen wir diese beiden ‚Produkt-Ebenen' von Empowerment zunächst in analytischer Trennung gesondert untersuchen und durch Befunde der Evaluationsforschung bebildern. Zum Abschluß dann werden wir die Interdependenzen, Korrelationen, Verknüpfungen thematisieren, die diese Ebenen miteinander verbinden.

5.1 Psychologisches Empowerment: Die Entwicklung von psychosozialen Schutzfaktoren

„In der Lebensgeschichte meines Mannes – wenn ich das einmal in der Rückschau betrachte – gab es sicher eine ‚dunkle Phase'. Die Kinder waren gerade aus dem Gröbsten heraus, wir hatten nach unserem Umzug hier am neuen Wohnort erste Wurzeln geschlagen, die berufliche Situation meines Mannes war gefestigt. In dieser Situation hat ein Ereignis unsere Familie ganz schön durcheinander gewürfelt. Noch heute höre ich das Telefon klingeln. Mein Mann war auf dem Weg zur Arbeit schwer verunglückt. Und damit begann dann für uns alle eine mehr als einjährige Lebensetappe des Hoffens und Bangens, des gefühlsmäßigen Auf und Abs und der mühsamen kleinen Fortschritte im Heilungsprozeß meines Mannes ... In der schweren Zeit der Rehabilitation hat mein Mann dann Stärken entwickelt, die vor dem Unfall beim ihm nicht so ausgeprägt waren – ein starker Lebenswille, Zähigkeit und Disziplin im Umgang mit dem eigenen Körper, ein oft unbändiger Lebensmut und der feste Glaube, daß er trotz seiner bleibenden Behinderung in die alte berufliche Tätigkeit und damit in die alten Normalität wird zurückkehren können. Hinzu kommt noch ein weiterer Aspekt: Wir alle, die Kinder eingeschlossen, sind in dieser Zeit sehr eng zueinander gerückt und haben eine Art emotionale Notgemeinschaft gebildet. Was uns – so glaube ich – Kraft gegeben hat, das war das Gefühl, daß wir diese dunkle Zeit gemeinsam durchstehen können, daß wir uns von dieser Krankheitskatastrophe nicht unterkriegen lassen. Heute, mit diesen schon dramatischen Belastungen, aber auch mit diesen positiven Erfahrungen ‚auf dem Konto', sind wir wieder eine vollständige und – so hoffe ich – intakte Familie" (Auszug aus einem Familienprotokoll).

Wo immer wir solchen scheinbar ‚unverwundbaren' Menschen begegnen – wir begegnen ihnen mit Respekt und Anerkennung. Und: Wir werden neugierig auf das, was diese Biographien und Familiengeschichten zusammenhält. Wie schaffen es Menschen (für sich allein oder eingebunden in das Netzwerk der Familie), das Zerbrechen der Normalität zu bewältigen und Phasen existentieller Bedrohung zu überstehen, ohne dauerhaften Schaden zu nehmen und in einem Meer der Hilflosigkeit zu versinken? Und: Über welche Ressourcen der Lebensbewältigung verfügen sie, so daß sie auch unter Bedingungen kumulierender und gravierender Belastungen einen psychosozialen Schutzwall aufzurichten vermögen, der ihnen Rückhalt und festigendes Gerüst ist? Fragen wie diese gewinnen in der aktuellen Forschungslandschaft zum Thema Empowerment an Gewicht. Life-Event-Forschung, Entwicklungspsychopathologie und Gesundheitspsychologie unternehmen erste Erkundungszüge in das noch ungewisse Territorium der „seelischen Widerstandsfähigkeit". Freilich: Noch fehlt diesen Forschungsunternehmen ein geschlossenes konzeptuelles Profil, stehen die empirischen Untersuchungen zum Konstrukt der Widerstandsfähigkeit hierzulande noch am Anfang. Dokument dieses Neuanfangs ist die verwirrende Vielfalt der Begriffe, die in der Diskussion gehandelt werden: „Psychosoziale Immunität", „Unverwundbarkeit" (invulnerability), „Belastungsresistenz" (stress resistance; resilience), „psychische Widerstandsfähigkeit" (hardiness), „psychosoziale Schutzfaktoren" (protective factors) – das Kaleidoskop der verwendeten Begrifflichkeit ist bunt. Doch so unterschiedlich diese Begriffe auch sein mögen, sie markieren ein gemeinsames forscherisches Anliegen: die Suche nach jenen schützenden Fähigkeiten und Ressourcen, mit deren Hilfe Menschen belastende Lebensumstände und kritische biographische Passagen bewältigen können, ohne daß sie dauerhafte Narben auf der Seele zurückbehalten. Im folgenden wollen wir in einer kurzen Übersicht über ausgewählte Forschungen das Profil jener psychosozialen Schutzfaktoren nachzeichnen, die Menschen in der Auseinandersetzung mit biographischen Brüchen entwickeln und die ihnen Schutzschild gegen drohende Verwundungen sind.

Seelische Widerstandsfähigkeit können wir fassen im Bild eines inneren Schutzwalls – und die einzelnen psychosozialen Schutzfaktoren sind die Bausteine, aus denen die Person diese psychischen Bastionen des Schutzes und des Widerstands errichtet hat. Nach einer Definition von Hurrelmann (1990, S. 64) sind psychosoziale Schutzfaktoren „spezifische, physiologisch und psychisch vorgezeichnete, in der bisherigen Lebens- und Lern-Geschichte eingespielte Muster und Stile für Verarbeitungs- und Handlungsmöglichkeiten in (belastenden) Lebenssituationen". In der Literatur werden zwei Arten von Schutzfaktoren unterschieden: *(1) Personale Schutzfaktoren (auch: personale Ressourcen):* Diese Kategorie von Schutzfaktoren umfaßt vor allem lebensgeschichtlich gewachsene, zeit- und situationsübergreifend wirksame Persönlichkeitsmerkmale, also ein relativ überdauerndes Ensemble von selbstbezogenen Kognitionen, emotionalen Regulationen und Handlungsdispositionen. *(2) Soziale Schutzfaktoren (auch: soziale Ressourcen):* Diese Kategorie von Schutzfaktoren bezieht sich auf Art, Umfang und erlebte Qualität der sozialen Unterstützung, die der einzelne im Netzwerk seiner sozialen Beziehungen erfährt und die ihm sicheres Fundament für die Bearbeitung der Belastungen und Herausforderungen kritischer Lebensereignisse ist. Widerstandsfähigkeit, die als – von Fall zu Fall höchst unterschiedlich zusammengesetzte – Kombination von personalen und sozialen Schutzfaktoren konzipiert werden kann, ist freilich kein für alle Zeiten festes Kapital der Person. Dieses Konstrukt bezeichnet vielmehr einen sensiblen Gleichgewichtszustand, der immer wieder neu ausbalanciert werden muß. Widerstandsfähigkeit – so Lösel u. a. (1988, S. 3) – kennzeichnet „ein empfindliches Gleichgewicht zwischen belastenden Lebensumständen einerseits und (personalen und sozialen) Schutzfaktoren andererseits. Sobald dieses Gleichgewicht gestört ist (z. B. dadurch, daß mehr belastende Lebensumstände hinzutreten oder Schutzfaktoren wegfallen), können auch bei bis dahin ‚invulnerablen' Menschen Entwicklungsstörungen auftreten. Widerstand gegen Belastungen ist somit keine feste Qualität, sondern kann mit der Zeit und den Lebensumständen variieren" (vgl. auch Lösel/Bender 1999). Dort aber, wo im Verlauf von Empowerment-Prozessen psychosoziale Schutzfaktoren gestärkt und gefestigt werden, dort wird es der Person möglich, den Herausforderungen biographischer Belastungen zu begegnen, ohne dauerhafte Symptome der Überforderung (somatische Erkrankung; psychosoziale Auffälligkeit u.a.m.) zu entwickeln. Schutzfaktoren sind somit ‚eine Elefantenhaut für die Seele'. Aus dem Bereich der Persönlichkeitspsychologie liegen zahlreiche empirische Untersuchungen vor, in denen die Vermessung der personalen Schutzfaktoren im Mittelpunkt steht. Aus dem Bestand dieser Untersuchungen wollen wir hier zwei herausgreifen.

(1) Das Konzept der Widerstandsfähigkeit (Kobasa)

In ihren frühen und heute schon klassischen Arbeiten entwickelt Kobasa (1979 a,b) auf der Grundlage persönlichkeitspsychologisch-experimenteller Forschung das *Konzept der Widerstandsfähigkeit* („hardiness"). Gegenstand ihrer Untersuchung ist die Analyse jener personalen Schutzfaktoren, die zwischen belastenden Lebensereignissen und Krankheitsrisiko moderieren und die es bestimmten Personen möglich machen, signifikante Lebensbelastungen durchzustehen, ohne Symptome einer körperlichen Erkrankung zu entwickeln. Ihre Ausgangsthese lautet: Personen, die ein hohes Maß an Stress erfahren, ohne krank zu werden, unterscheiden sich im Hinblick auf ihre Persönlichkeit von solchen Personen, die in stressreichen Lebenssituationen erkranken. Diese differenzierenden Persönlichkeitsstrukturen bezeichnet die Autorin mit dem Begriff der „Widerstandsfähigkeit". Widerstandsfähigkeit ist hierbei die Summe von drei übergreifenden personalen Kompetenzen: (1) eine hohe internale Kontrollüberzeugung, d.h der feste Glaube der Person, daß sie relevante Umweltausschnitte kontrollieren und beeinflussen kann (sense of control); (2) ein hohes Maß an Selbstakzeptanz, Selbstwertüberzeugung und Glaube an die Sinnhaftigkeit des eigenen Lebens (sense of commitment to self); und (3) die Fähigkeit, Veränderungen im Bauplan des eigenen Lebens als Herausforderung und Chance für persönliches Wachstum wahrzunehmen (change as challenge).

Durchgeführt wurde die Untersuchung an zwei Gruppen männlicher Angestellter, die sich im Hinblick auf demographische und berufliche Merkmale sowie im Hinblick auf den Grad der erfahrenen familiären und beruflichen Belastungen nicht unterscheiden. Experimental- und Kontrollgruppe unterscheiden sich jedoch signifikant im Hinblick auf den Grad der Krankheitsbelastung (somatische und psychosomatische Einschränkungen von Krankheitswert). Die Experimentalgruppe wies auf der Grundlage von Selbstbericht-Daten und Expertenratings eine signifikant niedrigere Krankheitsbelastung auf als die Kontrollgruppe. In einem letzten Erhebungsschritt wurden dann bei beiden Gruppen erklärungsrelevante Persönlichkeitsvariablen erhoben, um zu klären, welche spezifischen Persönlichkeitsmerkmale diese unterschiedlichen Krankheitswerte begründen und bei Personen der Experimentalgruppe einen Schutzschild gegen Belastungen und Stresserfahrungen, bei Personen der Kontrollgruppe hingegen eine spezifische Verwundbarkeit herstellen.

Die methodisch gut dokumentierte Diskriminanzanalyse unterstützt die Ausgangshypothese und belegt die Existenz eines persönlichkeitsspezifisch variierenden Sets von Merkmalen der Widerstandsfähigkeit. Die Personen, die sich auch unter den Bedingungen gravierender Risikobelastung immun gegen Gesundheitseinschränkungen erweisen, verfügen im Gegensatz zu ihren ‚verwundbaren' Zeitgenossen über folgende produktive Persönlichkeitsmerkmale:

- **Selbstakzeptanz/Selbstwertüberzeugung:** ein fester Glaube an die Sinnhaftigkeit der eigenen Lebensziele und -werte und das Festhalten an diesen Zielen und Werten auch in Zeiten biographischer Veränderung und Herausforderung (‚sich selbst treu bleiben') – „commitment to self".
- **Internale Kontrollüberzeugung:** der feste Glaube an die Gestaltbarkeit von Umwelt und neuen Lebenssituationen und das Vertrauen in die eigene Bewältigungskompetenz – „sense of control".
- **Aktiver Umgang mit Problemen:** eine aktive Auseinandersetzung mit Umweltanforderungen; kein passiv-resignatives ‚Geschehen-Lassen' - „activity".
- **Flexible Anpassung an Lebensumbrüche:** die Fähigkeit, nicht vorhergesehene Veränderungen des Lebensplanes in einen übergreifenden Lebensentwurf zu integrieren und diese Veränderungen somit als sinnhaft wahrzunehmen (‚ein Schritt in die richtige Richtung') – „change as challenge".

Diese diskriminierenden Persönlichkeitsmerkmale – so das Resumee von Kobasa – sind Antezedenten einer gelingenden Lebensbewältigung; sie gewinnen in der Auseinandersetzung mit kritischen Lebensereignissen eine gesundheitsstabilisierende und normalitätssichernde Puffer-Funktion. Und auch der Umkehrschluß gilt: Ein geringes Maß an Selbstakzeptanz, ein still-resignatives Hinnehmen von Fremdentscheidungen, Sinnverlust und Ohnmachtserfahrungen produzieren eine spezifische Verwundbarkeit und korrelieren mit einem erhöhten Erkrankungsrisiko (vgl. zusammenfassend Kobasa 1979 a,b; Kobasa/Puccetti 1983; Funk 1992).

(2) Das Konzept der Salutogenese (Antonovsky)

Wir Menschen erleben unser Leben und unsere Biographie ‚gesichert' und ‚lebenswert' dort, wo wir folgende Erfahrungen mit uns und mit anderen machen können: Wir erleben uns selbst als Gestaltende, die die eigenen Lebenswege, Bindungen und sozialen Verpflichtungen eigenständig formen und modellieren können; es gelingt uns, die unterschiedlichen Teilprojekte unseres Lebens (Erwerbsarbeit – Partnerschaft/Intimität – soziale Einbindung und kulturelle Teilhabe) zu einem stimmigen Ganzen zu verbinden; und wir erfahren dort, wo wir dieses „Identitäts-Patchwork" öffentlich präsentieren, die soziale Anerkennung und die Wertschätzung uns bedeutsamer Bezugspersonen. Der israelisch-amerikanische Gesundheitspsychologe Aaron Antonovsky hat diese identitätssichernden Erfahrungen von subjektiver Gestaltungskraft, Lebensstimmigkeit und sozialer Anerkennung in den Mittelpunkt seiner Arbeiten gestellt. Sie stehen im Herzen seines Entwurfs eines *Konzepts der Salutogenese*, das weit über die gesundheitspsychologische Gemeinde hinaus Beachtung und empirische Prüfung erfahren hat (vgl. Antonovsky 1987; in deutscher Übersetzung 1997). Zugrunde liegt diesem paradigmatischen Entwurf eine Umkehrung der traditionellen Blickrichtung von Sozialepidemiologie und Gesundheitsforschung: Während sich der traditionelle Blick auf die Ätiologie von Krankheit richtet (Pathogenese), fragt Antonovsky umgekehrt nach jenem Setting von Faktoren, das Gesundheit bewahrt und stabilisiert (Salutogenese). Die zentrale Fragestellung lautet hier also nicht „Wie entstehen Krankheiten und Fehlentwicklungen?", sondern „Welche Ressourcen des Widerstands machen es Menschen möglich, angesichts einer Vielzahl von krankheitserregenden, psychisch irritierenden und sozial belastenden Faktoren, die ihre Lebensbewältigung bedrohen, gesund und wohlerhalten zu bleiben?". Ausgangspunkt der Argumentation von Antonovsky ist die Annahme eines Gesundheitskontinuums: ‚Gesundheit' und ‚Krankheit' sind für ihn keine dichotomischen, einander wechselseitig ausschließenden Kategorien (Gesundheit als Abwesenheit von Krankheit und umgekehrt). ‚Gesundheit' und ‚Krankheit' sind vielmehr die Pole eines multidimensionalen Kontinuums, auf dem der Einzelne nach Maßgabe seines je aktuellen biopsychosozialen Befindens ‚verortet' ist. Für Antonovsky ist der aktuelle Gesundheitsstatus einer Person, also ihr ‚Standort' auf diesem Gesundheitskontinuum, das Ergebnis eines dynamischen Zusammenspiels zwischen belastenden Faktoren (biopsychosozialen Stressoren) und schützenden Faktoren (Widerstandsressourcen). „Das Gesundheitsniveau ist Resultat der je gegebenen, aber auch veränderlichen und beeinflußbaren Balance des Verhältnisses zwischen Risiko- und Schutzfaktoren, die sowohl innerhalb wie außerhalb der Person liegen und jeweils ihre eigene Geschichte und damit auch unterschiedliche Stabilität haben können" (Hurrelmann 1988, S. 132). Ganz in der Tradition der klassischen Stressforschung bemißt Antonovsky somit den Gesundheitsstatus eines Menschen in Kategorien einer gelingenden bzw. mißlingenden Belastungs-Bewältigungs-Balance. Wie aber vollzieht sich dieses Austarieren von belastenden und schützenden Faktoren? Folgen wir der Argumentation von Antonovsky ein wenig im Detail. Menschen – so schreibt er – sind über die gesamte Lebensspanne hinweg einer Vielzahl von Stressoren (Belastungen; Risikokonstellationen) ausgesetzt. Stressoren werden hierbei verstanden als „Anforderungen der internen oder externen Umwelt", die das Gleichgewicht des Organismus in Unordnung bringen, Spannungszustände produzieren und spezifische, zielgerichtet-intentionale Strategien der Bewältigung herausfordern. Um in diesen vielfältigen Belastungen gesund zu bleiben, bedarf die Person nun eines Bestandes von „generalisierten Widerstandsressourcen" (generalized resistance resources). Der Begriff der Widerstandsressourcen – zentrale Denkfigur im Modell der Salutogenese – bezeichnet jene Ressourcen, auf die das Subjekt zurückgreifen kann, um widrige, belastende und gesundheitsgefährdende Lebensereignisse produktiv zu verarbeiten und gegebene biopsychosoziale Spannungen zu bewältigen. Die Verfügbarkeit und der kompetente Einsatz von Widerstandsressourcen entscheiden also darüber, ob die erfahrenen Belastungen bearbeitet, abgefedert, moduliert werden können oder ob sie sich in Beeinträchtigungen von Gesundheit und Wohlbefinden niederschlagen. Antonovsky benennt einen ganzen Katalog solcher Schutzfaktoren, die Faltermaier/Kühnlein/Burda-Viering (1998, S. 25 f.; vgl. auch Faltermaier 2005) wie folgt zusammenfassen:

- „*Körperliche und konstitutionelle Ressourcen* beinhalten Merkmale des Körpers (wie z.B. eine allgemeine stabile Konstitution oder stabile Organsysteme) oder medizinisch meßbare Indikatoren für einen funktionierenden Organismus (z.B. Kompetenz des Immunsystems, vegetative Reaktivität).
- Materielle Ressourcen beziehen sich auf die Verfügbarkeit über Geld, Güter oder Dienstleistungen.
- Personale und psychische Ressourcen werden unterteilt in kognitive und emotionale Ressourcen (z.B. Wissen, präventive Gesundheitseinstellungen, emotionale Stabilität oder Sensibilität), persönlichkeitsbezogene Ressourcen (z.B. Intelligenz, Ich-Identität, Kontrollüberzeugungen, Selbstvertrauen und Selbstwertgefühl) und Handlungskompetenzen wie Bewältigungsstile (z.B. das Repertoire und die Flexibilität, Rationalität und Voraussicht von Bewältigungsstilen) und soziale Kompetenzen.
- Interpersonale Ressourcen beziehen sich auf die soziale Umwelt und beinhalten z.B. die Verfügbarkeit über soziale Bindungen und soziale Unterstützung durch Bezugspersonen oder die Eingebundenheit in stabile soziale Netzwerke.
- Soziokulturelle Ressourcen entstehen schließlich auf der gesellschaftlichen und kulturellen Ebene und meinen z.B. die Eingebundenheit in stabile Kulturen, die Orientierung an religiösen Glaubenssystemen oder philosophischen Überzeugungen."

Der zentrale Schutzfaktor, in dem sich die hier genannten Widerstandsressourcen zusammenfassen und bündeln lassen, ist nach Antonovsky *„das Gefühl der Kohärenz"* (sense of coherence) – ein identitätssicherndes Gefühl der ‚Lebensganzheit', in dem ein positives Bild der eigenen Handlungsfähigkeit, das sichere Wissen um die Sinnhaftigkeit des eigenen Lebens und die Gewißheit der Person, Biographie, Alltagsverhältnisse und soziale Umwelt aktiv und eigenbestimmt gestalten zu können, zusammenfließen. In den Worten von Antonovsky: „Das Gefühl der Kohärenz ist eine globale Orientierung, die ausdrückt, in welchem Maße man ein durchgehendes, überdauerndes und dennoch dynamisches Gefühl der Zuversicht hat, daß (1) die Ereignisse der eigenen inneren und äußeren Umwelt im Laufe des Lebens strukturiert, vorhersehbar und erklärbar sind; (2) die Ressourcen verfügbar sind, um den durch diese Ereignisse gestellten Anforderungen gerecht zu werden; und (3) diese Anforderungen als Herausforderungen zu verstehen, die es wert sind, daß man sich für sie einsetzt und engagiert" (Antonovsky 1987, S. 19). Er nimmt an, daß eine hohe Ausprägung von „sense of coherence" Menschen die Möglichkeit gibt, aversive Stressoren erfolgreich zu bearbeiten und Widerstandskraft gegen Erkrankung auch in Zeiten der Gefährdung und Belastung zu wahren, während umgekehrt eine geringe Ausprägung Menschen im Hinblick auf Gesundheit und psychosoziales Wohlbefinden verletzlich macht. Die von Antonovsky zur Messung von Kohärenzsinn entwickelte Skala (zum Fragebogeninstrument „Sense of Coherence Scale" vgl. Antonovsky 1993) umfaßt folgende drei Komponenten:

- die Fähigkeit des Subjektes, die Ereignisse und Verläufe des eigenen Lebens trotz ihrer widersprüchlichen, offenen und kontingenten Struktur in einen (Lebenskontinuität vermittelnden) Ordnungsrahmen zu sortieren und so in einen übergreifenden biographischen Sinnzusammenhang zu stellen – „Verstehbarkeit" (comprehensibility);
- das optimistische Vertrauen, die Veränderungen, Herausforderungen und Umbrüche des Alltags mit den verfügbaren personalen und sozialen Ressourcen bewältigen zu können – „Handhabbarkeit" (manageability); und
- ein Gefühl der Sinnhaftigkeit und des Lebensgelingens, das sich vor allem dort einstellt, wo es dem Subjekt gelingt, Selbstansprüche und Identitätsziele in Lebensprojekte zu übersetzen, die ihm die Erfahrung authentischer (Selbst-)Wertschätzung vermitteln – „Sinnhaftigkeit" (meaningfulness).

Vor allem dort, wo Menschen in kritische Lebensetappen eintreten, erweist sich das Kohärenz-Gefühl als eine bedeutsame Ressource der Gesunderhaltung und der Identitätsstabilisierung. Menschen, die ihr aktuelles Leben, ihre Biographie und ihre sozialen Netzwerke als ‚stimmig' und ‚wertvoll' erachten, verfügen über ein bedeutsames „inneres Kapital", das es ihnen möglich macht, Krisenzeiten produktiv zu bewältigen. Forschungsarbeiten, die dieses theoretische Konstrukt auf den empirischen Prüfstand gestellt haben, haben eindrucksvolle Belege für die Wirksamkeit des „sense of coherence" aufgefunden (vgl. Bengel/Strittmacher/Willmann 2001; Grabert 2005; Wydler/Kolip/Abel 2000). Das Gefühl von Kohärenz entfaltet seine schützende Wirkung nach diesen Befunden in dreierlei Weise: Es führt dazu, daß Menschen (1) fordernden Situationen mit einem Vorschuß an Optimismus begegnen und sie nicht als Belastung und potentielle Gefährdung von Wohlbefinden einschätzen; daß sie sich (2) ihrer Umwelt weniger ausgesetzt fühlen und kumulierenden Belastungen mit einem geringeren Maß an Ängstlichkeit und diffuser Emotionalität gegenüber treten; und daß sie (3) in der Lage sind, ein problemangemessen-zugeschnittenes Set von Widerstandsressourcen zu mobilisieren und die für die Situation angemessenen Bewältigungsstrategien zu wählen. Dort aber, wo Menschen solche Erfahrungen sammeln können, in denen sie sich als ihr Leben Gestaltende konstruieren und sich als aktive Produzenten ihrer Biographie zu begreifen lernen, dort gewinnen sie eine bemächtigende Kraft.

Kraft gewinnen für ein sinnerfülltes Lebens in sozialer Gemeinschaft – dies ist der Leitgedanke eines Konzeptes, das vielfältige Anleihen am Modell der Salutogenese macht und in den letzten Jahren vor allem in der Rehabilitation von Menschen mit psychischer Erkrankung Anwendung findet: *das Reco-*

very-Konzept ("Gesundung"; "Wiedererlangen von Wohlbefinden und Kohärenz"). Salutogenese und Recovery folgen einem gemeinsamen Überzeugungsmuster: Hier wie dort ist es das Ziel, daß Menschen die Kraft finden, sich eine Schutzzone von Widerstandsfähigkeiten und Bewältigungsressourcen anzueignen, mit deren Hilfe es ihnen möglich wird, auch in herausfordernden Lebenssituationen Sinnhaftigkeit, Bewältigungsoptimismus und Selbstverantwortung zu wahren und ein umfassendes Wohlbefinden zu leben. Unterschiede dokumentieren sich in den Ausgangspositionen beider Konzepte. Während Salutogenese die präventive Wirksamkeit von Sinnerleben betont (Aufrechterhaltung und Kontinuität von Wohlbefinden), akzentuiert das Recovery-Konzept die rehabilitative Kraft von Ermutigung und Kohärenzerfahrungen im spezifischen Feld der Arbeit mit psychisch erkrankten Menschen (Bewältigung von psychischen Lebenskrisen; Integration der schmerzlichen Krankheitserfahrungen in die personale Identität). Recovery – mit diesem rehabilitativen Vorzeichen buchstabiert – wird so beschrieben als ein biographischer Prozeß des Wiedererstarkens, in dessen Verlauf Menschen mit psychischen Beeinträchtigungen sich aus der Schwerkraft demoralisierender psychiatrischer Prognosen ("Unheilbarkeit") befreien, neue Hoffnung und Zuversicht gewinnen und sich ein mit Lebenssinn und Lebensqualität bereichertes Leben aneignen – und dies auch bei Fortbestehen von Verletzlichkeit und krankheitsbedingter Symptomatik. "Recovery ist ein Prozeß der Auseinandersetzung des Betroffenen mit seiner Erkrankung, der dazu führt, daß er auch mit bestehenden psychischen Problemen in der Lage ist, ein zufriedenes, hoffnungsvolles und aktives Leben zu führen ... Recovery bedeutet nicht in erster Linie Symptom- oder Krisenfreiheit, vielmehr geht es eher um Lebensqualität, Zufriedenheit, Wohlbefinden – mit oder ohne psychische Symptome" (Knuf 2008, S. 8).

Das so beschriebene Recovery-Konzept (vgl. weiterführend Amering/ Schmolke 2007; 2009; Knuf 2008; 2009; Watkins 2009) stellt die psychosoziale Arbeit in psychiatrischen Settings vor neue Herausforderungen. Gefordert ist die Abkehr von einer konventionellen sozialpsychiatrischen Praxis, die auf die biologischen Heilsversprechen der Medikation vertraut, Symptomreduktion, Rückfallprophylaxe und minimale berufliche Wiedereingliederung auf ihre Fahnen schreibt und gerade langzeiterkrankte Menschen in einer „vita minima" einrichtet. Gefordert sind neue paradigmatische Orientierungsleitplanken für eine Mut machende Praxis, die Menschen anstiftet, auf den Weg der psychischen Gesundung zu gehen. In der Literatur zum Thema werden stets drei Bausteine dieses neuen Leitbildes benannt: *(1) Hoffnung und Zuversicht:* Aufbrüche aus Leiden, Verzweiflung und Verstrickung in der Krankheit werden Menschen nur dort möglich, wo sie auch in dunklen Zeiten die Zuversicht wahren und den Glauben an die Chancen ihrer Genesung nicht verlieren. Für die beruflichen Helfer bedeutet dies, auf der Grundlage „eines unverbrüchlichen Optimismus in die Veränderungsmöglichkeiten von Menschen" ans Werk zu gehen (Knuf/Bridler 2008, S. 26) und immer wieder neue Hoffnungsfunken zu schlagen: der Verzicht auf demoralisierende Prognosen, die Weitergabe von Informationen über gelingende Gesundungsverläufe, die Einladung von wiedergenesenden ehemaligen Patienten, die durch ihr Kraft spendendes Modell Ressourcepersonen sein können, die Installation von

„Alarmsystemen" der kollegialen Beratung, die dort einspringen, wo Mitarbeiter die Hoffnung zu verlieren drohen – alles dies sind Dokumente einer Praxis der Hoffnung. *(2) Partizipation und Entscheidungsmacht:* Grundüberzeugung des Recovery-Konzeptes ist es, daß Menschen Zuversicht, Selbstwirksamkeit und Bewältigungsoptimismus vor allem durch die aktive Einbeziehung in jene Entscheidungsprozesse gewinnen, die ihre Lebensumstände im psychiatrischen Setting beeinflussen. Kilian (2008, S. 320) bringt diese Überzeugung auf die Formel vom „shared decision making". In dieser Formel verdichtet sich zum einen die Forderung, Entscheidungen „auf Augenhöhe" zu treffen und die letztgültige Zustimmung des Patienten zu allen ihn betreffenden Entscheidungen institutionell zu sichern. In dieser Formel formuliert sich zum anderen der Selbstanspruch des psychiatrischen Systems, die Patienten in größtmöglichem Umfang in die Gestaltung ihrer Behandlungswirklichkeit einzubeziehen – Partizipation wird hier also vorgestellt als ein produktives Lernfeld für Selbstwirksamkeitserfahrungen. Anknüpfungspunkte für die institutionelle Praxis sind hier: eine größtmögliche Transparenz von Informationen über medizinische und psychotherapeutische Hilfsalternativen, ein flexibler, bedürfnis- und ressourcenorientierter Zuschnitt der therapeutischen Interventionen, die Einführung von verpflichtenden Medikations- und Behandlungsvereinbarungen, von Krisenpässen, Notfallverordnungen und Patientenverfügungen, die Implementation von Gremien der Partizipation wie Klinikbeirat und Heimbeirat, die Einführung von verbindlichen Verfahren der Konfliktschlichtung und von dialogisch geführten Beschwerdestellen, die Nutzung der Patientenressourcen für die selbstverantwortliche Durchführung von Teilangeboten des therapeutischen Programms. *(3) Unterstützung durch Gleichbetroffene (peer-support):* Ein letztes Aktionsfeld von Recovery ist die Peer-Arbeit. Diese Selbsthilfeaktivitäten von Betroffenen für Betroffene umfassen zwei Aspekte. Zu nennen ist hier zum einen die Peer-Beratung: Peer-Berater, die den Weg der Gesundung erfolgreich gegangen sind, gehen mit Betroffenen auch in akuten Phasen auf eine gemeinsame Suche nach einem lebenswerten Umgang mit der psychischen Erkrankung. In einem kooperativen Prozess begeben sich der Recovery-Experte und der Ratsuchende auf eine Recherche nach Potentialen und Ressourcen, sie entwerfen Rettungsringe gegen krankheitsbedingte Trauer und Verunsicherung und entwickeln Strategien gegen Ausgrenzung und Diskriminierung. Peer-Arbeit umfaßt zum anderen aber auch den Aufbau von Dienstleistungsangeboten, die von Betroffenen in Eigenregie betrieben und kontrolliert werden („user-run agencies"). Diese Angebote sind somit nicht mehr Teil des expertendominierten psychiatrischen Komplexes – sie sind komplementäre Dienste mit entgeltlich-professionellem Status, die psychiatrieerfahrenen Mitarbeiter sind Teilhaber („stake holders") des eigenorganisierten Dienstleistungssystems. Beispiele sind hier: tagesstrukturierende Angebote, Rechts- und Verfahrensberatung, Assistenzmanagement, Unterstützung bei der Planung und der Verwaltung des persönlichen Budgets, alltagsbezogenes Fallmanagement.

Halten wir hier inne und ziehen eine erste Zwischenbilanz: Beide hier dargestellten Vorstellungsmodelle – das Konzept der Widerstandsfähigkeit und das Konzept des Kohärenzsinns – sind nicht ohne Kritik geblieben. Die kritischen Einsprüche thematisieren folgenden Aspekt: Beiden Versuchen, die psychologische Seite von Empowerment zu vermessen, eignet ein individualisierend-psychologischer Blick: Seelische Widerstandsfähigkeit wird hier als ein zeit- und situationsübergreifend wirksames Muster von Persönlichkeitsmerkmalen konzipiert, also als ein relativ überdauerndes Ensemble von selbstbezogenen Kognitionen, Kompetenzerfahrungen und Handlungsmotivationen. Schutzfaktoren erscheinen als ein gesichertes Persönlichkeitskapital, das sich die Person im Verlauf ihrer Erfahrungs- und Bewältigungsgeschichte angeeignet hat und das ihr ein sicherer Schutzschild gegen Abhängigkeit und Hilflosigkeit ist. Und mehr noch: In beiden Denkansätzen finden sich ‚zwischen den Zeilen' Vorstellungsbilder, in denen die Verfasser eine letztlich genetische (und damit nicht oder nur über langwierige Prozesse des Neu-Lernens veränderbare) Determination von Schutzfaktoren unterstellen. Die Konsequenzen, die sich aus einem solchen eigenschaftspsychologischen Ansatz für die psychosoziale Arbeit ableiten lassen, liegen auf der Hand: Die Annahme eines festen (letztendlich vor allem in Temperamentfaktoren genetisch vorgegebenen) personalen Sets von Schutzfaktoren führt zu einer resignativ-fatalistisch eingefärbten Sichtweise („manche Menschen sind nun einmal mit einer seelischen Elefantenhaut ausgestattet, andere hingegen nicht"). Und auch dort, wo die Autoren einen Umbau der Webmuster personaler Schutzfaktoren für möglich erachten, programmiert dieser Blick auf feste Persönlichkeits-,Traits' eine bedenkliche Individualisierung des Empowerment-Denkens. Die Grenzen der möglichen Veränderung sind die Grenzen der Person, deren Kompetenzreserven freigelegt und deren Selbstverfügungskräfte gestärkt werden sollen. Ein solcher Handlungsansatz mündet in konventionelle psychologische Kompetenz-Trainingsprogramme. Sein Gebrauchswert erschöpft sich in der Entwicklung von Modellprogrammen, in denen Selbstsicherheit, Vertrauen in die eigene Leistungsfähigkeit, Durchsetzungs- und Konkurrenzvermögen eingeübt werden. Diesen Programmen ist eines gemeinsam: der Versuch, die Person psychisch aufzurüsten und ihre Seele gegen die Gefährdungen erneuter Hilflosigkeitserfahrungen auszupolstern. Ganz auf dieser Trendlinie liegen dann auch die populären Kursangebote und Rezeptbücher zum „personal empowerment", die in den USA den Psychomarkt erobert haben: Trainingslabors für Selbstsicherheit und alltagstaugliche Selbstdurchsetzung; Rezeptbücher für persönliches Wachstum (personal growth; personal power); Kompetenztrainings für arbeitsplatzbezogenes Selbstmanagement und Karriereplanung; betriebliche Team-Coaching-Programme u.a.m. Einen Kontrapunkt gegen diese reduktionistische Sichtweise setzt eine eigene explorative Untersuchung, in deren Mittelpunkt die soziale Konstruktion von psychosozialen Schutzfaktoren in der familiären Lebenswelt steht. Hierzu nun mehr.

(3) Die soziale Konstruktion von psychosozialen Schutzfaktoren in Familiennetzwerken (Herriger)

Ausgangspunkt unserer Arbeit ist eine kritische Grenzziehung gegenüber der konzeptionellen Einseitigkeit, die die hier vorgestellten, persönlichkeitspsychologisch ausgerichteten Untersuchungen prägt. In diesen Untersuchungen – so die schon oben formulierte Kritik – wird seelische Widerstandsfähigkeit einer individualisierenden Sicht folgend allein als das persönlichkeitsgebundene Kapital des Individuums vorgestellt. Die in Partnerschaft, Familie und natürlichen sozialen Netzwerken eingelagerten interaktiven Ressourcen der Lebensbewältigung treten demgegenüber in der ihnen zugemessenen Bedeutung ins zweite Glied zurück. Wir möchten hier nun eine andere Sicht der Dinge anbieten: Widerstandsfähigkeit, Unverwundbarkeit, gelingende Belastungsbewältigung ist nach unserem Verständnis nicht (nur) ein individuelles, sondern vielmehr (auch) ein kollektives Kapital, d. h. eine in sozialen Netzwerken (Familie, Freundschaft, inszenierten Gemeinschaften von Selbsthilfe-Initiativen u. a.) kollektiv hergestellte Leistung. Diese sozialen Konstruktionsprozesse, in denen Menschen gemeinsam mit vertrauten Bezugspersonen psychosoziale Schutzfaktoren ko-produzieren, sind Gegenstand unserer Untersuchung. Im Mittelpunkt stehen hier Familien, in deren Leben eine Tumorerkrankung der Mutter eingetreten ist und die in oft schmerzlichen Lernprozessen die Kraft gefunden haben, den Krankheitsbelastungen gemeinsam gegenüberzutreten und sie in ihren Alltag zu integrieren (Herriger 1993).

Der Zugang zu den in die Untersuchung einbezogenen Familien erfolgte über den Datenpool der onkologischen Station (Frauenabteilung) einer westdeutschen Universitätsklinik. Das Arbeitskonzept dieser Abteilung sah vor, daß tumorerkrankte Frauen im Anschluß an die akutmedizinische (operative) Behandlung eine intensive nachgehende (medizinische und psychosoziale) Betreuung erfahren, deren Verlauf durch familienanamnestische Erhebungen dokumentiert wird. In unsere Erhebungen einbezogen waren die Familien von ehemaligen Patientinnen (mit noch minderjährigen Kindern), die von Seiten der behandelnden Ärzte und Psychologen auf der Grundlage der verfügbaren anamnestischen Daten als ‚widerstandsfähig' eingeschätzt wurden. Das Datum der Ersterkrankung lag zum Zeitpunkt der Erhebung mindestens zwei Jahre zurück. Mit insgesamt 14 Familien bzw. Ehepaaren wurden anhand eines teilstrukturierten Interviewleitfadens Interviews durchgeführt. Die in diesen Interviews wiederkehrenden Themen zur familiären Bewältigungsgeschichte wurden kategorial aufgeordnet und auf Stufen zunehmender Abstraktheit gebündelt. Die Studie folgte einer explorativ-heuristischen Zielsetzung; sie genügt nicht den strengen Kriterien der Repräsentativität und methodischen Kontrolliertheit. Aus unseren Interviewmaterialien ergeben sich vier Bausteine für ein Konzept der familiären Unverwundbarkeit.

Familiäre Problemdefinition und strukturelle Regulation

Ausgangspunkt einer erfolgreichen familiären Gegenwehr gegen die Bedrohungen der Krankheit ist die Erarbeitung eines grundlegenden gemeinsamen Problemverständnisses. Unsere Interviewmaterialien belegen eines sehr nachdrücklich: Die Familien verzichten auf individuelle Problemzuschreibungen („das betrifft allein die Mutter"). Die Familienmitglieder entwickeln in ihren Interpretationen des bedrohlichen Krankheitsereignisses vielmehr ein Gefühl der gemeinsamen Betroffenheit und der geteilten Verantwortung für den Gesundungsprozeß („das geht uns alle an"). Diese systembezogene Interpretation der Problemlage ist das Fundament der Bereitschaft, die innere Struktur der Familie zu verändern und sie der veränderten Lebenssituation anzupassen. Die durch das Krankheitsereignis bedrohten Familien schreiben die organisatorischen Baupläne ihrer Lebenswelt neu, sie verändern bestehende Interaktions- und Kommunikationsstrukturen und dokumentieren auf diese Weise eine spezifische Fähigkeit zur Selbstanpassung. Kreppner (1991, S. 323) verwendet in diesem Zusammenhang den Begriff der „Morphogenesis". Gemeint ist mit diesem Begriff die Fähigkeit der Familie, mit krisenbedingt sich verändernden Anforderungen gleichsam mitzuwachsen, ihre innere Verfaßtheit und Organisation mit den Gegebenheiten der Situation neu zu konstellieren. Diese Flexibilität der inneren Strukturen erweist sich konkret in der Bereitschaft und Fähigkeit, alltagsorganisierende Regeln und Beziehungsroutinen zu verändern, eingespielte Rollendefinitionen auf der Ebene der Partnerschaft (z. B. das Mischungsverhältnis zwischen instrumentellen und expressiven Rollenelementen) zu modifizieren und bestehende Arbeits- und Aufgabenteilungen neu zu buchstabieren. Die hier angesprochene Fähigkeit der strukturellen Selbstorganisation dokumentiert sich in drei Aspekten: *(1) das Umschalten von der Kindzentriertheit auf eine befristete Elternzentriertheit:* Waren in der Vergangenheit die Kinder Zentrum des familiären Alltagslebens, so treten mit dem akuten Krankheitsereignis die Belange des betroffenen Elternteils (die Belastungen der medizinischen Therapie; die emotionale Verarbeitung von Krankheitserfahrungen; die Auseinandersetzung mit sich verdüsternden Lebensperspektiven u.a.m.) in den Vordergrund („die Kinder mußten in dieser Zeit ein wenig zurückstecken"). *(2) Die Organisation entlastender Alltagshilfen:* Die Familienaufgaben werden neu verteilt. Der Ehemann organisiert (oft mehr schlecht als recht) den Alltag, die Kindern werden in die Familienarbeit eingespannt, andere vertraute Personen (z. B. die Großeltern) werden in die Alltagsorganisation einbezogen. Das Ergebnis: eine befristete, an die Krankenrolle gebundene familieninterne ‚Freistellung' des erkrankten Elternteils. *(3) Die Neubuchstabierung des familiären Lebensplans:* Mit dieser Neuorganisation des Familienalltags verbunden ist schließlich auch eine signifikante Veränderung des familiären Lebensplans. Vor allem auf der Ebene der Partnerschaft vollzieht sich in vielen Fällen eine stille Umwertung zentraler Lebenswerte (Korrektur von Selbstansprüchen; Relativierung von Karriereambitionen u.a.m.). Die Partner erfahren das Zusammensein mit neuer Intensität; und sie verständigen sich auf neue Lebensziele innerhalb befristeter Zeithorizonte.

Emotionale Verbundenheit und Unterstützung

Schutz gegen die Bedrohungen der Krankheit ist zum zweiten das Erleben einer engen emotionalen Verbundenheit aller Familienmitglieder. Eine liebevoll unterstützende Partnerbeziehung, die emotionale Nähe der Kinder und das Wissen um die Verläßlichkeit der Familienwelt – so unsere Forschungsbefunde – sind für die von Krankheit betroffene Person ein stützendes Gerüst, das die Wiederherstellung des erschütterten seelischen Gleichgewichts und das Schöpfen von Mut und Hoffnung möglich macht. Auch hier sind drei Aspekte von Bedeutung: *(1) Die emotionale Verbundenheit der Familienmitglieder:* Durch die soziale Unterstützung in der Partnerschaft erfährt die von einem kritischen Lebensereignis betroffene Person nicht nur instrumentelle Hilfe, sondern zugleich Wertschätzung und Ich-stützende Bestätigung. Aufgehoben in einer positiv erlebten Partnerbindung wird es ihr möglich, Gefühlen von Angst, Trauer, Ohnmacht und Wut Ausdruck zu verleihen und sie im Spiegel der Rückmeldungen einer vertrauten Bezugsperson zu beglaubigen. Hinzu kommt als eine weitere stärkende Kraft der Trost, der Zuspruch und die liebevolle Zuwendung der Kinder. Diese Erfahrung, auch in einer kritischen Lebensperiode nicht aus vertrauten Bindungen herauszufallen, stärkt das Selbstvertrauen und immunisiert das Selbstkonzept gegen Brüche und Beschädigungen. *(2) Das Entdecken einer neuen Gemeinsamkeit:* Ein weiteres bedeutsames Element der Bewältigungsarbeit der untersuchten Familien ist die Suche nach neuen Zonen der Gemeinsamkeit. Aus eingeschliffenen Alltagsroutinen herausgerissen sind diese Familien bemüht, neue und gemeinsam gelebte Aktivitäten zu organisieren und der Gemeinschaft auf diese Weise einen neuen Sinn zu verleihen. *(3) Das Eröffnen von Rückzugsräumen:* Für den Umgang mit krankheitsbegleitenden Gefühlen wie Ohnmacht, Hilflosigkeit und Verzweiflung bedeutsam ist schließlich auch das Vorhandensein von innerfamiliären ‚Rückzugsräumen'. Gemeint sind hier Nischen in der familiären Lebenswelt, in die sich die von Krankheit betroffene Person zurückziehen kann, ohne die Familienbeziehungen über Gebühr zu belasten. Zusammenfassend können wir festhalten: Die Erfahrung einer verläßlichen, entlastenden und liebevoll zugewandten Familienwelt wirkt in zweifacher Weise: Sie vermittelt allen Familienmitgliedern das Erleben einer sinnerfüllten Gemeinsamkeit. Und sie stabilisiert das Selbstwertgefühl der in ihrer Identität bedrohten Person, stärkt ihr Vertrauen in die eigenen Kontrollkompetenzen und bildet so einen Schutzwall gegen Ohnmachtsgefühle, Depressivität und resignativen Rückzug.

Familienbild und krisenbezogenes Glaubenssystem

Ein weiterer Baustein familiärer Unverwundbarkeit ist ein optimistisch-zukunftsoffenes familiäres Selbstverständnis (Familienbild), das getragen ist von der Überzeugung, daß belastende Lebensereignisse „die Familie nicht aus der Bahn werfen werden". Oftmals nur zwischen den Zeilen unserer Interviews finden sich Hinweise, die auf eines hindeuten: Die von uns befragten Familien verfügen über ein hohes Maß an Kontrollüberzeugung. Ihnen gemeinsam ist ein festes System von Selbstwahrnehmungen, familienbezogenen Überzeugungen und Vorstellungsbildern – ein gemeinsames Glaubenssystem, nach dem sie in der Lage sind, belastende Lebensumstände in eigener Regie zu bewältigen und ein erfolgreiches Krisenmanagement zu organisieren. Kreppner (1991, S. 325) spricht hier von einem Muster der „inneren Repräsentation von Beziehungen" (internal working model) in den Köpfen der Familienmitglieder, das sich auf das Profil der familiär verfügbaren Kontrollkompetenzen bezieht. In diesem inneren Vorstellungsbild fließen familiengeschichtliche Erfahrungen, selbstperzipierte Fähigkeiten und überdauernde familienbezogene Kognitionen zusammen. Aus dem Sprachmaterial unserer Interviews lassen sich folgende Facetten dieses familiären Glaubenssystems rekonstruieren: das

Wissen um eine in der Vergangenheit erfolgreiche Bewältigungsgeschichte („wir haben schon ganz andere Situationen bewältigt"); ein optimistischer Zukunftsentwurf der Familie („in wenigen Monaten werden unsere Sorgen ganz klein erscheinen"); die Fähigkeit zu einem zielgerichtet-aktiven und arbeitsteilig organisierten ‚Durcharbeiten' der mit der kritischen Lebenssituation verbundenen Familienaufgaben; die feste Überzeugung, die persönlichen Lebensumstände durch eigenes Tun verändern und kontrollieren zu können; ein hohes Maß an Toleranz gegenüber unvorhersehbaren Umbrüchen im familiären Lebensplan; und die Bereitschaft, Kursänderungen als Chance für persönliche Bereicherung und familiäre Weiterentwicklung zu interpretieren und zu nutzen. Dieses innere Vorstellungsbild von der familiären Bewältigungsfähigkeit ist das kollektive Gut aller Familienmitglieder, einschließlich auch der Kinder.

Veröffentlichungsbereitschaft und Ressourcenmobilisierung im Netzwerk

Ein letzter Schutzfaktor, den die Familien gegen die Bedrohung der familiären Integrität einsetzen, ist die Bereitschaft und die Fähigkeit zur Mobilisierung von familienexternen Ressourcen der Unterstützung. Ein in der Netzwerkforschung wiederkehrender Befund ist, daß Familien auch in Zeiten akuter Not nur selten familienexterne Hilfen abrufen, daß sie vielmehr bemüht sind, ihre Probleme ‚in den eigenen vier Wänden' zu lösen. Die Veröffentlichungsbereitschaft der Familien ist gering; die inneren Hürden, die zu überwinden sind, bevor Hilfeersuchen an Dritte ergehen, sind hoch. Auch auf Seiten der von uns befragten Familien bestanden – vor allem in den frühen Phasen der Bewältigungsgeschichte – zum Teil erhebliche Bedenken gegen die Inanspruchnahme familienexterner Hilfen. Auch sie haben nach eigenem Bekunden einen langen und oft mühsamen Lernprozeß hinter sich, in dem sie jedoch positiv erfahren konnten, „daß das Öffentlich-Machen von Problemen von anderen nicht als ein Zeichen der Schwäche und des Versagens ausgelegt wird und daß mitmenschliche Hilfe auch ohne kalkulierbare Gegenleistung möglich ist". Folgt man ihren Selbstbeschreibungen, dann lassen sich zumindest zwei Ergebnisse dieses Lernprozesses ausmachen: Die Familien haben erstens in ihren privaten Netzwerkbezügen die Fähigkeit erworben, das soziale Kapital instrumenteller Unterstützung und Hilfe zielgerichtet und den akuten Notwendigkeiten angepaßt zu mobilisieren und ihre Hilfeersuchen zugleich in einer Weise zu formulieren, daß sie die Kräfte der Helfenden nicht überfordern. Und zweitens begegnen diese Familien auch den Vertretern des Systems gesundheitsbezogener Dienstleistung in der Rolle von kritischen Konsumenten. Auf der Grundlage eines hohen Grades an Informiertheit und auf der Basis der Vertrautheit mit administrativen Vollzügen sind sie in der Lage, selbstbewußt rechtlich verbriefte materielle, medizinische und soziale Dienstleistungen abzurufen und sich anzueignen.

Soweit unsere Befunde zu den sozialen Konstruktionsprozessen familiärer Unverwundbarkeit. Welche Bedeutung hat nun dieses Wissen für die psychosoziale Praxis? Versucht man einen Brückenschlag zwischen unseren heuristischen und methodisch noch wenig gesicherten Forschungsergebnissen und den Anforderungen an eine familienbezogene soziale Praxis, so ergeben sich zunächst mehr offene Fragen denn Antworten. Aber auch erste Wegmarken für die künftige Arbeit werden sichtbar. Aufgabe der zukünftigen praktischen Arbeit – so können wir abschließend feststellen – wird es sein, durch eine sensible Rekonstruktion von familiären Entwicklungsprofilen die Produktionsbedingungen von familiärer Unverwundbarkeit weiter zu präzisieren und in zielgruppendifferenzierende Präventionsprogramme zu übersetzen. Erfolg verspricht hier die Verknüpfung von zwei Aktionsstrategien und Maßnahmenbündeln: Zum einen die auf der Familienebene ansetzenden *Maßnahmen der Beziehungs- und Entwicklungsoptimierung*, die auf die Vermittlung allgemeiner Beziehungsfertigkeiten und nicht-disruptiver Konfliktlösungsstrategien ausgerichtet sind; und zum anderen die auf der Ebene der informellen Unterstützungsnetze ansetzenden *Maßnahmen der Netzwerkförderung*, die die Initiierung, Stärkung und Begleitung von hilfreichen natürlichen Gemeinschaften zum Ziel haben und Menschen so taugliche Werkzeuge für die Herstellung eines gelingenden Alltags an die Hand zu geben versuchen.

(4) Dimensionen des psychologischen Empowerment (Zimmerman u. a.)

Die hier vorgestellten Konzepte und Forschungsbefunde zu psychosozialen Schutzfaktoren variieren in ihren Akzentsetzungen. Einer eigenschaftspsychologischen Sichtweise, die die Seite der persönlichkeitsgebundenen Protektionsfaktoren akzentuiert, stehen eher sozialwissenschaftliche Forschungen gegenüber, die die schützenden Funktionen der Einbindung in vertraute, liebevoll zugewandte und unterstützende Netzwerke ins Auge fassen. In dieser Differenz werden aber auch Schnittmengen und Gemeinsamkeiten sichtbar. Wir wollen zum Abschluß dieser Übersicht noch einmal die Bausteine zusammentragen, die in ihrer Summe das ausmachen, was wir psychologisches Empowerment nennen wollen. Hilfreich sind hier die methodisch sehr ausgefeilten Beiträge zur Forschung, die die Forschungsgruppe von Marc Zimmerman, Julian Rappaport und MitarbeiterInnen (vgl. 1988; 1990 a, b; 1992; 2000) vorgelegt hat. Auch diese Forscher gehen den Weg einer qualitativen Evaluation: Sie befragten Menschen, die die Schneckenhäuser der Resignation verlassen haben und zu ‚Aktivposten' in ihren Gemeinden geworden sind (aktive Mitgliedschaft und leitende Funktion in lokalen Bürgergemeinschaften). Die psychischen Desiderate der Ermutigung und der Stärkung wurden über ein Arsenal von psychometrischen Testverfahren vermessen. Psychologisches Empowerment ist nach den Ergebnissen dieser Untersuchungen ein komplexes Konstrukt, in dem ein gefestigtes Selbstwertgefühl, das Vertrauen in die eigenen Handlungskompetenzen und Bewältigungsstrategien und der Wunsch nach einem Zugewinn an Umweltkontrolle zusammenfließen. Die Autoren unterscheiden drei grundlegende Dimensionen – eine persönlichkeitsbezogene, eine kognitive und eine motivationale Dimension von psychological empowerment:

(1) Die Dimension der selbstbezogenen Kognitionen

- **Selbstakzeptanz und Selbstvertrauen (self-acceptance; self-confidence):** eine positive Selbstwertüberzeugung; das gefestigte und in sozialen Bindungen beglaubigte Vertrauen in den Wert der eigenen Person.
- **Internale Kontrollüberzeugung (internal locus of control):** die feste Überzeugung der Person, durch eigene Kraft die alltäglichen Lebensumstände verändern zu können; hingegen: ein geringes Maß an externaler Kontrollüberzeugung: die Ablehnung der Vorstellung, die Lebensverhältnisse und die Lebenswege seien unveränderlich, durch mächtige Andere (belief in powerful others), durch Zufall (chance control) oder durch Schicksal (belief in luck) vorherbestimmt.

(2) Die Dimension der kompetenzbezogenen Überzeugungen

- **Der Glaube an die Selbstwirksamkeit der eigenen Person (self efficacy):** das Vertrauen in das eigene Vermögen, handelnd relevante Ausschnitte der Umwelt (Arbeit; Gesundheit; Beziehungen usw.) verändern und gestalten zu können; eine biographisch gefestigte, positive Bilanz der bisherigen subjektiven Bewältigungsgeschichte.
- **Die Erfahrung der eigenen Kompetenz (perceived competence):** das Vertrauen auf verfügbare Eigenkapitale von Kompetenzen und Ressourcen, die mobilisiert werden können, um gegen Fremdbestimmung und Entmündigung einzutreten; die Fähigkeit und die Bereitschaft zu einer differenzierten Analyse von Problemursachen und Handlungsalternativen zur Problemlösung; ein geringer Grad des Erlebens von Hilflosigkeit und Ohnmacht.

(3) Die Dimension der Handlungsmotivationen

- **Der Wunsch nach Umweltkontrolle (desire for control):** das Bedürfnis nach ‚Übersichtlichkeit' relevanter Umweltausschnitte und deren Verfügbarkeit für das eigene Tun.
- **Die Selbstverpflichtung auf ein aktives prosoziales Verhalten (civic duty):** die Bereitschaft, sich jenseits der Grenzen des Privaten auf öffentliche Anliegen und Aufgaben einzulassen, sich einzumischen und für ein gemeinsames öffentliches Gut zu streiten.

Diese drei Dimensionen entfalten das Koordinatensystem, in dem wir das Konstrukt ‚Psychologisches Empowerment' abbilden können. Die Evaluationsforschungen der Autoren liefern drei weiterführende Ergebnisse: (1) Eine hohe Ausprägung der hier aufgeführten Komponenten ist ein valider Prädiktor für soziale Einmischung und gelebte bürgerschaftliche Teilhabe; oder anders ausgedrückt: Menschen, deren psychisches Konto mit diesen Schutzfaktoren angefüllt ist, werden mit großer Wahrscheinlichkeit über die Grenzen der Selbstveränderung hinaus zu aktiven Streitern auf der Bühne der lokalen Öffentlichkeit. (2) Eine hohe Ausprägung der genannten Komponenten korreliert positiv mit der Übernahme von leitenden Funktionen in Initiativen des bürgerschaftlichen Engagements. (3) Eine hohe Ausprägung korreliert schließlich mit einem geringen Level von Entfremdungs- und Ohnmachtsgefühlen (alienation); sie ist also eine wirksame Schutzhaut gegen erlernte Hilflosigkeit (Zimmerman/Rappaport 1988, S. 746). Die Autoren äußern abschließend die Auffassung, daß die im obigen Katalog zusammengefaßten Komponenten nicht trennscharf, sich wechselseitig ausschließend konzipiert sind, sondern daß sie durch vielfältige Überschneidungen und Interferenzen miteinander verknüpft sind. Die Kategorie für psychologisches Empowerment, die den gemeinsamen Kern der genannten psychosozialen Schutzfaktoren ausmacht, ist für sie das Bewußtsein, relevante Situationen und Ereignisse des Lebens prinzipiell beeinflussen zu können und nicht äußeren Geschehnissen (Personen; Beziehungen; Strukturen) hilflos ausgeliefert zu sein (Kontrollbewußtsein oder „perceived control"). Diese Überzeugung, die Umwelt durch das eigene Handeln beeinflussen zu können, stärkt das Selbstwertempfinden der Person, sie vertieft das Vertrauen in die eigenen Handlungskompetenzen und stiftet eine hohe Motivation, soziale Situationen aktiv zu beeinflussen.

5.2 Politisches Empowerment: Politische Partizipation und Umweltgestaltung

„In meinen letzten Lebensjahren gibt es einen wichtigen Markierungspunkt: der Tag, an dem ich zum ersten Mal mit klopfendem Herzen vor der Tür der Bürgerinitiative ‚Leipziger Straße' stand. Auch wenn meine Kinder schon groß sind und im Straßenverkehr gut zurechtkommen: Der Tod unserer Nachbarstochter ließ mich nicht mehr ruhen – ich wollte einen Beitrag leisten, ohne schon zu wissen, wie dies aussehen könnte. Die ersten Male war ich ganz still und habe nur zugehört, weil ich dachte, daß ich ja gar nichts anzubieten hätte. Ich wäre sicherlich bald ganz weggeblieben, wenn die anderen nicht ganz natürlich auf mich zugekommen wären und mich in die Planungen einbezogen hätten. Das war für mich eine ganz neue Erfahrung: Meine Meinung, meine Bedenken, meine Vorschläge waren den anderen wichtig – da war von Anbeginn eine Art Anerkennung und Respekt spürbar, die ich mir nicht erst mühsam erarbeiten mußte. So ist meine anfängliche Ängstlichkeit rasch verflogen, und in den Konflikten und Auseinandersetzungen mit den Ratsmitgliedern und den Vertretern des Bauamtes bin ich auch schnell den Kinderschuhen meiner Naivität entwachsen und habe meine Angst vor denen verloren, die fachlich das Sagen haben ... In unserer Suche nach Bündnispartnern und in unseren Versuchen, mit guten Argumenten zu überzeugen, haben wir sicher viele Fehler gemacht. Unser ‚Erwachsen-Werden' war ein rasanter und an vielen Stellen auch schmerzhafter Weg, gepflastert mit dem Nicht-Verständnis der anderen Seite, mit Zurückweisungen und Niederlagen – ein Entwicklungsprozeß, den wir nur durch wechselseitige Stärkung und Ermutigung haben durchstehen können. Ich hoffe, daß ich jetzt anderen, die diesen Weg noch vor sich haben, ein wenig von dem werde zurückgeben können, was ich in unserem gemeinsamen Eintreten für unser Verkehrsberuhigungsprojekt gelernt habe." (Mitarbeiterin in einem Nachbarschaftsprojekt)

Viele Empowerment-Prozesse verbleiben auf der individuellen Ebene. Menschen – im inneren Dialog mit sich selbst, in Gesprächen mit vertrauten Anderen, im Arbeitskontrakt mit einem beruflichen Helfer – verändern ihre Lebenskurse und erobern – Schritt für Schritt – neue Territorien der Lebensgestaltung. Diese subjektiven Erfolgsgeschichten bleiben in der Regel stille Erfolge – sichtbar nur für jene im inneren Kreis der Lebenswelt. Ganz anders hingegen die turbulenten, phantasievoll-störenden und auf (nicht nur kopfnickend-zustimmende) Öffentlichkeit angelegten Protestaktionen von Bürgervereinigungen und Initiativgruppen: Familien, die eine Straßenkreuzung besetzt halten, um eine veränderte, kinderfreundliche Verkehrsleitplanung durchzusetzen; RollstuhlfahrerInnen, die das Getriebe eines Vorzeige-Bahnhofes stillstellen, um auf bauliche Barrieren und Planungsversäumnisse aufmerksam zu machen; Eltern, die trotz Androhung eines Ordnungsgeldes einen Schulboykott durchsetzen, um ihrer Forderung nach Korrektur unerträglicher und gesundheitsriskanter Mängel des Schulgebäudes Nachdruck zu verleihen. Strittige Aktionen des bürgerschaftlichen Eigensinns wie diese gewinnen rasch das Interesse und die Aufmerksamkeit des forscherischen Auges. Sie sind weithin sichtbare Leuchtfeuer des Widerstandes, Grenzziehungen gegenüber dem Nicht-Mehr-Hinnehmbaren und handfeste Zeugnisse eines kollektiv getragenen Prozesses der Selbstbemächtigung. In der englisch-sprachigen Literatur finden sich zahlreiche Beiträge, deren Autoren das Gütesiegel ‚Empowerment' allein für diese kollektiven Bekundungen von Stärke reservieren. Wir wollen uns einer solchen normativen Position hier jedoch nicht anschließen. Die kleinen alltäglichen Siege, die die stille Seite gelingender Empowerment-Prozesse ausmachen, sind für viele der richtige (und der einzig gangbare) Weg. Für andere hingegen ist Empowerment nur in der solidarischen Aktion einer sorgenden Gemeinschaft vorstellbar. Wer will hier richten? Es ist u.E. ausreichend, in (stiller) subjektiver Veränderung und (lärmender) kollektiver Aktion die zwei Seiten der Empowerment-Medaille zu sehen, ohne Werturteile über ein Besser und ein Schlechter zu fällen. Nachdem wir die psychologische Seite oben bereits ausführlich vorgestellt haben, wollen wir im folgenden nun die Kehrseite der Medaille – das politische Empowerment – zum Gegenstand machen.

Der Begriff des politischen Empowerment erinnert an die Traditionslinie der Bürgerschaftsbewegung und des zivilen Engagements. In seinem Zentrum steht ein Verständnis, nach dem die Erfahrung eigener Stärke aus der *Kraft des Plurals* entsteht, also aus solidarischer Vernetzung und Selbstorganisation in sozialer Aktion. Das Konzept des political empowerment mißt gelingende Prozesse der Selbstbefreiung folgerichtig nicht (allein) am Zugewinn von ‚personal power' und Alltagskontrolle (Empowerment als Selbstveränderung). Erfolgskriterium ist hier vielmehr ein sichtbarer Auszug der Person aus dem Schneckenhaus des sozialen Rückzugs, ihre Verknüpfung mit Menschen mit vergleichbaren Anliegen und die Entwicklung eines strittigen tätigen Gemeinsinns. Politisches Empowerment umfaßt dabei stets zwei Elemente. Dies sind: (1) der Erwerb einer „partizipatorischen Kompetenz" (participatory competence; Kieffer 1984), d.h. eines Bündels von handlungsleitenden Wissensbeständen, Motivationen und Strategien der sozialen Einmischung; und (2) der Aufbau von Solidargemeinschaften und die Einforderung von Teilhabe und Mitverantwortung auf der Bühne der (lokal-)politischen Öffentlichkeit. Politisches Empowerment realisiert sich so in Prozessen der Selbstveränderung (Erweiterung der Vorräte personaler Kompetenzen zur Gestaltung von Lebenswelt und Umwelt) wie auch in Prozessen der Sozialveränderung. Sie ist erst dort erstritten, wo Menschen gemeinsam mit anderen zu kritischen Akteuren auf der Bühne der lokalen bürgerschaftlichen Öffentlichkeit werden und durch kollektiven Widerstand und kritische Aktion in „Sphären der Gerechtigkeit" (Walzer 1992) eintreten. Die Evaluationsforschung, die den Dimensionen politischen Empowerments auf der Spur ist, nutzt hier einen Mix von Forschungsmethoden: Sie kombiniert qualitative Self-Report-Daten mit der Evaluationsmethodik der Aktionsforschung (aktive Teilnahme der Forscher an Prozessen des kollektiven Empowerment und ein sensibles forscherisches Nachvollziehen der durch diese Prozesse angestoßenen sozialen Veränderungen). Wenden wir uns nun einigen Forschungsbeiträgen zu, in denen die Dimensionen des politischen Empowerment nachgezeichnet worden sind.

Wir haben die frühe explorative Studie von Kieffer (1984) bereits mehrfach erwähnt. In der bewertenden Zusammenfassung seiner Untersuchungsergebnisse stellt Kieffer die Lernprodukte erfolgreicher Empowerment-Prozesse – Kompetenz und erfolgreiche Problembewältigung – explizit in einen politischen Kontext. „Empowerment kann betrachtet werden als Erwerb eines überdauernden Sets von Verpflichtungen und Fähigkeiten (commitments and capabilities), die als ‚partizipatorische Kompetenz' zusammengefaßt werden können. Dieser Zustand umfaßt drei zentrale, einander überschneidende Aspekte oder Dimensionen: (a) die Entwicklung eines positiv gefärbten Selbst-Konzeptes und das Gefühl von Eigen-Kompetenz; (b) die Konstruktion eines kritischen und analytischen Verständnisses der umgebenden sozialen und politischen Umwelt; und (c) die Entwicklung und die Kultivierung von individuellen und kollektiven Ressourcen für soziale und politische Aktion. Betont sei, daß diese Elemente erst in ihrer Verknüpfung das ausmachen, was ich ‚sozialpolitische Kompetenz' nennen möchte. Interventionen oder eigeninitiierte Anstrengungen, die auf die Entwicklung einer oder mehrerer dieser Kompetenzen gerichtet sind, können – zumindest in Grenzen – als Empowerment bezeichnet werden ... Ein Endzustand von Empowerment umfaßt den Erwerb von Kompetenzen in allen drei Bereichen, die unerläßliche Essentials von partizipatorischer Fähigkeit sind. Partizipatorische Kompetenz umfaßt somit die Kombination von Einstellungen, Wissen und Fähigkeiten, die notwendig ist, um eine bewußte und positiv bewertete Rolle in der sozialen Konstruktion des eigenen politischen Umfeldes zu spielen. Im Kern ist dies eine ‚Evolution des Ermöglichens', in der das Selbst sich als Subjekt, als Autor der eigenen Lebensgeschichte konstituiert" (Kieffer 1984, S. 31).

Alf Trojan und MitarbeiterInnen (1985) haben im Hamburger Projekt des Forschungsverbundes „Laienpotential, Patientenaktivierung und Gesundheitsselbsthilfe" die Entstehungsgeschichten, Arbeitsweisen, Verläufe und Erfolge von Gesundheitsselbsthilfegruppen erforscht. Die von ihnen vorgelegte Studie ist ein gutes Beispiel für eine qualitative (auf die subjektiven Erfahrungsbestände der Akteure aufbauende) Evaluation. Im Rahmen dieser Studie wurden insgesamt 232 Mitglieder aus Selbsthilfegruppen im Gesundheitssektor (Selbstorganisationen von Menschen mit chronischer Krankheit oder Behinderung) befragt. Nicht anders als auch bei Kieffer ist diese Studie ein ‚Blättern im Erfahrungsbuch' der Mitglieder – im Mittelpunkt des Forschungsinteresse steht eine Rekonstruktion der Entwicklungsprozesse solidarischer Gemeinschaft im Spiegel des subjektiven Blicks der Teilnehmer. Die Forschungsarbeit setzt drei thematische Schwerpunkte: Sie untersucht die Beitrittsmotive der Mitglieder, die selbstbezogenen Wirkungen der gemeinsamen Arbeit und schließlich die außenorientierten Zielsetzungen der Selbsthilfe-Arbeit. *(1) Beitrittsmotive:* Welche Hoffnungen und Wünsche die Betroffenen an Selbsthilfegruppen adressieren, zeigt sich in den Befragungsergebnissen zu den Beitrittsmotiven. Bei diesen Motiven wird der Wunsch, von anderen zu lernen, d.h. kompetenter im Umgang mit Krankheit und Behinderung werden zu wollen, von fast allen Befragten genannt (Zugewinn von medizinischer Information und therapiebezogenem Know-How; die Stärkung von Techniken der Alltagsbewältigung mit Krankheit und Behinderung). Die Hoffnung auf eine bessere Bewältigung der krankheitsbegleitenden Alltagsprobleme (die Organisation von Pflege-Arrangements; die Besorgung der Alltagsangelegenheiten; die Entwicklung von Gegengiften gegen sozialen Rückzug und Vereinsamung) sind bei mehr als 3/4 der Befragten ein positives Argument für den Beitritt. Eine ebenso signifikante Rolle bei der Entscheidung für das Mit-Machen spielen erfahrene Mängel des professionellen/staatlichen Versorgungssystems (die mangelnde Transparenz von Zuständigkeitsdomänen, Verfahrenswegen und Entscheidungsstrukturen; die Reduktion der eigenen Person auf eine ‚Objekt-Rolle'; die Nicht-Beachtung von Bedürfnissen nach emotionaler und Ich-stärkender Unterstützung). Der Wunsch nach der Kompensation unzureichender Hilfe und Unterstützung in privaten Netzwerken und Motive wie Selbsterfahrung und Lebensveränderung haben für die Befragten hingegen nur eine untergeordnete Bedeutung. *(2) Selbstbezogene Wirkungen:* In der Rückschau auf die personalen Erträge der gemeinsamen Arbeit werden folgende positiven Wirkungen genannt: Kompetenzerweiterung und soziale Aktivierung hinsichtlich des professionellen Versorgungssystems: Hierzu gehören vor allem der Zugewinn an krankheitsbezogener Information und die Anwendung dieses Wissens in der Begegnung mit professionellen Akteuren; eine gestärkte Kritikbereitschaft; eine gezieltere Nutzung verfügbarer Dienstleistungen und ein Zugewinn an Mündigkeit gegenüber professionell-sozialstaatlichen Diensten und Einrichtungen. Allgemeine Kompetenzerweiterung und soziale Aktivierung: Hierzu gehören vor allem ein gestärktes Vertrauen in die eigenen Fähigkeiten, die Entwicklung neuer kommunikativer Kompetenzen, ein selbstbewußteres Vertreten der eigenen Meinung und eine wachsende Bereitschaft, anderen zu helfen und für ein gemeinsames soziales Gut einzutreten. Und: Verbesserung des Gesundheitsstatus: Positive Wirkungen waren hier eine allgemeine Verbesserung der biopsychosozialen Befindlichkeit durch die Erfahrung sinnhafter sozialer Einbindung und die Verringerung der behandlungsbedingten Belastungen. Selbstorganisiertes Engagement produziert somit nicht nur veränderte Muster von Selbstwahrnehmung und umweltbezogener Kontrollerwartung (psychologisches Empowerment), sondern zugleich ein neues Kapital von kommunikativen und interaktiven Kompetenzen, das in der Abkehr von Positionen der Unterlegenheit und der Fremdbestimmung eine positive Rendite einbringt. *(3) Außenorientierte Zielsetzungen:* Stehen am Anfang der Teilhabe und des Mit-Machens an Selbsthilfe nahezu ausschließlich selbstbezogene Motive und Zielsetzungen, so vollzieht sich mit der Dauer des Engagements und mit den ersten kleinen Siegen der solidarischen Aktionen eine oft unmerkliche, in ihren kumulativen Effekten aber doch signifikante Verschiebung der Ansprüche und Arbeitsorientierungen zugunsten außenorientierter Zielsetzungen. An die Stelle des Eigennutzes tritt das Engagement für andere. Trojan u. a. konnten feststellen, daß in den entwickelten und gefestigten Phasen der Selbsthilfe-Arbeit bei ca. 40% der Befragten außenorientierte (d.h. auf Umweltgestaltung und Sozialveränderung gerichtete) Zielsetzungen in den Vordergrund treten. Dies sind u. a.: die Interessenvertretung nach außen (soziale Einmischung in relevanten Ausschüssen, Gremien, Arbeitskreisen; Lobby-Arbeit und der Aufbau hilfreicher Allianzen mit ‚Ressource-Personen' im Feld der lokalen Politik und Verwaltung); die Einflußnahme auf die Einstellung der Professionellen (die Einladung zu ‚Runde-Tisch-Gesprächen', in denen wechselseitige Unkenntnisse, Vorbehalte und Berührungsängste thematisiert und veränderte Formen des Miteinander-Umgehens erprobt werden können); die Einflußnahme auf die Dienstleistungsprogramme der Rehabilitationsanbieter (das Schließen von Versorgungsleerstellen; das Eröffnen neuer Wege der Konsumenten-Mitwirkung); und die Veränderung des öffentlichen Umgangs mit chronischer Krankheit und Behinderung (eine verbreiterte Öffentlichkeitsarbeit zum Abbau von Vorurteilen, Stigmatisierung und sozialer Ausgrenzung). Vor allem dieser letzte Aspekt dokumentiert eines: Selbsthilfegruppen, Bürgerinitiativen, inszenierte Gemeinschaften sind Experimentierfelder für das Eintreten in ein ‚Leben mit Fähigkeiten'. Sie sind wirksames kollektives Gegengift gegen erlernte Hilflosigkeit und Ressourcen der Kraft für eine interessengeleitete produktive Umweltgestaltung.

Die amerikanischen Gemeindepsychologen Marc Zimmerman und Julian Rappaport (1988) haben in einer Reihe von methodisch gut ausgearbeiteten Untersuchungen den Versuch unternommen, die Effekte produktiver Empowerment-Prozesse in bürgerschaftlichen Aktionsgruppen zu vermessen. Partner auch ihrer Forschungen waren Menschen, die Aktivposten in ihren Gemeinden waren und sich durch die Übernahme von Verantwortung und Leitungsfunktionen in lokalen Netzwerken der Selbstorganisation auszeichneten. Der Kontrollgruppe gehörten hingegen Menschen an, die nur geringes Maß an sozialem Engagement auswiesen. Die Ergebnisse dieser Kontrastgruppen-Untersuchungen dokumentieren überzeugend eine enge Korrelation zwischen bürgerschaftlichem Engagement auf der einen und der Erfahrung personaler und kollektiver Stärke auf der anderen Seite. Das aktive Handeln in der Gemeinschaft und die Teilnahme an sozialer Aktion auf der Ebene der Gemeinde sind danach Katalysatoren der Erfahrung von Stärke und Gestaltungsvermögen. Die Einbindung des einzelnen in eine sorgende Gemeinschaft stiftet ein kritisches Bewußtsein der sozialen und politischen Umwelt, sie eröffnet neue Erfahrungen des eigenen und des kollektiven Kontrollvermögens und schafft Rückhalt und Unterstützung auch in Niederlagen. Konkret berichten die Autoren folgende Befunde:

- Menschen, die sich einmischen und gemeinsam mit anderen zu Aktivposten in der Gestaltung lokaler Lebensverhältnisse werden, gewinnen ein geschärftes, kritisch-analytisches Verständnis der sozialen und politischen Verhältnisse und ein gebrauchsfähiges Wissen um hilfreiche Ressourcen, Allianzen und Strategien der Meinungsmobilisierung (critical consciousness).
- Sie gewinnen positive Selbstwerterfahrungen und entwickeln ein gestärktes Vertrauen in das individuelle und kollektive Vermögen, relevante Ausschnitte der Lebenswelt ‚in eigener Regie' gestalten und Einfluß auf die Steuerung von kommunalpolitischen Prozessen der Willensbildung und Entscheidungsfindung nehmen zu können (perceived competence; political efficacy).
- Sie dokumentieren in hohem Maße die Bereitschaft, sich jenseits der Grenzen von Eigennutz und partikularen Interessen auf öffentliche Anliegen und Aufgaben einzulassen, sich einzumischen und für ein gemeinsames öffentlichen Gut zu streiten (civic duty; concern for the common good).
- Sie erleben sich nicht zuletzt gestärkt durch das Aufgehoben-Sein in sorgender Gemeinschaft mit anderen (connectedness with others). Dokument dieser Stärkung ist eine signifikante Verbesserung des subjektiven Wohlbefindens im Hinblick auf Gesundheitsstatus, psychische Befindlichkeit und soziale Einbindung.

Die aufgefundene enge Korrelation zwischen bürgerschaftlichem Engagement und der Entwicklung einer politischen und personalen Kompetenz besteht unabhängig von demographischen Variablen (sozialökonomischer Status; Geschlecht; Alter; ethnische Zugehörigkeit). Ergänzende Forschungsbefunde legen jedoch die Vermutung nahe, daß gerade jene Personen, die am unteren Ende der Statushierarchie positioniert sind, in besonderem Maße von der kontrastierenden Erfahrung der Möglichkeit und der Wirksamkeit von Einmischung profitieren: sie erfahren – vielleicht zum ersten Mal seit Jahren – die eigene Kraft aufgehoben in der Kraft der anderen und vermögen so, das einschnürende Korsett erlernter Hilflosigkeit abzustreifen (vgl. Zimmerman 1990 b, S. 82).

Zimmerman (1990 b) entwickelt von hier ausgehend eine „Theorie des erlernten Optimismus" (theory of learned hopefulness). Bereits der Titel macht deutlich, um was es geht: Aus Empowerment-Perspektive betrachtet soll hier eine positive Antwort auf die traditionelle Theorie erlernter Hilflosigkeit von Seligman formuliert werden. Diese Theorie – so die Kritik von Zimmerman – ist bis in ihre feinsten Webmuster hinein eine Defizit-Theorie: Ausgangspunkt ist das schmerzliche Erleben eines Verlustes von Umweltkontrolle. Sich wiederholende Erfahrungen der Nichtkontrollierbarkeit sedimentieren sich in dysfunktionalen Erklärungsmustern (kognitive Stile der internalen, stabilen, universalen Attribution). Diese Erklärungsmuster aber programmieren für die Zukunft eine generalisierte Negativerwartung im Hinblick auf das eigene Kontrollvermögen und produzieren so die belastenden und resignativ stimmenden (emotionalen, motivationalen, handlungsbezogenen) Symptome der erlernten Hilflosigkeit. Die Theorie des erlernten Optimismus nun verändert die negativen Vorzeichen der Seligman'schen Theorie ins Positive: Sie untersucht „die positiven Konsequenzen wirksamer und gelingender Umweltkontrolle" (Zimmerman 1990 b, S. 72). Die bunten und eigensinnigen Initiativen und Organisationen bürgerschaftlichen Engagements sind nach Zimmerman Gemeinschaften, die für ihre Mitglieder – vielfach nach langen Zeitetappen des Verharrens in erlernter Hilflosigkeit – eine kontrastierende Erfahrung erschließen: die Erfahrung, die eigene Lebenssituation und die soziale Umwelt in kollektiver Aktion zumindest an einigen Ecken und Kanten gestalten zu können. Diese Erfahrung aber ist in den personalen Entwicklungsgeschichten der Akteure in vielen Fällen ein signifikanter Markierungspunkt: Sie ist Ausgangspunkt für eine Korrektur der (über lange Zeiten festen und immer wieder beglaubigten) inneren Erwartungsmuster generalisierter Hilflosigkeit. Diese entmutigenden Erwartungsmuster werden brüchig; Vorstellungsbilder, in denen die eigenen Lebenskontexte fremdbestimmt und unveränderbar erscheinen, verblassen. An deren Stelle treten der Erwerb neuer kommunikativer, organisatorischer und politischer Kompetenzen, die Entwicklung eines geschärften kritischen Bewußtseins für soziale und politische Strukturmuster und die optimistische Erwartung, die Fäden der Fremdkontrolle abschneiden und das gemeinsame Leben in eigener Regie einrichten zu können. „Gelernter Optimismus ist ein Prozeß des Lernens und des Gebrauchens von Problemlösungsfertigkeiten und des Erwerbs von (wahrgenommener oder faktischer) Kontrolle ... Die Theorie unterstellt, daß die Teilhabe an Aktivitäten und Organisationen auf der Ebene der Gemeinde ein gangbarer Weg ist, um das Repertoire von Fertigkeiten zur Problemlösung zu erweitern und psychologisches Empowerment herzustellen ... Empowerment tritt in dem Maße in das Leben der Menschen, in dem sie Selbstbestimmung und Kontrolle über ihr Leben gewinnen und diese Fertigkeiten zur Einflußnahme auf Lebensereignisse kompetent einzusetzen lernen. Fertigkeiten können durch direkte eigene Erfahrung, durch die Beobachtung anderer oder durch die Modulation von Verhalten gewonnen werden. Individuen können lernen, die Zeit zu managen, sich selbst zu organisieren, verläßliche Ressourcen zu identifizieren, gemeinsam mit anderen auf ein Ziel hin zu arbeiten oder durch die Teilnahme an gemeindlichen Aktivitäten und Organisationen jene Faktoren zu verstehen, die sich in lokalen Entscheidungsprozessen niederschlagen ... Fertigkeiten können aber auch von Gleichbetroffenen in den natürlichen Settings von Selbsthilfegruppen und in anderen Formen des freiwilligen bürgerschaftlichen Engagements gelernt werden. Diese natürlichen Settings sind von zentraler Bedeutung für die Theorie der ‚learned hopefulness‘, da sie in direkter Linie mit dem Gemeindeleben verbunden sind. Diese kollektiven Szenarien der Teilhabe unterscheiden sich von konventionellen Kompetenz-Trainingsprogrammen, da sie von den betroffenen Akteuren selbst initiiert und kontrolliert sind, die Gelegenheit offerieren, von reziproker Hilfeleistung zu profitieren, und Settings bieten, in denen soziale Unterstützung und ein Gefühl der ‚Beheimatung' in der lokalen Gemeinschaft (a sense of community) entwickelt werden können. Untersuchungen zu den personalen Niederschlägen der öffentlichen Partizipation kommen so zu dem Ergebnis, daß die Einbindung in ehrenamtliche Helferorganisationen in erheblichem Maße dazu beiträgt, die subjektive Kontrollerwartung zu erhöhen und Gefühle der Entfremdung zu verringern" (Zimmerman 1990 b, S. 73 f.). Soweit diese kurze Übersicht. Politisches Empowerment – so können wir die hier vorgestellten Beiträge zusammenfassen – umfaßt folgende Bausteine:

(1) Die Dimension der umweltbezogenen Kognitionen

- **Ein kritisch-analytisches Verständnis der sozialen und politischen Zusammenhänge:** das Wissen um hilfreiche Ressourcen, Allianzen und Strategien der Meinungsmobilisierung und der Interessendurchsetzung; die Antizipation von möglichen Widerständen und Interessenkollisionen.
- **Der Glaube an die Gestaltbarkeit von politischen Strukturen:** das Vertrauen in die Responsivität des lokalen administrativen und politischen Systems für bürgerschaftliche Interessen und begründete Veränderungsbemühungen.
- **Das gefestigte Vertrauen in die eigene politische Kontrollkompetenz:** Vertrauen in das kollektive Vermögen, relevante Ausschnitte der Lebenswelt aktiv gestalten und Einfluß auf die Steuerung von kommunalpolitischen Prozessen der Willensbildung und Entscheidungsfindung nehmen zu können.

(2) Die Dimension der Handlungsmotivationen

- **Die Reklamation von Selbstverantwortlichkeit** für die Gestaltung der kleinen Lebenskreise.
- **Der Wunsch nach sozialem Eingebunden-Sein:** das Bedürfnis nach einer (die Vereinzelung überwindenden) Verbundenheit mit anderen gleichartig Betroffenen.
- **Die Selbstverpflichtung auf ein öffentliches soziales Gut:** die Bereitschaft, sich jenseits der Grenzen von Eigennutz und partikularen Interessen auf öffentliche Anliegen und Aufgaben einzulassen, sich einzumischen und für ein gemeinsames öffentliches Gut zu streiten.

(3) Die Dimension öffentlich wirksamer sozialer Aktion

- **Das in kollektiver sozialer Aktion beglaubigte aktive Engagement des Einzelnen:** bürgerschaftliches Engagement und die Übernahme von Verantwortung und Leitungsfunktionen in lokalen Netzwerken der Selbstorganisation.
- **Das aktive Eintreten für eine Demokratisierung sozialer Lebensgüter** auf der Bühne der lokalen Öffentlichkeit; das öffentliche Eintreten für ein Mehr an Verteilungsgerechtigkeit.

In diesen Dimensionen spiegelt sich ein optimistisches, kontext-orientiertes Konzept von Empowerment. Menschen verlassen die ausgetretenen Pfade erlernter Hilflosigkeit. Sie gewinnen – gemeinsam mit anderen – Zuversicht, sie werden zu Aktivposten in der Gestaltung lokaler Lebensverhältnisse und gehen auf eine gemeinsame Reise in die Stärke, in deren Verlauf sie mehr und mehr zu einem Machtfaktor auf der Bühne der lokalen Öffentlichkeit werden und die lokale sozialpolitische Landschaft verändern.

Zielstationen: Psychologisches und politisches Empowerment

Hier nun ist abschließend der Ort, das Verhältnis zwischen psychologischem und politischem Empowerment genauer zu bestimmen. Das Bild, das dieses Verhältnis wohl am besten einfängt, ist das Bild der Spirale: Der Ausgangspunkt ist dort gegeben, wo Menschen den Schritt aus der Privatheit wagen und sich auf das unsichere Terrain des bürgerschaftlichen Engagements einlassen. Hierzu braucht es Mut und eine ganze Portion subjektiver Kraft. Dort aber, wo dieser Schritt gelingt und der einzelne sich im solidarischen Erfahrungsraum der Gruppe neue Werkzeuge von Kompetenz und Gestaltungsfähigkeit aneignen kann, dort entstehen neue Qualitäten von politischem und psychologischem Empowerment auf erhöhtem Niveau. Denn: Diese kollektiven Abschiede von der Ohnmacht verändern zum einen die soziale Landschaft der Lebenswelt (Sozialveränderung: politisches Empowerment). Sie verändern zum anderen aber auch das Selbstkonzept und die Selbstwert-Erfahrung der Akteure (Selbstveränderung: psychologisches Empowerment).

Die Forschergruppe um Marc Zimmerman hat in ihren neueren Forschungsarbeiten diese Verschränkung von psychologischem und politischem Empowerment empirisch vermessen. Sie fassen die subjektiven Niederschläge von individuellen und kollektiven Prozessen der Ermutigung in einem umfassenden Konzept von Empowerment zusammen. Dieses Konzept (die Autoren benennen es „psychological empowerment"; treffender wäre der Begriff „Produkte von Empowerment-Prozessen auf der Ebene der individuellen Selbsterfahrung", da das Konzept gerade die Resultate individuell-privater wie auch kollektiv-öffentlicher Prozesse der Bemächtigung zusammenfaßt), umfaßt drei Komponenten: *(1) Die intrapersonelle Komponente:* Die intrapersonelle Komponente bezieht sich auf die Selbstwahrnehmung der Menschen. Am Ende ihrer Reisen in die Stärke erwerben sie – so die Forschungsbefunde – ein gefestigtes Vertrauen in die eigene Kontrollkompetenz (Selbstwirksamkeit), sie entwickeln eine stärkende Motivation zur Umweltkontrolle und gewinnen einen Vorrat an positiven Erfahrungen im Hinblick auf ihre Fähigkeit, die eigenen Lebenszusammenhänge aktiv zu gestalten. *(2) Die interaktionale Komponente:* Die subjektiven Niederschläge erfolgreicher Empowerment-Prozesse sind des weiteren ein verändertes kritisches Verständnis der sozialpolitischen Umwelt sowie eine veränderte subjektive Kompetenzausstattung im Umgang mit dem politisch-administrativen System. Benannt werden hier von den Autoren: ein kritisches Bewußtsein der strukturellen Webmuster von sozialer Ungleichheit und problematischen Lebenslagen; ein differenziertes Wissen um die Ressourcen, die zur Erreichung eines gewünschten Ziels unabdingbar sind, wie auch ein Wissen um wirksame Strategien der Ressourcenmobilisierung; und schließlich ein Set von beziehungsgestaltenden Fähigkeiten und Fertigkeiten, die im Wege einer aktiven Beteiligung an bürgerschaftlichen Initiativen erworben werden: Problemlösungskompetenzen; Entscheidungsstrategien und gruppenbezogene Fähigkeiten der Moderation und Leitung. *(3) Die handlungsbezogene Komponente:* Diese letzte Komponente bezieht sich auf das konkrete, alltäglich gelebte Engagement in Nachbarschaft, Institutionen und lokaler Politik. Menschen überschreiten die Grenzen des Privaten, sie organisieren sich um gemeinsame soziale Anliegen und gewinnen in der Übernahme einer strittigen zivilen Verantwortung eine Politikfähigkeit neuer Qualität, die mutmachende Spuren der Sozialveränderung hinterläßt (vgl. mit weiterführenden empirischen Belegen Speer 2000; Zimmerman 1995; 2000; Zimmerman/Warschausky 1998). In diesem umfassenden Konzept verknüpfen sich die beiden Produkt-Ebenen von Empowerment: psychologisches und politisches Empowerment. Der individuelle Zugewinn von alltagsbezogener Gestaltungskraft und der kollektiv erstrittene Zugewinn von politischer Macht verschränken sich zu einem untrennbaren Ganzen – sie verdichten sich im Erfahrungshorizont der Menschen zu einem Lebensgefühl von Mut, Stärke und Zuversicht, das sie als Kapital in ihre Lebenszukunft tragen.

6 Stolpersteine: Hindernisse und Widerstände einer Umsetzung von Empowerment-Perspektiven im Alltag der Sozialen Arbeit

Die Verwirklichung von Perspektiven des Empowerment in der Praxis der Sozialen Arbeit ist ein schwieriges Unternehmen. Einer erfolgreichen Implementation stehen vielfältige Stolpersteine im Weg. Denn: Empowerment läßt sich nicht immer bruchlos in die Paßformen bewährter methodischer Rezepturen und vorgegebener institutioneller Arrangements einpassen. Die im Arbeitsalltag eingespielten methodischen Routinen wie auch die festen Institutionensettings, in die der helfende Dialog eingespannt ist, schaffen Ecken und Kanten, an denen sich die Verwirklichung einer Empowerment-Praxis stoßen kann. Und dennoch: Die Erfahrung von Widerständen und Barrieren sollte nicht vorschnell Anlaß für Entmutigung und resignativen Rückzug sein, sondern Anstiftung zur Renovierung des inneren und äußeren Zuschnitts sozialberuflichen Handelns. Im folgenden wollen wir die Stolpersteine einer Implementation auf drei Ebenen thematisieren: *(1) die intrapersonalen Widerstände*: Widerstände auf der Ebene der subjektiven Berufsidentität; *(2) die Beziehungswiderstände*: Widerstände auf der Ebene der Sozialarbeiter-Klient-Beziehung; und *(3) die institutionellen Widerstände*: Widerstände auf der Ebene der institutionellen Anforderungen und Strukturen. Basismaterial dieser Widerstandsanalyse sind die Daten aus qualitativen Interviews, die wir im Rahmen eines mehrjährigen Lehr-Forschungsprojektes mit MitarbeiterInnen von solchen Beratungsdiensten (Drogen-, Jugend-, Familien- und Gesundheitsberatung) geführt haben, die ihre Praxis explizit auf dem Fundament des Empowerment-Konzeptes aufgebaut haben.

(1) Intrapersonale Widerstände: Widerstände auf der Ebene der subjektiven Berufsidentität

Der Verzicht auf methodische und inhaltliche ‚Fertigprodukte': In der psychosozialen Praxis sind dem Prinzip der ‚Individualisierung sozialer Dienstleistungen' oft enge Grenzen gesteckt. Die hohe Fallzahl, das knapp kalkulierte Zeitbudget, der hohe Falldurchlauf u.a.m. machen es schwer, in jedem einzelnen neuen Fall eine person- und problemspezifisch zugeschnittene Hilfeform mit individuellem Anstrich zu realisieren. Die psychosozialen Dienste und Einrichtungen – eingebunden in diese berufsalltäglichen Zwänge – produzieren so vielfach ‚Versorgungspakete'; sie präsentieren ihren Nutzern vorgefertigte, in ihrem Vollzug normierte Problemlösungspakete. Eingespannt in eine Empowerment-Perspektive verbietet sich aber ein solches Herstellen von ‚sozialen Fertigprodukten'. Denn: Durch die Versorgung mit vorgefertigten Bedürfnismitteln – so hilfreich diese vom einzelnen auch erlebt werden mögen – verfestigt und vertieft sich die Passiv-Rolle der Adressaten institutioneller

Fürsorglichkeit. Phantasie und Kreativität im Umgang mit Lebensproblemen werden verschüttet, der Klient ist nur noch Konsument von mundgerecht abgepackten Versorgungsleistungen. Entschieden formuliert Gronemeyer (1988) ihre Gegnerschaft gegen dieses Denken in Versorgungskategorien. „Wenn man auf die Gegenstände nur noch in ihrer endgültigen Gestalt, in ihrem höchsten Fertigungsgrad treffen kann, dann ist nahezu jede Wahlfreiheit in ihrer Handhabung, jedes Experimentieren, Probehandeln, jedes Spiel mit ihnen unterbunden. Dann können sich an ihnen weder Fähigkeiten erproben, noch kann sich die Erfahrung bereichern ... Solche Festlegungen durch ‚Fertigprodukte' verhindern Lernen, verhindern Veränderung, verhindern neue Erfahrung" (Gronemeyer 1988, S. 240). Doch trotz aller Modernisierung des Repertoires von Hilfeangeboten und Methoden in der Sozialen Arbeit – die institutionalisierten Hilfeprozesse vollziehen sich auch heute noch oftmals im ‚Durcharbeiten' von standardisiert abgepackten Dienstleistungsprogrammen. Das Empowerment-Programm fordert hier einen deutlichen Kurswechsel. Die soziale Praxis – so der Appell – soll die Sicherheiten erprobter Routinetechniken, vorgegebener Hilfeprogramme und fertig formatierter Dienstleistungspakete aufgeben und sich auf Beziehungsverläufe einlassen, die strukturell offen sind und die Gestaltungsfreiheit aller beteiligten Akteure nicht einzäunen. Wie schwierig dies ist, das bezeugen Berichte aus der Praxis. Sie dokumentieren übereinstimmend, daß es für die MitarbeiterInnen sozialer Dienste oft ungemein belastend und schwer aushaltbar ist, die eigenen Formatierungen und Kurssetzungen der Hilfe auszusetzen und das soziale Unterstützungsmanagement ohne entmündigende pädagogische Besserwisserei den oftmals verschlungenen und wechselnden Veränderungsperspektiven der Klienten anzupassen.

Die Neubuchstabierung von ‚Erfolg': Das Konzept Empowerment erfordert zum zweiten eine Neudefinition dessen, was ‚beruflichen Erfolg' ausmacht. Denn: Empowerment-Prozesse sind nur selten geradlinige ‚Erfolgsstories'. Der Rückgewinn von Selbstwertbewußtsein und die Stärkung des Vertrauens in die eigenen Kräfte, die durch Prozesse des Empowerment angestoßen werden, vollziehen sich in stillen, in ihren Kursen und Entwicklungsrhythmen kaum vorhersehbaren Schritten. Empowerment-Prozesse hinterlassen so vielfach nicht unmittelbar sichtbare Spuren der Lebensveränderung – ja, in vielen Fällen verbleiben die Adressaten auch nach dem Ende des pädagogischen Kontraktes in den Revieren eines riskanten und die Grenzen normierter Toleranz überschreitenden Lebensstils. Aus diesem Grund fällt es den MitarbeiterInnen sozialer Dienste und Einrichtungen oft schwer, das eigene berufliche Handeln im Einzelfall unter der Kategorie ‚Erfolg' abzubuchen (vgl. ausführlich Herriger/Kähler 2003. Die von uns befragten MitarbeiterInnen von Beratungsdiensten formulieren hier drei Stolpersteine: Sie verweisen zum ersten auf die Diskontinuität der Prozesse der Selbstveränderung. „Prozesse des Empowerment ähneln in vielen Fällen einer Springprozession: zwei Schritte nach vorne, ein Schritt nach hinten – oder auch umgekehrt. Ich kann mir nie sicher sein, mit ersten kleinen Schritten der Autonomie schon ‚festes Land' gewonnen zu haben, denn schon beim nächsten Zusammentreffen kann die biogra-

phische Mißerfolgsgeschichte alle Erfolge wieder zunichte gemacht haben."
Die beruflichen Helfer erleben zum zweiten eine deutliche Diskrepanz zwischen dem aus ihrer professionellen Sicht gewünschten Tempo der Veränderungen und dem von den Adressaten eingeschlagenen Tempo. „Das Arbeitsprinzip ‚Respekt vor der eigenen Zeit des Klienten' hat auch eine Schattenseite: das lange Warten auf positive Resultate. Ein Arbeitsprogramm, in dem der Sozialarbeiter das Tempo vorgibt, indem er – entlang eines strukturierten Interventionsplans – zuvor vereinbarte Arbeitsschritte abarbeitet und einen festen Zeitrahmen vorgibt, vermittelt das Gefühl, daß man in kurzer Zeit vieles bewegen kann. Empowerment aber verbraucht im Vergleich hierzu – da es sich auf die Zeitbedürfnisse der Adressaten einläßt – ein Mehrfaches an Zeit. Und so braucht es auf meiner Seite vielfach eine gehörige Portion Geduld, um nicht wieder in das eigene Tempo umzuschalten und damit den Klienten u.U. zu überfordern." Als Belastung erlebt wird zum dritten schließlich auch die oft nur geringe Reichweite erzielter Lebensveränderungen. Vor dem Hintergrund ihrer professionellen Expertise und ihres lebensverändernden Know-How entwerfen die sozialen Professionals vielfach komplexe Szenarien der Veränderung. Diese weitgespannten Horizonte der Veränderung aber überfordern die Kräfte der Adressaten. Die von ihnen erreichten ‚kleinen Erfolge' der Bemündigung bleiben hinter den Experten-Erwartungen zurück und können von diesen so auch schwerlich positiv gewürdigt werden. „Am Ende einer Empowerment-Beziehung bleibt bei mir vielfach ein bitterer Nachgeschmack: das Wissen, daß die gemeinsame Arbeit nur ein erstes Anstoßen hat sein können, daß wir gemeinsam nur einige Schritte gegangen sind und daß es nicht in meiner Macht steht, diese Schrittfolge bis zu einer wünschenswerten Zielmarke voran zu treiben." Diskontinuität, ein eher ‚gebremstes' Tempo der Lebensveränderung und die eingeschränkte Reichweite der erzielten Erfolge – diese Stichworte verweisen auf die Schwierigkeit, „Erfolgreich-Sein" im Kontext einer beruflichen Empowerment-Praxis buchstabieren zu wollen. Diese mangelnde Darstellbarkeit von Erfolg wird von den beruflichen Helfern oftmals als belastend erlebt, sie produziert Gefühle von Ohnmacht, Nicht-Gelingen und unzureichender beruflicher Kompetenz.

„Sharing Power" und die Einübung eines Beziehungsmodus partnerschaftlicher Verständigung: Das Empowerment-Konzept produziert zum dritten Unsicherheit auch durch seinen Appell an die Experten, die Macht zu teilen („sharing power"; Gutierrez u. a. 1995, S. 255), d.h. ihre festen Bastionen von Expertenmacht – wo immer möglich – aufzugeben und sich auf einen Beziehungsmodus des partnerschaftlichen und machtgleichen Aushandelns einzulassen. Dieser Prozeß des „sharing power" aber ist ein schwieriges Unternehmen. Die Ungleichverteilung der Macht zwischen beruflichem Helfer und Klient, das systematische Gefälle von Kompetenz und Nicht-Kompetenz, ist ein konstitutives Element einer jeden helfenden Beziehung. „Im Unterschied zum Klienten (ist der professionelle Helfer) mit einer Reihe von Machtbefugnissen ausgestattet, die ihm sowohl zur Disziplinierung des Klienten als auch zur Verteidigung seiner eigenen Privilegien und zum Schutz seiner Privatsphäre zur Verfügung stehen. Der Berater besitzt eine Macht, die er nicht primär aus seinen Beratungsfähigkeiten ableitet; er besitzt sie aufgrund der ihm zur Verfügung stehenden institutionellen und professionellen Ressourcen, die er gegenüber dem Hilfesuchenden einsetzen kann" (Bittner 1981, S. 110). Diese institutionengebundenen Ressourcen der Macht, die dem beruflichen Helfer eine Position struktureller Überlegenheit sichern, haben wir bereits an anderer Stelle benannt (vgl. Kap. 3.2). Es sind dies u. a.:

- **Kontrolle des Zugangs zu institutionellen Ressourcen:** die Macht der Experten, über die Gewährung, den Zuschnitt, den Umfang und die Grenzen der Dienstleistung zu verfügen.
- **Definitionsmacht:** die Macht der Experten, die zur Verhandlung anstehende Wirklichkeit (Definition von Situation, Persönlichkeit und Lebensgeschichte des Adressaten; Definition der zu bearbeitenden Problemfacetten) zu konstruieren und in amtlichen Diagnosen niederzulegen.
- **Beziehungsmacht:** die Macht des Experten, das formale Setting der Beziehungsarbeit, die geltenden Regeln der Kommunikation, die geeigneten Interventionsverfahren und die Meßkriterien eines ‚erfolgreich' abgeschlossenen Arbeitskontraktes festzulegen (vgl. Cohen 1998; Hartmann 1993; Nestmann/Sickendiek 2002; Quindel/Pankofer 2000).

Die berufliche Hilfe vollzieht sich auf der Grundlage dieser Ungleichverteilung von Macht. Für den beruflichen Helfer bedeutet dies, daß er Position beziehen muß, daß er eine je individuelle Form des Umgangs mit diesen institutionellen Machtressourcen buchstabieren und in der helfenden Beziehung stets aufs Neue zur Geltung bringen muß. Diese subjektive Aneignung und Interpretation institutionengebundener Macht ist der Kern der je eigenen, personalen Berufsethik und damit die Grundleitlinie allen beruflichen Handelns. (Blinkert u. a. 1977 unterscheiden hier zwei Grundtypen des Umgangs mit der Macht: zum einen ein machtgestützt-autokratischer Umgang mit dem Adressaten der Hilfe und zum anderen ein empathiegeleitet-demokratischer Umgangsstil). Aber nicht nur diese strukturellen Webmuster von Macht können Stolpersteine für eine Empowerment-Praxis sein. Ann Weik (1982) ergänzt diese Liste von institutionengebundenen Machtressourcen durch einen Blick auf die eher psychologischen Variablen von Macht. Sie verweist auf sogenannte „Macht-Fallen" (power traps), vor denen auch der nicht sicher ist, der die Empowerment-Prinzipien explizit auf seine Fahnen geschrieben hat. Machtfallen sind nach ihrer Definition Störungen der Reziprozität und des (relativ machtgleichen) Miteinander-Umgehens, die überall dort entstehen können, wo die soziale Expertenschaft der beruflichen Helfer auf der einen und die Hilflosigkeitspräsentationen der Adressaten auf der anderen Seite zusammenstoßen. Eine von uns befragte Mitarbeiterin einer Beratungsstelle für Wohnungslose spricht hier von der ‚stillen Verführung zur Machtausübung': „Ich habe erst im Rahmen der Supervision gelernt, mit den stillen Verführungen zur Macht umzugehen. Die Elendspräsentationen, in denen viele Klienten ihre Lebensproblematik ‚einpacken', waren für mich immer wieder Ausgangspunkt und Motivation für einen – so könnte man sagen – ‚fürsorglichen Aktionismus', in dem ich – immer im wohlverstandenen Interesse für den Klienten – eine Vielzahl von Hilfequellen und Unterstützungsformen mobilisiert habe, ohne zu bemerken, in welche machtvolle und bevormundende Position ich mich gegenüber dem Klienten hineinmanövriere." Weik benennt noch weitere Machtfallen, die vielfach unbemerkt zuschnappen: die Mystifikation des Expertenwissens (z. B. durch die Verwendung von verwissenschaftlichten Sprachmustern, die für den Adressaten vielfach nur ‚Fremdsprache' sind); der Einsatz von ‚Techniken der Grenzziehung', die eine (machtvolle) Distanz zwischen den Lebensweisen, Überzeugungen, normativen Standards des Experten und denen des Klienten herstellen; und: das Bedürfnis des beruflichen Helfers, sich überlegen zu fühlen (desire to feel superior), um (im Sinne eines Mechanismus des Selbstschutzes) die eigene Identität von den durch den Klienten präsentierten Bildern der Unterlegenheit und der Schwäche abzugrenzen (vgl. Weik 1982, S. 177–179).

„Sharing power" bedeutet vor dem Hintergrund des hier Dargestellten, daß die beruflichen Helfer die strukturellen Arrangements der Macht wie auch die stillen Verführungen zum Mächtig-Sein stets einer bewußten und selbstkritischen Reflexion zugänglich machen. „Sharing power" bedeutet konkret: die Herstellung einer demokratischen, das Selbstbestimmungsrecht und die Autonomie des anderen achtenden Arbeitsbeziehung; eine Erweiterung der Chancen der Adressaten, Einfluß auf die Gestaltung des Dienstleistungsprozesses nehmen und Einsprüche geltend machen zu können; die Anerkennung ihrer alltagsgebundenen Wirklichkeitskonstruktionen, Problemdefinitionen und Problemlösungsperspektiven; und der Versuch, Strittiges, Diskrepanzen und Perspektivenunterschiede im Wege diskursiver Verfahren in den Bereich des Konsenses einzuholen. Folgt man diesen normativen Leitlinien, so wird die helfende Beziehung – Schritt für Schritt und nicht ohne Mühen – zu einer *dialogischen Verständigungsarbeit,* die von Anerkennung und wechselseitigem Respekt getragen ist. Ann Hartmann (1993) schreibt hierzu: „Wenn wir es mit Empowerment ernst meinen, dann müssen wir Zweifel an Arbeitsansätzen formulieren, die die Macht der Sozialen Arbeiter in Behandlungssituationen vergrößern ... Eine Sozialarbeiter-Klient-Beziehung unter dem Vorzeichen von Empowerment ist eine kollaborative und egalitäre Beziehung, offen und machtteilend. In ihrem Mittelpunkt steht das Bemühen, die Enteignung von Macht auf ein Minimum zu begrenzen und Unabhängigkeit, Kompetenz, Stärke und Selbstvertrauen auf Seiten unseres Gegenübers zu stärken. Die Empowerment-Beziehung kann so wohl am besten als eine Partnerschaft beschrieben werden" (Hartmann 1993, S. 504).

(2) Beziehungswiderstände: Widerstände auf der Ebene des Arbeitskontraktes zwischen Sozialarbeiter und Klient

Der helfende Dialog – so haben wir es oben formuliert – ist eine diskursive Verständigungsarbeit zwischen Partnern. Innerhalb dieser so definierten Arbeitsbeziehung sind die Zuständigkeiten und Verantwortlichkeiten beider Seiten klar definiert: Der Sozialarbeiter ist ein „erfahrener Ratgeber" (Mentor). Er verfügt über ein „Vorschlagsrecht" (Gutierrez u. a. 1995, S. 253), d.h. er nutzt seine professionelle Expertise, um die Lebensschwierigkeiten und Alltagsbelastungen des Adressaten klarer zu zeichnen, biographische Vergangenheitsspuren und wünschenswerte Zukunftsperspektiven zu dechiffrieren und ein Netz von Unterstützungsressourcen zu knüpfen, das noch unsichere Lebensveränderungen abstützt und sichernd begleitet. Der Adressat hingegen ist in allen Dingen, die seine Lebensführung betreffen, letzte Entscheidungsinstanz und verantwortliches Aktionszentrum. Die Verantwortung dafür, welche Lebensoptionen ausgewählt, welche Lebensziele konkret buchstabiert, welche Veränderungskurse letztlich eingeschlagen werden, verbleibt stets in seinen Händen. Das Selbstbestimmungsrecht des Adressaten ist im Horizont der Empowerment-Praxis ein unveräußerliches Gut. Diese so idealtypisch beschriebene Verteilung von Rechten und Verantwortungen aber ist eine zerbrechliche Balance: Die von uns befragten MitarbeiterInnen psychosozialer Beratungsdienste berichten, daß Störungen auf dieser Ebene der Beziehung zwischen Sozialarbeiter und Klient an der Tagesordnung sind (Gutierrez u. a. 1995, S. 253 beschreiben diese Störungen als das Scheitern eines Einverständnisses über „Verantwortlichkeit und Zuständigkeit im Hinblick auf die Problembearbeitung"). Diese Störungen können wie folgt beschrieben werden:

Die Zurückweisung der ‚Zumutungen' der Empowerment-Arbeit durch die Adressaten: Die Erfahrungen der sozialen Praxis dokumentieren, daß – insbesondere am Anfang der Beziehungsarbeit – die Ermutigung zu Selbstbestimmung und Autonomie, die normatives Leitmotiv jedweder Empowerment-Praxis ist, von den Adressaten in vielen Fällen nicht in positiver Weise erfahren, sondern ganz im Gegenteil als Belastung, Bedrohung und Zumutung abgewehrt wird. Diese Abwehr der „Zumutungen des Empowerment" ist Spiegel der institutionellen Sozialisation in die Abhängigkeit, die viele Adressaten der beruflichen Unterstützung bereits durchlaufen haben. Denn: Die Adressaten fürsorglicher Hilfe sind in aller Regel ‚institutionenerfahren'; sie haben bereits eine in vielen Kapiteln geschriebene Erfahrungsgeschichte hinter sich, in der die erlernte Fügsamkeit in die von den Experten gesetzten Interaktionsregeln (compliance) und der Glaube an die Legitimität der Expertenmacht (Legitimitätsglaube) in ihrer Wahrnehmung ein festes Bündnis eingegangen sind. Empowerment nun enttäuscht die Erwartungen, die durch diese Erfahrungsgeschichte erzeugt werden – es produziert auf der Seite der Adressaten Verunsicherungen und korrespondierende Abwehrhaltungen. „Ich habe wiederholt die Erfahrung machen müssen, daß die Freiheit zur Selbstbestimmung, zu der Empowerment aufruft, sehr kalt und angsteinflößend sein kann. Gerade jene Klienten, die in oft jahrelangen Betreuungskarrieren gelernt haben, daß pädagogische Maßnahmen *für sie* und *zu ihrem Wohl* entwickelt werden, haben größte Schwierigkeiten, *für sich selbst* neue Richtungen und Lebensziele zu formulieren. Ihre Antwort auf die Ermutigung zur Selbstverantwortung ist dann vielfach eine ängstlich-anklammernde Haltung, ein oft flehentlicher Appell an meine Zuständigkeit und an mein stellvertretendes Handeln als Experte, manchmal gar eine zornig-enttäuschte Überreaktion. Empowerment-Arbeit, so kann man vielleicht sagen, muß ihren Appell an die Eigen-Regie des einzelnen in wohlabgewogene, kleine Portionen verpacken." Aber auch auf der Seite der Helfer existiert nicht selten das (oft unausgesprochene) Bedürfnis, mehr denn nur ein kundiger Ratgeber sein zu wollen. Auch auf dieser Seite der Gleichung entstehen so Situationen des ‚Nicht-gehen-lassen-Könnens', die die Selbstbestimmung und die Lebensautonomie des Adressaten untergraben. Auf diese Weise aber schließt sich *eine stille Allianz* von Verantwortungsdelegation auf Seiten des Adressaten und Abhängigkeit schaffender Fürsorglichkeit auf Seiten des Helfers.

Grenzüberschreitungen des Eigen-Sinns der Adressaten: Die eine Seite haben wir nun kennengelernt: das Verharren des Klienten in einer Position der Fügsamkeit und der Abhängigkeit. Die andere Seite der Medaille: ein Eigen-Sinn des Adressaten, der die Grenzen des für den beruflichen Helfer subjektiv Erträglichen überschreitet. Zu diesem, für die Praktiker recht belastenden Thema hier einige Anmerkungen. Die Verantwortung des Adressaten für seine Lebensgestaltung und Lebensveränderung ernst zu nehmen, bedeutet auch, ihm *das Recht auf Fehler* zuzugestehen. Konkret bedeutet dies, auch solche klientenseitigen Entscheidungen mitzutragen, die in der fachlichen Einschätzung des Sozialen Arbeiters ‚ins Leere laufen' und ‚zum Scheitern verurteilt sind' („dem Klienten das, was uns falsch und unvernünftig erscheint, nicht ausreden zu wollen"). Diese Akzeptanz der Helfer gegenüber Entscheidungen, die der eigenen Normativität ‚gegen den Strich gehen', hat aber Grenzen. Diese Grenzen sind dort überschritten, wo die Fremdheit des anderen Lebens für die beruflichen Helfer zur psychischen Belastung wird. Fast alle unsere GesprächspartnerInnen konnten solche Grenzlinien benennen, an denen für sie Verständnis, Empathie, Nachempfinden-Können enden. Sie benennen ganz unterschiedliche Ereignisse, die für sie diese Grenzlinien markieren: der plötzliche und ohne ersichtlichen Auslöser erfolgende Abbruch einer schon fast erfolgreich abgeschlossenen Abstinenztherapie; ein auch mit guten Argumenten nicht zu korrigierender familiärer Konsumstil, der ‚offenen Auges' auf direktem Wege in den finanziellen Ruin führt; eine in ihrer Intensität die Helferin erschreckende und überfordernde Auto-Destruktivität einer jungen Klientin; der radikale Abbruch eines Betreuungsverhältnisses, das in der Einschätzung des zuständigen Sozialarbeiters „ein Musterbeispiel zunehmenden Miteinander-vertraut-Werdens und positiver Lebensveränderung war", und die Rückkehr des betreuten Jugendlichen in die Szene rechtsradikaler Gewalt. Diese Ausdrucksformen eines klientenseitigen Eigen-Sinns, der für den wegbegleitenden Berater nicht mehr nachzuvollziehen ist und seinen normativen Standards radikal widerspricht, sind kritische Markierungspunkte der Beziehungsarbeit. Und beides sind denkbare, authentische und gleich-werte Konsequenzen: ein Neubeginn der Beziehung unter nunmehr veränderten Vorzeichen oder aber die Beendigung des Arbeitskontraktes und das Weiterverweisen des Adressaten in andere Hände. Die folgenden Interviewpassagen geben Arbeitshaltungen wieder, die von einem reflexiven Umgang mit beruflichen Grenzerfahrungen gekennzeichnet sind: „Ich gerate immer wieder in Situationen, in denen ich dem anderen gegenüberstehe und denke: ‚Das ist doch völlig verquer – so kann und sollte man nicht leben!' Da stehe ich dann vor Lebensmustern, die mir weh tun und die allen Werten und ethischen Prinzipien, für die ich eintrete, radikal widersprechen. Das steht zwar nicht im Lehrbuch, aber ich habe meinen eigenen Weg gefunden, in solchen Belastungssituationen

Grenzen zu setzen und meine Person zu wahren: Nicht oft, aber es gibt doch Situationen, da sage ich: ‚Das mache ich nicht mit, hier ist meine Grenze, das ist eine Überschreitung von Ethik und Moral, die keiner hinnehmen und aushalten sollte'. So hart dies für die andere Seite auch sein mag: Ich halte eine solche Position für ehrlicher und damit auch für authentischer als die unendlichen Bemühungen um Empathie, durch die manche verwickelte Arbeitsbeziehung gekennzeichnet ist" ... „Es gibt immer wieder Situationen, daß ich mit einer Klientin rede und merke, ich kann mit ihr nicht arbeiten – das geht nur schief, weil wir einander sehr fremd sind und uns wechselseitig nicht aufeinander einstellen können. Mittlerweile habe ich die Vorstellung aufgegeben, daß ich eine solche Beziehung aufrechterhalten muß. Mein Arbeitsprofil – soviel weiß ich heute – muß nicht auf alle KlientInnen passen. Ich hatte einmal eine Klientin, die habe ich pausenlos überfordert. Jedes Gespräch mit ihr, jeder Vorschlag für eine Veränderung war für sie eine Vergewaltigung. Auf meine Frage, ob sie nicht wohl mit einer anderen Kollegin besser klarkäme, fand sie das gar nicht. Es dauerte fast zwei Monate, bis *ich* dann die Entscheidung traf, weil ich das Gefühl hatte, daß ich an dieser Beziehung ersticke. Ich habe die Klientin dann an eine Kollegin abgegeben. Diese Erfahrung war für mich noch einmal ein wichtiger Punkt, mich hinzusetzen und sagen zu können: ‚Ich muß es nicht können. Ich sorge dafür, daß die Klientin von unseren Dienstleistungsprogrammen nicht ausgeschlossen bleibt, daß sie in ‚die richtigen Hände' kommt und daß ich ihr außerdem mitteile, warum unsere Arbeitsbeziehung nicht funktioniert. Das ja, aber: Ich muß nicht alle Beziehungen um jeden Preis aushalten." Diese beiden Interviewpartnerinnen haben ihre eigene, für sie selbst handhabbare Form des Umgangs mit dem grenzüberschreitenden Eigen-Sinn der Adressaten gefunden. Dort aber, wo die Grenzziehungen nicht so deutlich sind, wo die Arbeitsbeziehung an ‚das Diktat unendlicher Empathie' gekettet bleibt, dort setzt sich nur allzu oft ein verhängnisvoller und nicht auflösbarer Kreislauf von wechselseitigem Nicht-Verstehen und Aneinander-Vorbeireden, von Vorwürfen und Gegenvorwürfen in Gang, der die helfende Interaktion mit dem Generalthema der Enttäuschung überschattet.

Grenzen der Selbstbestimmung – soziale Kontrolle und ‚beschützende Intervention': Dem Eigen-Sinn und der Selbstbestimmung der Adressaten sind schließlich dort deutliche Grenzen gesetzt, wo die (physische, psychische oder soziale) Integrität anderer Personen gefährdet ist. Überall dort, wo Bedrohung, Einschüchterung, Erpressung oder offene Gewalt im Spiel ist, endet die Empowerment-Praxis und mündet in die Notwendigkeit, Grenzen zu setzen, Übergriffe abzuwehren und Schutzräume zu öffnen. Nach den Zeugnissen der von uns befragten PraktikerInnen gleicht insbesondere die Arbeit mit Familien, die aufgrund von öffentlich registrierten Gewaltereignissen in das Netz der institutionellen Betreuung geraten sind, oft einem ‚Drahtseilakt'. Der Hilfeprozeß ist hier eingefangen in ein unauflösliches Dilemma: auf der einen Seite der Respekt vor dem Selbstbestimmungsrecht der Familie und die Ermutigung zu Verkehrsformen, die die Integrität aller Familienmitglieder wahren; und auf der anderen Seite die Notwendigkeit zur beschützenden Intervention, zur harten Konfrontation mit den Folgen der Gewalt, in einzelnen Fällen manchmal sogar zum (zumindest befristeten) Abbruch von Familienbeziehungen. „Die Grenzen der Empowerment-Arbeit sind für mich sehr deutlich definiert: Verbale und körperliche Gewalt gegen andere, also Bedrohung und offen-physische Aggression, der Mißbrauch und die Mißhandlung von Kindern, eine manchmal lebensbedrohende Gleichgültigkeit der Eltern gegenüber ihren Kindern – das sind für mich Grenzüberschreitungen, die ein direktives, trennendes und schützendes Einschreiten der Sozialen Arbeit zwingend erforderlich machen. Dort, wo Menschen anderen Leid zufügen, dort endet für mich die individuelle Selbstbestimmung und dort mündet meine Arbeit in ein – manchmal sogar lebensrettendes – kontrollierendes Eingreifen. Das gleiche gilt auch für die Fälle von Auto-Destruktion – ich denke hier z. B. an Frauen, die sich selbst wiederholte Male schwere Verletzungen zugefügt haben. Auch hier ist es m.E. zwingend erforderlich, Grenzen zu setzen und in direkter Weise in die Spirale der Selbstzerstörung einzugreifen" (Mitarbeiterin einer Lebensberatungsstelle). Unter dem Stichwort ‚legitime Machtausübung' (legitimate power) thematisiert auch Hartmann (1993) die schwierige Relation zwischen Empowerment und eingreifender sozialer Kontrolle: „Unserer Profession ist u. a. die Aufgabe aufgetragen, Kinder wie auch ältere Menschen in Situationen des Mißbrauchs und der Vernachlässigung zu beschützen. Für die Ausübung dieser und anderer Funktionen legitimierter sozialer Kontrolle stehen professionelle Sanktionen zur Verfügung; und die Erfüllung dieser Funktionen setzt dem Prinzip der klientenseitigen Selbstbestimmung deutliche Grenzen ... In Situationen, in denen soziale Arbeiter legitimerweise als Grenzen setzende Autorität einschreiten müssen, bedürfen sie der Zwangsmacht. In diesen Notfällen setzen sie der Selbstbestimmung der Klienten Grenzen, indem sie einschreiten, um solche Verhaltensweisen zu verhindern oder abzubrechen, die als antisozial definiert worden sind. Wir dürfen uns nicht vor unserer Verantwortung drücken, Menschen zu beschützen; aber ebenso wenig sollten wir diese Interventionsmacht über Gebühr ausschöpfen. Wir müssen uns unserer legitimen Eingriffsmacht und ihrer Grenzen im Klaren sein, und wir sollten unseren beruflichen Einfluß, dominanten kulturellen Werten und Normen Geltung zu verschaffen, nicht über diese Grenzlinien hinaus ausdehnen. Immer dann, wenn wir unsere legitime Macht überschreiten, werden wir zu Statthaltern der dominanten Kultur und zu Instrumenten illegitimer sozialer Kontrolle. Unsere Rolle in der Empowerment-Praxis aber ist es, Optionen zu öffnen, die Klienten zu unterstützten, ihre Wahlmöglichkeiten zu erweitern und sie in die Lage zu versetzen, multiple Lebenswege ins Kalkül einzubeziehen" (Hartmann 1993, S. 504).

(3) **Institutionelle Widerstände: Widerstände auf der Ebene der institutionellen Anforderungen und Strukturen**

Grenzziehungen durch das institutionelle Mandat zur Verhaltenskontrolle: Die bisher diskutierten Themenaspekte entstammen allesamt dem Bereich der psychosozialen Beratung. Dies ist nicht ohne Grund. Diese Dienste arbeiten auf der Basis der Freiwilligkeit des Kontaktes – Menschen entscheiden sich

,aus freien Stücken', frei von institutionellen Zwängen, die Angebote der Beratung zu nutzen. „Sharing power" und die Inszenierung eines verständigungsorientierten Dialogs sind wohl gerade unter diesen Vorzeichen am ehesten zu realisieren. Anders stellt sich die Situation hingegen in solchen institutionellen Kontexten dar, die von einem grundlegenden Mandat zur Kontrolle des Adressaten, seines Handelns und seiner Lebensentwürfe durchzogen sind (z. B. die Straffälligenhilfe; die (stationäre) Wohnungslosenhilfe; die Jugendhilfe dort, wo sie mit sozial auffälligen Jugendlichen umzugehen hat u.a.m.). In diesen administrativen Umwelten, die hoheitliche Aufgaben der Kontrolle, Ordnungssicherung und Normalisierung zu erfüllen haben, verpflichten rechtliche Vorgaben die beruflichen Helfer auf eine einschränkende Normativität, die enge Toleranzgrenzen setzt und die sie zwingt, ‚riskante Lebensmuster' ihrer Klienten unter Kontrolle zu nehmen. Diese normativen Grenzen, an denen sich der Eigen-Sinn der Adressaten bricht, sind vor allem durch die Strafrechtsnormen gesetzt (Kontrolle des Legalverhaltens der Adressaten und die Verpflichtung zur unverzüglichen Anzeige von bekanntwerdenden strafbaren Handlungen). Aber auch jenseits des Buchstabens des Strafrechtes sind diese institutionellen Kontexte von einem ‚stillem Zwang zur Normalisierung' durchzogen. Das pädagogische Handeln zielt hier auf die Herstellung eines konformen Arbeitsvermögens und auf die Entwicklung eines (wie immer auch ausbuchstabierten) ‚sozialverträglichen' Beziehungsmanagements – allesamt Arbeitsziele, die dem Eigen-Sinn und der Autonomie der Lebensführung der Adressaten enge Grenzen setzen und die die Praktiker oftmals gegen ihre eigenen inneren Überzeugungen zu einem korrektiven Eingreifen zwingen. Hier der Bericht eines Bewährungshelfers: „Der Grat, auf dem eine Empowerment-Arbeit in unserer Institution (der Bewährungshilfe; N.H.) balanciert, ist sehr schmal. Empowerment bedeutet ja vielfach das probehafte Durchspielen von Neuem, das Experimentieren mit neuartigen Verhaltensweisen. Dieses Experimentieren kollidiert aber häufig mit den Bewährungsauflagen, deren Einhaltung ich zu überwachen habe. Ein Beispiel aus meiner aktuellen Praxis: Ich denke da an einen Jugendlichen, der nach der Verbüßung einer kurzzeitigen Haftstrafe aus allen sozialen Bindungen herausgefallen ist. Die beiden einzigen Freunde, die ihm verblieben sind und bei denen er sich aufgehoben fühlt, stecken tief in der Drogenszene am Hauptbahnhof. Der Zugang zu diesem Aufenthaltsort ist dem Jugendlichen aber per Auflage verboten. Die Konsequenz ist: Das pädagogisch Wünschenswerte – also z. B. die Stärkung und die unterstützende Begleitung dieser Freundschaftsbeziehung – wird durch den rechtlichen Zwang verhindert" (Mitarbeiter der Bewährungshilfe). Empowerment-Orientierung und Kontrollmandat liegen hier auf Kollisionskurs – es entsteht eine nur schwer zu lösende paradoxe Situation: Prozesse der Bemündigung und der sozialen Inklusion anregen zu wollen in einer Situation des Zwangs und der Restriktion.

Die Verfestigung des Defizit-Blickwinkel durch institutionenseitige Vorgaben: Soziale Arbeit ist die Unterstützung von Menschen in Lebensschwierigkeiten und die Bereitstellung von Ressourcen für eine gelingende Lebensbewältigung. Verunsicherungen, die Verluste von Orientierung und Lebensgleichgewicht, die schmerzlich-verletzenden Brüche in Beziehungen und Bindungen – all diese fehlschlagenden Anteile des Lebens sind Ausgangspunkt und Anlaß des pädagogischen Handelns, sie begründen und legitimieren die Zuständigkeit der beruflichen Fürsorglichkeit. Diese vorrangige Problemzentrierung der Sozialen Arbeit dokumentiert sich deutlich in den (von seiten der Institution und der Kostenträger vorgegebenen) formalen Verfahren und Prozeduren, die am Anfang der institutionellen Hilfe stehen. Die Anträge zur Gewährung von Hilfe, die Sozialanamnesen und Erstgespräche, die Hilfepläne und Entwicklungsberichte – sie alle verpflichten die Mitarbeiter sozialer Dienste und Einrichtungen zunächst einmal und vorrangig auf eine „Buchführung des Nicht-Gelingens". Anders formuliert: Sollen die Anträge auf Hilfegewährung erfolgreich sein und will die Soziale Arbeit ihre Zuständigkeit einspruchssicher begründen, so muß sie die Lebenswirklichkeit ihrer Adressaten in Defizit-Kategorien vermessen. Ein Blick in die pädagogische Praxis insbesondere im Bereich der stationären Hilfen dokumentiert, daß sich die formal-administrativen Antrags- und Verfahrensprozeduren in kleinen Schritten renovieren. In Erstgesprächen, Sozialanamnese und Hilfeplangesprächen halten ressourcenorientierte Diagnoseverfahren mehr und mehr Einzug. Diese Kompetenzdiagnostik ergänzt den Blick auf die Defizite um eine präzise Vermessung der klientenseitig verfügbaren personalen und sozialen Kräfte und macht auf diese Weise eine ausgewogene Haben-Soll-Bilanz möglich. Und dennoch: Die Zentrierung der pädagogischen Aufmerksamkeit auf die nicht-gelingenden Anteile des Lebens bleibt auch in einer solchermaßen renovierten administrativen Praxis erhalten – die problemzentrierten Vorgaben der Institution üben eine „stille Macht" aus, sie färben die Wahrnehmungsraster und Handlungsroutinen der Praktiker ein und machen es ihnen schwer, sich aus der Logik des Nicht-Gelingens zu verabschieden. Das folgende Zitat aus dem Interview mit einem leitenden Mitarbeiter der Wohnungslosenhilfe dokumentiert anschaulich diese Beharrungsmacht des Defizit-Blickwinkels. „Allein aus formalen Gründen können wir in unserer Einrichtung den Defizit-Blickwinkel nicht ganz verlassen. Die Antragsverfahren für die Gewährung von Hilfen für Personen in besonderen sozialen Schwierigkeiten, die uns von Seiten des überörtlichen Trägers der Sozialhilfe zur Gewährung von stationären Maßnahmen bzw. zur Verlängerung dieser Maßnahmen vorgegeben sind, machen es notwendig, daß wir die personalen und sozialen Unfertigkeiten und Unfähigkeiten unserer Klienten, ihre Probleme in der Alltagsgestaltung und im lebenspraktischen Bereich, in dem Leben von Beziehungen und in ihrer Behauptung auf dem Arbeitsmarkt differenziert erfassen und in unseren Berichten niederlegen. Die Sozialberichte und Hilfepläne, die wir in der ersten Clearingphase der Maßnahme schreiben, sind aufgrund dieser Vorgaben des Kostenträgers eindeutig defizit-fixiert – wir leisten hier eine akribische Buchführung des Nicht-Gelingens. Für den Arbeitsalltag hier im Hause ist diese Festschreibung des Defizit-Blickes ein gravierendes Hindernis auf dem Weg, Arbeitsansätze des Empowerment Wirklichkeit werden zu lassen. Denn: Diese institutionellen Vorgaben festigen wie ein schleichendes Gift unseren Scheuklappenblick auf das Nicht-Können – und es bedarf einer besonderen reflexiven Anstrengung im

Team, mit Blick auf unsere Klienten auch in Kategorien von Gelingen, Kraft, Kompetenz denken zu lernen. Uns in diesem Blick auf die Stärken zu üben – das ist ein kontinuierlich wiederkehrendes Thema unserer Team-Supervision und unserer Planungen zur Organisationsentwicklung. Seit dem letzten Jahr ist es unsere Praxis, daß Hilfepläne gemeinsam mit dem Betroffenen erstellt werden, daß sie gemeinsam erarbeitete Ziel- und Maßnahmenvereinbarungen enthalten und zu einem Arbeitskontrakt führen, der schriftlich formuliert und mit einer Einwilligungserklärung des Betroffenen abgezeichnet ist" (Mitarbeiter einer Einrichtung der stationären Wohnungslosenhilfe). Dieses Zitat macht bereits auf Auswege aus einer institutionenseitigen Festschreibung des Defizit-Blickwinkels aufmerksam: Das Zauberwort lautet hier: „contracting" – der Abschluß eines Hilfevertrages (auch: Beratungs- und Behandlungsvertrag) in Schriftform also, in dem beiderseitig verpflichtende Vereinbarungen über die Ziele der pädagogischen Hilfe und Zielprioritäten, über anzuwendende Maßnahmen und angestrebte Zeitkorridore niedergelegt sind. Erste praktische Erfahrungen mit diesem neuen Instrument stimmen optimistisch: Die Vertragsverhandlungen, an deren Ende die Formulierung eines solchen Hilfekontraktes steht, stärken den Subjektstatus des Hilfeempfängers; sie eröffnen ihm neue Chancen, Einfluß auf die Definition von Hilfeanlaß und wünschenswertem Veränderungskurs zu nehmen und entmündigenden expertenseitigen Zuschreibungen von Unfähigkeit und Lebensversagen entgegen zu treten.

Der institutionelle Zwang zu einer ‚sparsamen' Fallbearbeitung: Ein weiterer institutioneller Stolperstein ist der hohe Zeit- und Ressourcenverbrauch einer Empowerment-Praxis. Die langen Zeithorizonte der Fallbearbeitung und – daran gebunden – die Nicht-Kalkulierbarkeit der im Einzelfall notwendigen Arbeitsressourcen liegen quer zum Interesse der Institution an einer (im Hinblick auf die notwendigen Zeit- und Ressourceninvestitionen) ‚sparsamen' Fallerledigung. „Auch wenn wir hier im Rahmen der Lebensberatung im Vergleich mit anderen Sozialdiensten über ein deutlich größeres Zeitkonto verfügen, von dem wir im einzelnen Beratungsfall ‚abbuchen' können, so steht doch auch bei uns die Aufforderung, möglichst ökonomisch mit der Verausgabung von Zeit und Man-Power umzugehen, immer im Hintergrund. Und so kommt es in unseren Teamsitzungen immer wieder vor, daß einzelne KollegInnen in Zwickmühlen der Rechtfertigung geraten: ‚Warum ist ein konkreter Fall immer noch auf der Tagesordnung?' ‚Ist es angesichts des schon Erreichten und auch angesichts der Warteliste nicht angezeigt, einen Schlußpunkt unter den Beratungsprozeß zu setzen?' Fragen wie diese zeigen, daß die lange Zeitperspektive, die vielfach mit der Empowerment-Arbeit verbunden ist, und die Zeitrechnung der Institution nur schwer auf einen Nenner zu bringen sind. Und ich müßte die Unwahrheit sagen, wenn ich behaupten würde, daß diese Zeitvorgaben im Hinterkopf nicht doch unbemerkt und unreflektiert an der einen oder anderen Stelle in die Beratungsarbeit einfließen – z. B. in Form eines Ungeduldig-Seins, eines Beschleunigens des Tempos, eines Drängens auf Abschluß" (Mitarbeiterin einer kommunalen Lebensberatungsstelle). Hinzu kommt der institutionelle Zwang, Erfolge vorweisen zu müssen.

Empowerment-Prozesse sind Prozesse mit ungewissem Ausgang; sie verlaufen nicht immer in den Bahnen linearen Fortschritts und verweigern sich vielfach dem Zwang zur Unmittelbarkeit von Erfolg. Im Spiegel der Verwaltungslogik aber macht diese strukturelle Offenheit der Ergebnisse die Praxis des Empowerment zu einem (im Wortsinn) ‚riskanten Unternehmen'. Denn: Diese Erfolgsungewißheit, in deren Schatten sich eine ‚wiederbemächtigende' Unterstützung vollzieht, ist gerade in einer Zeit, in der die Soziale Arbeit zunehmend an betriebwirtschaftlichen Bewertungskriterien gemessen wird und in der sie ihr Handeln zunehmend auch an der Meßlatte vorzeigbarer Erfolge legitimieren muß, institutionell auf Dauer nur schwer aushaltbar.

Die Schwerkraft der Routine: Ein letzter Widerstand auf der institutionellen Ebene ist die Beharrungsmacht der Amtsroutine. Damit ist folgendes gemeint: Wie in jeder Organisation, so verfestigt und verstetigt sich auch in sozialen Diensten mit der Zeit eine administrative Routine, die den einzelnen Mitarbeiter auf ein standardisiertes Repertoire von Methoden, Interventionsformen und Verwaltungsverfahren festlegt („das, was man ‚schon immer' so gemacht hat"). Diese Institutionenroutine hat zum einen eine entlastende Funktion: Sie reduziert die Komplexität des vielgestaltigen Berufsalltags, sie rationalisiert die Arbeitsvollzüge und schafft für den einzelnen Mitarbeiter ein ‚sicheres Terrain', auf das er sich in Situationen der Überforderung und der Handlungsunsicherheit zurückziehen kann. Die Amtsroutine ist zum anderen aber Gift für Prozesse des Empowerment. Wir haben es schon erwähnt: Die Entdeckung von Stärken und das Anstoßen von Lebensveränderungen erfordert den mutigen Schritt aus ausgetretenen Routinewegen heraus, erfordert die Bereitschaft zu einem „Anders-Machen" und zur Erprobung von innovativem Denken und Handeln. Karlusch (1996) thematisiert die Denk- und Handlungsblockaden, die eine Amtsroutine der Verwirklichung von Empowerment-Prozessen in den Weg stellt, in folgenden Worten: „Vielfach in der Literatur beschrieben ist ... der Umstand, daß nach mehrjähriger Praxis in behördlichen Diensten Sozialarbeiter/-innen die durch ihre Ausbildung erworbene subjektbezogene, ‚pädagogisch-therapeutische' Orientierung in ihrem professionellen Handeln zugunsten einer überwiegend vollzugs- und kontrollorientierten Sichtweise ändern. Damit beginnen – bürokratischen Leitideen entsprechend – Formalisierung und Standardisierung von Arbeitsabläufen sowie die Betonung des Objektcharakters der Klienten den Arbeitsalltag zu dominieren. Dieses Überhandnehmen von Routinisierung und von Typisierung, nicht selten verbunden mit offener oder tendenzieller Stigmatisierung und Ausgrenzung, wird letztendlich kontraproduktiv zu den Strategien, die für individuelle Problembewältigungen nötig sind. Aus organisationspsychologischer Sicht machen solche Entwicklungen darauf aufmerksam, daß die dominanten Wert-, Lösungs- und Erfolgsvorstellungen der ‚Verwaltungskultur' wie Disziplin, Exaktheit, Regeltreue etc. das konkrete Verhalten der Berufsrollenträger bestimmen. In Verwaltungskulturen wird das Hauptaugenmerk darauf gerichtet, wie etwas getan wird. Die Form und nicht das Ergebnis steht im Vordergrund des als erfolgreich verstandenen Wirkens. Aufgabenstellungen, für die es nicht Prozeduren im Sinne festgelegter Vorgehensweisen gibt, machen in diesem Kontext permanent Angst, formal falsch zu handeln und somit Fehler begehen zu können. Der Wunsch nach Anordnungen, Erlässen und Standardisierungen der Abläufe ist die Folge ... Auf der Strecke bleiben Subjekt- und Dialogorientierung einer Programmatik der Sozialarbeit, die an Menschen glaubt, die zu persönlichem, selbstbestimmten Wachstum und persönlicher Kontrolle über ihr eigenes Leben fähig sind und die mit Methoden arbeitet, die nicht für die Betroffenen etwas erzielen wollen, sondern mit ihnen. Auf der Strecke bleiben in Verwaltungskulturen auf der Ebene der Mitarbeiter mehr und mehr die Bereitschaft zur Initiative, Kooperation und Teamarbeit, Kreativität und Innovation, zum Ertragen von Ambiguität und zum Risiko" (Karlusch 1996, S. 326 f.).

Doppelt schwer wird dieses Gewicht der Routine dort, wo der einzelne Mitarbeiter nicht in das tragende Ganze einer gemeinsamen Organisationskultur eingebunden ist. Die Vereinzelung und das Fehlen einer verpflichtenden und zugleich verbindenden ‚corporate identity' – das ist es, was von den befragten Empowerment-Akteuren in besonderem Maße als belastend und entmutigend erlebt wird. „Erst heute – aus der Rückschau – kann ich ermessen, was eine gemeinsame Philosophie des beruflichen Handelns wert ist. Vor meinem Wechsel hierhin (in die Trennungs- und Scheidungsberatung eines privaten Trägers; N.H.) habe ich die meiste Kraft wohl nicht in der direkten Arbeit mit Ehepaaren, Teilfamilien und Familien verbraucht, sondern in der hausinternen Überzeugungsarbeit. Immer gegen die (nie offen formulierte, immer hinter vorgehaltener Hand versteckte) Skepsis und Geringschätzung der anderen ankämpfen und das eigene Gegen-den-Strom-Schwimmen rechtfertigen zu müssen, das kostet einen hohen Preis. Die Sicherheit jetzt, daß die anderen KollegInnen auf der gleichen Welle schwimmen, und die wechselseitige Ermutigung, in einer akzeptierenden und stärkenorientierten Arbeitshaltung fortzufahren, das ist mit Geld nicht zu bezahlen" (Mitarbeiterin einer Trennungs- und Scheidungsberatungsstelle). Diese Zitat macht eines recht deutlich: Berufliche Alleingänge in Sachen Empowerment sind ein riskantes Unterfangen. Die Rolle des Einzelkämpfers, der sich ‚in heroischem Kampf' gegen das Gewicht der Routine stemmt, überfordert wohl auf Dauer die Kräfte des einzelnen. Was notwendig ist, das ist die Absicherung des einzelnen Mitarbeiters in einer kollektiv geteilten, institutionellen „Kultur des Empowerment". Ein Instrument, das sich im Rahmen von Teamberatung und Organisationsentwicklung bewährt hat, ist hier *der „Empowerment-Zirkel"*. Empowerment-Zirkel – das sind funktionsübergreifend zusammengesetzte Arbeitsgruppen (ggf. auch das Gesamtteam einer Einrichtung), die in synergetischer Kopplung von Einzelbeiträgen Vorschläge für eine Veränderung von institutionellem Leitbild und ‚corporate identity', von methodischem Profil und kollegialen Kommunikationsstrukturen im Zeichen von Empowerment ausarbeiten und deren Implementation unterstützend begleiten. Zu Konzeption und Inhalten des Empowerment-Zirkels hier einige abschließende Anmerkungen (vgl. weiterführend Herriger 2001; Herriger/Kähler 2001).

Der „Empowerment-Zirkel" – Empowerment-Arbeit im Team

Der Empowerment-Zirkel ist ein methodisches Instrument der Organisationsentwicklung. Empowerment-Zirkel arbeiten analog der im Produktionsbereich bereits seit den 50er Jahren eingeführten „Qualitäts-Zirkel" (Arbeitskreise zur Verbesserung der Produkt-Qualität und der Arbeitsqualität). Ziel ist die gemeinsame Erarbeitung von empowerment-förderlichen Organisationsstrukturen („empowering organizations"), d.h. also die Gestaltung von Arbeitsplatzstrukturen, die

- eine gemeinsame institutionelle „Kultur des Empowerment" anregen und fördern,
- die Motivation der MitarbeiterInnen fördern, die ihre spezifischen Fähigkeiten und Stärken in der Empowerment-Arbeit aktivieren und ihre Identifikation mit dem Empowerment-Programm bestärken, und
- das Engagement und die subjektive Arbeitszufriedenheit der MitarbeiterInnen durch die positiv erfahrene Einbindung in eine verläßliche und von allen Mitgliedern geteilte Organisationskultur befördern.

Die Arbeit an einer institutionellen „Kultur des Empowerment" ist eine dauerhafte, nie wirklich abgeschlossene Arbeit im Team. Hierzu bedarf es eines festen Ortes und eines festen organisatorischen Settings. Die im folgenden aufgelisteten Themen strukturieren das Gespräch. Die Ergebnisse werden als gemeinsame Team-Vereinbarungen schriftlich festgehalten.

Themen des Empowerment-Zirkels sind u. a.:

Der Perspektivenwechsel von der Defizit- zur Stärkenorientierung:
Die (durch einen externen Moderator geleitete) Diskussion über die „Philosophie der Menschenstärken" und ihren spezifischen Zuschnitt im jeweiligen institutionellen Handlungsfeld; die kritische Reflexion defizitgeprägter Wahrnehmungsmuster für ‚typische' Problemfälle und der kontrastierende Blick auf verfügbare personale und soziale Ressourcen; die Einführung von ergänzenden Verfahren zur Diagnose von Stärken und Ressourcen im Rahmen von Erstgesprächen, Sozialanamnese und Hilfeplanung („Verfahren der Kompetenzdiagnostik"); multiperspektivische Fallgespräche im Team, in denen (von zwei ModeratorInnen) zum einen die Problemlage und die defizitgeprägten Handlungsanteile des Klienten, zum anderen seine Stärken und Ressourcen kontrastierend vorgestellt werden.

Die Verständigung auf einen gemeinsamen Zielkatalog (Leitbild):
Die gemeinsame Verständigung des Teams auf Parameter und Standards, an denen wünschenswerte Veränderungen der Lebenslage der Klienten (Ergebnisqualität), gelingende Arbeitsbeziehungen zwischen Sozialarbeiter und Klient (Prozeßqualität) und ‚stimmige' institutionelle Strukturbedingungen (Strukturqualität) bemessen werden.

Die Transparenz von Informationen und Entscheidungen:
Die Transparenz von Input-Informationen, Verfahren, Entscheidungen und organisatorischen Planungen für alle MitarbeiterInnen; der Abbau hierarchischer Informations- und Kommunikationswege; ein Informationsnetzwerk, in dem die MitarbeiterInnen sich als ‚Teilhaber' der Organisation erfahren.

Eine partizipative institutionelle Entscheidungsstruktur:
Die Enthierarchisierung von institutionellen Entscheidungs- und Kontrollstrukturen; eine Delegation von Entscheidungsbefugnissen und eine ergebnisorientierte Entscheidungsfindung in flachen Hierarchien („partizipatives Management"); die Ersetzung von alten Hierarchien durch selbstgesteuerte Teams; eine klare und für alle transparente Verteilung von Zuständigkeiten und Verantwortlichkeiten.

Die Suche nach fördernden und sichernden Teamstrukturen:
Eine Team-Kultur wechselseitiger Achtung und Anerkennung; die Akzeptanz unterschiedlicher fachlicher Perspektiven und methodischer Arbeitsformen; kollegiale Fallberatung: der emotional entlastende Austausch in fallbezogenen Situationen der Unsicherheit; die kooperative Fallbearbeitung im multiprofessionellen Team; eine offene Konfliktaustragung und nicht-destruktive Lösungsverfahren; die Erfahrung von Verläßlichkeit und allseitigem Engagement.

Die Komplementarität von Zuständigkeiten und Methoden:
Die Abgrenzung spezifischer inhaltlicher Zuständigkeiten („Arbeits-Domänen") und methodischer Kompetenzen der einzelnen MitarbeiterInnen; die Gelegenheit, individuelle methodische Fähigkeiten, Kompetenzen und Kenntnisse in die alltäglichen Arbeitsprozesse einbringen zu können.

Die Gestaltbarkeit des individuellen Arbeitsplatzes:
Die individuelle Verfügung über räumliche Ausstattung und persönliches Budget; Zeitsouveränität: ein eigenbestimmter Umgang mit Zeit in der Bewältigung berufsalltäglicher Aufgaben; die Anerkennung des individuellen methodischen Handelns des einzelnen Mitarbeiters und seines Arbeitsstils im Team.

Die Einführung von Verfahren der (Selbst-)Evaluation:
Eine fortlaufende (Selbst-)Evaluation der Struktur-, Prozeß- und Produktqualität; der Einsatz von turnusmäßigen NutzerInnen- und MitarbeiterInnen-Befragungen als Instrument einer zielgerichteten Arbeitsoptimierung; die gemeinsame Festlegung von Meßkriterien („benchmarks"), an denen der Erfolg des beruflichen Handelns bemessen wird, und die Dokumentation dieser Erfolge in der institutioneneigenen Berichterstattung.

Eine gemeinsame Ergebnisverantwortung:
Die Bereitschaft aller MitarbeiterInnen, bei Nicht-Erreichen der definierten Qualitätsziele Verantwortung zu tragen – und dies im Sinne eines Neu-Lernens, einer kollegialen Neuverständigung, einer Neusortierung organisatorischer, methodischer und verfahrensbezogener Strukturen.

Die Chance auf Weiterlernen („learning organization"):
Externe (Einzel-)Supervision; Angebote der Fort- und Weiterbildung; das Angebot einer turnusmäßigen externen Konzeptberatung.

Empowerment-Zirkel verändern dort, wo sie erfolgreich eingeführt sind, Organisationskultur und Teamqualität. Sie sind Gegenrezepte gegen die Beharrungsmacht althergebrachter Berufsroutinen, sie sind Gegengifte gegen den Verlust von Ego-Involvement und Veränderungsmotivation und geben den Kurswechseln der Institution in Richtung Empowerment eine verbindliche Richtschnur.

7 Profile einer neuen professionellen Identität

Das Empowerment-Programm – dies hat unsere Darstellung deutlich werden lassen – ist eine offene Einladung zur Entwicklung einer neuen Kultur des Helfens, die die Autonomie der Lebenspraxis und der Lebensentscheidungen der Adressaten Sozialer Arbeit anerkennt und zukunftsoffene Prozesse des Erkundens, des Entdeckens und des Sich-Veränderns anstößt. Grundlage allen Empowerment-Handelns ist die Anerkennung der Gleichberechtigung von Professional und Klient, die Konstruktion einer symmetrischen Arbeitsbeziehung also, die auf Formen einer ‚wohlmeinenden' paternalistischen Bevormundung verzichtet, die Verantwortung für den Arbeitskontrakt gleichverteilt und sich auf einen Beziehungsmodus der partnerschaftlichen Verständigung einläßt. Simon (1994) beschreibt die helfende Beziehung in dieser Weise als eine „kooperative Arbeits-Allianz" (collaborative relationship), die von drei Prinzipien geleitet wird. „1. die geteilte Anerkennung der Dringlichkeit der Lebensprobleme, denen sich der Adressat gegenübersieht; 2. die gemeinsame Verpflichtung auf Problemlösungsstrategien, die ein größtmögliches Maß an Demokratie und Selbstverfügungsrecht transportieren; und 3. eine (immer wieder erneuerte) Betonung der menschlichen Würde beider Akteure der Beziehung, ungeachtet aller trennenden und Distinktion schaffenden Merkmale von Klasse, ethnischer Zugehörigkeit, Lebenschancen und Bildungsstatus. Eine solche Zusammenarbeit erfordert auf der Seite des beruflichen Helfers, der mit der Verantwortung eines ‚Unterstützers' betraut worden ist, dauerhafte Erreichbarkeit, Reziprozität, Engagement und eine akute Responsivität für die Wahrnehmungen und subjektiven Erfahrungswirklichkeiten des Klienten. Das Sine Qua Non authentischer Zusammenarbeit ist eine beständige Reziprozität von Bemühen, Ideen, Ressourcen und – wohl am wichtigsten – Respekt. Beide Seiten sind Bundgenossen (fellow strugglers)" in einem zukunftsoffenen Prozeß wechselseitigen Lernens und Sich-Veränderns (Simon 1994, S. 8). Die so beschriebene kooperative Arbeitsbeziehung ist Fundament aller Empowerment-Praxis. Das Empowerment-Haus aber, das auf diesem Fundament aufgebaut ist, ist bunt und hat viele Zimmer. Anders formuliert: Empowerment-Arbeit ist kein uniformes Ganzes, sie ist facettenreich, bunt, vielgestaltig, offen für je individuelle Ausformungen, Akzentuierungen und Schwerpunktsetzungen. Simon (1994, S. 153–168) differenziert in ihrer detaillierten Durchsicht der jüngeren Literatur vier verschiedene professionelle Profile von Empowerment, die je eigene Akzente setzen und je unterschiedliche methodische Ableitungen programmieren:

„Biographie-Arbeiter" (nurturer)

Ein erstes Verständnis von Empowerment ist tradierten Konzepten der sozialen Einzelhilfe und der Beratung verwandt. Der Akzent liegt hier auf der *Stärkung von Selbstwert, Identität und Selbstbewußtsein*. Menschen, die an den Rändern der Gesellschaft leben, haben nach Simon vielfältige biographische Erfahrungen der Machtunterworfenheit, Stigmatisierung und Diskriminierung angesammelt. Diese Erfahrungsbestände sedimentieren sich in Hilflosigkeit, in Schuldzuschreibungen an die eigene Person und in resignativ eingefärbten Attributionsmustern, die die Unveränderbarkeit alltäglich erfahrener Ungleichheitsrelationen unterstellen. Der helfende Dialog liefert den Adressaten sozialer Dienstleistung hier eine kontrastierende Erfahrung. Er öffnet durch behutsame Aufklärung und Ratschlag den Blick für erreichbare neue Lebensoptionen (sei es in der Veränderung von Beziehungsmustern, sei es im Bereich der Bildung, sei es im Bereich der beruflichen Mobilität), er kommuniziert ein grundlegendes Vertrauen in die klienteneigenen Selbstgestaltungskräfte und stärkt auf diese Weise deren Selbstwertgefühl und Kontrollüberzeugung. Der helfende Dialog ist auf diese Weise ‚ein Labor der Ich-Stärkung'. Diese Förderung von Selbstwert-Erfahrungen geht Hand in Hand mit einer Stärkung auch der kollektiven sozialen Identität. Hier geht es um die Verortung von Identität in sozialhistorischen Kontexten. Vor allem narrative biographische Arbeitsansätze („die eigene Lebensgeschichte als Sozialgeschichte lebensweltlicher Milieus erzählen") sind geeignete Instrumente einer sozialen Kontextualisierung je individuell geprägter Lebenserfahrungen. Sie machen es möglich, Entsolidarisierung und Einzelkämpfer-Mentalität aufzubrechen, ein Bewußtsein kollektiver Betroffenheit herzustellen und den Zündfunken eines solidarischen Gemeinsinns zu schlagen (vgl. Simon 1994, S. 157–162).

„Wegbereiter" (facilitator)

Ein zweites Verständnis von Empowerment beschreibt die Rolle des professionellen Helfers als die eines „Wegbereiters", der Auswege aus erlernter Hilflosigkeit aufzeigt und Hindernisse auf diesem Weg ausräumt. Simon bezieht sich in ihrer Darstellung in direkter Weise auf die frühe Arbeit von Solomon (1976): Solomon unterscheidet in ihrer Arbeit *indirekte und direkte Machtblockaden (power blocks):* Indirekte Machtblockaden sind die subjektiven Niederschläge erfahrener Machtlosigkeit. Sie artikulieren sich in der Entwertung von Selbstvertrauen, in festen Hilflosigkeitskognitionen, im Verlust von ‚handfesten' sozialen Kompetenzen und Strategien der Selbstdurchsetzung. Aufgabe des sozialen Arbeiters in der Rolle des Wegbereiters ist es hier, diese entmutigenden Kognitionen durch die Vermittlung kontrastierender Perspektiven der Stärke zu vermindern (Reframing), Techniken und Strategien der sozialen Einmischung zu vermitteln (Verhandlungsgeschick, Organisationsfähigkeiten, politisch-strategisches Know-How usw.) und schließlich die ersten, noch unsicheren Schritte einer ‚Einmischung in eigener Sache' zu ermutigen. Direkte Machtblockaden sind hingegen die strukturellen Ungleichheitsstrukturen, die sich durch alle Sektoren der Lebenswelt ziehen (ungleiche Verteilungen von Macht zwischen den Geschlechtern; ungleiche Versorgung in den

Bereichen Gesundheit und Wohnen; ungleiche Chancen in Bildung und Arbeitsmarkt usw.). Arbeitsauftrag des Wegbereiters ist es hier, (wie bescheiden auch immer) ein Mehr an Chancengleichheit herzustellen, indem er die oft stillen und verdeckten Selektionsmuster sozialer Ungleichheit aufdeckt und (durch konsensorientierte Verhandlung und Überzeugungsarbeit oder durch konfliktorientierte öffentliche Skandalisierung) die Responsivität der Politik- und Dienstleistungsprogramme für die Anliegen und die Interessen marginalisierter Bevölkerungsgruppen erhöht (vgl. Simon 1994, S. 162–164).

„Politischer Aktivist" (mobilizer)

Ein drittes Verständnis von Empowerment rückt die Mobilisierung von in gleichartiger Weise betroffenen Menschen in das Zentrum der Aufmerksamkeit. Hintergrund dieses Verständnisses ist ein Gesellschaftskonzept, das soziale Wirklichkeit als einen dauerhaften Konflikt zwischen Interessengruppen und Machtallianzen darstellt und das soziale Konflikte begreift als ein produktives Agens sozialstruktureller Veränderung und Innovation (Simon 1994, S. 174). Eine Soziale Arbeit, die sich in diese sozialen Konflikte einmischt, ist Anstiftung zur politischen Selbstorganisation und zugleich parteiliches Eintreten für Klienteninteressen. Sie kombiniert die Instrumente Netzwerkarbeit und engagierte Anwaltschaft (advocacy). „Mobilisierung bedeutet, Adressatengruppen zu einer solidarischen kollektiven Selbstvertretung zu ermutigen und zugleich sich gegenüber Dritten ‚machtvoll' für die Interessen dieser Gruppen einzusetzen" (Simon 1994, S. 164). Ziel dieses vernetzenden und parteilichen Eintretens ist die Herstellung eines größtmöglichen Maßes von *Verteilungsgerechtigkeit:* „Der Wert ‚Verteilungsgerechtigkeit' bezieht sich auf die faire und gerechte Verteilung von Ressourcen und Pflichten in einer Gemeinschaft. Dieser Wert thematisiert den Umstand, daß Elend und Glück von Menschen vor allem durch die Allokation von materiellen Lebensgütern und Dienstleistungen bestimmt sind. Im Gegensatz zu dem fortdauernd gültigen Glaubenssystem der nordamerikanischen (und wohl auch der unseren; N.H.) Gesellschaft, nach dem eine Gleichheit von Gelegenheiten und Lebenschancen als gegeben vorausgesetzt wird, geben die Vertreter des Empowerment-Konzeptes der Auffassung Ausdruck, daß die ungleiche Verteilung von Wohlstand und Macht selektiver Filter für den Zugang zu Diensten, Erziehung und Beschäftigung ist. Folgerichtig zielt Empowerment auf solche Interventionen, die das Ungleichgewicht von Gelegenheiten zu korrigieren versuchen. Verteilungsgerechtigkeit bezieht sich sowohl auf die mikrosoziale Ebene – dort, wo Personen und Gruppen in ihrem unmittelbaren Lebenskreis für eine gerechte Allokation von Ressourcen eintreten –, als auch auf die makrosoziale Ebene – dort, wo Advokatorenschaft, soziale Reform und politische Aktion eingefordert werden" (Prilleltensky 1994, S. 360). Das Empowerment-Konzept ist hier – auch in Zeiten eines konservativen Roll-Backs – einer konkreten politischen Utopie verpflichtet. Es ist sein Ziel, Menschen in Lebensproblemen ein kritisches Bewußtsein für die Webmuster der sozial ungleichen Verteilung von Lebensgütern und gesellschaftlichen Chancen zu vermitteln, ein gemeinsam geteiltes Wissen um die Veränderbarkeit einer übermächtig erscheinenden sozialen Wirklichkeit zu festigen und zu gemeinschaftlicher sozialer Aktion anzustiften (vgl. Simon 1994, S. 164–166; Swift/Levin 1987, S. 84 ff.).

„Sozialreformer" (Social and Organizational Reformer)

„Das Konzept von Demokratie und seine alltägliche Verwirklichung durch soziale und politische Institutionen ist gegründet auf dem Prinzip, die Bürger in einer solchen Weise zu bemächtigen, daß sie teilhaben an Entscheidungen, die ihr Wohlbefinden beeinflussen" (Swift 1984; S. XIII). Das Prinzip Bürgerbeteiligung ist der Grundpfeiler dieses letzten Verständnisses von Empowerment. Empowerment-Prozesse zielen auf die Stärkung der Teilhabe der Bürger an Entscheidungsprozessen, die ihre personale Lebensgestaltung und ihre unmittelbare soziale Lebenswelt betreffen. Sie zielen auf die Implementation von Partizipationsverfahren, die ihren Wünschen und Bedürfnissen nach Mitwirken und Mitgestalten in institutioneller Dienstleistungsproduktion und lokaler Politik Rechnung tragen. Die Rolle von Empowerment-Arbeitern ist auch hier zweifach bestimmt: Ihr Handeln zielt zum einen auf eine Wiederbelebung des Gemeinschaftsdenkens und auf die Herstellung neuer ziviler Verbindlichkeiten. Arbeitsziel ist die Rückgewinnung von Potentialen einer kollektiven Selbstregelung in kleinen lokalen Kreisen. Bürger-Beiräte, Bürgerausschüsse und Arbeitskreise mit politischem Mandat, Bürgerentscheide und andere Verfahren einer direkten Demokratie ‚von unten' sind Beispiele für Organisationsformen einer zivilen Öffentlichkeit, in denen sich das Prinzip Bürgerbeteiligung politisch wendet und in denen die Soziale Arbeit vermittels ihrer organisatorischen und vernetzenden Kraft einen zentralen Standort hat. Die sozialarbeiterische Expertise zielt zum anderen auf die Implementation von Beteiligungsstrukturen in Verbänden, Dienstleistungsagenturen und Sozialverwaltungen, mit deren Hilfe die Adressaten sozialer Dienstleistung ihren Anliegen und Interessen auch im administrativen Raum eine vernehmbare Stimme geben und die behördlichen Definitions-, Verfahrens- und Entscheidungsroutinen auf den Prüfstand stellen können (vgl. Simon 1994, S. 166–168).

Diese vier Verständnisweisen von Empowerment bilden keine distinkten, trennscharf voneinander unterschiedenen Kategorien, sie weisen vielmehr Schnittmengen und Kompatibilitäten auf. Bei allen Gemeinsamkeiten: Simon unterscheidet mit Blick auf die Traditionslinien der Empowerment-Bewegung zwei Grundformen von Empowerment, die als die einander gegenüberstehende Endpunkte eines Kontinuums vorstellbar sind. Simon unterscheidet *einen personenbezogenen Arbeitsansatz der Stärkung und Bekräftigung* („enabling orientation") und *einen strukturbezogenen Arbeitsansatz der politischen Mobilisierung und Anwaltschaft* („political social work and advocacy"). „Die Geschichte der von Empowerment-Gedanken geleiteten Sozialen Arbeit seit 1945 ist – in aller Kürze gesagt – die Geschichte einer Zweiteilung. Denn: Trotz aller gemeinsamen Verpflichtungen auf soziale Reformarbeit als eines zentralen und dauerhaften Anliegens aller Sozialer Arbeiter in einer Gesellschaft, die nach wie vor durch signifikante soziale Ungleichheit zerschnitten ist, haben die personenbezogen-fördernden Arbeitsansätze ein Lager belegt, die auf politische Mobilisierung und Einmischung zielenden Arbeitsansätze ein anderes" (Simon 1994, S. 168). Hier endet die historische Rückschau von Simon mit einer Lagebestimmung, die auch in unseren Breitengraden Geltung beanspruchen kann. Mit der weiterschreitenden Rezeption des Empowerment-Konzeptes bilden sich auch bei uns die von Simon beschriebenen unterschiedlichen Lager heraus – und es intensiviert sich der Streit um die ‚richtige' Lesart von Empowerment. Uns steht es hier nun nicht an, ein Urteil über ein Besser oder ein Schlechter abzugeben. Geeigneter erscheint uns vielmehr *ein Plädoyer für die Vielgestaltigkeit*. Empowerment-Arbeit ist eine Arbeit in vielen Rollen und Rollenwechseln. Nicht Festlegung und Methodenfixierung, sondern Flexibilität, Experimentierfreude und Offenheit gegenüber unterschiedlichen methodischen Versatzstücken und Interventionsverfahren kennzeichnen diese Arbeit. In dieser ‚bunten' Professionalität bündeln sich verschiedene neue Rollen für die MitarbeiterInnen sozialer Dienste und Einrichtungen:

(1) „**Lebenswelt-Analytiker**": Fundament dieser neuen Professionalität ist die Fähigkeit der MitarbeiterInnen, die Mikropolitik alltäglicher sozialer Ungleichheiten, in die die Lebensgeschichten ihrer Adressaten eingespannt sind, transparent werden zu lassen. Gefordert ist hier eine sensible Lebenswelt-Analyse: Mit dem ‚fremden Blick' des Außenstehenden geht es darum, Aufklärung über alltagsbezogene Mythen, stille Abhängigkeiten und kulturelle Selbstverständlichkeiten zu leisten, mit denen sich soziale Ungleichheiten maskieren. Das kritische Infragestellen (Reframing) von Kognitionsmustern, die eine Selbstattribution von Schuld und Eigenverantwortung für Lebensunglück formulieren und die Unveränderlichkeit einschränkender Lebenssettings unterstellen, sind Auswege aus den Teufelskreisen erlernter Hilflosigkeit. „Eine am Empowerment-Konzept orientierte Soziale Arbeit (hat) die besondere Aufgabe, die Klienten zu unterstützen, gemeinsam mit anderen in vergleichbarer Situation die mythischen und entwerteten Selbst-Portraits zu überprüfen, die sie unbewußt als Mitglieder einer stigmatisierten Gruppe internalisiert haben ... Auf dieser Grundlage kann die Person dann auf eine Reise der Selbst-Entdeckung gehen, ein oft lebenslanger Prozeß, der die bewußte Zurückweisung von Unterdrückung und Entmündigung ebenso umfaßt wie auch die Konstruktion von neuen Kategorien, die die Welt neu ordnen und den eigenen Wert in dieser Welt neu bestimmen" (Simon 1994, S. 13). Der Lebenswelt-Analytiker liefert seinem Gegenüber durch diese Anstöße zur Selbstaufklärung Rohstoffe für die Entwicklung eines kritischen Bewußtseins und bestärkt den Mut zur Veränderung von Lebenskursen.

(2) „**Kritischer Lebensinterpret**": In dieser Rolle liefert der Soziale Arbeiter stellvertretende Lebensdeutungen. Hier geht es um die Inszenierung eines verständigungsorientierten biographischen Dialogs, der sowohl retrospektiv als auch prospektiv gerichtet ist: Retrospektiv gewendet zielt dieser Dialog auf eine gemeinsame interpretative Aufarbeitung der bisherigen Lebenswege, Be-

ziehungsgeschichten und Abhängigkeitserfahrungen des Adressaten. In der Prospektive zielt er auf den Entwurf einer für den Klienten wünschenswerten und in der gemeinsamen Arbeit Schritt für Schritt auch erreichbaren persönlichen Zukunft. (Stark 1996, S. 54 spricht hier von „der Fähigkeit, kontrafaktisch eine andere Zukunft sehen und sie damit gestaltbar machen zu können"). Diese sensible Lebenshermeneutik ist stets eine riskante Gratwanderung: Sie erfordert zum einen ein vorbehaltloses Sich-Einlassen auf den Eigen-Sinn und die konflikthaften Selbstinterpretationen der Adressaten. Zum anderen ist diese Lebensinterpretation immer auch Lebenskritik: Kritische Opposition, die Problematisierung riskanter Lebensentwürfe, eine Grenzziehung gegenüber verletzenden und damit nicht mehr tolerierbaren Handlungs- und Beziehungsformen sind unverzichtbare Bestandteile des biographischen Gesprächs.

(3) „Netzwerker und Ressourcenmobilisierer": Empowerment-Arbeit ist stets auch Arbeit am „Projekt Gemeinschaftlichkeit". Eine solche psychosoziale Praxis ist der Zündfunke für neue soziale Zusammenhänge und bestärkt die Synergie-Effekte solidarischer Aktion. Über das Stiften von neuen Kontakten und die begleitende Unterstützung von Gruppen, Initiativen und neuen sozialen Netzwerken hinaus zielt die Soziale Arbeit hier auf Ressourcenmobilisierung: Nach Swift/Levin (1987, S. 87) weist diese mobilisierende Arbeit stets in zwei Richtungen: Sie ist zum einen das Herstellen eines für die Nutzer transparenten Bildes des Spektrums verfügbarer Ressourcen. Und sie ist zum anderen die Vermittlung von bürokratischen Kompetenzen (z. B. die Einübung der Betroffenen in die Logik und die Sprache der Verwaltung), um auf diese Weise Nutzerkompetenzen zu stärken und Barrieren der Inanspruchnahme von Ressourcen zu vermindern.

(4) „Intermediärer Brückenbauer": Im Zeichen der Moderne wird die Kluft zwischen zersplitternden und sich immer weiter atomisierenden Lebenswelten auf der einen Seite und den Megastrukturen in Wirtschaft, Politik und Verwaltung auf der anderen Seite immer tiefer. Soziale Arbeit, eingespannt in diesen zentrifugalen sozialen Drift, gewinnt vor diesem Hintergrund mehr und mehr die Funktion einer intermediären (vermittelnden) Instanz. „Benachteiligte, entrechtete Bevölkerungsgruppen und somit auch eine an sozialstaatlichen Gedanken orientierte Politik sind verstärkt angewiesen auf vermittelnde Instanzen zwischen der Lebenswelt und den Interessen der BürgerInnen im Stadtteil einerseits und den Entscheidungsträgern und steuernden Instanzen in Politik, Verwaltung und Unternehmen andererseits. Solche vermittelnden Instanzen dürfen ausdrücklich nicht Bestandteil einer staatlichen oder kommunalen Verwaltung sein, also nicht dem akuten Handlungsbedarf eines großen bürokratischen Apparats unterliegen oder in Entscheidungszentralen angesiedelt sein. Sie fungieren als loyale Sachwalter einer sozialen, gerechten und am Wohl einer Stadt orientierten Politik" (Hinte 1994, S. 79). In dieser sachwaltenden Funktion ist es Empowerment-Arbeitern zur Aufgabe gestellt, wo immer machbar, Möglichkeitsräume für Bürgerpartizipation aufzuschließen und „Brückenperson" zwischen engagierten Bürgern und Akteuren auf der Ebene

der administrativen und politischen Entscheidungsfindung zu sein. Auch hier verweist die Arbeit in zwei Richtungen: Sie ist zum einen „Entzauberung der Macht" (Kieffer 1984) – dies bedeutet konkret: sie leistet Beiträge zur De-Konstruktion jener Kognitionsmuster in den Köpfen der Betroffenen, die eine kritische Einmischung in administrative und politische Belange als ‚illusionär' und ‚nicht machbar' denunzieren, sie vermittelt Hilfestellungen im Prozeß der politischen Strategiefindung und Allianzenbildung („das Spielen auf der Klaviatur des politischen Taktierens"). Und zum anderen ist dieses Brückenschlagen immer auch Moderationsarbeit, d.h. das vermittelnde Bemühen, auch in Situationen eskalierender Interessengegensätze Gesprächsbereitschaft und Dialogfähigkeit auf beiden Seiten zu sichern und zu erhalten.

(5) „**Normalisierungsarbeiter**": Empowerment-Arbeit bedeutet für die sozialen Arbeiter aber auch, beständig für das Recht der Klienten auf unkonventionelle Lebensentwürfe einzutreten und die gesellschaftlichen Toleranzzonen für deren Eigen-Sinn zu erweitern. Soziale Arbeit – so der eindringliche Appell – darf nicht länger das Vollzugsorgan einer retardierenden, die beschleunigte Dynamik des Wertewandels in der Lebenswelt kaum noch einfangenden institutionellen Normalität bleiben. Sie muß vielmehr – innerhalb der gegebenen rechtlichen Normgrenzen – Respekt vor dem Eigen-Sinn klientenseitiger Lebensentwürfe wahren, deren Selbstverantwortung (auch dort, wo Lebensveränderungen in Sackgassen laufen und Lebenskurswechsel fehlschlagen) gegen institutionelle Bevormundungen sichern und expertenseitige Veränderungs-, Besserungs- und Kontrollvorstellungen zumindest dort, wo sie vom Klienten nicht befürwortet werden, hintan stellen. Die Arbeitsansätze der „akzeptierenden Pädagogik" („akzeptierende Drogen-, Jugend-, Wohnungslosen-Arbeit") sind mutmachende Beispiele für die Machbarkeit einer solchen Normalisierungsarbeit. Sie sind zugleich aber auch Dokumente der Schwierigkeit einer beruflichen Hilfe, die stets auf dem schmalen Grat zwischen der Wahrung der Selbstbestimmung des Klienten auf der einen und der Notwendigkeit eines (die Person des Betroffenen oder aber Dritte) schützenden und kontrollierenden Eingreifens auf der anderen Seite balanciert.

(6) „**Organisations- und Systementwickler**": Diese Skizze einer neuen Professionalität bliebe unvollständig ohne die Forderung nach der Entwicklung einer neuartigen sozialpolitischen Professionalität, die sich in der Öffnung administrativer und politischer Strukturen für Partizipation und Bürgerbeteiligung dokumentiert. Hierzu noch einmal ein Argument von Swift/Levin (1987, S. 88): „Strukturelle Fragestellungen, so z. B. die Herstellung von Gerechtigkeit und die Öffnung des Systems für strukturellen Wandel, formulieren die wohl kritischsten Ansprüche an das Zukunftsszenario professioneller Rollen ... Fähigkeiten und Tätigkeiten wie z. B. die Beratung des Gesetzgebers und der ausführenden Akteure in lokalen und überlokalen Verwaltungen, eine parteiliche Lobby-Arbeit für die Interessen machtloser Populationen, die direkte Einmischung in Politikformulierung und -implementierung sind logische Weiterentwicklungen der Rolle des Professionals im Kontext einer Empowerment-Praxis." Das Projekt Empowerment mündet hier also schließlich

in einer spezifischen sozialpolitischen Fachlichkeit, die die MitarbeiterInnen im sozialen Feld in die Lage versetzt, sich in engagierter Parteilichkeit und jenseits der Schwerkraft institutioneller Loyalitäten auf einen kritischen Dialog mit der Macht einzulassen.

Eine Empowerment-Praxis der Zukunft hat so viele Gesichter; sie realisiert sich in vielen Rollen. Diese Arbeit kann aber nur gelingen, wenn alle beteiligten Akteure, professionelle Helfer und Klienten, ihre Beziehung als eine Beziehung wechselseitigen Lernens und Sich-Veränderns begreifen. Biographische Kurse verändern, Zusammenhänge herstellen und Lebenswirklichkeit gestaltbar machen – das ist ein offener Prozeß, in dem beide Partner sich verändern, indem sie voneinander und miteinander lernen. Das aber erfordert vor allem eines: den Mut, offene, phantasievolle und eigen-sinnige, selten nur präzise zu kalkulierende Prozesse der Lebensveränderung anzustoßen, den Mut auch, Vertrauen zu sich und zu anderen zu haben. Überall dort, wo Menschen sich offen und zukunftszugewandt auf diese gemeinsame Reise in die Stärken einlassen, hinterläßt Empowerment mutmachende Leuchtfeuer.

Literatur

Eine kurze Anmerkung vorab: Empowerment ist in den letzten Jahren zu einem „Mode-Konzept" innerhalb der politischen, wissenschaftlichen und praktischen Diskurse geworden. Zeugnis hiervon gibt die Veröffentlichungslandschaft. Die Literaturproduktion zum Thema Empowerment, sei sie nun in den traditionellen Printmedien, sei sie im elektronischen Medium des Internets dokumentiert, ist kaum noch zu überschauen und noch weniger umfassend zu rezipieren. Unternimmt man den Versuch, in diese Unübersichtlichkeit der Information eine erste typisierende Ordnung zu bringen, so können wir vier „Themen-Lager" unterscheiden:

(1) Empowerment und betriebliche (Personal-)Organisation:
In diesem Lager finden sich vor allem betriebswirtschaftlich ausgerichtete Beiträge, in denen Empowerment als ein Konzept zur Veränderung und Optimierung von Arbeitsplatzstrukturen und betriebsinternen Organisationsverläufen, von Konzepten des Personalmanagements und der kollegialen Kooperation buchstabiert wird.

(2) Empowerment und individuelles Lebensmanagement:
Hier finden sich vor allem Beiträge aus dem psychologischen Lager, die mit dem Empowerment-Konzept signifikante lebensgeschichtliche Entwicklungsprozesse beschreiben, in denen Menschen die Kompetenz zu gelingender Krisenbearbeitung und eigenbestimmter Lebensgestaltung gewinnen („personal growth").

(3) Empowerment und Emanzipationsbewegungen der Dritten Welt:
Diesem Lager zurechenbar sind die Beiträge zu einer autonomiefördernden Entwicklungspolitik in Ländern der Dritten Welt, denen ein politisch buchstabiertes Empowerment-Konzept gemeinsamer Leitfaden ist (Emanzipationsbewegung der Frauen; die demokratische Bemächtigung von ethnischen und religiösen Minderheiten; eine die Chancengleichheit fördernde Bevölkerungs-, Bildungs- und Arbeitsmarktpolitik u.a.m.).

(4) Empowerment und Soziale Arbeit:
Hier schließlich (zahlenmäßig am geringsten vertreten) finden sich solche Beiträge, die die organisatorischen Rahmenbedingungen, die methodischen Handwerkszeuge und die veränderte professionelle Handlungsethik einer Empowerment-Praxis in ausgewählten Handlungsfeldern der Sozialen Arbeit zum Thema haben.

Das nachfolgende Literaturverzeichnis umfaßt die bibliographischen Nachweise aller Veröffentlichungen, die in dieser Arbeit Verwendung gefunden haben. Es umfaßt darüber hinaus einige weiterführende Hinweise auf Veröffentlichungen in englischer und deutscher Sprache, die einen expliziten Bezug zu Handlungsfeldern und Arbeitsalltag der Sozialen Arbeit erkennen lassen und die dem Leser ‚Rohstoff' für die eigene weiterführende Auseinandersetzung mit dem Empowerment-Thema sein können. Geleitet ist die Aufarbeitung der vorliegenden Literatur zum Thema von dem Bemühen, eine für den deutschsprachigen Raum umfassende und vollständige Literaturübersicht zu geben (Datenstand: Oktober 2009).

ADAMS, R.: Empowerment, participation and social work. 4. Aufl., Basingstoke 2008
ADLOFF, F.: Zivilgesellschaft. Theorie und politische Praxis. Frankfurt/M. 2005
ALHEIT, P./HOERNING, E.U. (Hg.): Biographisches Wissen. Beiträge zu einer Theorie lebensgeschichtlicher Erfahrung. Frankfurt/M./New York 1989
ALINSKY, S.D.: Die Stunde der Radikalen. Gelnhausen/Berlin 1974
ALINSKY, S.D.: Anleitung zum Mächtigsein. Ausgewählte Schriften. Bornheim-Merten 1984
ALISCH, M./DANGSCHAT, J.: Die solidarische Stadt. Ursachen von Armut und Strategien für einen sozialen Austausch. Darmstadt 1993
ALISCH, M./DANGSCHAT, J.: Armut und soziale Integration. Strategien sozialer Stadtentwicklung und lokaler Nachhaltigkeit. Opladen 1998
AMERING, M./SCHMOLKE, M.: Recovery. Das Ende der Unheilbarkeit. Bonn 2007
AMERING, M./SCHMOLKE, M. (Hg.): Recovery in mental health. Reshaping scientific and clinical responsibilities. New York 2009
ANDERSEN, J./SIIM, B.: The politics of inclusion and empowerment. Gender, class, and citizenship. Houndmills 2004
ANHUT, R./HEITMEYER, W. (Hg.): Bedrohte Stadtgesellschaft. Soziale Desintegrationsprozesse und ethnisch-kulturelle Konfliktkonstellationen. München 2000
ANTONOVSKY, A.: Health, stress, and coping. New perspectives on mental and physical well-being. San Francisco 1979
ANTONOVSKY, A.: Unraveling the mystery of health. How people manage stress and stay well. San Francisco 1987
ANTONOVSKY, A.: The structure and properties of the sense of coherence scale. In: Social Science and Medicine 6/1993, S. 725–733
ANTONOVSKY, A.: Salutogenese. Zur Entmystifizierung der Gesundheit. Tübingen 1997 (deutsche Übersetzung der Arbeit von 1987)
BACHRACH, P./BOTWINICK, A.: Power and empowerment. A radical theory of participatory democracy. Philadelphia 1992
BADURA, B./VON FERBER, C. (Hg.): Selbsthilfe und Selbstorganisation im Gesundheitswesen. München/Wien 1981
BADURA, B./PFAFF, H.: Stress – ein Modernisierungsrisiko? Mikro- und Makroaspekte soziologischer Belastungsforschung im Übergang zur postindustriellen Zivilisation. In: Kölner Zeitschrift für Soziologie und Sozialpsychologie 4/1989, S. 644–668

BADURA, B. u.a. (Hg.): Neue Wege in der Rehabilitation. Von der Versorgung zur Selbstbestimmung chronisch Kranker. München 1996

BALKE, K.: Reflexionspartner – nicht mehr, aber auch nicht weniger. Zur Herausbildung der Fachlichkeit ‚Selbsthilfegruppen-Unterstützung'. In: Balke, K./Thiel, W. (Hg.): Jenseits des Helfens. Professionelle unterstützen Selbsthilfegruppen. Freiburg i.B. 1991, S. 15–26

BAMBERGER, G.G.: Lösungsorientierte Beratung. Ein Praxishandbuch. Weinheim 2005

BAMBERGER, G.G.: Beratung unter lösungsorientierter Perspektive. In: Nestmann, F./Engel, F./Sickendiek, U. (Hg.): Das Handbuch der Beratung. Band 2, 2. Aufl., Tübingen 2007, S. 737–748

BAUMAN, Z.: Verworfenes Leben. Die Ausgegrenzten der Moderne. Hamburg 2005

BAUMAN, Z.: Flüchtige Moderne. 4. Aufl., Frankfurt/M. 2009

BAUMAN, Z.: Gemeinschaften. Auf der Suche nach Sicherheit in einer bedrohlichen Welt. Frankfurt/M. 2009

BECK, U.: Risikogesellschaft. Auf dem Weg in eine andere Moderne. Frankfurt/M. 1986

BECK, U.: Die Erfindung des Politischen. Zu einer Theorie reflexiver Modernisierung. Frankfurt/M. 1997

BECK, U.: Das Zeitalter des „eigenen Lebens". Individualisierung als „paradoxe Sozialstruktur" und andere offene Fragen. In: Aus Politik und Zeitgeschichte. Heft 29/2001, S. 3–7

BECK, U./BECK-GERNSHEIM, E.: Individualisierung in modernen Gesellschaften. Perspektiven und Kontroversen einer subjektorientierten Soziologie. In: Beck, U./Beck-Gernsheim, E. (Hg.): Riskante Freiheiten. Zur Individualisierung von Lebensformen in der Moderne. Frankfurt/M. 1994, S. 10–39

BECK, U./SOPP, P.: Individualisierung und Integration. Neue Konfliktlinien und neuer Integrationsmodus. Opladen 1997

BECK, U./BONß, W. (Hg.): Die Modernisierung der Moderne. 2. Aufl., Frankfurt/M. 2001

BECK, U./GIDDENS, A./LASH, S.: Reflexive Modernisierung. Eine Kontroverse. 4. Aufl., Franfurt/M. 2003

BECK, U./LAU, C. (Hg.): Entgrenzung und Entscheidung. Was ist neu an der Theorie reflexiver Modernisierung? Frankfurt/M. 2004

BECK, U./LAU, C.: Theorie und Empirie reflexiver Modernisierung. In: Zeitschrift für sozialwissenschaftliche Forschung 2–3/2005, S. 107–135

BECK-GERNSHEIM, E.: Vom ‚Dasein für andere' zum Anspruch auf ein Stück ‚eigenes Leben'. In: Soziale Welt 3/1983, S. 307–341

BECK-GERNSHEIM, E.: Auf dem Weg in die postmoderne Familie. Von der Notgemeinschaft zur Wahlverwandtschaft. In: Beck, U./Beck-Gernsheim, E. (Hg.): Riskante Freiheiten. Zur Individualisierung von Lebensformen in der Moderne. Frankfurt/M. 1994 a, S. 115–138

BECK-GERNSHEIM, E.: Individualisierungstheorie. Veränderungen des Lebenslaufs in der Moderne. In: Keupp, H. (Hg.): Zugänge zum Subjekt. Perspektiven einer reflexiven Sozialpsychologie. Frankfurt/M. 1994 b, S. 125–146

BEHER, K./LIEBIG, R./RAUSCHENBACH, T.: Das Ehrenamt in empirischen Studien. Ein sekundäranalytischer Vergleich. Stuttgart 1998

BEHER, K./LIEBIG, R./RAUSCHENBACH, T.: Strukturwandel des Ehrenamts. Gemeinwohlorientierung im Modernisierungsprozeß. Weinheim/München 2000

BELL, W.G./BELL, B.L.: Monitoring the bureaucracy. An extension of legislative lobbying. Unveröffentl. Manuskript. Miami 1983

BELLAH, R.N. u.a.: Gewohnheiten des Herzens. Individualismus und Gemeinsinn in der amerikanischen Gesellschaft. Bonn 1988

BENGEL, J./STRITTMACHER, R./WILLMANN, H.: Was erhält Menschen gesund? Antonovskys Modell der Salutogenese. Diskussionsstand und Stellenwert. Köln 2001

BERENDT, B. u.a.: Arbeitsweise von Gesundheitsselbsthilfegruppen und Anregungen zu ihrer sozialpolitischen Unterstützung. In: von Ferber, C./Badura, B. (Hg.): Laienpotential, Patientenaktivierung und Gesundheitsselbsthilfe. München/Wien 1983, S. 9–35

BERESFORD, P./EVANS, C.: Research and empowerment. In: British Journal of Social Work 5/1999, S. 671–677

BERG, I.K.: Familien-Zusammenhalt(en). Ein kurz-therapeutisches und lösungsorientiertes Arbeitsbuch. 2. Aufl., Dortmund 1995

BERGER, P.A.: Individualisierung. Statusunsicherheit und Erfahrungsvielfalt. Opladen 1996

BERGER, P.L./NEUHAUS, R.J.: To empower people. The role of mediating structures in public policy. Washington 1977

BERGER, P.L./NEUHAUS, R.J.: To empower people. From state to civil society. 2. Aufl., Washington 1996 (Neuauflage der Arbeit von 1977)

BERTELSMANN STIFTUNG (Hg.): Governance and women empowerment. Gender equality policies in international comparison. Gütersloh 2009

BITTNER, U.: Ein Klient wird ‚gemacht'. Ergebnisse einer empirischen Untersuchung zur Struktur von Erstgesprächen in einer Erziehungsberatungsstelle. In: Kardorff, E. von/Koenen, E. (Hg.): Psyche in schlechter Gesellschaft. München 1981, S. 103–137

BLIMLINGER, E. u.a.: Lebensgeschichten. Biographiearbeit mit alten Menschen. 2. Aufl., Hannover 1996

BLINKERT, B. u.a.: Berufskrisen in der Sozialarbeit. Eine empirische Untersuchung über Verunsicherung, Anpassung und Professionalisierung von Sozialarbeitern. 2. Aufl., Weinheim/Basel 1977

BOBZIEN, M.: Kontrolle über das eigene Leben gewinnen. Empowerment als professionelles Konzept in der Selbsthilfeunterstützung – Aspekte aktivierender Beratung. In: Blätter der Wohlfahrtspflege 2/1993, S. 46–49

BOBZIEN, M.: Auf dem Weg zur lernenden Gemeinschaft. Empowerment und Organisationsmanagement. In: Lenz, A./Stark, W. (Hg.): Empowerment. Neue Perspektiven für psychosoziale Praxis und Organisation. Tübingen 2002, S. 227–237

BOBZIEN, M./STARK, W.: Empowerment als Konzept psychosozialer Arbeit und als Förderung von Selbstorganisation. In: Balke, K./Thiel, W. (Hg.): Jenseits des Helfens. Professionelle unterstützen Selbsthilfegruppen. Freiburg i.B. 1991, S. 169–187

BÖHNISCH, L.: Lebensbewältigung. In: Otto, H.U./Thiersch, H. (Hg.): Handbuch der Sozialarbeit/Sozialpädagogik. 2. Aufl., Neuwied 2001, S. 1119–1121
BÖHNISCH. L.: Sozialpädagogik der Lebensalter. Eine Einführung. 5. Aufl., Weinheim/ München 2008
BÖHNISCH, L./SCHRÖER, W.: Die soziale Bürgergesellschaft. Zur Einbindung des Sozialpolitischen in den zivilgesellschaftlichen Diskurs. München/Weinheim 2002
BOLICK, C.: The promise and politics of empowerment. Oakland 1998
BOLTON, B./BROOKINGS, J.: Development of a multifaceted definition of empowerment. In: Rehabilitation Counseling Bulletin 4/1996, S. 256–264
BOLTON, B./BROOKINGS, J.: Development of a measure of intrapersonal empowerment. In: Rehabilitation Psychology 2/1998, S. 131–142
BORGETTO, B.: Selbsthilfe und Gesundheit. Analysen, Forschungsergebnisse und Perspektiven in der Schweiz und in Deutschland. Bern 2004
BOURDIEU, P.: Ökonomisches Kapital, kulturelles Kapital, soziales Kapital. In: Kreckel, R. (Hg.): Soziale Ungleichheiten. Sonderband 2, Soziale Welt 1983, S. 183–198
BOURDIEU, P.: Die verborgenen Mechanismen der Macht. Schriften zu Politik und Kultur. Hamburg 1992
BOURDIEU, P.: Das Elend der Welt. Zeugnisse und Diagnose alltäglichen Leidens an der Gesellschaft. 2. Aufl., Frankfurt/M. 2001
BRAUN, J./KETTLER, U./BECKER, I.: Selbsthilfe und Selbsthilfe-Unterstützung in der Bundesrepublik Deutschland. Aufgaben und Leistungen der Selbsthilfekontaktstellen in den neuen und alten Bundesländern. Stuttgart 1997
BRETON, M.: On the meaning of empowerment and empowerment-oriented social work practice. In: Social Work in Groups 3/1994, S. 23–37
BRETON, M.: Empowerment practice in Canada and the United States. Restoring policy issues at the center of social work. In: Social Policy Journal. 1/2002, S. 19–35
BRÖCKLING, U.: Das unternehmerische Selbst. Soziologie einer Subjektivierungsform. Frankfurt/M. 2007
BRÖCKLING, U.: Empowerment – Fallstricke der Bemächtigung. Zwischen Gegenmacht und Sozialtechnologie. In: Prävention 1/2008, S. 2–6
BRÜDERL, L. (Hg.): Belastende Lebenssituationen. Untersuchungen zur Bewältigungs- und Entwicklungsforschung. Weinheim/München 1988 a
BRÜDERL, L. (Hg.): Theorien und Methoden der Bewältigungsforschung. Weinheim/München 1988 b
BRUMLIK, M.: Advokatorische Ethik. Zur Legitimation pädagogischer Eingriffe. Bielefeld 1992
BRUMLIK, M./BRUNKHORST, H. (Hg.): Gemeinschaft und Gerechtigkeit. Frankfurt/M. 1993
BRUNSTEIN, J.: Gelernte Hilflosigkeit. Ein Modell für die Bewältigungsforschung? In: Brüderl, L. (Hg.): Theorien und Methoden der Bewältigungsforschung. Weinheim/München 1988, S. 115–128
BULLINGER, H.J./BONNET, P./KLEIN, B.: Paradigmenwechsel in der Organisationsgestaltung? In: Eichener, V./Mai, M./Klein, B. (Hg.): Leitbilder der Büro- und Verwaltungsorganisation. Wiesbaden 1995, S. 16–29

CASSEE, K.: Kompetenzorientierung. Eine Methodik für die Kinder- und Jugendhilfe. Bern 2007
CHAPIN, R.K.: Social policy development. The strengths perspective. In: Social Work 4/1995, S. 506–514
CHARLTON, J.I.: Nothing about us without us. Disability oppression and empowerment. 3. Aufl., Berkeley 2004
CHARLTON, T./MYERS, L. (Hg.): The handbook of oral history. San Francisco 2006
CHASKIN, R.J. (Hg.): Building community capacity. New York 2001
CHEATER, A. (Hg.): The anthropology of power. Empowerment and disempowerment in changing structures. London/New York 1999
COHEN, M.B.: Perceptions of power in client/worker relationships. In: Families in Society 4/1998, S. 433–442
COLLINS, P.H.: Black feminist thought. Knowledge, consciousness and the politics of empowerment. London 2008
COWGER, C.D.: Assessing client strengths. Clinical assessment for client empowerment. In: Social Work 3/1994, S. 262–268
COX, E.O./PARSONS, R.J.: Empowerment-oriented social work practice with the elderly. Pacific Groves CA 1994
DAHME, H.J. u.a. (Hg.): Soziale Arbeit für den aktivierenden Staat. Wiesbaden 2003
DAHME, H.J./WOHLFAHRT, N. (Hg.): Aktivierende soziale Arbeit. Theorie – Handlungsfelder – Praxis. Baltmannsweiler 2005
DARLINGTON, P.S./MULVANEY, B.M.: Women, power and ethnicity. Working toward reciprocal empowerment. New York 2003
DEJONG, P./MILLER, S.D.: How to interview for client strengths. In: Social Work 6/1995, S. 729–736
DEJONG, P./BERG, I.K.: Lösungen (er-)finden. Das Werkstattbuch der lösungsorientierten Kurztherapie. 5. Aufl., Dortmund 2003
DESHAZER, S. u.a.: Kurztherapie. Zielgerichtete Entwicklungen von Lösungen. In: Familiendynamik 3/1986, S. 182–205
DESHAZER, S.: Worte waren ursprünglich Zauber. Lösungsorientierte Kurztherapie in Theorie und Praxis. Dortmund 1996
DESHAZER, S.: Der Dreh. Überraschende Wendungen und Lösungen in der Kurztherapie. 8. Aufl., Dortmund 2004
DESHAZER, S.: Wege der erfolgreichen Kurztherapie. 9. Aufl., Stuttgart 2005
DEUTSCHER BUNDESTAG: Bericht der Enquete-Kommission „Zukunft des Bürgerschaftlichen Engagements". Bürgerschaftliches Engagement. Auf dem Weg in eine zukunftsfähige Bürgergesellschaft. Bundestags-Drucksache 14/8900. Berlin 2002
DIEWALD, M.: Soziale Beziehungen. Verlust oder Liberalisierung? Soziale Unterstützung in informellen Netzwerken. Berlin 1991
DIRR, F.: Professionelle Selbsthilfeunterstützung und sozialpädagogische Beratung. München 2009
DITFURTH, J.: Entspannt in die Barbarei. Esoterik, (Öko-)Faschismus und Biozentrismus. Hamburg 1996

EDER, K.: Kulturelle Identität zwischen Tradition und Utopie. Soziale Bewegungen als Ort gesellschaftlicher Lernprozesse. Frankfurt/M./New York 2000

ELLIOTT, C.: Global empowerment of women. Responses to globalization and politicized religions. London 2008

ENGELKE, R./KLEIN, T./WILK, M.: Soziale Bewegungen im globalisierten Kapitalismus. Bedingungen für emanzipative Politik zwischen Konfrontation und Anpassung. Frankfurt/M. 2005

ERNST, H.: Dem Leben Gestalt geben. In: Psychologie heute 2/1994, S. 20–26

ETZIONI, A.: Die Entdeckung des Gemeinwesens. Ansprüche, Verantwortlichkeiten und das Programm des Kommunitarismus. Frankfurt/M. 1998

ETZIONI, A.: The common good. London 2004

ETZIONI, A./VOLMERT, D/ROTHSCHILD, E. (Hg.): The communitarian reader. Beyond the essentials. New York 2004

EVANS, E.N.: Liberation theology, empowerment theory and social work practice with the oppressed. In: International Social Work 2/1992, S. 135–147

FALTERMAIER, T.: Lebensereignisse und Alltag. München 1987

FALTERMAIER, T.: Gesundheitsbewußtsein und Gesundheitshandeln. Über den Umgang mit Gesundheit im Alltag. Weinheim 1994

FALTERMAIER, T.: Gesundheitspsychologie. Stuttgart 2005

FALTERMAIER, T./KÜHNLEIN, I./BURDA-VIERING, I.: Gesundheit im Alltag. Laienkompetenz in Gesundheitshandeln und Gesundheitsförderung. Weinheim/München 1998

FAß, R.: Helfen mit System. Systemsteuerung im Case Management. Marburg 2009

FELDEN, H. (Hg.): Perspektiven erziehungswissenschaftlicher Biographieforschung. Wiesbaden 2008

FERBER, C. von: Laienpotential, Patientenaktivierung und Gesundheitsselbsthilfe. Zur Soziologie des Laien vor den Ansprüchen der Medizin. In: von Ferber, C./Badura, B. (Hg.): Laienpotential, Patientenaktivierung und Gesundheitsselbsthilfe. München/Wien 1983, S. 265–293

FETTERMAN, D.M.: Foundations of empowerment evaluation. Thousand Oaks 2001

FETTERMAN, D.M./WANDERSMAN, A. (Hg.): Empowerment evaluation principles in practice. New York 2005

FILIPP, S.H. (Hg.): Kritische Lebensereignisse. 3. Aufl., Weinheim 1995

FLÜCKIGER, C./WÜSTEN, G.: Ressourcenaktivierung. Ein Manual für die Praxis. Bern 2008

FORSCHUNGSJOURNAL NEUE SOZIALE BEWEGUNGEN: Schwerpunktheft „Bürgerschaftliches Engagement" 2/2000

FREIDSON, E.: Dominanz der Experten. München/Berlin/Wien 1975

FREIRE, P.: Pädagogik der Unterdrückten. Bildung als Praxis der Freiheit. Reinbek 1973

FREIRE, P.: Pedagogy of hope. Reliving „Pedagogy of the oppressed". 2. Aufl., New York 1995

FREIRE, P.: Pedagogy of the heart. New York 1998

FREIRE, P.: Education for critical consciousness. Neuauflage. London 1999

FREIRE, P.: Pedagogy of freedom. Ethics, democracy and civic courage. Boston 2001

FRIEDMAN, J.: Empowerment. The politics of alternative development. Cambridge 1992

FRIEDRICHS, J./BLASIUS, J.: Leben in benachteiligten Wohngebieten. Opladen 2000

FROMM, M./MODDENBORG, B./ROCK, R.: Organisatorische Leitbilder der Büro- und Verwaltungsrationalisierung. In: Eichener, V./Mai, M./ Klein, B.: Leitbilder der Büro- und Verwaltungsorganisation. Wiesbaden 1995, S. 30–55

FUCHS, W.: Lebenslauf und Gesellschaft. Grundfragen der Soziologie des Lebenslaufs. Bd. 3 und 4. Begleitskript der FernUniversität Hagen. Hagen 1988

FUNK, S.C.: Hardiness. A review of theory and research. In: Health Psychology 11/1992, S. 335–345

GALUSKE, M.: Flexible Sozialpädagogik. Elemente einer Theorie Sozialer Arbeit in der modernen Arbeitsgesellschaft. Weinheim/München 2002

GALUSKE, M.: Hartz-Reformen, aktivierender Sozialstaat und die Folgen für die Soziale Arbeit – Anmerkungen zur Politik autoritärer Fürsorglichkeit. In: Burghardt, H./Enggruber, R. (Hg.): Soziale Dienstleistungen am Arbeitsmarkt. Soziale Arbeit zwischen Arbeitsmarkt- und Sozialpolitik. Weinheim/München 2005, S. 193–212

GALUSKE, M.: Empowerment. In: Galuske, M.: Methoden der Sozialen Arbeit. Eine Einführung. 7. Aufl., Weinheim/München 2007, S. 261–267

GARROW, D.: Bearing the cross. Martin Luther King Jr. and the Southern Christian Leadership Council. New York 1986

GARROW, D. u.a.: We shall overcome. The civil rights movement in the United States in the 1950s and 1960s. Brooklyn/New York 1989

GEISER, K.: Problem- und Ressourcenanalyse in der Sozialen Arbeit. Eine Einführung in die systemische Denkfigur und ihre Anwendung. 4. Aufl., Luzern 2009

GEORG, W.: Soziale Lagen und Lebensstil. Eine Typologie. Opladen 1998

GESELLSCHAFT FÜR SOZIALEN FORTSCHRITT (Hg.): Ehrenamtliche soziale Dienstleistungen. Stuttgart 1989

GIBBS, A.: Social work and empowerment-based research. Possibilities, process and questions. In: Australian Social Work 1/2001, S. 29–40

GIDDENS, A.: Der dritte Weg. Die Erneuerung der sozialen Demokratie. Frankfurt/M. 1999

GLASER, B.G./STRAUS, A.L.: Status passages. London 1971

GRABERT, A.: Salutogenese und Bewältigung psychischer Erkrankung. Einsatz des Kohärenzgefühls in der sozialen Arbeit. Lage 2007

GRIMM, G./HINTE, W./LITGES, G.: Quartiermanagement. Eine kommunale Strategie für benachteiligte Wohngebiete. Essen 2004

GRONEMEYER, M.: Die Macht der Bedürfnisse. Reflexionen über ein Phantom. Reinbek 1988

GUTIERREZ, L.M.: Beyond coping. An empowerment perspective on stressful life events. In: Journal of Sociology and Social Welfare 3/1994, S. 201–219

GUTIERREZ, L.M.: Understanding the empowerment process. Does consciousness make a difference? In: Social Work Research 4/1995, S. 229–237

GUTIERREZ, L.M./GLENMAYE, L./DELOIS, K.A.: The organizational context of empowerment practice. Implications for social work administration. In: Social Work 2/1995, S. 249–258

GUTIERREZ, L.M./DELOIS, K.A./GLENMAYE, L.: Understanding empowerment practice. Building on practitioner-based knowledge. In: Families in Society 9/1995, S. 534–542

GUTIERREZ, L.M./PARSONS, R.J./COX, E.O. (Hg.): Empowerment in social work practice. A sourcebook. Pacific Grove CA 1998

HÄUßERMANN, H.: Die Krise der ‚sozialen Stadt'. In: Aus Politik und Zeitgeschichte. Heft 10–11/2000, S. 13–21

HÄUßERMANN, H.: Die Ziele des Programms ‚Soziale Stadt'. In: Bündnis 90/Die Grünen im Landtag Nordrhein-Westfalen (Hg.): Soziale Stadt – 10 Jahre Projekterfahrungen in NRW. Dokumentation der Veranstaltung vom 23. April 2004, Düsseldorf 2004, S. 16–25

HÄUßERMANN, H./SIEBEL, W.: Wohnverhältnisse und Ungleichheit. In: Harth, A./Scheller, G./Tessin, W. (Hg.): Stadt und soziale Ungleichheit. Opladen 2000, S. 120–140

HÄUßERMANN, H./SIEBEL, W.: Stadtsoziologie. Eine Einführung. Frankfurt/M. 2004

HÄUßERMANN, H./KRONAUER, M./SIEBEL, W. (Hg.): An den Rändern der Städte. Frankfurt/M. 2004

HANSES, A.: Biographische Diagnostik in der Soziale Arbeit. Über die Notwendigkeit und Möglichkeit eines hermeneutischen Fallverstehens im institutionellen Kontext. In: Neue Praxis 4/2000, S. 357–379

HANSES, A. (Hg.): Biographie und Soziale Arbeit. Institutionelle und biographische Konstruktionen von Wirklichkeit. Baltmannsweiler 2004

HARTMANN, A.: The professional is political. In: Social Work 4/1993, S. 365–366, 504

HAUG, T.: „Das spielt (k)eine Rolle!" Theater der Befreiung nach Augusto Boal als Empowerment-Werkzeug im Kontext von Selbsthilfe. Stuttgart 2005

HEINZE, R.G./OLK, T.: Bürgerengagement in Deutschland. Zum Stand der wissenschaftlichen und politischen Diskussion. Opladen 2001

HELLMANN, K.U./KOOPMANS, R. (Hg.): Paradigmen der Bewegungsforschung. Opladen 1998

HERRIGER, N.: Die neuen Kleider der Behindertenarbeit. Ansätze zu einer Politik der Selbstvertretung behinderter Menschen. In: Brennpunkte Sozialer Arbeit 1989 a, S. 36–46

HERRIGER, N.: Der mächtige Klient. Anmerkungen zum Verhältnis von Alltagskompetenz und Berufskompetenz. In: Soziale Arbeit 5/1989 b, S. 165–174

HERRIGER, N.: Empowerment. Annäherungen an ein neues Fortschrittsprogramm der sozialen Arbeit. In: Neue Praxis 4/1991, S. 221–229

HERRIGER, N.: Die ‚unverwundbare' Familie. Belastende Lebensumstände und psychosoziale Immunität. In: Soziale Arbeit 5/1993, S. 146–152

HERRIGER, N.: Empowerment und gelingendes Lebensmanagement. Neue methodische Profile der sozialen Arbeit. In: SUB. Österreichischer Verein für Bewährungshilfe und Soziale Arbeit. Wien 2/1994 a, S. 23–35

HERRIGER, N.: Risiko Jugend. Konflikthafte Lebensbewältigung und Empowerment in der Jugendhilfe. In: Archiv für Wissenschaft und Praxis der sozialen Arbeit 4/1994 b, S. 298–315

HERRIGER, N.: Empowerment und das Modell der Menschenstärken. Bausteine für ein verändertes Menschenbild der Sozialen Arbeit. In: Soziale Arbeit 5/1995, S. 155–162

HERRIGER, N.: Kompetenzdialog. Empowerment in der Sozialen Einzelhilfe. In: Soziale Arbeit 6/1996 a, S. 190–195

HERRIGER, N.: Empowerment und Engagement. In: Soziale Arbeit 9–10/1996 b, S. 290–301

HERRIGER, N.: Das Empowerment-Ethos. In: Sozialmagazin 11/1997, S. 29–35

HERRIGER, N.: Lebensgeschichtliche Spurensuche. Biographiearbeit und Empowerment. In: Soziale Arbeit 3/1998 a, S. 85–89

HERRIGER, N.: Selbstinszenierte Ausstiege. Autoremission und Empowerment. In: Soziale Arbeit 9/1998 b, S. 300–306

HERRIGER, N.: Empowerment in der pädagogischen Arbeit mit ‚Risiko-Jugendlichen'. In: Bendit, R./Erler, W./Nieborg, S./Schäfer, H. (Hg.): Kinder- und Jugendkriminalität. Strategien der Prävention und Intervention in Deutschland und den Niederlanden. Opladen 2000 a, S. 263–267

HERRIGER, N.: Stichwort „Empowerment". In: Stimmer, F. (Hg.): Lexikon der Sozialpädagogik und der Sozialarbeit. 4. Auflage, München/Wien 2000 b, S. 174–181

HERRIGER, N.: Der Empowerment-Zirkel. Organisationsentwicklung und Teamberatung in Sachen Empowerment. Unveröffentl. Manuskript. Düsseldorf 2001 a

HERRIGER, N.: Prävention und Empowerment. Brückenschläge für die pädagogische Arbeit mit Jugendlichen. In: Freund, T./Lindner, W. (Hg.): Prävention. Zur kritischen Bewertung von Präventionsansätzen in der Jugendarbeit. 2001 b, S. 97–111

HERRIGER, N.: Empowerment. Brückenschläge zur Gesundheitsförderung. In: Loseblattwerk „Gesundheit: Strukturen und Arbeitsfelder". Ergänzungslieferung 4, Neuwied 2002, S. 1–24

HERRIGER, N.: Sozialräumliche Arbeit und Empowerment. Plädoyer für eine Ressourcenperspektive. In: Deinet, U./Gilles, C./Knopp, R. (Hg.): Neue Perspektiven in der Sozialraumorientierung. Dimensionen, Planung, Gestaltung. Berlin 2006, S. 64–77

HERRIGER, N.: Ressourcen und Ressourcendiagnostik in der Sozialen Arbeit, Düsseldorf 2006 (online): www.empowerment.de/Materialien

HERRIGER, N.: Stichworte „Empowerment" und „Ressourcen (personale und soziale)". In: Deutscher Verein für öffentliche und private Fürsorge (Hg.): Fachlexikon der sozialen Arbeit. Berlin 2007 a, S. 250–252 und S. 779

HERRIGER, N.: Empowerment. Perspektiven einer ressourcenorientierten sozialen Arbeit – Brückenschläge zur sozialräumlichen Arbeit. In: Hellwig, U./Hoppe, J.R./Termath, J. (Hg.): Sozialraumorientierung – ein ganzheitlicher Ansatz. Werkbuch für Studium und Praxis. Berlin 2007 b, S. 224–233

HERRIGER, N.: Biographieforschung. Kritische Lebensereignisse und ihre biographische Bewältigung. Düsseldorf 2009 (online): www.empowerment.de/Materialien

HERRIGER, N.: Soziale Bewegungen und politisches Empowerment. Düsseldorf 2009 (online): www.empowerment.de/Matierialien
HERRIGER, N./KÄHLER, H.D.: Kompetenzprofile in der sozialen Arbeit. In: Archiv für Wissenschaft und Praxis der sozialen Arbeit 3/2001, S. 3–28
HERRIGER, N./KÄHLER, H.D.: Erfolg in der Sozialen Arbeit. Gelingendes berufliches Handeln im Spiegel der Praxis. Bonn 2003
HERRMANN, C.: Die Rolle von Attribution im Bewältigungsgeschehen. In: Brüderl, L. (Hg.): Theorien und Methoden der Bewältigungsforschung. Weinheim/München 1988, S. 88–106
HESS, R.: Thoughts on empowerment. In: Rappaport, J. (Hg.): Studies in empowerment. Steps toward understanding and action. New York 1984
HINTE, W.: Intermediäre Instanzen in der Gemeinwesenarbeit. In: Bitzan, M./Klöck, T. (Hg.): Jahrbuch Gemeinwesenarbeit 5. Wendungen und Perspektiven. München 1994, S. 77–89
HINTE, W./LÜTTRINGHAUS, M./OELSCHLÄGEL, D.: Grundlagen und Standards der Gemeinwesenarbeit. Ein Reader für Studium, Lehre und Praxis. Weinheim/München 2007
HITZLER, R./HONER, A.: Bastelexistenz. Über subjektive Konsequenzen der Individualisierung. In: Beck, U./Beck-Gernsheim, E. (Hg.): Riskante Freiheiten. Zur Individualisierung von Lebensformen in der Moderne. Frankfurt/M. 1994, S. 307–315
HÖLZLE, C./JANSEN, I. (Hg.): Ressourcenorientierte Biografiearbeit. Grundlagen – Zielgruppen – Kreative Methoden. Wiesbaden 2009
HONNETH, A.: Posttraditionale Gemeinschaften. Ein konzeptueller Vorschlag. In: Brumlik, M./Brunkhorst, H. (Hg.): Gemeinschaft und Gerechtigkeit. Frankfurt/M. 1993, S. 260–270
HONNETH, A.: Desintegration. Bruchstücke einer soziologischen Zeitdiagnose. Frankfurt/M. 1994
HONNETH, A. (Hg.): Kommunitarismus. Eine Debatte über die moralischen Grundlagen moderner Gesellschaften. Frankfurt/M./New York 2002
HONNETH, A.: Kampf um Anerkennung. Zur moralischen Grammatik sozialer Konflikte. Frankfurt/M. 2003
HUNDERTMARK-MAYSER, J.: Selbsthilfe im Gesundheitsbereich. Gesundheitsberichterstattung des Bundes Nr. 23. Berlin 2004
HURRELMANN, K.: Sozialisation und Gesundheit. Somatische, psychische und soziale Risikofaktoren im Lebenslauf. Weinheim/München 1988
HURRELMANN, K.: Familienstreß, Schulstreß, Freizeitstreß. Gesundheitsförderung für Kinder und Jugendliche. Weinheim/Basel 1990
HURRELMANN, K.: Gesundheitssoziologie. Eine Einführung in sozialwissenschaftliche Theorien von Krankheitsprävention und Gesundheitsförderung. 4. Aufl., Weinheim/München 2000
ILLICH, I.: Die Nemesis der Medizin. Die Kritik der Medikalisierung des Lebens. 4. Aufl., München 1995
JOHNSON, L.C./YANCA, S.J. (Hg.): Social work practice. A generalist approach. 10. Aufl., Upper Saddle River NJ 2009
JUNGE, M.: Individualisierung. Frankfurt/New York 2002
KADE, S.: Altersbildung. Ziele und Konzepte. Frankfurt/M. 1994

KÄHLER, H.D.: Zur Zukunftsorientierung im Empowerment. Plädoyer für einen anderen Umgang mit der Zeitperspektive. In: Soziale Arbeit 9/1997, S. 302–307

KÄHLER, H.D.: Erstgespräche in der sozialen Einzelhilfe. 4. Aufl., Freiburg i.B. 2001

KÄHLER, H.D.: Soziale Arbeit in Zwangskontexten. Wie unerwünschte Hilfe erfolgreich sein kann. München/Basel 2005

KAISER, A.: Der Kommunitarismus und seine Rezeption in Deutschland. Göttingen 2007

KALTMEIER, O.: Neoliberalismus – Autonomie – Widerstand. Soziale Bewegungen in Lateinamerika. Münster 2004

KARDORFF, E. von: Nutzerkontrolle. In: Grubitzsch, S./Weber, K. (Hg.): Psychologische Grundbegriffe. Ein Handbuch. Reinbek 1998, S. 388–389

KARLUSCH, H.: Empowerment-Zirkel in der öffentlichen Jugendwohlfahrt. Anstiftung zur Entwicklung einer Empowerment-Kultur? In: Soziale Arbeit 9–10/1996, S. 325–334

KEIM, R.: Armut und Zusammenleben im Stadtviertel. Analytisches Potential und praktische Grenzen einer „Ressourcenperspektive". In: Walther, U.J./Mensch, K. (Hg): Armut und Ausgrenzung in der „Sozialen Stadt". Konzepte und Rezepte auf dem Prüfstand. Darmstadt 2004, S. 129–142

KEIM, R./NEEF, R.: Ausgrenzung und Milieu. Über die Lebensbewältigung von Bewohnerinnen und Bewohnern städtischer Problemgebiete. In: Harth, A./Scheller, G./Tessin, W. (Hg.): Stadt und soziale Ungleichheit. Opladen 2000, S. 248–273

KERN, T.: Soziale Bewegungen. Ursachen, Wirkungen, Mechanismen. Wiesbaden 2008

KEUPP, H.: Soziale Netzwerke. Eine Metapher des gesellschaftlichen Umbruchs. In: Keupp, H./Röhrle, B. (Hg.): Soziale Netzwerke. Frankfurt/M.1987, S. 11–53

KEUPP, H.: Auf der Suche nach der verlorenen Identität. In: Keupp, H./Bilden, H. (Hg.): Verunsicherungen. Das Subjekt im gesellschaftlichen Wandel. Göttingen 1989, S. 47–69

KEUPP, H.: Gemeindepsychologie. In: Speck, O./Martin, K.R. (Hg.): Sonderpädagogik und Sozialpädagogik. Band 10. Berlin 1990, S. 107–122

KEUPP, H.: Sozialisation durch psychosoziale Praxis. In: Hurrelmann, K./Ulich, D. (Hg.): Neues Handbuch der Sozialisationsforschung. 4. Aufl., Weinheim/München 1991, S. 467–491

KEUPP, H.: Gesundheitsförderung und psychische Gesundheit. Lebenssouveränität und Empowerment. In: Psychomed 4/1992 a, S. 244–250

KEUPP, H.: Riskante Chancen aktueller gesellschaftlicher Umbrüche und ihre Bedeutung für den Behindertenbereich. In: Frühförderung Interdisziplinär 2/1992 b, S. 145–156

KEUPP, H.: Die (Wieder-)Gewinnung von Handlungskompetenz. Empowerment in der psychosozialen Praxis. In: Verhaltenstherapie und psychosoziale Praxis 3/1993, S. 365–381

KEUPP, H.: Ambivalenzen postmoderner Identität. In: Beck, U./Beck-Gernsheim, E. (Hg.): Riskante Freiheiten. Zur Individualisierung von Lebensformen in der Moderne. Frankfurt/M. 1994, S. 336–350

KEUPP, H.: Ermutigung zum aufrechten Gang. Tübingen 1997
KEUPP, H.: Ressourcen als gesellschaftlich ungleich verteiltes Handlungspotential. In: Schemmel, H./Schaller, J. (Hg.): Ressourcen. Ein Hand- und Lesebuch zur therapeutischen Arbeit. Tübingen 2003 a, S. 555–573
KEUPP, H.: Das Subjekt in der Postmoderne. Zwischen Multiphrenie und Selbstsorge. In: Psychiatrische Praxis 1/2003 b, S. 3–13
KEUPP, H.: Beratung als Förderung von Identitätsarbeit in der Spätmoderne. In: Nestmann, F./Engel, F./Sickendiek, U. (Hg.): Das Handbuch der Beratung. Band 1, 2. Aufl., Tübingen 2007, S. 469–485
KEUPP, H.: Ressourcen der Lebensqualität. Soziales Kapital und Gesundheit. Vortrag. München 2008 (online): www.ipp-muenchen.de/texte
KEUPP, H.: Das erschöpfte Selbst. Umgang mit psychischen Belastungen. Vortrag. München 2009 a (online): www.ipp-muenchen.de/texte
KEUPP, H.: Fragmente oder Einheit? Wie heute Identität geschaffen wird. Vortrag. München 2009 b (online) www.ipp-muenchen.de/texte
KEUPP, H./HÖFER, R. (Hg.): Identitätsarbeit heute. Klassische und aktuelle Perspektiven der Identitätsforschung. Frankfurt/M. 1997
KEUPP, H./KRAUS, W./STRAUS, F.: Civic matters. Motive, Hemmnisse und Fördermöglichkeiten bürgerschaftlichen Engagements. In: Beck, U. (Hg.): Die Zukunft von Arbeit und Demokratie. Frankfurt/M. 2000, S. 217–268
KEUPP, H. u.a.: Identitätskonstruktionen. Das Patchwork der Identitäten in der Spätmoderne. 3. Aufl., Reinbek 2006
KEUPP, H./STRAUS, F. (Hg.): Bürgerschaftliches Engagement in der reflexiven Moderne. Am bayerischen Beispiel. Leverkusen 2009
KEYS, C./DOWRICK, R.W. (Hg.): People with disabilities. Empowerment and community action. New York 2001
KIEFFER, C.: The emergence of empowerment. The development of participatory competence among individuals in citizen organizations. Unveröffentl. Dissertation. University of Michigan. Ann Arbor 1981
KIEFFER, C.: Citizen empowerment. A developmental perspective. In: Rappaport, J./Swift, C./Hess, R. (Hg.): Studies in empowerment. Toward understanding and action. New York 1984, S. 9–36
KILIAN, R.: Lebensqualität und Empowerment in der Psychiatrie. In: Groenemeyer, A./Wieseler, S. (Hg.): Soziologie sozialer Probleme und sozialer Kontrolle. Realitäten, Repräsentationen und Politik. Wiesbaden 2008, S. 314–335
KLAGES, H.: Wertedynamik. Über die Wandelbarkeit des Selbstverständlichen. Zürich 1988
KLAGES, H.: Die Deutschen – ein Volk von ‚Ehrenämtlern'? Ergebnisse einer bundesweiten Studie. In: Forschungsjournal Neue Soziale Bewegungen 2/2000, S. 33–47
KLATETZKI, T./WINTER, H.: Flexible Betreuung. Gemeinwesenorientierung und Netzwerkarbeit als Grundideen unseres professionellen Handelns. Unveröffentl. Manuskript. Hamburg 1988
KLEIN, A.: Der Diskurs der Zivilgesellschaft. Politische Kontexte und demokratietheoretische Bezüge der neueren Begriffsverwendung. Opladen 2000
KLEIN, A. u.a. (Hg.): Zivilgesellschaft und soziales Kapital. Herausforderungen politischer und sozialer Integration. Frankfurt/M. 2004

KLEMENZ, B.: Ressourcenorientierte Diagnostik und Intervention bei Kindern und Jugendlichen. Tübingen 2003
KNAPP, A./HERRIGER, N.: Empowerment in der pädagogischen Arbeit mit Straßenkindern. In: Soziale Arbeit 5/1999, S. 157–163
KNOPP, R.: Soziale Arbeit und Soziale Stadt. Neue Unterschichten in alten Ghettos? In: Deinet, U./Gilles, C./Knopp, R. (Hg.): Neue Perspektiven der Sozialraumorientierung. Planung, Aneignung, Gestaltung. Berlin 2006, S. 78–104
KNUF, A.: Recovery. Wider den demoralisierenden Pessimismus. In: Kerbe 1/2008, S. 8–11
KNUF, A.: Empowerment in der psychiatrischen Arbeit. 2. Aufl., Bonn 2009
KNUF, A./OSTERFELD, M./SEIBERT, A. (Hg.): Selbstbefähigung fördern. Empowerment in der psychiatrischen Arbeit. 5. Aufl., Bonn 2006
KNUF, A./BRIDLER, S.: Recovery konkret. Wie man Zuversicht im psychiatrischen Alltag vermitteln kann. In: Psychosoziale Umschau 4/2008, S. 26–29
KOBASA, S.C.: Stressful life events, personality, and health. An inquiry into hardiness. In: Journal of Personality and Social Psychology 1/1979 a, S. 1–11
KOBASA, S.C.: Personality and resistance to illness. In: American Journal of Community Psychology 7/1979 b, S. 413–423
KOBASA, S.C./PUCCETTI, M.C.: Personality and social resources in stress-resistance. In: Journal of Personality and Social Psychology 10/1983, S. 839–850
KÖRKEL, J./VELTRUP, C.: Motivational Interviewing. Eine Übersicht. In: Suchttherapie 4/2003, S. 115–124
KOHLI, M.: Die Institutionalisierung des Lebenslaufs. In: Kölner Zeitschrift für Soziologie und Sozialpsychologie 1/1985, S. 1–37
KOHLI, M.: Lebenslauftheoretische Ansätze in der Sozialisationsforschung. In: Hurrelmann, K./Ulich, D. (Hg.): Neues Handbuch der Sozialisationsforschung. Weinheim/Basel 1991, S. 303–317
KOHLI, M.: Institutionalisierung und Individualisierung der Erwerbsbiographie. In: Beck, U./Beck-Gernsheim, E. (Hg.): Riskante Freiheiten. Individualisierung in modernen Gesellschaften. Frankfurt/M. 1994, S. 219–244
KRAUS, W.: Das erzählte Selbst. Die narrative Konstruktion von Identität in der Spätmoderne. Pfaffenweiler 1996
KREPPNER, K.: Sozialisation in der Familie. In: Hurrelmann, K./Ulich, D. (Hg.): Neues Handbuch der Sozialisationsforschung. 4. Aufl., Weinheim/Basel 1991, S. 321–334
KRISOR, M.: Menschenbild und Empowerment. In: Lenz, A./Stark, W. (Hg.): Empowerment. Neue Perspektiven für psychosoziale Praxis und Organisation. Tübingen 2002, S. 103–128
KRON, T.: Individualisierung und soziologische Theorie. Opladen 2000
KRÜGER, H.H./MAROTZKI, W. (Hg.): Handbuch erziehungswissenschaftliche Biographieforschung. 2. Aufl., Wiesbaden 2006
KÜHN, D.: Organisationen sozialer Arbeit. Administrative Strukturen und Handlungsformen im Sozialwesen. In: Biermann, B. u.a.: Soziologie. Gesellschaftliche Probleme und sozialberufliches Handeln. Neuwied 1992, S. 281–333
KÜHN, D.: Jugendamt – Sozialamt – Gesundheitsamt. Entwicklungslinien der Sozialverwaltung in Deutschland. Neuwied 1994

LANDESREGIERUNG NW (MINISTERIUM FÜR ARBEIT UND SOZIALES): Kultur der Solidarität in einer aktiven Bürgergesellschaft. Kongreßdokumentation. Düsseldorf 1999

LANDSCHAFTSVERBAND RHEINLAND (LVR) (Hg.): Individuelles Hilfeplanverfahren des Landschaftsverbandes Rheinland. Handbuch. Köln 2005

LAWSON, S.F./PAYNE, C.: Debating the civil rights movement 1945–1968. New York 2001

LAZARUS, R.S./FOLKMAN, S.: Stress, appraisal, and coping. New York 1984

LEE, J.A.B.: The empowerment approach to social work practice. Building the beloved community. 2. Aufl., New York 2001

LENZ, A.: Förderung sozialer Ressourcen. Eine gemeindepsychologische Perspektive. In: Gruppendynamik 3/2000, S. 277–302

LENZ, A.: Empowerment und Ressourcenaktivierung. Perspektiven für die psychosoziale Praxis. In: Lenz, A./Stark, W. (Hg.): Empowerment. Neue Perspektiven für psychosoziale Praxis und Organisation. Tübingen 2002, S. 13–53

LENZ, A.: Beratung in sozialen Kontexten – Community Counseling. In: Nestmann, F./Engel, F./Sickendiek, U. (Hg.): Das Handbuch der Beratung. Band 1, 2. Aufl., Tübingen 2007, S. 435–448

LENZ, I./MAE, M. (Hg.): Die Frauenbewegung in Deutschland. Wiesbaden 2006

LEWIS, J.A. u.a.: Community counseling. Empowerment strategies for a diverse society. 3. Aufl., Pacific Grove CA 2003

LINDENBERG, M./SCHMIDT-SEMISCH, H.: Sanktionsverzicht statt Herrschaftsverlust. Vom Übergang in die Kontrollgesellschaft. In: Kriminologisches Journal 1/1995, S. 2–17

LÖCHERBACH, P. u.a. (Hg.): Case Management. Fall- und Systemsteuerung in der Sozialen Arbeit. 4. Aufl., München 2009

LÖSEL, F. u.a.: Zur Bewältigung schwieriger Lebensbedingungen in Kindheit und Jugend. Unveröffentl. Forschungsbericht. Bielefeld 1988

LÖSEL, F./BLIESENER, T./KÖFERL, P.: Psychische Gesundheit trotz Risikobelastung in der Kindheit. Untersuchungen zur „Invulnerabilität". In: Seiffge-Krenke, I. (Hg.): Jahrbuch der Medizinischen Psychologie. Krankheitsbearbeitung bei Kindern und Jugendlichen. Bd. 4. Berlin 1990, S. 103–123

LÖSEL, F./KOLIP, P./BENDER, D.: Streß-Resistenz im Multiproblem-Milieu. Sind seelisch widerstandsfähige Jugendliche „Superkids"? In: Zeitschrift für Klinische Psychologie 1/1992, S. 48–63

LÖSEL, F./BENDER, D.: Von generellen Schutzfaktoren zu differentiellen protektiven Prozessen. Ergebnisse und Probleme der Resilienzforschung. In: Opp, G./Fingerle, M./Freytag, A. (Hg.): Was Kinder stärkt. Erziehung zwischen Risiko und Resilienz. München 1999, S. 37–58

LÖW, M./MATHES, B. (Hg.): Schlüsselwerke der Geschlechterforschung. Wiesbaden 2005

LÜTTRINGHAUS, M.: Empowerment und Stadtteilarbeit. In: Miller, T./Pankofer, S. (Hg.): Empowerment konkret. Handlungsentwürfe und Reflexionen aus der psychosozialen Praxis. Stuttgart 2000, S. 79–98

MANKOWSKI, E./RAPPAPORT, J.: Stories, identity, and the psychological sense of community. In: Wyer, R.S. (Hg.): Advances in social cognition Band. 8. New York 1995, S. 211–226

MARSDEN, T. (Hg.): Sustainable communities. New spaces for planning, participation and engagement. London 2008

MATZAT, J.: Wegweiser Selbsthilfegruppen. Eine Einführung für Laien und Fachleute. Gießen 2004

MAYO, M.: Cultures, communities, identities. Cultural strategies for participation and empowerment. 2. Aufl., Basingstoke 2002

MCCLAURIN, I./COLE, B.J. (Hg.): Black feminist anthropology. Theory, politics, praxis and poetics. New York 2001

MCLAREN, P.: Nachruf: Eine Pädagogik der Hoffnung und der Freiheit – Paulo Freires Vermächtnis. In: Neue Praxis 3/1997, S. 286–291

MCWHIRTER, E.H.: Counseling for empowerment. American Counseling Association. Alexandria VA 1994

METZNER, T.: Empowerment Zones und Soziale Stadt. Ein Vergleich zweier sozialräumlich orientierter Entwicklungsprogramme in den USA und Deutschland. München 2009

MEYER, W.U.: Gelernte Hilflosigkeit. Grundlagen und Anwendungen in Schule und Unterricht. Bern/Göttingen 2000

MICHALAK, J./WILLUTZKI, U.: Methoden der Motivierung. In: Petermann, F./Reinecker, H. (Hg.): Handbuch der Klinischen Psychologie und Psychotherapie. Göttingen 2005, S. 375–383

MILEY, K.K./O'MELIA, M.W./DUBOIS, B.L: Generalist social work practice. An empowering approach. 6. Aufl., Boston 2009

MILLER, T.: Kompetenzen – Fähigkeiten – Ressourcen. Eine Begriffsbestimmung. In: Miller, T./Pankofer, S. (Hg.): Empowerment konkret. Handlungsentwürfe und Reflexionen aus der psychosozialen Praxis. Stuttgart 2000, S. 23–32

MILLER, T./PANKOFER, S. (Hg.): Empowerment konkret. Handlungsentwürfe und Reflexionen aus der psychosozialen Praxis. Stuttgart 2000

MILLER, W.R./ROLLNICK, S.: Motivational interviewing. Preparing people for change. 2. Aufl., New York 2002

MILLER, W.R./ROLLNICK, S.: Motivierende Gesprächsführung. 3. Aufl., Freiburg i.B. 2009 (deutsche Übersetzung der Arbeit von 2002)

MOOSBRUGGER, D.: Die amerikanische Bürgerrechtsbewegung. Schwarze Revolution in den 1950er und 60 Jahren. Stuttgart 2004

NARAYAN, D. (Hg.): Empowerment and poverty reduction. A sourcebook. World Bank. New York 2002

NARAYAN, D. (Hg.): Measuring empowerment. Cross-disciplinary perspectives. Washington D.C. 2005

NESTMANN, F.: Beratung, soziale Netzwerke und soziale Unterstützung. In: Beck, M./Brückner, G./Thiel, H.U. (Hg.): Psychosoziale Beratung. Tübingen 1991, S. 47–69

NESTMANN, F.: Psychosoziale Beratung. Ein ressourcentheoretischer Entwurf. In: Verhaltenstherapie und psychosoziale Praxis 5/1996, S. 359–376

NESTMANN, F.: Soziale Gerechtigkeit und Empowerment. Perspektiven des gemeindepsychologischen Modells. In: Archiv für Wissenschaft und Praxis der sozialen Arbeit 3/1999, S. 129–150

NESTMANN, F.: Netzwerkintervention und soziale Unterstützung fördern. Effektivität und Maximen der Nachhaltigkeit. In: Otto, U./Bauer, P. (Hg.): Mit Netzwerken professionell zusammenarbeiten. Band 1. Tübingen 2005, S. 131–156

NESTMANN, F.: Ressourcenorientierte Beratung. In: Nestmann, F./Engel, F./Sikkendiek, U. (Hg.): Das Handbuch der Beratung. Band 2, 2. Aufl., Tübingen 2007, S. 725–735

NESTMANN, F./SICKENDIEK, U.: Macht und Beratung. Fragen an eine Empowermentorientierung. In: Nestmann, F./Engel, F. (Hg.): Die Zukunft der Beratung. Tübingen 2002, S. 165–187

NEUFFER, M.: Case Management. Soziale Arbeit mit Einzelnen und Familien. 4. Aufl., Weinheim/München 2009

OLK, T.: Abschied vom Experten. Sozialarbeit auf dem Weg zu einer alternativen Professionalität. Weinheim/München 1986

OLK, T.: In produktiver Bewegung halten. Über die gesellschaftlichen und sozialpolitischen Bedingungen der Selbsthilfegruppen-Unterstützung. In: Balke, K./Thiel, W. (Hg.): Jenseits des Helfens. Professionelle unterstützen Selbsthilfegruppen. Freiburg i.B. 1991, S. 201–219

OLK, T./KLEIN, A./HARTNUß, B. (Hg.): Engagementpolitik. Die Entwicklung der Zivilgesellschaft als politische Aufgabe. Wiesbaden 2009

ORTMANN, R.G.: Lean oder Learn Management? Ein Beitrag zur aktuellen Begriffsverwirrung um das ‚schlanke' oder ‚lernende' Unternehmen. In: Eichener, V./Mai, M./Klein, B. (Hg.): Leitbilder der Büro- und Verwaltungsorganisation. Wiesbaden 1995, S. 56–74

OTTO, U./BAUER, P. (Hg.): Mit Netzwerken professionell zusammenarbeiten. 2 Bände. Tübingen 2005

PANKOFER, S./WEBER, K.: Stichwort „Empowerment". In: Grubitzsch, S./Weber, K. (Hg.): Psychologische Grundbegriffe. Ein Handbuch. Reinbek 1998, S. 117–118

PANKOKE, E.: Solidarhilfe zwischen primärer Nähe und sekundären Systemen. Zur sozialpolitischen Bedeutung selbstaktiver Felder. In: Asam, W.H./Heck, M. (Hg.): Soziale Selbsthilfegruppen in der Bundesrepublik Deutschland. Aktuelle Forschungsergebnisse und Situationsdiagnosen. München 1983, S. 31–49

PANTUCEK, P.: Soziale Diagnostik. Verfahren für die Praxis Sozialer Arbeit. Wien/Köln 2009

PARSONS, R.J.: Empowerment. Purpose and practice in social work. In: Social Work in Groups 2/1991, S. 7–22

PARSONS, R.J.: Evaluation of empowerment practice. In: Gutierrez, L.M./Parsons, R.J./Cox, E.O. (Hg.): Empowerement in social work practice. A sourcebook. Pacific Grove CA 1998, S. 204–219

PAUER-STUDER, H./LIST, E. (HG.): Denkverhältnisse. Feminismus und Kritik. 4. Aufl., Frankfurt/M. 2009

PERKINS, D.D./ZIMMERMAN, M.A.: Empowerment theory, research, and application. In: American Journal of Community Psychology 5/1995, S. 569–579

PETERMANN, F.: Nachwort: Erlernte Hilflosigkeit. Neue Konzepte und Anwendungen. In: Seligman, M.E.P.: Erlernte Hilflosigkeit. 3. Aufl., Weinheim 1995, S. 209-259
PETERS, F. (Hg.): Diagnosen – Gutachten – hermeneutisches Fallverstehen. Rekonstruktive Verfahren zur Qualifizierung individueller Hilfeplanung. Regensburg 1999
PETTENKOFER, A.: Radikaler Protest. Zur politischen Soziologie politischer Bewegungen. Frankfurt/M./New York 2009
PETZOLD, H.: Das Ressourcenkonzept in der sozial-interventiven Praxeologie und Systemberatung. In: Integrative Therapie 4/1997, S. 435-471
PRENZEL, M./GOGOLIN, I./KRÜGER, H.H. (Hg.): Kompetenzdiagnostik. Zeitschrift für Erziehungswissenschaft. Sonderheft 8, Wiesbaden 2007
PRILLELTENSKY, J.: Empowerment in mainstream psychology. Legitimacy, obstacles and possibilities. In: Canadian Psychology 4/1994, S. 358-375
PRYOR, T.M.: Empowerment of Black America. London 2001
PUCH, H.-J.: Inszenierte Gemeinschaften. Gruppenangebote in der Moderne. In: Neue Praxis 1/1991, S. 12-25
PUCH, H.J.: Organisation im Sozialbereich. Eine Einführung für soziale Berufe. Freiburg i.B. 1994
PUTNAM, R.D.: Bowling alone. The collapse and revival of American community. New York 2000
PUTNAM, R.D. (Hg.): Gesellschaft und Gemeinsinn. Sozialkapital im internationalen Vergleich. Gütersloh 2001
PUTNAM, R.D. (Hg.): Democracies in flux. The evolution of social capital in contemporary society. New York 2002
QUINDEL, R.: Zwischen Empowerment und sozialer Kontrolle. Das Selbstverständnis der Professionellen in der Sozialpsychiatrie. Bonn 2004
QUINDEL, R./PANKOFER, S.: Chancen, Risiken und Nebenwirkungen von Empowerment. Die Frage der Macht. In: Miller, T./Pankofer, S. (Hg.): Empowerment konkret. Handlungsentwürfe und Reflexionen aus der psychosozialen Praxis. Stuttgart 2000, S. 33-44
RAPP, C.A.: The strengths perspective of case management with persons suffering from severe mental illness. In: Saleebey, D.: The strengths perspective in social work practice. White Plains N.Y. 1992, S. 45-58
RAPP, C.A./GOSCHA, R.J.: The strengths model. Case management with people with psychiatric disabilities. 2. Aufl., Oxford 2005
RAPPAPORT, J. u.a.: Studies in empowerment. Steps toward understanding and action. New York 1984
RAPPAPORT, J.: Ein Plädoyer für die Widersprüchlichkeit. Ein sozialpolitisches Konzept von ‚empowerment' anstelle präventiver Ansätze. In: Verhaltenstherapie und psychosoziale Praxis 2/1985 a, S. 257-278
RAPPAPORT, J.: The power of empowerment language. In: Social Policy 1/1985 b, S. 15-21
RAPPAPORT, J.: Collaborating for empowerment. Creating the language of mutual help. In: Boyte, H./Riessman, F. (Hg.): The new populism. The politics of empowerment. Philadelphia 1986, S. 64-76

Rappaport, J.: Terms of empowerment – exemplars of prevention. Toward a theory for community psychology. In: American Journal of Community Psychology 2/1987, S. 121–148

Rappaport, J.: Research methods and the empowerment social agenda. In: Tolan, P. u.a. (Hg.): Researching community psychology. Washington D.C. 1990, S. 51–63

Rappaport, J.: Empowerment meets narrative. Listening to stories and creating settings. In: American Journal of Community Psychology 5/1995, S. 795–807

Rappaport, J.: Community narratives. Tales of terror and joy. In: American Journal of Community Psychology 1/2000, S. 1–25

Rappaport, J./Simkins, R.: Healing and empowering through community narrative. In: Prevention in Human Services 1/1991, S. 29–50

Rappaport, J./Seidman, E. (Hg.): Handbook of community psychology. Berlin/New York 2000

Reese-Schäfer, W.: Kommunitarismus. Frankfurt/New York 2001

Riger, S.: What's wrong with empowerment? In: American Journal of Community Psychology 3/1993, S. 279–292

Rissel, C.: Empowerment. The holy grail of health promotion? In: Health Promotion International 1/1994, S. 39–47

Röhrle, B.: Soziale Netzwerke und soziale Unterstützung. Weinheim 1994

Röhrle, B./Sommer, G./Nestmann, F. (Hg.): Netzwerkintervention. Tübingen 1998

Rollnick, S./Miller, W.R./Butler, C.C. (Hg): Motivational interviewing in health care. Helping patients change behaviour. New York 2007

Rose, S.M./Black, B.L.: Advocacy and empowerment. Mental health care in the community. Boston/London 1985

Rose, S.M.: Advocacy/empowerment. An approach to clinical practice for social work. In: Journal of Sociology and Social Welfare 2/1990, S. 41–51

Rosengren, D.B.: Building motivational interviewing skills. A practitioner workbook. New York 2009

Rosenthal, G.: Erlebte und erzählte Lebensgeschichte. Gestalt und Struktur biographischer Selbstbeschreibungen. Frankfurt/M. 2002

Roth, R./Rucht, D. (Hg.): Die Sozialen Bewegungen in Deutschland seit 1945. Ein Handbuch. Frankfurt/M. 2008

Rucht, D.: Soziale Bewegungen als Signum demokratischer Bürgergesellschaft. In: Leggewie, C./Münch, R. (Hg.): Politik im 21. Jahrhundert. Frankfurt/M. 2001, S. 321–336

Ruhe, H.G.: Methoden der Biografiearbeit. Lebensspuren entdecken und verstehen. 4. Aufl., Weinheim/München 2009

Sackmann, R.: Lebenslaufanalyse und Biografieforschung. Eine Einführung. Wiesbaden 2007

Saleebey, D. (Hg.): The strengths perspective in social work practice. White Plains N.Y. 1992

Saleebey, D.: The strengths perspective in social work practice. Extensions and cautions. In: Social Work 3/1996, S. 296–305

Schachtner, C.: Funktionen der Sozialpädagogik und gesellschaftliche Veränderungen. In: Neue Praxis 4/1994, S. 299–309

SCHACHTNER, C.: Das Allgemeine im Besonderen entdecken. Empowerment als Strategie der sozialen Arbeit in den neuen Bundesländern. In: Päd. Extra 10/ 1995, S. 30–34

SCHEFOLD, W.: Lebenslauf. In: Otto, H.U./Thiersch, H. (Hg.): Handbuch Sozialarbeit/Sozialpädagogik. 2. Aufl., Neuwied 2001, S. 1122–1135

SCHELLER, B.: Solidarität statt Empowerment. In: Blätter der Wohlfahrtspflege 5/1993, S. 182

SCHEMMEL, H./SCHALLER, J. (Hg.): Ressourcen. Ein Hand- und Lesebuch zur therapeutischen Arbeit. Tübingen 2003

SCHIEPEK, G./CREMER, S.: Ressourcenorientierung und Ressourcendiagnostik in der Psychotherapie. In: Schemmel, H./Schaller, J. (Hg.): Ressourcen. Ein Hand- und Lesebuch zur therapeutischen Arbeit. Tübingen 2003, S. 147–192

SCHULZ, A.J./ISRAEL, B.A./ZIMMERMAN, M.A./CHECKOWAY, B.N.: Empowerment as a multi-level construct. Perceived control at the individual, organizational and community levels. In: Health Education Research 3/1995, S. 309–327

SEITZ, H.: Lebendige Erinnerungen. Die Konstitution und Vermittlung lebensgeschichtlicher Erfahrung in autobiographischen Erzählungen. Frankfurt/M. 2004

SELIGMAN, M.E.P.: Erlernte Hilflosigkeit. Mit einem Nachwort von Franz Petermann. 3. Aufl., Weinheim 1995 (Original 1975)

SELIGMAN, M.E.P.: Learned optimism. New York 1990 (dt. Übersetzung 1998)

SELIGMAN, M.E.P.: Authentic happiness. New York 2002 (dt. Übersetzung 2003)

SENNETT, R.: Der flexible Mensch. Die Kultur des neuen Kapitalismus. Berlin 1998

SEYBOTH, A.: Empowerment- und Netzwerkperspektive in der Sozialen Stadt. Eine kritische Auseinandersetzung mit dem Bund-Länder-Programm Soziale Stadt. Saarbrücken 2008

SHERA, W./WELLS, L.M. (Hg.): Empowerment practice in social work. Developing richer conceptual foundations. Toronto 1999

SHOR, I. (Hg.): Freire for the classroom. A sourcebook for liberatory teaching. New Haven 1987

SHOR, I./FREIRE, P.: A pedagogy for liberation. New York 1987

SICKENDIEK, U./ENGEL, F./NESTMANN, F.: Beratung. Eine Einführung in sozialpädagogische und psychosoziale Beratungsansätze. 3. Aufl., Weinheim/München 2008

SIMON, B.L.: Rethinking empowerment. In: Journal of Progressive Human Services 1/1990, S. 27–40

SIMON, B.L.: The empowerment tradition in american social work. A history. New York 1994

SNYDER, C.R./LOPEZ, S. (Hg.): Handbook of positive psychology. New York 2002

SOHNS, A.: Empowerment als Leitlinie Sozialer Arbeit. In: Michel-Schwartze, B. (Hg.): Methodenbuch Soziale Arbeit. Wiesbaden 2007, S. 73–100

SOLOMON, B.: Black empowerment. Social work in oppressed communities. New York 1976

SPEER, P.W.: Intrapersonal and interactional empowerment. Implications for theory. In: Journal of Community Psychology 1/2000, S. 51–61
STAPLES, L.H.: Powerful ideas about empowerment. In: Administration in Social Work 2/1990, S. 29–42
STARK, W.: Prävention und Empowerment. In: Hörmann, G./Koerner, W. (Hg.): Klinische Psychologie. Ein kritisches Wörterbuch 1991, S. 213–232
STARK, W.: Die Menschen stärken. Empowerment als eine neue Sicht auf klassische Themen von Sozialpolitik und sozialer Arbeit. In: Blätter der Wohlfahrtspflege 2/1993, S. 41–44
STARK, W.: Empowerment. Neue Handlungsperspektiven in der psychosozialen Praxis. Freiburg i.B. 1996
STARK, W.: Beratung und Empowerment – empowerment-orientierte Beratung? In: Nestmann, F./Engel, F./Sickendiek, U. (Hg.): Das Handbuch der Beratung. Band 1, 2. Aufl., Tübingen 2007, S. 535–546
STICKLER, A.: Nichtregierungsorganisationen, soziale Bewegungen und Global Governance. Eine kritische Bestandsaufnahme. Bielefeld 2005
STIMMER, F.: Grundlagen des Methodischen Handelns in der Sozialen Arbeit. Stuttgart 2000
STRAUS, F.: Netzwerkarbeit. Die Netzwerkperspektive in der Praxis. In: Textor, M. (Hg.): Hilfen für Familien. Frankfurt/M. 1990, S. 496–520
STRAUS, F.: Netzwerkanalysen. Gemeindepsychologische Perspektiven für Forschung und Praxis. Wiesbaden 2002
STRAUS, F.: Netzwerk und Beratung. In: Nestmann, F./Engel, F./Sickendiek, U. (Hg.): Das Handbuch der Beratung. Band 1, 2. Aufl., Tübingen 2007, S. 407–417
SWIFT, C.: Foreword: Empowerment. An antidote for folly. In: Prevention in Human Services 3/1984, I-XV
SWIFT, C./LEVIN, G.: Empowerment. An emerging mental health technology. In: Journal of Primary Prevention 1–2/1987, S. 71–94
TAYLOR, C.: Das Unbehagen an der Moderne. Frankfurt/M. 1995
TAYLOR, C.: Wieviel Gemeinsamkeit braucht die Demokratie? Aufsätze zur praktischen Philosophie. Frankfurt/M. 2005
THEUNISSEN, G.: Empowerment. Wegweiser einer kritisch-konstruktiven Heilpädagogik. In: Behindertenpädagogik 4/1997, S. 373–390
THEUNISSEN, G.: Eltern behinderter Kinder als Experten in eigener Sache. In: Zeitschrift für Heilpädagogik 3/1998, S. 100–105
THEUNISSEN, G.: Die Stärken-Perspektive. In: Zeitschrift für Geistige Behinderung 3/2002, S. 191–202
THEUNISSEN, G.: Wege aus der Hospitalisierung. Empowerment für schwerstbehinderte Menschen. 3. Aufl., Bonn 2005
THEUNISSEN, G.: Empowerment und Inklusion behinderter Menschen. Eine Einführung in Heilpädagogik und Soziale Arbeit. 2. Aufl., Freiburg i.B. 2009
THEUNISSEN, G./SCHIRBORT, K. (Hg.): Inklusion von Menschen mit geistiger Behinderung. Zeitgemässe Wohnformen – Soziale Netze – Unterstützungsangebote. Stuttgart 2005
THEUNISSEN, G./WÜLLENWEBER, K. (Hg.): Zwischen Tradition und Innovation. Methoden und Konzepte in der Heilpädagogik und Behindertenhilfe. Marburg 2009

THEUNISSEN, G./SCHWALB, H. (Hg.): Inklusion, Partizipation und Empowerment in der Behindertenarbeit. Best Practice-Beispiele: Wohnen – Leben – Arbeit – Freizeit. Stuttgart 2009

THIEL, W.: Ethik, Methode, Beruf. Die Gratwanderung professioneller Selbsthilfegruppen-Unterstützung. In: Balke, K./Thiel, W. (Hg.): Jenseits des Helfens. Professionelle unterstützen Selbsthilfegruppen. Freiburg i.B. 1991, S. 27–52

THIEL, W.: Beratung im Kontext von Selbsthilfe. Fachliche Grundlagen und gesellschaftliche Implikationen. In: Nestmann, F./Engel, F./Sickendiek, U. (Hg.): Das Handbuch der Beratung. Band 1, 2. Aufl., Tübingen 2007, S. 375–389

THIELE, C.: Zur Rezeption des Empowerment-Ansatzes in Deutschland, England und den USA. Ein Vergleich. Eichstätt 2002

THIERSCH, H./RAUSCHENBACH, T.: Sozialpädagogik/Sozialarbeit. Theorie und Entwicklung. In: Eyfert, H./Otto, H.U./Thiersch, H. (Hg.): Handbuch zur Sozialarbeit/Sozialpädagogik. Neuwied/Darmstadt 1984, S. 984–1001

TRAPPMANN, M./HUMMEL, H.J./SODEUR, W.: Strukturanalyse sozialer Netzwerke. Konzepte, Modelle, Methoden. 2. Aufl., Wiesbaden 2009

TRÖSKEN, A.K.: Das Berner Ressourceninventar. Ressourcenpotentiale und Ressourcenrealisierung aus konsistenztheoretischer Sicht. Unveröffentl. Dissertation. Bern 2003

TRÖSKEN, A.K./GRAWE, K.: Das Berner Ressourceninventar. Instrumente zur Erfassung von Patientenressourcen aus der Selbst- und Fremdbeurteilungsperspektive. In: Schemmel, H./Schaller, J. (Hg.): Ressourcen. Ein Hand- und Lesebuch zur therapeutischen Arbeit. Tübingen 2003, S. 195–223

TROJAN, A.: Ohnmacht kränkt. Empowerment wirkt gesundheitsfördernd. Zur Stärkung der Selbsthilfe- und Durchsetzungsfähigkeiten von einzelnen und von Gruppen. In: Blätter der Wohlfahrtspflege 2/1993, S. 58–60

TROJAN, A./DENEKE, C./HALVES, E.: Die Bedeutung der Selbsthilfegruppen für Betroffene und Sozialpolitik. In: Bundesarbeitsgemeinschaft Hilfe für Behinderte (Hg.): Selbsthilfe in der Behindertenarbeit. Düsseldorf 1985, S. 29–38

TROJAN, A./ESTORFF-KLEE, A.: 25 Jahre Selbsthilfeunterstützung. Unterstützungserfahrungen und -bedarf am Beispiel Hamburgs. Frankfurt/M. 2004

UNITED NATIONS DEVELOPMENT PROGRAMME: Empowering people. A guide to participation. New York 1998

VESTER, M.: Soziale Milieus im gesellschaftlichen Strukturwandel. Zwischen Integration und Ausgrenzung. 2. Aufl., Frankfurt/M. 2002

VÖLTER, B. u.a. (Hg.) Biographieforschung im Diskurs. 2. Aufl., Wiesbaden 2009

WAHL, A.: Die Veränderung von Lebensstilen. Generationenfolge, Lebenslauf und sozialer Wandel. Frankfurt/M. 2004

WALLERSTEIN, N.: Powerlessness, empowerment and health. Implications for health promotion programs. In: American Journal of Health Promotion 3/1992, S. 197–205

WALLERSTEIN, N.: Empowerment and health. The theory and practice of community change. In: Community Development Journal 4/1993, S. 218–227

WALLERSTEIN, N./BERNSTEIN, E.: Empowerment education. Freire's ideas adapted to health education. In: Health Education Quarterly 4/1988, S. 379–394

WALTER, J.L./PELLER, J.E.: Lösungsorientierte Kurztherapie. Ein Lehr- und Lernbuch. Dortmund 1995

WALZER, M.: Sphären der Gerechtigkeit. Ein Plädoyer für Pluralität und Gleichheit. Frankfurt/M. 1992

WARD, B./BADGER, T. (Hg.): The making of Martin Luther King and the civil rights movement. 2. Aufl., New York 2001

WATKINS, P.N.: Recovery – wieder genesen können. Ein Handbuch für Psychiatrie-Praktiker. Bern 2009

WEIK, A.: Issues of power in social work practice. In: Weik, A./Vandiver, S.T. (Hg.): Women, power and change. Washington D.C. 1982, S. 173–185

WEIK, A.: Building a strengths perspective for social work. In: Saleebey, D. (Hg).: The strengths perspective in social work practice. White Plains N.Y. 1992, S. 18–26

WEIK, A./POPE, L.: Knowing what's best. A new look at self-determination. In: Social Casework 1/1988, S. 10–16

WEIK, A./RAPP, C./SULLIVAN, W.P./KISTHARDT, W.: A strengths perspective for social work practice. In: Social Work 7/1989, S. 350–354

WEIß, H.: Annäherung an den Empowerment-Ansatz als handlungsorientierendes Modell in der Frühförderung. In: Frühförderung Interdisziplinär 11/1992, S. 157–169

WEIß, H.: Selbstbestimmung und Empowerment. Kritische Anmerkungen zu ihrer oftmaligen Gleichsetzung im sonderpädagogischen Diskurs. In: Behindertenpädagogik 3/2000, S. 245–259

WEISSBERG, R.: The politics of empowerment. London 1999

WENDT, W.R.: Das Unterstützungsmanagement als Muster in der methodischen Neuorientierung von Sozialarbeit. In: Soziale Arbeit 2/1992, S. 44–50

WENDT, W.R. (Hg.): Unterstützung fallweise. Case Management in der Sozialarbeit. 2. Aufl., Freiburg i.B. 1995

WENDT, W.R.: Case Management im Sozial- und Gesundheitswesen. Eine Einführung. 2. Aufl., Freiburg i.B. 1999

WEX, T.: Selbsthilfe und Gesellschaft. In: Engelhardt, H.D./Simeth, A./Stark, W. (Hg.): Was Selbsthilfe leistet. Ökonomische Wirkungen und sozialpolitische Bedeutung. Freiburg i.B. 1995, S. 13–39

WILLUTZKI, U.: Ressourcen. Einige Bemerkungen zur Begriffsklärung. In: Schemmel, H./Schaller, J. (Hg.): Ressourcen. Ein Hand- und Lesebuch zur therapeutischen Arbeit. Tübingen 2003, S. 91–108

WOLIN, S.J./WOLIN, S.: The resilient self. How survivors of troubled families rise above adversity. New York 1993

WRIGHT, D.J.: Empowerment Zones, Enterprise Communities. Implementing a new program. New York 2001

WUSTMANN, C.: Resilienz. Widerstandsfähigkeit von Kindern in Tageseinrichtungen fördern. Weinheim 2004

WUSTMANN, C.: „So früh wie möglich". Ergebnisse der Resilienzforschung. In: Deutsches Jugendinstitut (Hg.): IKK-Nachrichten 1–2/2005 a, S. 14–19

WUSTMANN, C.: Die Blickrichtung der neueren Resilienzforschung. Wie Kinder Lebensbelastungen bewältigen. In: Zeitschrift für Pädagogik 3/2005 b, S. 192–206

WYDLER, H./KOLIP, P./ABEL, T. (Hg.): Salutogenese und Kohärenzgefühl. Grundlagen, Empirie und Praxis eines gesundheitswissenschaftlichen Konzepts. Weinheim/München 2000

ZAMES-FLEISCHER, D./ZAMES, F.: The disability rights movement. From charity to confrontation. Chicago 2001

ZIMMER, A.: Bürgerschaftliches Engagement im gesellschaftlichen Wandel. In: Böllert, K. u.a. (Hg.): Die Produktivität des Sozialen – den sozialen Staat aktivieren. Wiesbaden 2006, S. 169–186

ZIMMERMAN, M.A.: Taking aim on empowerment research. On the distinction between individual and psychological conceptions. In: American Journal of Community Psychology 1/1990 a, S. 169–177

ZIMMERMAN, M.A.: Toward a theory of learned hopefulness. A structural model analysis of participation and empowerment. In: Journal of Research in Personality 1990 b, S. 71–86

ZIMMERMAN, M.A.: Psychological empowerment. Issues and illustrations. In: American Journal of Community Psychology 5/1995, S. 581–599

ZIMMERMAN, M.A.: Empowerment theory. Psychological, organizational and community levels of analysis. In: Rappaport, J./Seidman, E. (Hg.): Handbook of community psychology. New York 2000, S. 43–63

ZIMMERMAN, M.A./RAPPAPORT, J.: Citizen participation, perceived control and psychological empowerment. In: American Journal of Community Psychology 5/1988, S. 725–750

ZIMMERMAN, M.A. u.a.: Further explorations in empowerment theory. An empirical analysis of psychological empowerment. In: American Journal of Community Psychology 6/1992, S. 707–727

ZIMMERMAN, M.A. u.a.: Health education and community empowerment. Conceptualizing and measuring perceptions of individual, organizational and community control. In: Health Education Quarterly 2/1994, S. 149–170

ZIMMERMAN, M.A./WARSCHAUSKY, S.: Empowerment theory for rehabilitation research. Conceptual and methological issues. In: Rehabilitation Psychology 1/1998, S. 3–16.

Lehrbücher verändern ihr Gesicht nur langsam – von Auflage zu Auflage. In Zeiten einer sich immer weiter beschleunigenden Informationsproduktion ist es daher sinnvoll, dem Buch ein Medium an die Seite zu stellen, das Ergänzungen, Weiterentwicklungen und Neuerungen zum Thema Empowerment zeitnah dokumentiert. Dieses Anliegen, aktuelle Informationen in Sachen Empowerment zu transportieren, ist Ziel des Internet-Forums

www.empowerment.de

Diese Internet-Seite, die vom Verfasser dieses Buches redaktionell betreut wird, versteht sich als ein Forum der kritischen Verständigung über Empowerment. Sie gliedert sich in folgende Kapitel:

Grundlagen: Zur Einleitung findet der Leser einen knappen Basistext, der einen raschen Einstieg in die Empowerment-Thematik möglich macht und über die theoretischen Grundrisse dieses Konzeptes informiert.

Veröffentlichungen: Hier findet der Leser bibliographische Hinweise auf weiterführende Veröffentlichungen des Verfassers zum Thema.

Buchtipps: Aktuelle Empowerment-Bücher in deutscher Sprache werden hier vorgestellt und kritisch kommentiert.

Weiterbildung: In diesem Kapitel kann sich der Leser über die Konzeption, die Inhalte und die aktuellen Termine von Veranstaltungen der Fort- und Weiterbildung ‚in Sachen Empowerment' informieren.

Materialien: Im Materialienanhang (als Downloads nutzbar) findet der Leser schließlich aktuelle Veröffentlichungen, noch unveröffentlichte Werkstattberichte und Materialien aus der aktuellen Forschungspraxis (Forschungsdesigns; Interviewleitfäden; Erhebungsinstrumentarien u.a.m.).